한 번에 합격,
자격증은 이기적

이렇게
기막힌
적중률

KB191921

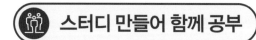
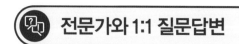
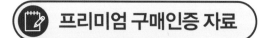
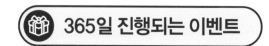

인증만 하면, **고퀄리티 강의가 무료!**

100% 무료 강의

STEP 1
이기적
홈페이지
접속하기

>

STEP 2
무료동영상
게시판에서
과목 선택하기

>

STEP 3
ISBN 코드
입력 & 단어
인증하기

>

STEP 4
이기적이 준비한
명품 강의로
본격 학습하기

영진닷컴 이기적

1년 365일 이기적이 쏜다!

365일 진행되는 이벤트에 참여하고 다양한 혜택을 누리세요.

EVENT ❶
기출문제 복원
- 이기적 독자 수험생 대상
- 응시일로부터 7일 이내 시험만 가능
- 스터디 카페의 링크 클릭하여 제보

이벤트 자세히 보기 ▶

EVENT ❷
합격 후기 작성
- 이기적 스터디 카페의 가이드 준수
- 네이버 카페 또는 개인 SNS에 등록 후 이기적 스터디 카페에 인증

이벤트 자세히 보기 ▶

EVENT ❸
온라인 서점 리뷰
- 온라인 서점 구매자 대상
- 한줄평 또는 텍스트 & 포토리뷰 작성 후 이기적 스터디 카페에 인증

이벤트 자세히 보기 ▶

EVENT ❹
정오표 제보
- 이름, 연락처 필수 기재
- 도서명, 페이지, 수정사항 작성
- book2@youngjin.com으로 제보

이벤트 자세히 보기 ▶

N Pay
네이버페이 포인트 쿠폰 **20,000원**

영진닷컴 쇼핑몰 **30,000원**

- N페이 포인트 5,000~20,000원 지급
- 영진닷컴 쇼핑몰 30,000원 적립
- 30,000원 미만의 영진닷컴 도서 증정

※이벤트별 혜택은 변경될 수 있으므로 자세한 내용은 해당 QR을 참고하세요.

이기적 크루를 찾습니다!

WANTED

저자 · 강사 · 감수자 · 베타테스터 상시 모집

저자 · 강사

분야 수험서 전 분야
수험서 집필 혹은 동영상 강의 촬영

요건 관련 강사, 유튜버, 블로거 우대

혜택 이기적 수험서 저자 · 강사 자격
집필 경력 증명서 발급

감수자

분야 수험서 전 분야

요건 관련 전문 지식 보유자

혜택 소정의 감수료
도서 내 감수자 이름 기재
저자 모집 시 우대(우수 감수자)

베타테스터

분야 수험서 전 분야

요건 관련 수험생, 전공자, 교사/강사

혜택 활동 인증서 & 참여 도서 1권
영진닷컴 쇼핑몰 30,000원 적립
스타벅스 기프티콘(우수 활동자)
백화점 상품권 100,000원(우수 테스터)

◀ 모집 공고 자세히 보기

이메일 문의하기 ✉ book2@youngjin.com

기억나는 문제 제보하고 N페이 포인트 받자!
기출 복원 EVENT

성명	이기적	수험번호	2	0	2	4	1	1	3

Q. 응시한 시험 문제를 기억나는 대로 적어주세요!

① 365일 진행되는 이벤트   ② 참여자 100% 당첨   ③ 우수 참여자는 N페이 포인트까지

영진닷컴 쇼핑몰
30,000원

N Pay
네이버페이
포인트 쿠폰
20,000원

적중률 100% 도서를 만들어주신 여러분을 위한 감사의 선물을 준비했어요.

신청자격 이기적 수험서로 공부하고 시험에 응시한 모든 독자님

참여방법 이기적 스터디 카페의 이벤트 페이지를 통해 문제를 제보해 주세요.

※ 응시일로부터 7일 이내의 시험 복원만 인정됩니다.

유의사항 중복, 누락, 허위 문제를 제보한 경우 이벤트 대상에서 제외됩니다.

참여혜택 영진닷컴 쇼핑몰 30,000원 적립

정성껏 제보해 주신 분께 N페이 포인트 5,000~20,000원 차등 지급

이벤트 페이지 확인하기 ▶

이기적이
다 드립니다

여러분은 합격만 하세요! 이기적 합격 성공세트 BIG 4

학습 효율 극대화, 무료 동영상 강의

저자가 직접 강의하는 고퀄리티 동영상 강의를 100% 무료로 제공합니다.
핵심을 콕콕 짚어 주는 강의로 빠른 합격이 가능합니다.

추가 학습 자료 제공, 기출문제 & 핵심요약

필기 기출문제 3회분과 핵심요약 PDF를 추가로 제공합니다.
이기적 스터디 카페에서 구매 인증을 통해 받으실 수 있습니다.

쉽고 빠르게 확인하는, 자동 채점 서비스

필기는 자동 채점 서비스 QR 코드로 빠르게 정답을 채점해 보세요.
실기는 따로 설치가 필요 없는 웹 채점 서비스를 제공합니다.

실기 학습에 필요한, 실습 파일 제공

도서에 수록된 실기 문제를 풀기 위한 자료를 제공합니다.
이기적 홈페이지 자료실에서 다운로드 받아 편하게 사용하세요.

※ 〈2025 이기적 워드프로세서 필기+실기 올인원〉을 구매하고 인증한 독자에게만 드리는 혜택입니다.

이기적 홈페이지 바로가기 ▶

시험 환경 100% 재현!
CBT 온라인 문제집

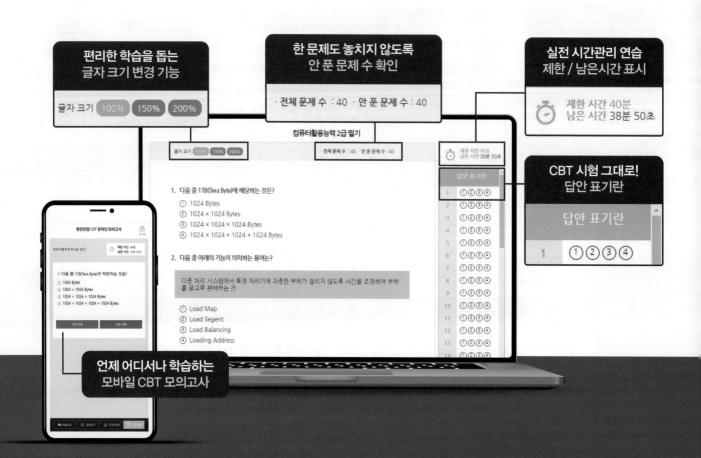

편리한 학습을 돕는 글자 크기 변경 기능

글자 크기 100% 150% 200%

한 문제도 놓치지 않도록 안 푼 문제 수 확인

· 전체 문제 수 : 40 · 안 푼 문제 수 : 40

실전 시간관리 연습 제한 / 남은시간 표시

제한 시간 40분
남은 시간 38분 50초

CBT 시험 그대로! 답안 표기란

답안 표기란

1 ① ② ③ ④

언제 어디서나 학습하는 모바일 CBT 모의고사

이용 방법

STEP 1
이기적 CBT
cbt.youngjin.com
접속

STEP 2
과목 선택 후
제한시간 안에
풀이

STEP 3
답안 제출하고
합격 여부
확인

STEP 4
틀린 문제는
꼼꼼한 해설로
복습

이기적 CBT 🔍

이렇게
기막힌
적중률

워드프로세서
필기+실기 올인원

"이" 한 권으로 합격의 "기적"을 경험하세요!

YoungJin.com Y.
영진닷컴

필기 차례

▶ 표시된 부분은 동영상 강의가 제공됩니다.
이기적 홈페이지(license.youngjin.com)에 접속하여 시청하세요.

▶ 제공하는 동영상과 PDF 자료는 1판 1쇄 기준 2년간 유효합니다. 단, 출제기준안에 따라 동영상 내용은 변경될 수 있습니다.

구매 인증 PDF

CBT 기출문제
01~03회 PDF

워드프로세서 필기
핵심요약 PDF

참여 방법
'이기적 스터디 카페' 검색 → 이기적 스터디카페
(cafe.naver.com/yjbooks) 접속 → '구매 인증 PDF
증정' 게시판 → 구매 인증 → 메일로 자료 받기

실기 차례

필기 이 책의 구성

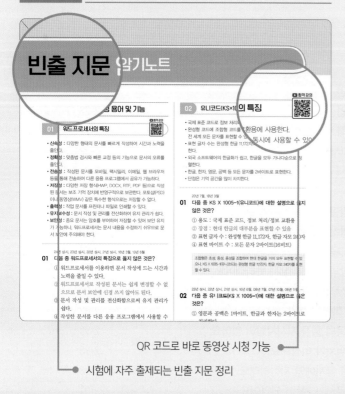
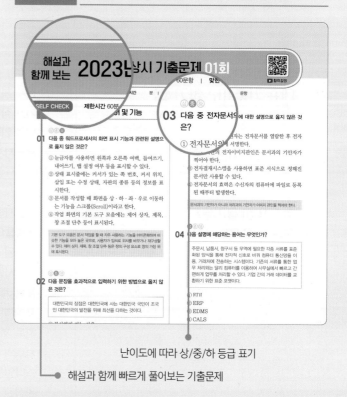
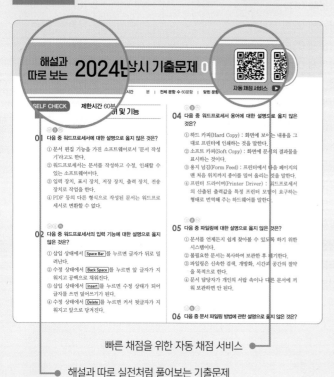
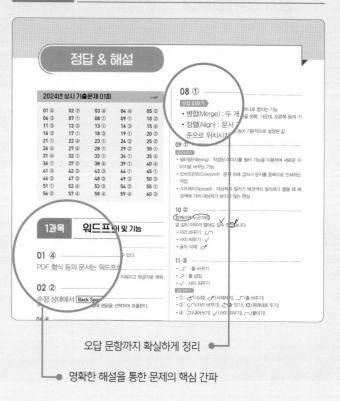

실기 이 책의 구성

STEP 01 | 대표 기출 따라하기

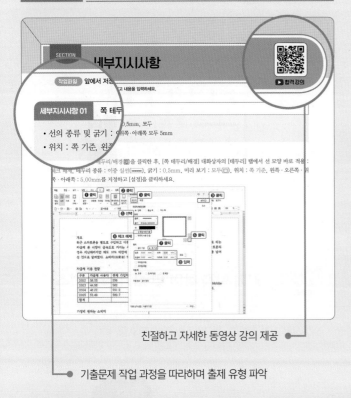

● 친절하고 자세한 동영상 강의 제공

● 기출문제 작업 과정을 따라하며 출제 유형 파악

STEP 02 | 가장 많이 틀리는 BEST 10

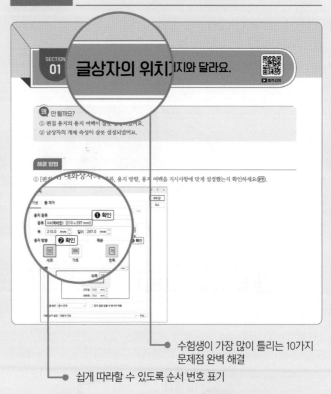

● 수험생이 가장 많이 틀리는 10가지 문제점 완벽 해결

● 쉽게 따라할 수 있도록 순서 번호 표기

STEP 03 | 상시 공략문제

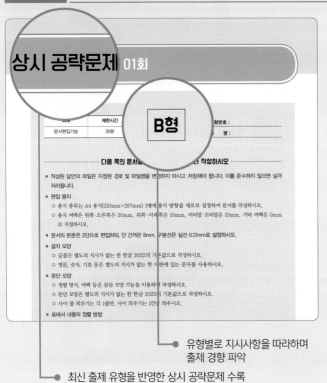

● 유형별로 지시사항을 따라하며 출제 경향 파악

● 최신 출제 유형을 반영한 상시 공략문제 수록

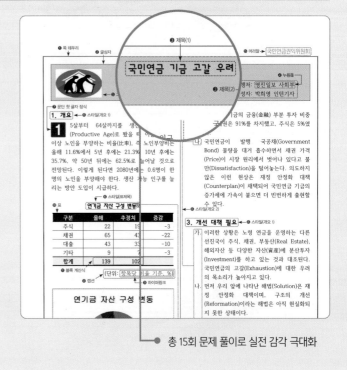

● 총 15회 문제 풀이로 실전 감각 극대화

시험의 모든 것

STEP 01 응시 자격 조건

시행처 바로가기

남녀노소 누구나 응시 가능

STEP 02 필기 원서 접수하기

- license.korcham.net에서 접수
- 필기 시험 기간 조회 후 원하는 날짜와 시간에 응시

STEP 03 필기 시험 응시하기

- 신분증과 수험표 지참
- CBT(Computer Based Test) 형식으로 진행

STEP 04 필기 합격 확인 및 실기 원서 접수

- 상시 시험일 다음날 오전 10시 필기 합격 여부 확인
- 실기 시험 기간 조회 후 원하는 날짜와 시간에 응시

STEP 05 실기 시험 응시하기

- 신분증과 수험표 지참
- 지시사항과 문서를 보고 답안 작성 후 파일 제출

STEP 06 실기 합격자 발표

- 시험일이 있는 주를 제외하고 2주 뒤 금요일에 발표
- 변경될 수 있으니 시행처 확인

01 응시 자격

• 필기 시험 : 제한 없음
• 실기 시험 : 필기 합격자(단, 필기 시험 합격 후 2년 이내 있는 실기 시험 응시 가능)

02 원서 접수

• 대한상공회의소 홈페이지(license.korcham.net)에서 접수
• 상시 검정으로 시험 기간 조회 후 원하는 날짜와 시간에 응시

03 시험 방식

등급	시험 방법	시험 과목	출제 형태	시험 시간
단일 등급(구 1급)	필기 시험	• 워드프로세싱 용어 및 기능 • PC 운영체제 • PC 기본상식	객관식 60문항	60분
	실기 시험	문서편집 기능	컴퓨터 작업형	30분

04 합격 기준

• 필기 시험 : 매 과목 100점 만점에 과목당 40점 이상, 평균 60점 이상
• 실기 시험 : 100점 만점에 80점 이상

05 합격자 발표

• 대한상공회의소 홈페이지(license.korcham.net)에서 발표
• 발표일부터 60일간 확인 가능

06 자격증 신청

• 휴대할 수 있는 카드 형태의 자격증 발급
• 자격증 교부를 신청하지 않는 사람이 합격 확인서를 필요로 하는 경우 취득확인서(동일 종목에 한하여 하루 3장만 출력 가능) 발급

형태	• 휴대하기 편한 카드 형태의 자격증 • 신청자에 한해 자격증 발급
신청 절차	인터넷(license.korcham.net)을 통해 직접 자격증 발급 신청
수수료	• 접수 수수료 : 3,100원 • 우편 발송 요금 : 3,000원
수령 기간	신청 후 10~15일 사이 수령 가능

필기 시험 출제 경향

1과목　**워드프로세싱 용어 및 기능**　기본을 튼튼하게, 최대한 많이 맞자!　　　　20문항

1과목은 세 과목 중 가장 학습하기 수월한 과목으로 1과목에서 높은 점수를 받을 수 있도록 해야 합니다. 워드프로세서의 특징과 기본 용어에 대한 문제는 매회 출제되고 있으며, 전자출판과 교정부호에 관한 문제도 매회 평균 2문제씩 출제되고 있습니다. 또한 문서 관리하기에서는 파일링에 관한 문제가 거의 매회 출제되고 있으니, 필수적으로 학습하여 시험에 대비하기 바랍니다.

빈출 태그

항목	비율	빈출 태그
1. 워드프로세서 일반	14%	워드프로세서의 특징, 워드 랩, 영문 균등
2. 워드프로세서의 기능	35%	확장자, 한글 코드, 인쇄 용지
3. 전자출판의 개념	7%	전자출판 특징, 워터마크, 커닝, HTML 추출
4. 문서 작성하기	8%	맞춤법, 두문/본문/결문, 연역법
5. 교정부호	8%	교정부호의 종류와 사용법
6. 문서 관리하기	28%	문서 관리, 파일링, 전자문서, 공문서

2과목　**PC 운영체제**　실제 컴퓨터를 사용하는 것처럼!　　　　20문항

2과목은 사용자에게 가장 친숙한 과목으로 컴퓨터를 사용할 때 반드시 알아야 하는 기능들이 다각도로 출제되고 있습니다. 대체로 한글 Windows 10의 기능과 파일과 폴더의 관리, 시스템 관리, 네트워크 관리 등 컴퓨터 조작에 관한 전반적인 문제가 출제됩니다. 컴퓨터를 이용하여 직접 실습하면 학습에 효과적입니다.

빈출 태그

항목	비율	빈출 태그
1. 한글 윈도우의 기본 기능	16%	바로 가기 키, 상태 표시줄, 작업 관리자
2. 한글 윈도우의 활용	28%	작업 표시줄, 시작 메뉴, 파일과 폴더, 휴지통
3. 보조프로그램과 앱 활용	13%	보조프로그램, 원격 데스크톱 연결, 인쇄
4. 한글 윈도우의 고급 사용법	16%	프로그램 및 기능, 시스템, 개인 설정, 장치 관리자
5. 컴퓨터 시스템 관리	13%	시스템 복원, 디스크 조각 모음 및 최적화, 문제 해결
6. 네트워크 관리	14%	네트워크 연결, 서브넷 마스크, 웹 브라우저

| 3과목 | PC 기본상식 | 어렵지만 힘내서 해보자! | 20문항 |

3과목은 다른 과목에 비해 내용도 많고 암기할 부분도 많아 세 과목 중에서 가장 점수를 얻기 어려운 과목입니다. 하드웨어와 소프트웨어 부분은 기출문제의 출제율이 높은 것을 우선적으로 학습합니다. 빈출 지문 암기노트를 통해 유형을 분석한 후 기출문제 풀이를 통해 실전에 철저하게 대비하도록 합니다.

빈출 태그

1. 컴퓨터 시스템의 개요 — **14%** 컴퓨터의 세대별 분류, 디지털 컴퓨터

2. 컴퓨터의 하드웨어와 소프트웨어 — **31%** 레지스터, 기억 장치, 입/출력 장치, 운영체제

3. 멀티미디어 활용하기 — **7%** 파일 형식, 그래픽, 사운드

4. 정보 통신과 인터넷 — **16%** 인터네트워킹, 정보 통신망, 프로그래밍 언어

5. 정보사회와 보안 — **14%** 정보 윤리, 바이러스, 정보 보안, 암호화

6. ICT 신기술 활용하기 — **10%** 최신 기술 용어, 융합 서비스

7. 전자우편과 개인정보 관리 — **8%** 메일 전송, 메일 관리, 개인정보 보호/관리

필기 CBT 가이드

CBT란?

CBT는 시험지와 필기구로 응시하는 일반 필기 시험과 달리, 컴퓨터 화면으로 시험 문제를 확인하고 그에 따른 정답을 클릭하면 네트워크를 통하여 감독자 PC에 자동으로 수험자의 답안이 저장되는 방식의 시험입니다.

오른쪽 QR코드를 스캔해서 큐넷 CBT를 체험해 보세요!

큐넷 CBT 체험하기

CBT 필기 시험 진행방식

본인 좌석 확인 후 착석 → 수험자 정보 확인 → 화면 안내에 따라 진행 → 검토 후 최종 답안 제출 → 퇴실

CBT 응시 유의사항

- 수험자마다 문제가 모두 달라요. 문제은행에서 자동 출제됩니다!
- 답지는 따로 없어요!
- 문제를 다 풀면, 반드시 '제출' 버튼을 눌러야만 시험이 종료되어요!
- 시험 종료 안내방송이 따로 없어요.

FAQ

Q CBT 시험이 처음이에요! 시험 당일에는 어떤 것들을 준비해야 좋을까요?

시험 시간 시작 20분 전 도착을 목표로 출발하고 시험장에는 주차할 자리가 마땅하지 않은 경우가 많으므로, 대중교통을 이용하는 것을 추천합니다. 무사히 시험 장소에 도착했다면 수험자 입장 시간에 늦지 않게 시험실에 입실하고, 자신의 자리를 확인한 뒤 착석하세요. **A**

Q 기존보다 더 어려워졌을까요?

시험 자체의 난이도 차이는 없지만, 랜덤으로 출제되는 CBT 시험 특성상 경우에 따라 유독 어려운 문제가 많이 출제될 수는 있습니다. 이러한 돌발 상황에 대비하기 위해 이기적 CBT 온라인 문제집으로 실제 시험과 동일한 환경에서 미리 연습해두세요. **A**

CBT 진행 순서

좌석 번호 확인	수험자 접속 대기 화면에서 본인의 좌석 번호를 확인합니다.

수험자 정보 확인	시험 감독관이 수험자의 신분을 확인합니다. 신분 확인이 끝나면 시험이 시작됩니다.

안내사항 확인	시험 안내사항을 확인하고, 다음을 클릭합니다.

유의사항 확인	시험과 관련된 유의사항을 확인합니다.

문제풀이 메뉴 설명	시험을 볼 때 필요한 메뉴에 대한 설명을 확인합니다. 메뉴를 이용해 글자 크기와 화면 배치를 조정할 수 있습니다. 남은 시간을 확인하며 답을 표기하고, 필요한 경우 아래의 계산기를 이용할 수 있습니다.

문제풀이 연습	시험 보기 전, 연습해 보는 단계입니다. 직접 시험 메뉴화면을 클릭하며, CBT가 어떻게 진행되는지 확인합니다.

시험 준비 완료	문제풀이 연습을 모두 마친 후 [시험 준비 완료] 버튼을 클릭하면 시험 감독관의 지시에 따라 시험이 시작됩니다.

시험 시작	시험이 시작되었습니다. 수험자는 제한 시간에 맞추어 문제 풀이를 시작합니다.

답안 제출	시험을 완료하면 [답안 제출] 버튼을 클릭합니다. 답안 수정을 위해 시험화면으로 돌아가고 싶으면 [아니오] 버튼을 클릭합니다.

답안 제출 최종 확인	답안 제출 메뉴에서 [예] 버튼을 클릭하면, 수험자의 실수를 방지하기 위해 한 번 더 주의 문구가 나타납니다. 완벽히 시험 문제 풀이가 끝났다면 [예] 버튼을 클릭하여 최종 제출합니다.

합격 발표	CBT 시험이 모두 종료되면, 바로 퇴실할 수 있습니다.

이기적 CBT 바로가기

이제 완벽하게 CBT 필기 시험에 대해 이해하셨나요?
그렇다면 이기적이 준비한 CBT 온라인 문제집으로 학습해 보세요!
이기적 온라인 문제집 : https://cbt.youngjin.com

필기 Q&A

Q 워드프로세서 시험의 시행처는 어디인가요?

A 워드프로세서 시험은 대한상공회의소에서 시행하고 있습니다. 시험 전에 반드시 대한상공회의소 자격평가사업단 홈페이지(https://license.korcham.net)를 방문하여 궁금한 사항이나 시험 내용을 확인하세요.

Q 상시 검정은 무엇인가요?

A 상시 검정이란 정해진 날짜가 아닌 수험자가 원하는 시간을 선택하여 상시 시험장에서 시험을 볼 수 있도록 한 제도입니다.

Q 시험 일정은 어디서 확인하나요?

A 대한상공회의소 홈페이지나 코참패스 모바일 앱으로 확인할 수 있습니다. 시험 일정은 각 지역마다 개설되는 시기와 시험 일자가 다릅니다. 시험 일정 개설과 관련하여서는 해당 지역 상공회의소로 전화 상담 부탁드립니다(대한상공회의소 고객센터 : 02-2102-3600).

Q 수험자가 직접 시험장을 선택할 수 있나요?

A 수험자가 직접 시험 볼 지역과 시험장을 선택할 수 있습니다.

Q 시험은 어떻게 접수할 수 있나요?

A 대한상공회의소 자격평가사업단 홈페이지나 코참패스 모바일 앱으로 원서를 접수할 수 있습니다. 상공회의소 근무시간 내 방문 접수도 가능합니다(방문 접수 시 인터넷 접수 수수료 면제).

Q 시험장에 갈 때 수험표를 꼭 준비해야 하나요?

A 수험표는 대한상공회의소 자격평가사업단 홈페이지에서 시험일까지 출력이 가능하며, 코참패스 모바일 앱을 통한 모바일 수험표도 확인이 가능합니다. 시험 전 수험표를 확인하는 별도의 절차는 없으나, 수험생의 시험실 및 입실 시간에 혼란이 없도록 가급적 수험표를 지참하시기 바랍니다.

Q 필기 시험 합격 유효 기간은 언제까지인가요?

A 필기 시험 합격 유효 기간은 필기 합격 발표일을 기준으로 만 2년입니다. 실기 시험 응시 조건이기 때문에 기간에 유의하여 실기 시험을 준비하세요.

Q 워드프로세서 필기 합격 결정 기준과 과락에 대해 알고 싶어요.

A 매 과목 100점 만점에 과목당 40점 이상이고 평균 60점 이상으로, 한 과목이라도 40점 미만으로 나올 경우 과락으로 불합격 처리됩니다.

※ 자세한 사항은 대한상공회의소 자격평가사업단 홈페이지(license.korcham.net)를 참고하시기 바랍니다.

실기 Q&A

Q 워드프로세서 시험 일정이 궁금해요.

A 워드프로세서 시험은 상시 시험입니다. 원서 접수는 개설일부터 시험 4일 전까지 가능하며, 시험 일자는 수험생이 선택할 수 있습니다. 단, 각 시험장 상황에 따라 시험을 보지 못하는 일이 발생할 수 있으니 미리 알아보고 접수하는 것이 좋습니다.

Q 시험은 어떻게 접수할 수 있나요?

A 원서 접수를 위해서는 대한상공회의소 자격평가사업단 홈페이지에 회원가입 후 본인인증이 되어 있어야 합니다. 원서 접수는 인터넷 접수가 원칙이며, 인터넷 접수 시 수수료가 부과됩니다. 원서 접수는 '로그인 → 약관 동의 → 응시종 목 선택 → 인적사항 등록 및 입력 → 시험장 선택 → 일자/시간 선택 → 선택내역 확인 → 전자결제 → 접수 확인 → 수험표 출력'의 단계로 진행됩니다. 인터넷 접수가 어려운 경우 대한상공회의소 근무시간 중 방문 접수도 가능합니다.

Q 필기 시험 합격 후 2년이 지난 것 같아요.

A 워드프로세서 실기 시험의 자격 조건은 필기 합격자입니다. 만약 필기 시험 후 2년이 지났다면 필기 시험부터 다시 응시하여 합격 후 실기 시험을 볼 수 있습니다.

Q 시험 접수 후 일정을 바꾸고 싶어요.

A 접수 기간 내 접수를 취소하는 경우에는 수험료의 100% 환불(접수 수수료 포함)이 가능합니다. 단, 시험 일시는 접수일로부터 시험 4일 전까지 가능합니다. 자세한 사항은 시행처에 문의해 주세요.

Q 시험장에 무엇을 가져가야 하나요?

A 본인의 신분증을 잊지 말고 가져가야 합니다. 신분증 확인 및 소지품 정리 시간 이후 관련 법상 부정행위 기준에 명시된 통신·전자기기를 소지한 경우 해당 시험은 무효 처리되므로 주의하세요.

Q 시험장에서 있었던 일은 어떻게 해결하나요?

A 시험 시간에 있었던 일은 그 시간에 해결하는 것이 원칙입니다. 예를 들어 컴퓨터 모니터가 이상하다든지, 키보드가 제대로 눌리지 않는다든지, 저장이 정상적으로 되지 않는 등의 문제가 발생하면 즉시 시험 감독관에게 알려 조치를 받아야 합니다.

Q 시험 합격자 발표 전에 다시 시험을 보고 싶어요.

A 상시 시험의 경우 합격자 발표가 나기 전에 시험에 응시할 수 있습니다. 이럴 경우에 이전에 응시한 시험에 합격했다면 이후 시험 결과는 무효 처리가 됩니다. 자세한 사항은 시행처를 참고해 주세요.

Q 합격자 발표는 언제인가요?

A 실기 시험 합격자는 시험이 있는 주를 제외하고 2주 후 금요일에 발표됩니다.

※ 자세한 사항은 대한상공회의소 자격평가사업단 홈페이지(license.korcham.net)를 참고하시기 바랍니다.

자주 출제되는 지문으로 구성한
빈출 지문 암기노트

CONTENTS

빈출 지문 암기노트

1과목 · 워드프로세싱 용어 및 기능

01 · 워드프로세서의 특징

- **신속성** : 다양한 형태의 문서를 빠르게 작성하여 시간과 노력을 줄인다.
- **정확성** : 맞춤법 검사와 빠른 교정 등의 기능으로 문서의 오류를 줄인다.
- **전송성** : 작성된 문서를 모바일, 팩시밀리, 이메일, 웹 브라우저 등을 통해 전송하여 다른 응용 프로그램에서 공유가 가능하다.
- **저장성** : 다양한 저장 형식(HWP, DOCX, RTF, PDF 등)으로 작성된 문서는 보조 기억 장치에 반영구적으로 보관한다. 포토샵(PSD)이나 동영상(WMV) 같은 특수한 형식으로는 저장할 수 없다.
- **출력성** : 작업 문서를 프린터나 파일로 인쇄할 수 있다.
- **유지보수성** : 문서 작성 및 관리를 전산화하여 유지 관리가 쉽다.
- **보안성** : 중요 문서는 암호를 부여하여 저장할 수 있어 보안 유지가 가능하나, 워드프로세서는 문서 내용을 수정하기 쉬우므로 문서 보안에 주의해야 한다.

24년 상시, 23년 상시, 22년 상시, 21년 상시, 16년 3월, 13년 6월

01 다음 중 워드프로세서의 특징으로 옳지 않은 것은?

① 워드프로세서를 이용하면 문서 작성에 드는 시간과 노력을 줄일 수 있다.
② 워드프로세서로 작성된 문서는 쉽게 변경할 수 없으므로 문서 보안에 신경 쓰지 않아도 된다.
③ 문서 작성 및 관리를 전산화함으로써 유지 관리가 쉽다.
④ 작성한 문서를 다른 응용 프로그램에서 사용할 수 있다.

> 워드프로세서로 작성된 문서는 쉽게 변경 가능하므로 문서 보안에 주의가 필요하다.

기적의 TIP

컴퓨터를 이용한 워드프로세서의 다양한 기능과 특징을 설명하는 문제가 출제되고 있습니다.

02 · 유니코드(KS×1005-1)의 특징

- 국제 표준 코드로 정보 처리와 정보 교환용에 사용한다.
- 완성형 코드에 조합형 코드를 반영하여 동시에 사용할 수 있어 전 세계 모든 문자를 표현할 수 있다.
- 표현 글자 수는 완성형 한글 11,172자와 한글 자모 240자를 사용한다.
- 외국 소프트웨어의 한글화가 쉽고, 한글을 모두 가나다순으로 정렬한다.
- 한글, 한자, 영문, 공백 등 모든 문자를 2바이트로 표현한다.
- 단점은 기억 공간을 많이 차지한다.

20년 7월, 18년 3월

01 다음 중 KS X 1005-1(유니코드)에 대한 설명으로 옳지 않은 것은?

① 용도 : 국제 표준 코드, 정보 처리/정보 교환용
② 장점 : 현대 한글의 대부분을 표현할 수 있음
③ 표현 글자 수 : 완성형 한글 11,172자, 한글 자모 240자
④ 표현 바이트 수 : 모든 문자 2바이트(16비트)

> 조합형은 초성, 중성, 종성을 조합하여 현대 한글을 거의 모두 표현할 수 있으나, KS X 1005-1(유니코드)는 완성형 한글 11,172자, 한글 자모 240자를 표현할 수 있다.

23년 상시, 22년 상시, 21년 상시, 16년 6월, 08년 7월, 07년 10월, 06년 11월, …

02 다음 중 유니코드(KS X 1005-1)에 대한 설명으로 옳은 것은?

① 영문과 공백은 1바이트, 한글과 한자는 2바이트로 처리한다.
② '必勝 KOREA'라는 말을 입력할 경우 최소 16바이트의 기억 공간이 필요하다.
③ 정보 교환 시 제어 문자와 충돌이 발생할 가능성이 크다.
④ 조합형 한글 코드에 비해 적은 기억 공간을 사용한다.

> 유니코드는 한자, 영문, 공백, 한글 모든 문자를 2바이트로 처리하여 기억 공간을 많이 차지한다.

기적의 TIP

한글 코드 중 모든 문자가 2바이트로 처리되는 유니코드에 대해 자주 출제됩니다.

- 문서 전체 또는 일부분을 범위(블록) 지정하여 사전에 등록된 한자로 변환한다.
- 한자가 많이 들어있는 문서의 일부분 또는 전체를 블록 지정하여 모두 한글로 변환할 수 있다.
- 한자 사전에 없는 단어를 사전에 등록할 수 있다.
- **한자의 음을 아는 경우** : 한글/한자 음절 단위 변환, 단어 변환, 문장 자동 변환을 이용한다.
- **한자의 음을 모르는 경우** : 부수/총 획수 입력, 외자 입력, 2Stroke 변환을 이용한다.

16년 10월, 15년 10월

01 다음 중 한자를 입력하려 할 때 음을 알고 있을 경우 사용할 수 있는 변환 방법으로 옳지 않은 것은?

① 음절 단위 변환
② 외자 입력 변환
③ 단어 단위 변환
④ 문장 자동 변환

> 외자 입력 변환은 코드 테이블을 이용하여 미리 약속된 코드 값의 한자를 입력하는 방법이다.

> **오답 피하기**
> 한자의 음을 모를 때는 외자 입력 변환, 부수/총 획수 입력, 2Stroke 변환으로 입력할 수 있다.

22년 상시, 21년 상시, 13년 10월

02 다음 중 한자를 입력하는 방법으로 옳은 것은?

① 한자는 키보드에 표기할 수 없기 때문에 한자 목록이나 한자 사전에서 해당 한자를 선택하여 입력한다.
② 한자의 음을 아는 경우에는 부수/총 획수 입력, 외자 입력, 2Stroke 입력이 있다.
③ 한자의 음을 모를 때에는 한글/한자 음절 변환, 단어 변환, 문장 자동 변환이 있다.
④ 한자가 많이 들어있는 문서의 일부분은 블록 지정하여 모두 한글로 바꿀 수 있지만, 문서 전체는 블록 지정하여 모두 한글로 바꿀 수 없다.

> 부수/총 획수 입력, 외자 입력, 2Stroke 입력 등은 한자의 음을 모를 때의 입력 방법이다. 한자의 음을 아는 경우에는 한글/한자 음절 단위 변환, 단어 변환, 문장 자동 변환을 이용하여 한자를 입력할 수 있다.

> **기적의 TIP**
> 한자의 음을 아는 경우와 모르는 경우에 따라 한자를 변환하는 방법에 대한 문제가 출제되고 있습니다.

- 작성한 문서의 전부 또는 일부분을 하드 디스크와 같은 보조 기억 장치에 파일로 저장하는 기능이다.
- 저장할 때 대화상자에서 새 폴더를 만들어 관리할 수 있고 파일을 삭제할 수 있다.
- 파일 이름과 파일 형식을 변경할 수 있고 암호(Password)를 지정하여 문서의 보안을 유지할 수 있다.
- 다른 이름으로 저장하면 현재 파일은 그대로 있고 다른 이름의 파일이 만들어진다.

23년 상시, 22년 상시, 21년 상시, 20년 7월/2월

01 다음 중 한글 워드프로세서의 문서 파일 저장 기능에 관한 설명으로 옳지 않은 것은?

① 저장할 때 암호를 지정하여 다른 사람의 열람을 제한할 수 있다.
② 저장하기 대화상자에서 폴더를 새로 만들거나 삭제할 수 있다.
③ 기존 문서를 다른 이름으로 저장하면 기존 파일은 삭제된다.
④ 문서 파일의 저장 위치나 파일 이름 및 형식을 변경하여 저장할 수 있다.

> 다른 이름으로 저장하면 기존 파일은 그대로 있는 상태에서 다른 이름으로 저장된다.

24년 상시, 18년 9월, 16년 3월

02 다음 중 워드프로세서의 문서 저장 기능에 대한 설명으로 옳은 것은?

① 현재 작업 중인 보조 기억 장치의 내용을 주기억 장치로 이동시키는 기능이다.
② [다른 이름으로 저장하기] 대화상자에서 폴더를 새로 만들 수 있지만 파일을 삭제할 수는 없다.
③ 저장 시 암호를 지정하거나 백업 파일이 만들어지도록 설정할 수 있다.
④ 문서 일부분만을 블록으로 지정한 후에 따로 저장할 수 없다.

> **오답 피하기**
> • ① : 하드 디스크와 같은 보조 기억 장치에 저장하는 기능
> • ② : [다른 이름으로 저장] 대화상자에서 폴더를 새로 만들거나 파일을 삭제할 수 있음
> • ④ : 문서의 특정 부분을 블록으로 지정하여 저장하면 해당 부분만 별도의 파일로 저장할 수 있음

> **기적의 TIP**
> 보조 기억 장치에 저장할 때 폴더 위치, 파일 이름, 파일 형식, 암호 등을 변경할 수 있음을 기억하세요.

- 문서에서 원하는 글자나 문자열을 찾아 커서를 옮겨주는 기능이다.
- 블록을 지정하여 부분으로 검색하거나 문서 전체를 검색한다.
- 글자 모양(서체, 속성), 문단 모양(정렬), 스타일(서식) 등을 지정하여 검색이 가능하다.
- 와일드 카드(*, ?)의 아무개 문자, 띄어쓰기 무시, 대소문자 구별, 찾을 방향(아래로, 위로, 문서 전체)을 지정하여 검색한다.
- 찾기 작업 후에는 문서 크기에 아무런 변화가 없다.

....

22년 상시, 21년 상시, 20년 7월, 18년 9월

01 다음 중 워드프로세서에서 특정 내용을 검색하기 위한 찾기 기능의 설명으로 옳지 않은 것은?

① 교정부호나 메모의 내용을 지정하여 검색할 수 있다.
② 와일드 카드 문자(*, ?)를 사용하여 검색할 수 있다.
③ 블록을 지정하여 특정 영역에 대해서만 검색할 수 있다.
④ 글자 모양이나 문단 모양, 스타일 등을 지정하여 검색할 수 있다.

검색은 화면의 내용이나 표 안의 내용은 검색할 수 있으나 교정부호나 메모의 내용은 검색할 수 없다.

....

24년 상시, 22년 상시, 18년 9월

02 다음 중 워드프로세서에서 찾기 기능에 대한 설명으로 옳은 것은?

① 찾기 기능은 대문자와 소문자를 구분하여 내용을 찾을 수 없다.
② 찾기 기능을 이용하여 찾을 때 언제나 현재 커서의 아래쪽으로만 내용을 찾을 수 있다.
③ 찾기 기능에서 띄어쓰기를 무시하고 내용을 찾을 수는 없다.
④ 찾을 내용과 글꼴을 이용하여 찾기 기능을 수행할 수 있다.

오답 피하기
- ① : [대소문자 구별]을 선택하여 내용을 찾을 수 있음
- ② : 찾을 방향은 아래로, 위로, 문서 전체 중에서 선택하여 내용을 찾을 수 있음
- ③ : 선택 사항에서 [띄어쓰기 무시]를 선택하여 내용을 찾을 수 있음

기적의 TIP
찾기(검색) 기능에서 다양한 검색 옵션의 세부 항목에 대해 묻는 문제가 출제되고 있습니다.

....

- 문서에서 원하는 글자나 문자열을 찾아 다른 문자열로 바꿔주는 기능이다.
- 블록을 지정하여 특정 영역에 대해 바꾸기를 할 수 있다.
- 문서 내에서 특정 문자를 찾아 크기, 서체, 속성 등을 바꿀 수 있으며, 그림이나 도형은 다른 그림이나 도형으로 치환할 수 없다.
- 바꾸기 작업을 한 후 문서의 분량에 변화가 생길 수 있다.
- 블록을 지정한 영역에서도 찾기가 가능하며 커서의 위치를 기준으로 찾을 방향을 지정할 수 있다.
- 사용자가 정의해 놓은 스타일을 적용하여 찾기나 바꾸기를 할 수 있다.

....

23년 상시, 21년 상시, 20년 2월

01 다음 중 워드프로세서에서 치환에 대한 내용으로 옳지 않은 것은?

① 치환 후에는 문서의 분량이 변할 수 없다.
② 글자 모양, 문단 모양, 스타일도 지정하여 바꿀 수 있다.
③ 블록을 지정한 특정 영역에 대해서만 치환 기능을 적용할 수 있다.
④ 특정 문자열을 찾아 다른 문자열로 바꾸는 기능이다.

치환 후에는 문서의 분량이 변할 수 있다.

....

23년 상시, 21년 상시, 17년 3월

02 다음 중 워드프로세서에서 찾기와 바꾸기 기능에 관한 설명으로 옳지 않은 것은?

① 블록을 지정한 영역에서도 찾기가 가능하며 커서의 위치를 기준으로 찾을 방향을 지정할 수 있다.
② 사용자가 정의해 놓은 스타일을 적용하여 찾기나 바꾸기를 할 수 있다.
③ 찾기 기능을 수행하면 문서 크기에 영향을 준다.
④ 문서 내에서 특정 문자를 찾기하여 크기, 서체, 속성 등을 바꿀 수 있다.

찾기는 문서의 분량에 영향을 주지 않고 바꾸기를 했을 때 크기에 영향을 줄 수 있다.

기적의 TIP
바꾸기(치환)는 찾기와 다르게 문서의 분량이 변할 수 있음을 기억하세요.

....

- 작성된 문서와 워드프로세서에 내장된 사전을 서로 비교하여 틀린 단어를 찾아 자동이나 수동으로 고쳐주는 기능이다.
- 맞춤법, 표준말, 띄어쓰기, 대소문자 검사, 기호나 숫자에 알맞은 토씨 등을 검사한다.
- 사전에 없는 단어는 사용자가 직접 추가할 수 있다.
- 수식이나 화학식의 오류는 검사할 수 없다.
- 자주 틀리는 단어는 자동으로 수정되도록 지정할 수 있다.
- 문서 전체나 특정 부분에 대해 검사하고 문법적인 오류도 고칠 수 있다.

23년 상시, 22년 상시, 21년 상시, 20년 2월, 19년 3월

01 다음 중 워드프로세서에서 맞춤법 검사 기능에 관한 설명으로 옳지 않은 것은?

① 내장된 사전과 비교하여 틀린 단어를 고치는 기능이다.

② 문장 부호 검사, 영문 약자 검사를 지정할 수 있다.

③ 자주 틀리는 단어는 자동으로 수정되도록 지정할 수 있다.

④ 한글과 영문뿐만 아니라 수식도 고칠 수 있다.

수식은 맞춤법 검사를 할 수 없다.

23년 상시, 22년 상시, 21년 상시, 19년 8월

02 다음 중 맞춤법 검사(Spelling Check)에 대한 설명으로 올바른 것은?

① 수식과 화학식도 맞춤법 검사를 할 수 있다.

② 자주 틀리는 단어는 자동으로 수정되도록 지정할 수 있다.

③ 문서의 특정 부분만 검사할 수는 없다.

④ 맞춤법 외에 문법적인 오류는 고칠 수 없다.

[도구]-[맞춤법 F8]-[시작]을 누르면 맞춤법 검사를 할 수 있는데 바꿀 말을 추천 글로 변경하는 기능이다.

오답 피하기
- ① : 수학식이나 화학식의 맞춤법 검사는 안 됨
- ③ : 문서 전체나 특정 부분에 대해 검사 가능
- ④ : 문법적인 오류도 고칠 수 있음

기적의 TIP
맞춤법 검사 기능에서 수식이나 화학식의 오류는 검사할 수 없음을 알아두세요.

- 작성된 문서의 전부 또는 블록을 지정한 일부분을 프린터 등으로 인쇄한다.
- 미리보기는 편집한 내용의 전체 윤곽을 확인하는 기능으로 미리보기에서 편집할 수는 없다.
- 인쇄 범위, 인쇄 매수, 인쇄 방식(기본 인쇄, 나눠 찍기, 모아 찍기, 끊어 찍기, 역순 인쇄, 절약 인쇄)을 지정하여 인쇄한다.
- 한 부씩 찍기를 하면 1-2-3순으로 인쇄되며, 여러 장 인쇄할 때에는 인쇄 매수만큼 1페이지를 다 인쇄한 다음, 2, 3 순서대로 여러 장 인쇄된다.
- 프린터의 해상도를 높게 설정하면 출력 시간은 길어지지만 대신 선명하게 인쇄할 수 있다.
- 전자메일과 팩스 인쇄를 통해 팩시밀리가 없어도 작업한 문서를 상대방의 팩스로 보낼 수 있다.
- 파일로 인쇄를 하면 문서의 내용을 종이에 출력하지 않고 확장자가 PRN 형식의 파일로 저장이 된다.

23년 상시, 22년 상시, 21년 상시, 20년 7월, 15년 6월

01 다음 중 워드프로세서의 인쇄 기능에 대한 설명으로 옳지 않은 것은?

① 문서의 내용을 종이에 출력하지 않고 파일로 디스크에 저장할 수 있다.

② 프린터의 해상도를 높게 설정하면 출력 시간은 길어지지만 대신 선명하게 인쇄할 수 있다.

③ 문서의 1-3페이지를 여러 장 인쇄할 때 한 부씩 찍기를 선택하지 않으면 1-2-3페이지 순서로 여러 장이 인쇄된다.

④ 미리보기 기능을 사용하여 문서의 내용을 편집할 수는 없다.

페이지별로 인쇄 매수만큼 1페이지를 다 인쇄한 다음, 2, 3페이지 순서대로 인쇄된다.

22년 상시, 19년 3월, 17년 3월

02 다음 중 워드프로세서에서 인쇄 기능에 관한 설명으로 옳지 않은 것은?

① 인쇄 전 미리보기 기능을 이용하여 여백 보기 등을 통해 문서의 윤곽을 미리 확인할 수 있다.

② 모아 찍기 기능을 이용하여 문서 한 장에 여러 페이지를 인쇄할 수 있다.

③ 그림 워터마크와 글씨 워터마크를 설정하여 인쇄할 수 있다.

④ 파일로 인쇄하면 확장자가 .hwp 또는 .doc인 파일로 저장된다.

파일로 인쇄하면 확장자가 PRN인 파일로 저장된다.

기적의 TIP
인쇄 옵션에서 인쇄 범위, 인쇄 방식, 인쇄 매수, 인쇄 순서 등 다양하게 문제가 출제되고 있습니다.

- **워드 랩(Word Wrap)** : 줄 끝에 있는 영어 단어가 다음 줄까지 이어질 때 단어를 자르지 않고 다음 줄로 넘기는 기능이다.
- **영문 균등(Justification)** : 워드 랩 등으로 인한 공백을 처리하기 위해 단어와 단어 사이를 균등하게 배분함으로써 균형을 맞추는 기능이다.
- **디폴트(Default)** : 전반적인 규정이나 서식 설정 등에 대해 미리 가지고 있는 값이다.
- **옵션(Option)** : 메뉴나 기능을 수행할 때 제시되는 선택 항목을 의미한다.
- **색인(Index)** : 문서의 내용을 쉽게 찾을 수 있도록 중요한 용어를 쪽 번호와 함께 수록한 목록이다.
- **마진(Margin)** : 문서 작성 시 페이지의 상·하·좌·우에 두는 공백을 의미한다.
- **캡션(Caption)** : 문서에 포함된 표나 그림에 붙이는 제목 또는 설명이다.

24년 상시, 23년 상시, 22년 상시, 21년 상시, 20년 7월, 16년 6월

01 다음 중 워드프로세서에서 사용하는 기본 용어에 관한 설명으로 옳지 않은 것은?

① 영문 균등(Justification) : 단어와 단어 사이의 간격을 균등 배분하여 문장의 왼쪽 끝만 맞추어 균형을 유지하는 기능

② 색인(Index) : 문서의 중요한 내용을 빠르게 찾기 위하여 문서의 맨 뒤에 용어와 기록된 쪽 번호를 오름차순으로 기록하여 정리한 목록

③ 옵션(Option) : 명령이나 기능을 수행할 때 선택할 수 있는 항목들을 모두 보여주는 것

④ 마진(Margin) : 문서 작성 시 문서의 균형을 위해 남겨 두는 상·하·좌·우의 여백

> 영문 균등은 워드 랩 등으로 생긴 공백을 처리하기 위해 단어와 단어 사이의 간격을 균등 배분하여 양쪽 길이를 맞추는 기능이다.

24년 상시, 22년 상시, 21년 상시, 19년 8월

02 다음 중 워드프로세서의 용어에 대한 설명으로 옳지 않은 것은?

① 옵션(Option) : 어떤 기능에 대한 지시를 부여하거나 지시할 때 선택할 수 있는 항목을 말한다.

② 마진(Margin) : 문서의 균형을 위해 비워두는 페이지의 상·하·좌·우 공백을 말한다.

③ 센터링(Centering) : 문서의 중심을 비우고 문서의 내용을 정렬하는 기능이다.

④ 캡션(Caption) : 문서에 포함된 표나 그림에 붙이는 제목 또는 설명이다.

> 센터링은 문서 가운데를 중심으로 문서의 내용을 정렬하는 기능이다.

기적의 TIP
워드프로세서의 용어와 그 기능을 연결하는 문제가 출제되고 있습니다.

- 매크로는 반복되는 글자, 서식 등을 여러 곳에 빠르고 효율적으로 처리하기 위해 사용한다.
- 스크립트 매크로는 일련의 키보드 또는 마우스 동작을 특정 키에 기록해 두었다가 키를 눌러 그대로 재생하는 기능이다.
- 매크로는 사용자가 기억하기 쉽도록 각각 이름을 붙일 수 있으며 별도로 저장했다가 편집하여 재사용할 수 있다.

23년 상시, 22년 상시, 20년 7월, 19년 8월

01 다음 중 워드프로세서에서 매크로(Macro)에 대한 설명으로 옳지 않은 것은?

① 일련의 작업 순서를 키보드의 특정 키에 기록해 두었다가 필요할 때 한 번에 재실행해 내는 기능이다.

② 동일한 내용의 반복 입력이나 도형, 문단 형식, 서식 등을 여러 곳에 반복 적용할 때 효과적이다.

③ 작성한 매크로는 별도의 파일로 저장할 수 있으며 편집이 가능하다.

④ 마우스 동작을 포함한 사용자의 모든 동작을 기억하는 것을 '키 매크로'라고 한다.

> 사용자가 입력하는 일련의 키보드와 마우스의 조작 순서를 기억하였다가 재생하는 것을 '스크립트 매크로'라고 한다.

22년 상시, 21년 상시, 18년 3월

02 다음 중 워드프로세서가 가지고 있는 매크로 기능에 관한 설명으로 옳지 않은 것은?

① 자주 사용하는 어휘나 도형 등을 약어로 등록하여 필요할 때 약어만 호출하여 같은 내용을 반복 사용하는 기능이다.

② 작성한 매크로는 별도의 파일로 저장할 수 있으며 편집이 가능하다.

③ 키보드 입력을 기억하는 '키 매크로'와 마우스 동작을 포함한 사용자의 모든 동작을 기억하는 '스크립트 매크로'가 있다.

④ 동일한 내용의 반복 입력이나 도형, 문단 형식, 서식 등을 여러 곳에 반복 적용할 때 유용하다.

> 자주 사용하는 어휘나 도형 등을 약어로 등록하여 필요할 때 약어만 호출하여 같은 내용을 반복 사용하는 기능은 상용구에 대한 설명이다.

기적의 TIP
매크로의 뜻과 매크로는 저장과 편집하여 사용할 수 있음을 기억하세요.

11 금칙 처리

▶합격 강의

• 문서에서 행의 처음이나 마지막에 올 수 없는 문자나 기호이다.
• **행두 금칙 문자** : . , ' " : ; ? !) }] 」 」 〉 ℃ ℉
• **행말 금칙 문자** : ' " ({ [「 「 〈 # $ № ☎

23년 상시, 22년 상시, 21년 상시, 19년 8월

01 다음 중 워드프로세서에서 문서를 작성할 때 금칙 처리에 관한 설명으로 옳은 것은?

① 특정한 기호가 행의 마지막 또는 행의 처음에 나타나지 않도록 하는 것이다.

② 입력되는 단어가 길어서 동일한 줄에 입력되지 않을 경우 다음 줄로 이동하여 나타나도록 하는 것이다.

③ 문서 인쇄 시 특정한 글자나 기호가 인쇄되지 않도록 하는 것이다.

④ 특정한 서체를 작성 중인 문서에서 사용할 수 없도록 하는 것이다.

> 금칙 처리란 특정 기호가 행의 처음이나 마지막에 올 수 없는 문자나 기호를 의미한다.

> **오답 피하기**
>
> 입력되는 단어가 길어서 동일한 줄에 입력되지 않을 경우 다음 줄로 이동하여 나타나도록 하는 것은 워드 랩에 대한 설명이다.

24년 상시, 21년 상시, 16년 10월

02 다음 중 워드프로세서에서 행말 금칙 문자로만 짝지어진 것으로 옳은 것은?

① ℉ ℃ ?

② ! ☎ 〉

③ # $ ☎

④ : ℃ #

> • 행두 금칙 문자 : 행의 처음에 올 수 없는 문자(. , ' " : ; ? !) }] 」 」)℃ ℉)
> • 행말 금칙 문자 : 행의 마지막에 올 수 없는 문자(' " ({ [「 「 〈 # $ № ☎)

> **기적의 TIP**
>
> 금칙 처리란 무엇인지와 행두, 행말 금칙 문자의 종류를 묻는 문제가 출제되고 있습니다.

---

12 메일 머지(Mail Merge)

▶합격 강의

• 몇 가지만 다르고 나머지는 내용이 같은 형식의 문서를 만들어 내는 기능으로 서식 파일(Form Letter File)과 데이터 파일(Data File)을 결합(Merging)하여 만든다.
• 초청장, 안내장, 청첩장 등을 만들 경우 효과적이다.
• 본문(내용문, 서식) 파일에 커서를 위치시킨 후 메일 머지 기능을 실행한다.
• 데이터 파일에는 윈도우의 주소록, Outlook 주소록, 한글 파일, 엑셀 파일, DBF 파일 형식이 있다.

19년 8월/3월

01 다음 중 워드프로세서의 메일 머지(Mail Merge) 기능에 관한 설명으로 옳지 않은 것은?

① 메일 머지를 수행하기 위해서는 데이터 파일과 서식 파일이 필요하다.

② 데이터 파일은 서식 파일에 대입될 개인별 이름이나 주소 등을 담고 있는 파일이다.

③ 서식 파일은 메일 머지되어 나올 내용에서 공통적으로 들어갈 본문 내용을 기재한 파일이다.

④ 메일 머지에 쓸 수 있는 서식 파일에는 윈도우의 주소록과 Outlook 주소록, 한글 파일, 엑셀 파일 등이 있다.

> 메일 머지에 쓸 수 있는 데이터 파일 형식에는 윈도우 주소록, Outlook 주소록, 한글 파일, 엑셀 파일, DBF 파일 형식이 있다.

22년 상시, 13년 6월

02 다음 중 메일 머지(Mail Merge) 기능에 대한 설명으로 옳지 않은 것은?

① 이름이나 직책, 주소 등만 다르고 나머지 내용은 같은 여러 통의 편지를 쉽게 만들 수 있는 기능이다.

② 초청장이나 안내장, 청첩장 등을 만들 경우에 효과적으로 이용할 수 있다.

③ 데이터 파일은 꼭 엑셀이나 액세스 파일이어야 한다.

④ 반드시 본문 파일에서 메일 머지 기능을 실행시켜야 한다.

> 메일 머지를 수행할 서식 파일에 본문을 입력하고, 데이터 파일에는 이름, 주소 등이 들어갈 데이터를 표시하는데, 데이터 파일에는 윈도우의 주소록과 Outlook 주소록, 한글 파일, 엑셀 파일, DBF 파일을 사용할 수 있다.

> **기적의 TIP**
>
> 데이터 파일 형식의 종류 5가지를 묻는 문제가 출제되고 있습니다.

- 전자출판이란 컴퓨터 및 인쇄 품질이 높은 프린터 등의 장비를 이용해 출판 기획에서부터 도서 제작에 이르는 모든 과정을 처리하는 작업 형태를 말한다.
- 출판의 전 과정이 컴퓨터를 사용하여 이루어지고 다수의 사용자가 공유하여 사용할 수 있다.
- 위지윅(WYSIWYG) 방식을 이용하므로 사진, 도표, 그리기 등의 작업이 자유롭다.
- 다양한 글꼴(Font)과 레이아웃 기능을 지원한다.
- 문자뿐만 아니라 소리, 그림, 영상, 애니메이션 등의 다양한 멀티미디어 표현이 가능하다.
- 전자출판 제공자와 사용자 간의 상호 대화가 가능한 양방향 매체이다.
- 하드 디스크, CD-ROM 등의 저장 매체로 대용량의 데이터를 반영구적으로 보관할 수 있으나, 저장 매체의 일부만 손상되어도 전체 자료를 볼 수 없다.
- 전자출판의 종류에는 온라인 데이터베이스형, 패키지형, 컴퓨터 통신형이 있다.

23년 상시, 22년 상시, 20년 2월, 16년 10월

01 다음 중 전자출판의 특징으로 옳지 않은 것은?

① 저장 매체의 일부가 손상되어도 전체 자료를 볼 수 있다.

② 문자나 소리, 그림, 동영상 등의 멀티미디어 요소의 복합적인 표현이 가능하다.

③ CD-ROM 등을 저장 매체로 이용하여 보관 공간을 줄이고 영구적인 보관이 가능하다.

④ 컴퓨터 통신망을 이용하여 다수의 사용자가 동시에 자료의 사용이 가능하다.

> 저장 매체의 일부가 손상되면 전체 자료를 볼 수 없다.

22년 상시, 21년 상시, 17년 9월

02 다음 중 전자출판의 특징으로 옳지 않은 것은?

① 개인용 컴퓨터를 이용하여 출판의 전 과정이 가능하다.

② 위지윅(WYSIWYG) 방식으로 편집 과정을 편집자가 의도한 대로 구현할 수 있다.

③ 다양한 글꼴(Font)을 지원하며, 아날로그 방식으로 문자를 저장한다.

④ 문자뿐만 아니라 소리, 그림, 영상, 애니메이션 등의 복합적인 표현이 가능하다.

> 전자출판이므로 디지털 방식으로 문자를 저장한다.

기적의 TIP

전자출판은 컴퓨터 장치를 이용하여 작성하므로 그 특징도 컴퓨터와 연관하여 기억하세요.

- **커닝(Kerning)** : 자간(글자와 글자)의 미세 조정으로 특정 문자들의 간격을 조정하는 기능이다.
- **디더링(Dithering)** : 제한된 색상을 조합 또는 비율을 변화하여 새로운 색을 만드는 작업이다.
- **초크(Choke)** : 이미지 변형 작업, 입출력 파일 포맷, 채도, 조명도, 명암 등을 조절한다.
- **오버프린트(Overprint)** : 문자 위에 겹쳐서 문자를 중복 인쇄하는 작업으로 배경색이 인쇄된 후에 다시 대상체 컬러를 중복 인쇄하는 작업이다.
- **렌더링(Rendering)** : 2차원의 이미지에 광원, 위치, 색상들을 첨가하여 사실감 있는 3차원 컴퓨터 그래픽으로 화상의 입체감과 사실감을 나타내는 기법이다.
- **필터링(Filtering)** : 작성된 이미지를 필터 기능을 이용하여 여러 가지 형태의 새로운 이미지로 탈바꿈시켜 주는 기능이다.
- **리터칭(Retouching)** : 기존의 이미지를 다른 형태로 새롭게 변형하거나 수정하는 작업이다.

23년 상시, 21년 상시, 20년 7월, 17년 9월

01 다음 중 전자출판과 관련된 용어에서 커닝(Kerning)에 관한 설명으로 옳은 것은?

① 글자와 글자 사이의 간격을 미세하게 조정하는 작업이다.

② 제한된 색상을 조합하여 복잡한 색이나 새로운 색을 만드는 작업이다.

③ 문자 위에 겹쳐서 문자를 중복 인쇄하거나 배경색을 인쇄한 후에 그 위에 대상체를 인쇄하는 기능이다.

④ 이미지 변형 작업, 입출력 파일 포맷, 채도, 조명도, 명암 등을 조절하는 작업이다.

오답 피하기

- ② : 디더링(Dithering)에 대한 설명
- ③ : 오버프린트(Overprint)에 대한 설명
- ④ : 초크(Choke)에 대한 설명

22년 상시, 19년 3월

02 다음에서 설명하는 전자출판 기능은?

> 2차원의 이미지에 광원, 위치, 색상 등을 첨가하여 사실감을 불어넣어 3차원적인 입체감을 갖는 화상을 만드는 작업이다.

① 디더링(Dithering)   ② 렌더링(Rendering)
③ 리터칭(Retouching)   ④ 필터링(Filtering)

오답 피하기

- 디더링 : 제한된 색상을 조합 또는 비율을 변형해 새로운 색을 만드는 기능
- 리터칭 : 기존 그림을 다른 형태로 새롭게 변형하거나 수정하는 작업
- 필터링 : 필터 기능을 이용해 새로운 이미지로 바꿔주는 기능

기적의 TIP

전자출판 용어는 전문 용어라서 외우기 어려우므로 '커닝은 글자 간격'처럼 자신만의 방법으로 용어와 기능을 연결하여 외우세요.

---

15 교정부호

▶ 합격 강의

문서 분량이 증가 가능한 교정부호	⟩ (줄 삽입), ✓ (사이 띄우기), ‗┐ (줄 바꾸기), ┗ (들여쓰기), ⌄ (삽입), ⟳ (수정)
문서 분량이 감소 가능한 교정부호	◠ (삭제), ⊃ (줄 잇기), ⌒ (붙이기), ⌐ (내어쓰기), ⟳ (수정)
문서 분량과 관계 없는 교정부호	◡◠ (자리 바꾸기), ✹ (원래대로 두기, 되살리기)
상반되는 의미의 교정부호	• ✓ (사이 띄우기) ↔ ⌒ (붙이기) • ⌄ (삽입) ↔ ◠ (삭제) • ┗ (들여쓰기) ↔ ⌐ (내어쓰기) • ⌐┐ (끌어 올리기) ↔ ⌐◡ (끌어 내리기) • ‗┐ (줄 바꾸기) ↔ ⊃ (줄 잇기)

24년 상시, 21년 상시, 20년 2월, 16년 2월

01 다음 중 문서를 작성할 때 서로 상반되는 의미를 갖는 교정부호의 쌍으로 옳지 않은 것은?

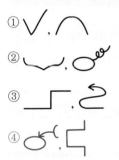

① ✓, ⌒

② ⌄, ◠

③ ‗┐, ⊃

④ ⟳, ┗

• ① : 사이 띄우기 ↔ 붙이기
• ② : 삽입 ↔ 삭제
• ③ : 줄 바꾸기 ↔ 줄 잇기

오답 피하기
④는 수정, 들여쓰기 기호이다.

24년 상시, 23년 상시, 22년 상시, 13년 3회

02 다음 중 문서의 분량이 증가할 가능성이 있는 교정부호들로만 올바르게 짝지어진 것은?

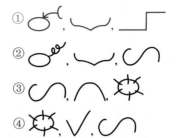

① ⟳, ⌄, ‗┐

② ◠, ⌄, ⌄

③ ⊃, ⌒, ✹

④ ✹, ✓, ⌄

⟳ (수정), ⌄ (삽입), ‗┐ (줄 바꾸기)는 모두 문서의 분량이 증가할 수 있는 교정부호이다.

23년 상시, 22년 상시, 14년 2회

03 다음 중 서로 상반되는 의미를 지닌 교정부호로 짝지어진 것은?

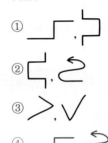

① ‗┐, ⌐

② ┗, ⊃

③ ⟩, ✓

④ ┗, ⊃

---

④의 줄 바꾸기, 줄 잇기는 서로 상반되는 교정부호이다.

기적의 TIP
교정부호의 뜻, 문서 분량과 관계되는 기호 등 반드시 1~2문제 출제되고 있습니다.

- 정해진 부호를 정확하게 사용해야 한다.
- 수정하려는 글자를 정확하게 지적해야 한다.
- 의미가 명확히 전달되도록 가지런히 표기한다.
- 표기하는 색깔은 원고의 색과 다르면서 눈에 잘 띄는 색으로 한다.
- 교정할 부호가 서로 겹치지 않도록 주의하며, 부득이 서로 겹칠 경우에는 겹치는 각도를 크게 하여 교정 내용을 알아볼 수 있게 한다.
- 한 번 교정된 부분도 다시 교정할 수 있다.

23년 상시, 22년 상시, 20년 7월, 19년 8월

01 다음 중 문서의 수정을 위한 교정부호의 표기법으로 옳지 않은 것은?

① 문서의 내용과 혼동되지 않도록 글자색과 동일한 색으로 표기하도록 한다.

② 한 번 교정된 부분도 다시 교정할 수 있다.

③ 교정하고자 하는 글자를 명확하게 지적해야 한다.

④ 여러 교정부호를 동일한 행에 사용할 때 교정부호가 겹치지 않도록 한다.

글자를 교정할 때에는 원고의 색과 다르게 눈에 잘 띄는 색을 사용해야 한다.

22년 상시, 21년 상시, 17년 3월

02 다음 중 교정부호의 올바른 사용법으로 옳지 않은 것은?

① 교정부호가 부득이 겹칠 경우에는 겹치는 각도를 최대한 작게 한다.

② 교정부호나 글자는 명확하고 간략하게 표기한다.

③ 표기하는 색은 원고의 색과 다르게 눈에 잘 띄도록 한다.

④ 의미가 명확히 전달되도록 가지런히 표기한다.

여러 교정부호를 쓸 때는 서로 겹치지 않도록 하며, 부득이 겹치면 겹치는 각도를 크게 하여 교정부호를 알아볼 수 있도록 해야 한다.

기적의 TIP
교정부호의 올바른 표기법과 교정할 때 원고와 다른 색을 사용해야 함을 기억하세요.

- **정확성**
  - 표기법이 정확하고 합리적이며, 내용이 시행 불가능한 사항 없이 작성자의 의사를 정확하게 표현하여 작성되어야 한다.
  - 문서를 옮겨 적거나 다시 기재하는 것을 줄이고, 복사해서 사용한다.
- **용이성** : 문서의 절차와 방법을 간단하게 하고, 쉽게 작성하여 작업을 사무화한다.
- **간결성** : 의사전달이 용이한 형태의 간결체로 문장을 짧고 긍정적으로 작성하며, 결론 및 문제점을 먼저 쓴다.
- **신속성** : 표준적인 예문을 사용하고 경유되는 곳을 줄여 빠르게 전송해야 한다.
- **경제성**
  - 경비 절감을 원칙으로 문서 작성 방법을 고안한다.
  - 문서의 집중 관리 및 처리를 통하여 경비를 절약한다.
- **보존성** : 문서는 증빙 자료, 역사 자료 또는 정보원으로 활용할 수 있으므로 보존이 가능한 형태로 작성한다.
- 긴 문장은 적당히 끊어 작성하고 주어와 술어의 관계를 분명히 한다.
- 수식어를 정확히 사용하고 이해하기 쉬운 용어를 쓴다.

23년 상시, 19년 8월/3월

01 다음 중 문서관리의 원칙에 대한 설명으로 가장 옳지 않은 것은?

① 정확성 : 문서를 옮겨 적거나 다시 기재하는 것을 줄이고, 복사해서 사용한다.

② 용이성 : 문서를 쉽게 작성하고, 판단 사무를 작업 사무화한다.

③ 신속성 : 반복되고 계속되는 업무는 유사 관련 자료를 참고하여 사무의 절차와 방법을 간소화한다.

④ 경제성 : 문서의 집중 관리 및 처리를 통하여 경비를 절약한다.

신속성은 문서가 이동되고 경유되는 곳을 줄이고 지체 시간을 줄이는 것을 말한다.

기적의 TIP
문서 작성할 때 '신속'은 빠르게 작성하고 전송하는 것입니다. 문서 작성의 특징이 출제됩니다.

- 필요한 문서는 찾고 필요 없는 문서는 폐기하는 것으로, 문서를 유형별로 정리, 보관, 폐기하는 일련의 제도를 파일링 시스템이라고 한다.
- 문서 파일링은 신속한 검색, 개방화, 문서관리의 명확화, 원활한 정보 전달, 정확한 의사 결정, 시간과 공간의 절약, 사무 환경의 정리와 기록물의 효과적인 활용 등의 효과가 있다.
- 파일링은 개인별 점유나 보관의 금지, 문서의 소재 명시, 문서 검색의 용이화 및 신속성, 문서의 적시 폐기, 파일링 방법의 표준화를 기본 원칙으로 한다.

21년 상시, 20년 7월

01 다음 중 문서 파일링 시스템의 도입 효과와 관련이 없는 것은?

① 문서관리의 명확화
② 정보 전달의 원활화
③ 사무 공간의 효율적 활용
④ 기록 활용에 대한 제비용 증가

> 파일링 시스템이란 문서관리에 있어서 문서 유형별로 정리, 보관, 폐기하는 일련의 제도로, 필요 없는 문서는 적시에 폐기하여 기록 활용에 대한 비용이 감소하도록 하는 효과가 있다.

23년 상시, 22년 상시, 21년 상시, 18년 9월

02 다음 중 파일링 시스템의 기본원칙으로 옳지 않은 것은?

① 시간과 공간의 극대화
② 문서 검색의 용이성 및 신속한 출납
③ 명확한 분류를 위한 파일링 방법의 표준화
④ 문서의 소재 명시 및 보존의 확실성

> 파일링 시스템으로 시간과 공간이 최소화되어 절약되는 효과가 있다.

기적의 TIP
파일링의 뜻과 도입 효과를 묻는 문제가 출제되고 있습니다.

- **명칭별(거래처별) 분류법**
  - 거래자나 거래 회사명에 따라 이름의 첫머리 글자를 기준으로 가나다순 혹은 알파벳순으로 분류한다.
  - 동일한 개인 혹은 회사에 관한 문서가 한 곳에 집중된다.
  - 직접적인 정리와 참조가 가능하며 색인이 불필요하다.
- **주제별 분류법**
  - 같은 내용의 문서를 한 곳에 모아 관리할 수 있다.
  - 무한하게 확장이 가능하다.
  - 색인 카드가 필요하다.
- **지역별 분류법**
  - 거래처의 지역이나 범위에 따라 가나다순으로 분류한다.
  - 여러 나라나 지역에 사업장을 갖춘 기업에 유용하다.

20년 2월, 17년 9월

01 다음 중 문서 파일링 방법에 관한 설명으로 옳지 않은 것은?

① 번호별 분류법은 업무 내용으로 참조되는 경우에 가장 효과적이다.
② 주제별 분류법은 분류하는 것이 어려우나 무한하게 확장할 수 있다.
③ 명칭별 분류법은 직접적인 정리가 가능하며 배열방식이 단순하다.
④ 지역별 분류법은 여러 나라나 지역에 사업장을 갖춘 기업에 유용하다.

> 번호별 문서 분류법은 숫자로 정리되므로 번호로 참조되는 경우에 효과적이다.

24년 상시, 23년 상시, 22년 상시, 21년 상시, 19년 3월, 15년 3월

02 다음에 설명하는 문서 정리 방법을 나타내는 용어로 가장 적절한 것은?

> - 같은 카테고리의 문서를 한 곳에 모을 수 있다.
> - 문서 내용의 분류가 여러 개인 경우 상호 참조 표시가 필요하다.
> - 문서가 소분류로 구분되어 취급되는 경우에 많이 활용된다.

① 번호식 분류법
② 지역별 분류법
③ 주제별 분류법
④ 수평적 분류법

> 주제별 분류법은 같은 종류의 주제나 활동에 대한 정보를 종류별로 모아 정리하는 방법이다.

기적의 TIP
문서 정리법의 종류와 방법을 묻는 문제가 출제되고 있습니다.

- 전자문서란 정보처리능력을 가진 장치에 의해 전자적인 형태로 작성한 후 저장하고 송수신하는 문서이다.
- 기안은 전자문서를 원칙으로 하고 전자문서시스템 상에서 언제든지 자동으로 표시하며 담당자는 메일로 공람 여부를 언제든지 확인할 수 있어야 한다.
- 전자문서는 결재권자가 전자문서의 서명란에 서명을 하여 결재를 받음으로 성립한다.
- 전자문서의 효력은 수신자의 컴퓨터 파일에 기록되었을 때부터 발생한다.
- 업무의 성질상 전자문서로 기안하기 곤란하거나 그 밖의 특별한 사정이 있지 않은 한 기안은 전자문서로 하는 것을 원칙으로 한다.

21년 상시, 20년 7월/2월

01 다음 중 전자문서에 대한 설명으로 적당하지 않은 것은?

① 컴퓨터 등 정보처리능력을 가진 장치에 의하여 전자적인 형태로 작성되거나 송신·수신 또는 저장된 문서를 말한다.
② 전자문서의 효력 발생 시기는 전자문서를 수신자가 관리하거나 지정한 전자적 시스템 등에 입력되었을 때 발생한다.
③ 전자문서는 공람하였다는 기록을 업무관리시스템 또는 전자문서시스템 상에서 수동으로 표시하며 담당자는 메일로 공람 여부를 언제든지 확인할 수 있어야 한다.
④ 업무의 성질상 전자문서로 기안하기 곤란하거나 그 밖의 특별한 사정이 있지 않은 한 기안은 전자문서로 하는 것을 원칙으로 한다.

전자문서의 공람은 자동으로 표시되어 담당자는 공람 여부를 언제든지 확인할 수 있다.

기적의 TIP

전자문서는 컴퓨터를 사용하고 권한이 있는 사람은 '언제든지' 열람이 가능합니다. 꼭 기억하세요.

- EDI는 조직 내에서 상호 교환되는 문서를 표준화된 양식과 코드 체계를 이용하여 전자적 신호로 바꿔 컴퓨터에 도입한 하드웨어와 소프트웨어 기술의 집합이다.
- 문서 저장 공간의 낭비를 줄여 효율적인 관리를 할 수 있으나, 접근 권한과 보안 유지에 대한 문제가 있을 수 있다.
- EDI의 3대 구성 요소는 EDI 표준, 사용자 시스템(H/W, S/W), 통신 네트워크(VAN)이다.

24년 상시, 23년 상시, 21년 상시, 19년 8월/3월

01 다음 중 EDI(Electronic Data Interchange)에 대한 설명으로 옳지 않은 것은?

① 각종 서류를 표준화된 양식을 통해 전자적 신호로 바꿔 컴퓨터통신망을 이용, 전송하는 시스템이다.
② 기업 간의 거래 데이터를 교환하기 위한 표준 포맷으로 미국의 데이터교환표준협회에 의해 개발되었다.
③ EDI 메시지들은 암호화되거나 해독될 수 있으며 E-mail, 팩스와 함께 전자상거래의 한 형태다.
④ EDI의 3대 구성 요소는 EDI 표준(Standards), 문서(Document), 통신 네트워크(VAN)이다.

EDI의 3대 구성 요소로는 EDI 표준, 사용자 시스템(H/W, S/W), 통신 네트워크(VAN)가 있다.

21년 상시, 15년 6월

02 다음 설명이 의미하는 워드프로세서 용어는?

조직 간 통용되는 문서 정보를 종이로 된 서식 대신 컴퓨터 간에 표준화된 포맷과 코드 체계를 이용하여 문서를 교환하는 방식으로 문서의 표준화를 전제로 운영된다.

① OLE(Object Linking &Embedding)
② ERP(Enterprise Resource Planning)
③ VAN(Value Added Network)
④ EDI(Electronic Data Interchange)

오답 피하기

- ① : 개체의 연결이나 포함으로 응용 프로그램 간의 자료 교환 방식
- ② : 회사의 자금, 회계, 구매, 생산, 판매 등 모든 업무의 흐름을 효율적으로 자동 조절해 주는 전산 시스템
- ③ : 회선을 소유하는 사업자로부터 통신 회선을 빌려 독자적인 통신망을 구성하고, 통신 서비스를 부가하여 새롭게 구성한 통신망

기적의 TIP

EDI의 뜻과 EDI 구성 요소에는 컴퓨터와 같은 시스템이 반드시 있어야 함을 기억하세요.

- 공문서는 행정기관 내부 또는 상호 간이나 대외적으로 공무상 작성 또는 시행되는 문서, 사진, 디스크, 테이프 필름, 슬라이드, 전자 문서 등의 특수 매체 기록 및 행정기관이 접수한 모든 문서이다.
- 공문서는 두문, 본문, 결문으로 구성된다.

두문	행정기관명, 수신란(경유)
본문	제목, 내용, 붙임
결문	발신명의, 기안자, 검토자, 결재권자의 직위와 직급 및 서명, 생산등록번호와 시행일자, 접수등록번호와 접수 일자, 우편번호, 도로명 주소, 홈페이지 주소, 전자우편 주소, 전화번호, 팩스번호, 공개 구분 등

24년 상시, 19년 8월, 17년 9월

01 다음 중 공문서 구성에서 두문에 해당하는 내용으로 옳은 것은?

① 행정기관명
② 제목
③ 시행일자
④ 발신명의

오답 피하기
- 두문 : 행정기관명, 수신란(경유)
- 본문 : 제목, 내용, 붙임
- 결문 : 발신명의, 시행일자 등

23년 상시, 22년 상시, 17년 3월

02 다음 중 공문서의 구성에서 결문의 내용으로 옳지 않은 것은?

① 시행일자
② 협조자
③ 붙임(첨부)
④ 발신 기관 주소

붙임(첨부)은 본문에 해당하는 내용이다.

기적의 TIP
두문 2가지, 본문 3가지의 구성 요소를 알고 나머지는 결문의 구성 요소로 기억하세요.

- 문서의 기안은 전자문서로 함을 원칙으로 하고 처리과에서 접수 하고 처리하여 발송한다.
- 둘 이상의 행정기관 장의 결재를 요하는 문서는 그 문서를 처리 를 주관하는 기관에서 기안한다.
- 당해 문서에 대해 서명에 의한 결재가 있음으로 성립하고 당일 또는 즉시 처리가 원칙이다.
- 문서는 정보 통신망을 이용하여 팩스, 전자우편 주소 등으로 발 신함을 원칙으로 하고 중요한 문서는 등기우편으로 발신한다.
- 업무의 성격, 기타 특별한 사정이 있는 경우에는 인편이나 우편, 팩스로도 발송 가능하다.
- 행정기관의 장은 문서를 수신, 발신하는 경우에 문서의 보안 유 지와 위조, 변조, 분실, 훼손 및 도난 방지를 위한 적절한 조치를 마련하여야 한다.
- 공문서의 효력은 일반 문서는 수신자에게 도달된 때 효력이 발생 하고 전자문서는 수신자의 컴퓨터에 파일로 기록된 때 효력이 발 생한다.

19년 3월, 13년 6월

01 다음 중 공문서의 발송에 대한 설명으로 옳지 않은 것은?

① 문서는 정보 통신망을 이용하여 발신하는 것을 원 칙으로 한다.
② 행정기관이 아닌 자에게는 행정기관의 홈페이지나 행정기관이 공무원에게 부여한 전자우편 주소를 이 용하여 문서를 발신할 수 있다.
③ 업무의 성격, 기타 특별한 사정이 있는 경우에는 인 편이나 우편으로는 발송할 수 있으나, 팩스로는 발 송할 수 없다.
④ 행정기관의 장은 문서를 수신, 발신하는 경우에 문 서의 보안 유지와 위조, 변조, 분실, 훼손 및 도난 방지를 위한 적절한 조치를 마련하여야 한다.

정보 통신망으로 발송하고 특별한 경우에는 인편, 우편, 팩스로도 발송할 수 있다.

기적의 TIP
발송은 인편, 우편, 팩스, 이메일 등 다양한 방법으로 발송할 수 있음을 알아두세요.

- **전결** : 행정기관의 장으로부터 결재권을 위임받은 자가 행하는 결재를 말한다.
- **대결** : 결재권자가 휴가, 출장 기타의 사유로 결재할 수 없을 때 직무를 대리하는 자가 결재하는 것을 말한다.
- **사후 보고** : 대결한 문서 중 내용이 중요한 문서에 대해서는 결재권자에게 사후에 보고한다.
- **관인** : 행정기관에서 발행한 도장으로 가로로 작성하여 그 기관 또는 직위 명칭의 끝 자가 인영의 중앙에 오도록 찍고, 종류에는 청인과 직인, 전자이미지관인이 있다.
- **간인** : 두 장 이상으로 이루어지는 중요한 문서 앞장의 뒷면과 뒷장의 앞면에 걸쳐 찍는 도장 또는 그 행위를 말한다.
- **서명** : 기안자·검토자·협조자·결재권자 또는 발신명의인이 공문서에 자필로 자기의 성명을 한글로 표시하는 것으로 '전자서명'은 전자적인 형태로 서명을 한다.

24년 상시, 19년 3월, 15년 10월

01 다음 중 행정업무의 운영 및 혁신에 관한 규정에서 용어 설명이 옳지 않은 것은?

① '전자이미지서명'이란 기안자·검토자·협조자·결재권자 또는 발신명의인이 전자문서상에 전자적인 이미지 형태로 된 자기의 성명을 표시하는 것을 말한다.

② '전자문자서명'이란 기안자·검토자·협조자·결재권자 또는 발신명의인이 전자문서상에 자동 생성된 자기의 성명을 전자적인 문자 형태로 표시하는 것을 말한다.

③ '행정전자서명'이란 기안자·검토자·협조자·결재권자 또는 발신명의인이 공문서에 자필로 자기의 성명을 다른 사람이 알아볼 수 있도록 한글로 표시하는 것을 말한다.

④ '전자이미지관인'이란 관인의 인영(印影)을 컴퓨터 등 정보처리능력을 가진 장치에 전자적인 이미지 형태로 입력하여 사용하는 관인을 말한다.

- 서명 : 기안자·검토자·협조자·결재권자 또는 발신명의인이 공문서에 자필로 자기의 성명을 다른 사람이 알아볼 수 있도록 한글로 표시하는 것
- 행정전자서명 : 기안자·검토자·협조자·결재권자 또는 발신명의인의 신원과 전자문서의 변경 여부를 확인할 수 있도록 그 전자문서에 첨부되거나 결합된 전자적 형태의 정보로서 인증기관으로부터 인증을 받은 것

기적의 TIP

공문서에서 결재와 권한을 구별하는 문제가 출제됩니다. 전자서명은 전자적인 형태로 본인의 정보를 인증하는 것임을 알아두세요.

- 한 대의 컴퓨터 시스템에서 둘 이상의 작업을 병행하여 처리하는 멀티태스킹 환경이다.
- 운영체제가 제어권을 행사하여 특정 응용 프로그램이 제어권을 독점하는 것을 방지하는 안정적인 체제이다.
- 비선점 멀티태스킹은 시스템 제어 권한이 프로그램에 있어서 하나의 프로그램이 종료되지 않으면 다른 응용 프로그램이 실행될 수 없다.

24년 상시, 23년 상시, 22년 상시, 21년 상시, 20년 2월/16년 6월

01 다음 보기에서 설명하는 한글 Windows 10 운영체제의 특징으로 옳은 것은?

한 대의 컴퓨터 시스템에서 운영체제가 각 작업의 제어권을 행사하며 작업의 중요도와 자원 소모량 등에 따라 우선순위가 높은 작업에 기회가 가도록 우선순위가 낮은 작업에 작동 제한을 걸어 특정 자원 응용프로그램이 제어권을 독점하는 것을 방지하는 안정적인 체제

① 선점형 멀티태스킹
② 그래픽 사용자 인터페이스
③ 보안이 강화된 방화벽
④ 컴퓨터 시스템과 장치 드라이버의 보호

운영체제가 제어권이 있으면 선점형 멀티태스킹(Preemptive Multi-Tasking), 프로그램에 제어권이 있는 것은 비선점형 멀티태스킹(Non-Preemptive Multi-Tasking)이다.

오답 피하기

- 그래픽 사용자 인터페이스(GUI) : 사용자에게 편리한 사용 환경으로 그림으로 된 그래픽 아이콘을 마우스와 키보드를 통해 실행하여 정보를 교환하는 방식
- 보안이 강화된 방화벽 : 해커나 악성 소프트웨어가 네트워크나 인터넷을 통해 컴퓨터를 액세스하는 것을 상황에 따라 지능적 또는 사용자 임의로 보안을 설정하고 관리
- 컴퓨터 시스템과 장치 드라이버의 보호 : 문제가 있는 시스템을 이전의 문제없던 컴퓨터 시스템으로 되돌리는 롤백 기능이 있어 컴퓨터를 마음 놓고 사용할 수 있는 기능을 제공

기적의 TIP

선점형과 비선점형 멀티태스킹을 비교하는 문제와 선점형 멀티태스킹의 정의를 묻는 문제가 자주 출제되고 있습니다.

- **에어로 스냅(Aero Snap) :** 창을 화면의 가장자리로 드래그하여 위치에 따라 자동으로 크기가 변경되는 기능이다.
- **에어로 피크(Aero Peek) :** 작업 표시줄 오른쪽 끝에 마우스 포인터를 위치하여 바탕 화면 미리 보기를 제공한다.
- **에어로 셰이크(Aero Shake) :** 창의 제목 표시줄에서 마우스를 흔들면 현재 창을 제외한 모든 창을 최소화하고 다시 흔들면 원래대로 복원하는 기능이다.

20년 7월 변형, 18년 3월

01 다음 중 한글 Windows 10에서 제공하는 기능에 대한 설명으로 옳지 않은 것은?

① 가상 데스크톱 : 점프 목록과 프로그램 단추 고정을 통해 빠르게 프로그램을 실행할 수 있다.

② 에어로 스냅(Aero Snap) : 열려있는 창을 드래그하는 위치에 따라 창의 크기를 조절할 수 있다.

③ 에어로 피크(Aero Peek): 작업 표시줄 아이콘을 통해 축소판 미리 보기가 가능하며, 열려있는 모든 창을 최소화하지 않고 바탕 화면을 볼 수 있다.

④ 에어로 셰이크(Aero Shake): 창을 흔들면 다른 열려있는 모든 창을 최소화하거나 다시 원상태로 나타나게 할 수 있다.

> 가상 데스크톱(⊞+Tab)은 개인용 작업과 업무용 작업을 분리하여 하나의 시스템에서 서로 다른 바탕 화면으로 관리하는 기능이다.

22년 상시, 17년 3월

02 다음 중 한글 Windows 10에서 여러 개의 창이 열려 있을 때 한 개의 창을 선택하여 제목 표시줄을 마우스로 클릭한 채 좌우로 흔들면 그 창을 제외한 나머지 창들이 최소화되는 기능으로 옳은 것은?

① 에어로 스냅(Aero Snap)

② 에어로 셰이크(Aero Shake)

③ 에어로 피크(Aero Peek)

④ 에어로 전환 3D

> **오답 피하기**
> - 에어로 스냅(Snap) : 열린 창을 왼쪽, 오른쪽, 위쪽(최대화)으로 이동하여 창의 크기 조절
> - 에어로 피크(Peek) : 열린 창들의 축소판 미리 보기와 바탕 화면 미리보기
> - 에어로 전환 3D : 열린 창들을 3D 형태로 보여주는 기능

> **기적의 TIP**
> 에어로 기능의 3가지 의미를 묻는 문제가 출제되고 있습니다.

키	기능
Alt + Tab	열려있는 앱 간 전환
Alt + Enter	선택한 항목의 속성 창 표시
⊞ + E	파일 탐색기 열기
⊞ + L	시스템을 잠그거나 사용자를 전환
⊞ + M	모든 창의 최소화
⊞ + U	접근성 열기
⊞ + Pause Break	시스템 설정 표시
⊞ + Tab	가상 데스크톱 작업 보기 열기

24년 상시, 23년 상시, 21년 상시, 19년 3월, 16년 10월

01 다음 중 한글 Windows 10에서 사용하는 바로 가기 키에 대한 설명으로 옳은 것은?

① ⊞+L : 컴퓨터 시스템을 잠그거나 사용자를 전환한다.

② ⊞+U : 선택된 항목의 속성 대화상자를 화면에 표시한다.

③ Alt+Enter : 활성 창의 바로 가기 메뉴를 표시한다.

④ Alt+Tab : 작업 표시줄의 프로그램들을 차례대로 선택한다.

> **오답 피하기**
> - ⊞+U : 접근성 센터 열기
> - Alt+Enter : 선택 항목의 속성 창 표시
> - Alt+Tab : 실행 중인 두 프로그램 간의 작업 전환

> **기적의 TIP**
> 한글 Windows 10에서 바로 가기 키의 기능을 묻는 문제가 출제되고 있습니다.
> ⊞+L은 'Lock'으로 '시스템 잠그기'라고 외우세요.

28 작업 관리자

- 사용 중 응답하지 않는 앱을 강제로 종료하거나 프로세스를 끝낼 때 Ctrl + Alt + Delete 를 누르거나 Ctrl + Shift + Esc 를 눌러 나오는 [작업 관리자] 창에서 해당 앱을 선택하여 [작업 끝내기]한다.
- **[프로세스] 탭** : 실행 중인 앱과 백그라운드 프로세스 목록이 표시되며, 특정 작업에 대해 [작업 끝내기]할 수 있다.
- **[성능] 탭** : CPU 이용률과 속도, 작동 시간, 메모리, 디스크, Wi-Fi 속도, GPU 사용률 등을 표시한다.
- **[앱 기록] 탭** : 사용 중인 앱의 CPU시간, 네트워크 이용률, 데이터 통신 연결을 통한 네트워크 활동, 타일 업데이트를 표시한다.
- **[시작 프로그램] 탭** : 시작프로그램 이름, 게시자, 상태, 시작 시 영향을 표시한다.
- **[사용자] 탭** : 현재 로그인 사용자 이름, 연결 끊기 등을 표시한다.

24년 상시, 21년 상시, 19년 8월

01 다음 중 한글 Windows 10의 Windows [작업 관리자] 창에서 확인할 수 있는 사항으로 옳지 않은 것은?

① 실행 중인 응용 프로그램 목록
② CPU와 메모리의 사용 현황
③ 네트워크 이용률과 연결 속도
④ 프린터 등의 주변 기기 사용 목록

> 프린터 등의 주변 기기 목록은 [설정]-[장치] 또는 [제어판]의 [장치 관리자]에서 사용자 컴퓨터에 설치된 하드웨어 장치의 목록을 표시하여 확인할 수 있다.

21년 상시, 20년 2월, 18년 9월

02 다음 중 한글 Windows 10에서 프로그램이 응답하지 않는 경우에 문제 해결 방법으로 가장 옳은 것은?

① 사용자의 컴퓨터를 보호하기 위해 Windows 방화벽을 설정한다.
② [장치 관리자] 창에서 중복 설치된 경우 해당 장치를 제거한다.
③ Windows [작업 관리자] 대화상자의 [프로세스] 탭에서 응답하지 않는 프로그램의 작업을 종료한다.
④ [시스템 파일 검사기]를 이용하여 손상된 파일을 찾아 복구한다.

> [시작]-[Windows 시스템]-[작업 관리자] 또는 Ctrl + Alt + Delete 를 눌러 나오는 [작업 관리자]-[프로세스] 탭에서 응답 없는 앱을 선택한 후 [작업 끝내기]를 선택한다.

기적의 TIP

'내 PC'와 '앱' 사용에 관한 항목이 표시되는 작업 관리자 창의 각 탭과 표시되는 항목을 연결하는 문제가 출제되고 있습니다.

29 [시작] 메뉴

- 작업 표시줄 가장 왼쪽에 있는 [시작] 단추를 눌러 한글 Windows 10의 여러 가지 기능을 실행하는 곳이다.
- [시작] 메뉴를 누르면 사용자 계정 이름과 설치된 앱 목록이 표시된다.
- [시작] 메뉴의 앱 목록은 사용자가 원하는 대로 추가하거나 제거하여 사용할 수 있다.
- [시작] 메뉴의 링크, 아이콘 및 메뉴의 모양과 동작을 사용자가 변경할 수 있다.
- 라이브 타일은 날씨, 뉴스, 일정, 메일 앱 등을 실시간으로 정보를 표시해 주는 기능이다.
- 최근에 사용한 항목의 점프 목록을 클릭하여 빠르게 실행할 수 있다.
- [시작]-[전원]에서 [절전]은 컴퓨터를 최소한의 전력으로 켜놓은 상태로 절전 메뉴가 보이지 않게 할 수 있다.
- [시스템 종료]는 모든 앱을 종료하고 안전하게 끄는 상태이다.
- [다시 시작]은 메모리의 모든 정보를 하드 디스크에 저장하고 재시작이다.

21년 상시, 20년 2월

01 다음 중 한글 Windows 10에서 시작 메뉴에 대한 설명으로 옳지 않은 것은?

① [시작] 단추를 누르면 현재 로그온한 사용자의 로고가 표시된다.
② [시작] 단추를 누르면 내 컴퓨터에 설치된 응용 프로그램 목록이 나타난다.
③ [시작] 메뉴의 프로그램 목록은 사용자가 원하는 대로 추가하거나 삭제할 수 있다.
④ [시작] 메뉴의 링크, 아이콘 및 메뉴의 모양과 동작을 사용자가 변경할 수 없다.

> [시작] 메뉴의 링크, 아이콘 및 메뉴의 모양과 동작은 사용자가 변경할 수 있다.

기적의 TIP

[시작] 메뉴에 표시되는 항목은 추가, 삭제 등으로 변경이 가능하다는 것을 알아두세요.

- 바로 가기 아이콘(Shortcut Icon)은 앱을 빠르게 실행하기 위해 만들어 사용하는 일종의 복사본으로 모든 파일, 폴더, 프린터, 디스크 드라이브 등에 대해 바로 가기 아이콘을 만들 수 있다.
- 바로 가기 아이콘은 원본 프로그램의 경로를 지정한 1KB 크기 정도의 작은 파일로 .LNK 확장자를 가진다.
- 바로 가기 아이콘은 이름을 바꾸어 하나의 프로그램 아이콘에 대해 여러 개를 만들 수 있다.
- 바로 가기 아이콘은 다른 폴더에 같은 이름의 바로 가기 아이콘을 여러 개 만들 수 있으나 하나의 폴더에 같은 이름의 바로 가기를 만들 수 없다.
- 바로 가기 아이콘에는 왼쪽 아래에 꺾인 화살표가 표시된다.
- 바로 가기 아이콘을 삭제하더라도 연결된 원본 프로그램은 삭제되지 않는다.
- 원본 프로그램을 삭제하면 해당 파일의 바로 가기 아이콘은 실행되지 않는다.

23년 상시, 22년 상시, 21년 상시, 20년 2월

01 다음 중 한글 Windows 10에서 바로 가기 아이콘에 대한 설명으로 옳지 않은 것은?

① 하나의 원본 파일에 대해 바로 가기 아이콘은 여러 개 만들 수 있으며 여러 폴더에 저장할 수 있다.

② 특정 폴더의 바로 가기 아이콘을 바탕 화면에 만들면 해당 폴더의 위치가 바탕 화면으로 옮겨진다.

③ 파일의 바로 가기 아이콘을 삭제해도 원본 파일은 삭제되지 않는다.

④ 네트워크상의 다른 컴퓨터에 있는 디스크 드라이브, 프린터에 대해서도 바로 가기 아이콘을 만들 수 있다.

> 바로 가기 아이콘은 해당 폴더나 파일을 빠르게 실행하기 위한 복사본 아이콘으로 바탕 화면에 바로 가기를 만들면 아이콘이 새로 만들어지고 해당 원본 폴더의 위치는 원래 위치에 그대로 있다.

기적의 TIP

바로 가기 아이콘의 모양, 크기, 작성법 등 다양하게 출제되고 있습니다.

- 파일 탐색기는 주 메뉴, 도구 모음, 주소 표시줄, 상태 표시줄, 디스크와 폴더의 구조를 표시하는 탐색 창이 있어 파일과 폴더의 구조를 확인하고 앱을 실행한다.
- 숫자 키패드의 [*], [+], [−], [Back Space] 등을 이용하여 목록을 빠르게 표시하고 알파벳을 눌러 이동할 수 있다.
- 특정 폴더를 선택하고 키패드의 [*]를 누르면 선택된 폴더의 모든 하위 폴더를 표시해 준다.
- 파일 영역(폴더 창)에서 키보드의 영문자 키를 누르면 해당 영문자로 시작하는 폴더나 파일 중 첫 번째 개체가 선택된다.
- 아이콘 보기 형식에는 아주 큰 아이콘, 큰 아이콘, 보통 아이콘, 작은 아이콘, 목록, 자세히, 타일, 내용이 있다.
- 도구 모음은 현재 선택한 개체에서 가장 많이 사용하는 기능을 표시하는 곳이다.
- 세부 정보 창에는 폴더의 하위 목록의 개수와 파일의 수정한 날짜, 크기, 만든 날짜를 표시한다.
- **[즐겨찾기에 고정]** : 자주 사용하는 개체를 등록하여 해당 개체로 빠르게 이동하기 위하여 사용하는 기능이다.
- **[라이브러리]** : 컴퓨터의 여러 장소에 저장된 자료를 한 곳에서 보고 정리할 수 있는 가상폴더로 문서, 비디오, 사진, 음악으로 분류한다.
- **[OneDrive]** : 파일과 사진을 저장하고 어떤 디바이스에서든지 액세스할 수 있는 개인 클라우드 저장소이다.
- **[내 PC]** : 내 컴퓨터에 설치된 모든 구성 요소를 표시하며, 각 구성 요소를 관리할 수 있는 여러 가지 기능을 제공한다.
- **[네트워크]** : 개인 네트워크에서 폴더 및 프린터에 공유된 네트워크 인프라와 폴더를 표시한다.

22년 상시, 19년 3월 변형, 18년 3월

01 다음 중 한글 Windows 10에서 Windows 탐색기 창의 구성 요소에 관한 설명으로 옳지 않은 것은?

① '즐겨찾기'는 자주 사용하는 개체를 등록하여 해당 개체로 빠르게 이동하기 위하여 사용하는 기능이다.

② '라이브러리'는 컴퓨터의 여러 장소에 저장된 자료를 한 곳에서 보고 정리할 수 있는 가상폴더이다.

③ '네트워크'는 Windows 사용자들을 그룹화하여 권한 등의 사용자 관리를 용이하도록 하는 기능이다.

④ '내 PC'는 컴퓨터에 설치된 모든 구성 요소를 표시하며, 각 구성 요소를 관리할 수 있는 여러 가지 기능을 제공한다.

> '네트워크'는 개인 네트워크에서 폴더 및 프린터에 공유된 네트워크 인프라와 폴더를 표시하는 기능이다.

기적의 TIP

파일 탐색기의 구성 요소와 역할에 대해 묻는 문제가 출제되고 있습니다. 숫자 키패드 [+], [−], [*], [→], [↓]로 폴더를 제어하는데 각 키의 사용법을 알아두세요.

같은 드라이브	복사	• Ctrl 을 누른 상태로 드래그 앤 드롭 • Ctrl + C 후 Ctrl + V
	이동	• 마우스로 드래그 앤 드롭 • Ctrl + X 후 Ctrl + V
다른 드라이브	복사	• 마우스로 드래그 앤 드롭 • Ctrl + C 후 Ctrl + V
	이동	• Shift 를 누른 상태로 드래그 앤 드롭 • Ctrl + X 후 Ctrl + V
삭제&삭제 취소		• 바로 가기 메뉴의 [삭제]를 선택 • Delete 또는 Ctrl + D : 휴지통으로 삭제 • Shift + Delete : 휴지통에 들어가지 않고 완전히 삭제 • **삭제 취소** : Ctrl + Z 또는 바로 가기 메뉴의 [삭제 취소]

20년 2월

01 다음 중 한글 Windows 10에서 파일이나 폴더의 복사, 이동, 삭제에 대한 설명으로 옳은 것은?

① 임의의 폴더를 다른 드라이브로 이동시키려면 해당 폴더를 드래그 앤 드롭하면 된다.

② 폴더 창에서 방금 전 삭제한 파일은 [삭제 취소]를 누르면 복원할 수 있다.

③ 삭제할 폴더에 하위 폴더가 여러 개 존재하는 경우 Delete 를 눌러 삭제할 수 없다.

④ USB 메모리에 있는 파일을 Shift 를 누른 상태로 하드 디스크 드라이브로 드래그 앤 드롭하면 그대로 복사된다.

[삭제 취소] 또는 Ctrl + Z 로 삭제한 파일을 복원할 수 있다.

오답 피하기
• ① : 다른 드라이브에서 폴더를 이동하려면 Shift 를 누른 채 드래그 앤 드롭
• ③ : Delete 를 눌러 하위 폴더를 함께 삭제 가능
• ④ : USB 메모리의 파일을 Shift 를 누른 상태로 하드 디스크 드라이브로 드래그 앤 드롭하면 이동

기적의 TIP
파일이나 폴더의 복사, 이동, 삭제의 방법은 다양하며 여러 가지 유형으로 자주 출제됩니다.

• 한글 Windows에서 필요 없는 파일을 삭제하면 Windows의 휴지통에 우선 보관된다.
• 휴지통에서는 파일을 실행할 수 없고, 그림이나 사진 파일의 미리 보기도 할 수 없다.
• 휴지통의 크기는 드라이브마다 동일하게 또는 다르게 설정할 수 있다.
• 휴지통의 크기는 휴지통의 속성에서 MB 단위로 사용자가 크기를 지정할 수 있다.
• [파일을 휴지통에 버리지 않고 삭제할 때 바로 제거]를 선택하면 삭제한 파일이 휴지통으로 들어가지 않고 즉시 제거된다.
• 파일이나 폴더가 삭제될 때마다 삭제 확인 대화상자 표시되도록 설정할 수 있다.

24년 상시, 23년 상시, 20년 2월, 15년 6월

01 다음 중 한글 Windows 10의 [휴지통 속성] 창에서 수행할 수 있는 작업으로 옳지 않은 것은?

① 삭제 확인 대화상자의 표시 설정

② 휴지통의 바탕 화면 표시 설정

③ 각 드라이브의 휴지통 최대 크기 설정

④ 파일을 휴지통에 버리지 않고 바로 제거하는 기능 설정

휴지통의 속성에서 휴지통의 바탕 화면 표시 설정을 할 수 없고 [설정]-[개인 설정]-[테마]-[바탕 화면 아이콘 설정]에서 선택할 수 있다.

오답 피하기
휴지통의 속성에서는 휴지통의 최대 크기, 파일을 휴지통에 버리지 않고 삭제할 때 바로 제거, 삭제 확인 대화상자 표시를 할 수 있다.

23년 상시, 22년 상시, 14년 3월

02 다음 중 한글 Windows 10의 [휴지통 속성] 창에 대한 설명으로 옳지 않은 것은?

① 삭제 확인 대화상자의 표시 여부를 선택할 수 있다.

② 삭제 명령 시 휴지통에 버리지 않고 즉시 제거할 수 있게 설정할 수 있다.

③ 드라이브마다 휴지통의 최대 크기를 다르게 설정할 수 있다.

④ 휴지통의 최대 크기는 20%까지 크기를 조절하여 변경할 수 있다.

휴지통 크기는 사용자가 MB 단위로 자유롭게 설정이 가능하다.

기적의 TIP
휴지통의 속성 창에서 할 수 있는 일을 묻는 문제가 자주 출제되고 있습니다.

34 그림판/그림판 3D

▶합격강의

- 그림판은 간단한 그림에서 정교한 그림까지 그릴 수 있고, 저장된 그림을 불러와서 편집하는 데 사용한다.
- 선이나 원, 사각형 등을 그릴 때 Shift를 누른 채 드래그하면 수직선, 수평선, 45° 대각선, 정원, 정사각형을 그릴 수 있다.
- 다른 이름으로 저장(bmp, jpg, gif, png, tiff 형식 등), 인쇄, 전자메일로 보내기, 바탕 화면 배경으로 설정(채우기, 바둑판식, 가운데), 화면 확대/축소 등의 기능을 할 수 있다.
- 색 1(전경색)은 마우스 왼쪽 단추로 드래그 앤 드롭하면 표시되는 색으로 선, 도형의 테두리 및 텍스트에 윤곽선 색으로 사용한다.
- 색 2(배경색)는 마우스 오른쪽 단추로 드래그 앤 드롭하면 표시되는 색으로 도형의 내부를 채우는 색이나 지우개의 채우기 색으로 사용한다.
- 그림판 3D는 한글 Windows 10에서 기본 설치된 3D 모델링, 시각화를 할 수 있는 앱이다.

24년 상시, 23년 상시, 22년 상시, 19년 8월, 16년 6월

01 다음 중 한글 Windows 10의 [보조프로그램]에 있는 [그림판]에 대한 설명으로 옳지 않은 것은?

① 스마트폰으로 촬영한 jpg 파일을 불러와 편집한 후 png 파일 형식으로 저장할 수 있다.
② 편집 중인 이미지의 일부분을 선택한 후 삭제하면 삭제된 빈 공간은 '색 1(전경색)'로 채워진다.
③ 그림판에서 편집한 그림은 Windows 바탕 화면의 배경으로 사용할 수 있다.
④ 오른쪽 버튼으로 그림을 그릴 경우에는 모두 '색 2'(배경색)로 그려진다.

> 이미지의 일부분을 삭제하면 빈 공간은 '색 2(배경색)'로 채워진다.

기적의 TIP
간단한 그림을 작성하고 저장하는 그림판과 그림판 3D의 기능을 묻는 문제가 출제되고 있습니다. 전경색은 그리기, 배경색은 지우기로 알아두세요.

35 계산기

▶합격강의

- 소형 계산기로 [MC](지우기), [MR](불러오기), [MS](저장), [M+](현재값에 더하기), [M−](현재값에 빼기) 단추를 이용하여 계산할 수 있다.
- **표준** : 더하기, 빼기, 곱하기, 나누기의 사칙 연산에 사용한다.
- **공학용** : 삼각법, 함수, 지수, 로그 등의 복합적인 수식에 유효자리 32자리까지 정확히 계산한다.
- **프로그래머** : 2, 8, 10, 16진수 계산법과, 연산자 우선순위에 따라 정수를 계산하며 유효자리 64자리까지 계산한다.
- **날짜 계산** : 두 날짜 간 차이, 추가 또는 뺀 날을 계산한다.
- **변환기** : 통화 환율, 부피, 길이, 무게 및 질량, 온도, 에너지, 면적, 속도, 시간, 일률, 데이터, 압력, 각도가 있다.

21년 상시, 20년 2월

01 다음 중 한글 Windows 10의 **보조프로그램**에 있는 [계산기]에 대한 설명으로 옳지 않은 것은?

① 자릿수 구분 단위를 넣을 수 있다.
② 계산 결과를 복사할 수 있다.
③ 단위 변환 기능을 사용할 수 있다.
④ 계산기의 종류로는 표준, 공학용, 프로그래머, 산업용이 있다.

> 계산기 모드에는 표준, 공학용, 그래프, 프로그래머, 날짜 계산, 변환기가 있다.

24년 상시, 21년 상시, 19년 3월, 17년 3월

02 다음 중 한글 Windows 10의 [계산기] 앱에 대한 설명으로 옳은 것은?

① 표시된 숫자를 저장할 때는 [MS] 단추를, 저장된 숫자를 불러와 입력할 때는 [MR] 단추를 누른다.
② 공학용은 삼각 함수나 로그 등을 최대 64자리까지 계산할 수 있다.
③ 프로그래머용은 값의 평균/합계, 제곱의 평균/합계, 표준 편차 등을 계산할 수 있다.
④ 날짜 계산용은 두 시간 간의 차이를 계산할 수 있다.

오답 피하기
- 공학용 : 삼각함수, 로그 통계 등의 수식에 유효자리 32자리까지 계산
- 프로그래머용 : 2, 8, 10, 16진수 계산과 유효자리 64자리까지 계산
- 날짜 계산 : 두 날짜 간의 차이를 계산하거나 날짜에 일수를 추가하거나 빼기

기적의 TIP
계산기 모드의 종류와 기능을 묻는 문제가 출제되고 있습니다.

36 프린터 설치

- 한글 Windows 10에서는 대부분의 프린터에 대한 드라이버를 제공하나 인식하지 못하는 프린터를 설치할 때는 프린터 제조 업체에서 제공하는 드라이버를 추가하여 설치한다.
- 프린터로 추가된 목록은 [장치 관리자]에서 확인한다.
- 기본 프린터는 한글 Windows 10의 응용 프로그램에서 기본적으로 인쇄되는 프린터로 새로운 프린터를 추가할 때 지정할 수 있다.
- 기본 프린터는 반드시 한 대만 지정할 수 있고, 아이콘 모양에 체크 표시가 있다.
- 스풀이란 프린터와 같은 저속의 입·출력 장치를 상대적으로 빠른 중앙 처리 장치(CPU)와 병행하여 작동시켜 컴퓨터 전체의 처리 효율을 높이는 기능이다.
- 한 대의 프린터를 네트워크로 공유하여 여러 대의 컴퓨터에서 사용할 수 있다.

21년 상시, 20년 2월, 19년 8월

01 다음 중 한글 Windows 10에서 프린터 설치와 사용에 관한 설명으로 옳지 않은 것은?

① 이미 설치된 프린터도 다른 이름으로 다시 설치할 수 있다.

② 한 대의 프린터를 네트워크로 공유하여 여러 대의 컴퓨터에서 사용할 수 있다.

③ 스풀 기능은 저속의 CPU와 고속의 프린터를 병행 사용할 때 효율적이다.

④ 기본 프린터는 한 대만 설정이 가능하며 변경도 가능하다.

> 스풀 기능은 저속의 프린터와 고속의 CPU 장치를 병행 사용할 때 속도 차이를 극복하기에 효율적인 기능이다.

기적의 TIP

프린터를 추가하는 방법, 기본 프린터는 반드시 1대만 가능함, 스풀의 뜻을 묻는 문제가 자주 출제됩니다. 다양한 문제가 출제되는 부분이니 미리 학습해 두세요.

---

37 프린트의 속성

- 프린터 아이콘을 선택한 후 마우스 오른쪽 버튼을 눌러 나오는 바로 가기 메뉴의 [프린터 속성]을 선택하여 각종 정보를 확인하고 설정할 수 있다.
- **[일반] 탭** : 프린터의 모델명과 위치, 해상도, 인쇄 급지, 형식, 크기, 방향, 테스트 페이지 인쇄를 설정한다.
- **[공유] 탭** : 프린터를 네트워크의 다른 사용자와 공유하도록 설정하고 추가 드라이버를 설치한다.
- **[포트] 탭** : 프린터 포트를 선택, 추가, 제거한다.
- **[고급] 탭** : 프린터 시간 제한 설정, 우선순위, 드라이버 확인과 스풀 설정을 한다.

22년 상시, 20년 7월

01 다음 중 한글 Windows 10에서 설치된 프린터의 바로 가기 메뉴에 있는 [프린터 속성]을 선택하여 표시되는 프린터 속성 상자에 대한 설명으로 옳지 않은 것은?

① [일반] 탭 : 프린터 모델명 확인과 인쇄 기본 설정

② [공유] 탭 : 프린터를 네트워크상의 다른 컴퓨터와 공유할 것인지를 결정하고 추가 드라이버를 설치

③ [포트] 탭 : 프린터 포트를 선택하고 새로운 포트를 추가하거나 삭제

④ [고급] 탭 : 프린터 시간을 제어하고 인쇄 해상도를 설정하며, 테스트 페이지 인쇄 등을 지정

> 인쇄 해상도 설정과 테스트 페이지 인쇄는 [일반] 탭에서 실행해야 한다.

24년 상시, 19년 3월

02 다음 중 한글 Windows 10에서 사용 중인 프린터의 공유 설정을 하려고 할 때 해당 프린터의 팝업 메뉴에서 선택해야 하는 메뉴 항목으로 옳은 것은?

① 인쇄 기본 설정

② 프린터 속성

③ 속성

④ 기본 프린터로 설정

> [프린터 속성] 창의 [공유] 탭에서 프린터 공유를 설정할 수 있다.

기적의 TIP

프린터 속성 창에 표시되는 정보의 위치와 설정 항목을 묻는 문제가 출제되고 있습니다.

- **배경** : Windows 바탕 화면으로 사용할 배경 사진을 선택한다.
- **색** : 기본 Windows 모드 선택, 기본 앱 모드 선택, 투명 효과, 제목 표시줄 및 창 테두리를 설정한다.
- **잠금 화면**
  - Windows 추천, 사진, 슬라이드 쇼, 사용자 사진 선택으로 잠금 화면을 설정한다.
  - [화면 보호기 설정]을 하면 일정 시간 모니터에 전달되는 정보에 변화가 없을 때 화면 보호기가 실행된다.
  - 화면 보호기는 마우스나 키보드를 살짝 누르면 해제되어 되돌아온다.
  - 사용자 계정에 암호를 설정한 후 [다시 시작할 때 로그온 화면 표시]를 체크하여 화면 보호기 암호를 사용할 수 있다.
  - [화면 시간 제한 설정]을 하여 화면이나 전원 사용 시 지정 시간이 경과하면 끄기와 절전 모드 시간을 설정한다.
- **테마** : 배경, 색, 소리, 마우스 커서를 저장하여 한꺼번에 변경시키는 기능이다.
- **글꼴** : 시스템에 설치되어 있는 글꼴을 제거하거나 새로운 글꼴을 추가한다. 위치는 'C:₩Windows₩Fonts'로 OTF, TTC, TTF, FON 형식이 설치되어 있다.
- **시작** : 시작 메뉴에 표시되는 앱 목록, 최근에 추가된 앱, 가장 많이 사용하는 앱 등을 지정하거나 시작 메뉴에 표시할 폴더를 선택한다.
- **작업 표시줄** : 작업 표시줄 잠금, 작업 표시줄 자동 숨기기, 작은 작업 표시줄 사용, 작업 표시줄의 위치 등을 지정한다.

23년 상시, 20년 2월

01 다음 중 한글 Windows 10의 [개인 설정] 창에서 할 수 있는 작업으로 옳지 않은 것은?

① 바탕 화면에 새로운 테마를 지정하여 적용할 수 있다.
② 화면 보호기 설정을 사용하여 화면의 해상도를 변경할 수 있다.
③ 사용 가능한 글꼴을 추가하거나 확인할 수 있다.
④ 창 테두리, 시작 메뉴, 작업 표시줄의 색을 변경할 수 있다.

> 화면의 해상도 설정은 [설정]-[시스템]-[디스플레이]에서 변경할 수 있다.

기적의 TIP

개인 설정에서 실행되는 기능을 묻는 문제가 출제되고 있습니다. 특히, 잠금 화면에서 화면 보호기를 설정할 수 있음을 기억하세요.

- 접근성 설정은 컴퓨터 시스템 사용자의 시각이나 청각 설정을 위해 다양한 옵션을 제공하여 컴퓨터를 사용하기 쉽게 만든다.
- **돋보기**
  - 돋보기를 사용하여 화면 일부를 확대하여 표시한다.
  - Windows 로그온 시 자동으로 돋보기 기능을 시작할 수 있게 설정할 수 있다.
- **내레이터 시작** : 화면의 내용을 소리내어 읽는다.
- **화상 키보드 시작** : 화상 키보드를 표시하여 마우스나 다른 포인팅 장치로 키보드 이미지의 키를 입력하는 기능이다.
- **고대비 설정** : 고유 색을 사용하여 텍스트와 앱을 보기 쉽게 설정한다.
- **키보드** : 마우스키 켜기, 고정키 켜기, 토글키 켜기, 필터키 켜기를 설정한다.
- **마우스** : 숫자 키패드로 화면에서 마우스를 이동하도록 제어한다.

24년 상시, 21년 상시, 20년 7월, 15년 6월/3월, 13년 6월, 11년 7월

01 다음 중 한글 Windows 10의 [접근성] 창에서 할 수 있는 기능에 대한 설명으로 옳지 않은 것은?

① Windows 로그온 시 자동으로 돋보기 기능을 시작할 수 있게 설정할 수 있다.
② 내레이터 시작 기능을 사용하면 키보드를 사용하여 마우스를 제어할 수 있게 설정할 수 있다.
③ 화상 키보드 시작 기능을 사용하면 키보드 없이도 글자를 입력할 수 있다.
④ 마우스키의 숫자 키패드를 사용하여 마우스 포인터를 이동할 수 있다.

> 내레이터는 화면의 내용을 설명하는 화면 읽기 프로그램으로 키보드, 터치, 마우스로 내레이터를 제어할 수 있다. 즉, 키보드나 마우스가 가리키는 내용을 읽어주는 기능이다.

기적의 TIP

접근성 설정에서 할 수 있는 일과 그 기능을 묻는 문제가 출제되고 있습니다.

- 네트워크(Network)란 두 대 이상의 컴퓨터 시스템을 통신 회선으로 연결해 놓은 통신망이다.
- 네트워크 설정에는 인터넷에 연결, 새 네트워크 연결, 무선 네트워크에 수동으로 연결, 회사에 연결이 있다.
- 네트워크 및 공유 센터에는 연결하는 네트워크에 대해 이더넷 설정, 어댑터 설정 변경, 네트워크 설정 변경, 문제 해결, 고급 공유 설정 변경을 할 수 있다.

20년 7월/2월

01 다음 중 한글 Windows 10의 [네트워크 및 공유 센터] 창에서 '네트워크 설정 변경'과 관련이 없는 것은?

① 인터넷에 연결
② 새 네트워크에 연결
③ 회사에 연결
④ 인터넷 연결 공유

> [네트워크 및 공유 센터]-[네트워크 설정 변경]의 연결 옵션은 '인터넷에 연결', '새 네트워크 연결', '회사에 연결'로 구성되어 있다.

21년 상시, 17년 3월

02 다음 중 한글 Windows 10의 [네트워크 및 공유 센터] 창에서 할 수 있는 작업으로 옳지 않은 것은?

① [이더넷 상태] 창을 열어 현재 네트워크의 속도 및 보내고 받는 작업 상태를 확인할 수 있다.
② [문제 해결]을 실행하여 네트워크 문제를 진단 및 해결하거나 문제 해결 정보를 얻을 수 있다.
③ [새 연결 또는 네트워크 설정]을 실행하여 무선, 광대역 또는 VPN 연결을 설정할 수 있다.
④ [고급 공유 설정 변경]을 실행하여 사용자 계정을 변경하거나, 무선 또는 유선 네트워크에 연결할 수 있다.

> [고급 공유 설정 변경]에서는 네트워크를 검색하고 파일 및 프린터 공유의 켜기와 끄기를 설정할 수 있다.
>
> **오답 피하기**
> 사용자 계정의 변경은 [설정]의 [계정]을 선택하여 변경해야 한다.

기적의 TIP
내 PC에서 네트워크를 설정하는 방법에 대해 출제되고 있습니다.

- 네트워크 설정의 소프트웨어적 구성 요소에는 클라이언트, 서비스, 프로토콜이 있다.
- **클라이언트(Client)** : 사용자가 연결하려는 네트워크에 있는 컴퓨터 및 파일을 액세스하기 위해 설치하여 사용한다.
- **서비스(Service)** : 내 컴퓨터에 설치된 파일, 프린터 등의 자원을 다른 컴퓨터에서 공유할 수 있도록 하는 소프트웨어이다.
- **프로토콜(Protocol)** : 사용자 컴퓨터와 다른 컴퓨터 간에 통신을 할 때 사용하는 통신 규약으로, 구문, 의미, 타이밍(순서)으로 구성된다.
- 네트워크 어댑터는 사용자의 컴퓨터를 물리적으로 네트워크에 연결하기 위한 하드웨어 장치이다.

24년 상시, 22년 상시, 17년 9월/3월

01 다음 중 한글 Windows 10에서 네트워크 구성 요소에 대한 설명으로 옳지 않은 것은?

① 네트워크에 있는 서로 다른 컴퓨터 간에 정보를 공유하려면 동일한 프로토콜을 사용하여야 한다.
② 어댑터는 컴퓨터가 네트워크에 있는 자원을 액세스할 수 있게 해주는 통신 규약이다.
③ 서비스는 내 컴퓨터에 설치된 파일, 프린터 등의 자원을 다른 컴퓨터에서 공유할 수 있도록 하는 소프트웨어이다.
④ 클라이언트는 네트워크의 다른 컴퓨터나 서버에 연결하여 파일이나 프린터 등의 공유 자원을 사용할 수 있도록 한 소프트웨어이다.

> 어댑터는 컴퓨터를 네트워크에 물리적으로 연결하는 하드웨어 장치이다.
>
> **오답 피하기**
> 컴퓨터가 네트워크에 있는 자원을 액세스할 수 있게 해주는 통신 규약은 프로토콜에 대한 설명이다.

기적의 TIP
네트워크의 구성 요소에 대한 항목과 그 기능을 묻는 문제가 출제되고 있습니다. 어댑터는 하드웨어 장치 설정이고 나머지는 소프트웨어 설정임을 기억하세요.

- 웹 브라우저란 HTTP 프로토콜을 기반으로 월드와이드웹(WWW)에서 하이퍼텍스트로 정보를 찾고 웹 문서를 교환하는 응용 소프트웨어이다.
- 웹 문서 열기, 웹 문서 즐겨찾기, 자주 방문하는 URL 등을 설정할 수 있다.
- 전자우편을 송·수신하거나 웹 페이지인 HTML 문서를 보거나 편집할 수 있다.
- **마이크로소프트 엣지(Microsoft Edge)** : 마이크로소프트사에서 최신 웹 환경을 반영한 브라우저로 보안에도 우수한 성능을 가졌고, Windows, macOS, iOS, Android 등의 휴대폰 장치와 태블릿 PC 등과도 연동이 된다.
- **크롬(Chrome)** : 구글에서 만든 그래픽 사용자 인터페이스 웹 브라우저로 안정성과 보안, 속도 면에서 효율적으로 널리 사용되고 있다.

24년 상시, 21년 상시

01 다음 중 마이크로소프트 엣지에 대한 설명으로 옳지 않은 것은?

① 새 크로미움(Chromium) 방식을 사용하여 Windows가 지원되는 모든 버전에 호환된다.

② 통합된 컬렉션 기능을 활용하면 웹 콘텐츠를 쉽게 수집, 구성, 공유할 수 있다.

③ 온라인의 보안 문제를 자동으로 차단하여 사용자를 보호한다.

④ Windows 디바이스에 최적화되어 있어서 macOS, iOS, Android 디바이스 등은 다운로드하여 사용할 수 없다.

> Windows 디바이스 뿐만 아니라 macOS, iOS, Android 디바이스에서도 다운로드하여 사용할 수 있다.

기적의 TIP

각 웹 브라우저의 특징을 묻는 문제가 출제되고 있습니다. 특히, 마이크로소프트 엣지와 크롬에 대한 문제가 많이 출제되고 있습니다.

---

43 컴퓨터의 발전 순서 / 세대별 주요 소자 / 속도 단위 / 데이터 단위

- **컴퓨터의 발전 순서** : MARK-I → ENIAC → EDSAC → UNIVAC-I → EDVAC
- **세대별 주요 소자** : 1세대(진공관) → 2세대(트랜지스터) → 3세대(IC; 집적회로) → 4세대(LSI; 고밀도 집적회로) → 5세대(VLSI; 초고밀도 집적회로)
- **속도 단위(느림 → 빠름순)** : $ms(10^{-3})$ → $\mu s(10^{-6})$ → $ns(10^{-9})$ → $ps(10^{-12})$ → $fs(10^{-15})$ → $as(10^{-18})$
- **데이터 단위(작음 → 큼순)** : 비트(Bit; 자료의 최소 단위) → 니블(Nibble) → 바이트(Byte; 문자의 최소 단위) → 워드(Word) → 필드(Field) → 레코드(Record) → 파일(File) → 데이터베이스(DataBase)

23년 상시, 22년 상시, 21년 상시, 14년 6월

01 다음 중 발전 순서 또는 크기 순(큰 순에서 작은 순, 느린 순에서 빠른 순)으로 나열하였을 때 옳지 않은 것은?

① 진공관 → 트랜지스터 → 집적(IC)회로 → LSI

② MARK-I → ENIAC → EDSAC → EDVAC

③ $ms(10^{-3})$ → $\mu s(10^{-6})$ → $ns(10^{-9})$ → $ps(10^{-12})$

④ Record → Field → Byte → Word → Bit

> 데이터 단위는 Bit → Byte → Word → Field → Record → File 순서로 크다.

23년 상시, 20년 7월, 14년 6월

02 다음 중 데이터의 크기에 대한 설명으로 옳지 않은 것은?

① 니블(Nibble) : 4개의 비트가 모여 1Nibble을 구성한다.

② 바이트(Byte) : 파일 구성의 최소 단위로, 의미 있는 정보를 표현하는 최소 단위이다.

③ 레코드(Record) : 하나 이상의 관련된 필드가 모여서 구성되는 자료 처리 단위이다.

④ 파일(File) : 프로그램 구성의 기본 단위로, 여러 레코드가 모여서 구성된다.

> - 바이트(Byte) : 문자 표현의 최소 단위로 영문자나 숫자는 1byte, 한글이나 한자는 2byte로 표현. 유니코드는 모두 2바이트로 표현
> - 비트(Bit) : 자료 표현의 최소 단위
> - 워드(Word) : CPU가 한 번에 처리하는 단위
> - 필드(Field) : 파일 구성의 최소 단위로, 의미 있는 정보를 표현하는 최소 단위

기적의 TIP

컴퓨터의 발전 과정과 데이터 단위의 순서와 의미를 묻는 문제가 출제되고 있습니다.

44 디지털 컴퓨터와 아날로그 컴퓨터의 특징

디지털 컴퓨터	아날로그 컴퓨터
• 논리 회로	• 증폭 회로
• 숫자나 문자로 표시	• 그래프나 곡선으로 표시
• 이산적인 데이터	• 연속적인 데이터
• 사칙 연산	• 미 · 적분 연산
• 연산 속도 느림	• 연산 속도 빠름
• 프로그래밍 필요	• 프로그래밍 불필요
• 범용성	• 특수 목적용

21년 상시, 20년 7월

01 다음 중 아날로그 컴퓨터에 대한 설명으로 옳지 않은 것은?

① 출력 형태 : 숫자, 문자
② 연산 형식 : 미 · 적분 연산
③ 구성 회로 : 증폭 회로
④ 적용성 : 특수 목적용

> 아날로그 컴퓨터의 출력 형식은 연속적인 데이터로 숫자, 문자가 아닌 그래프, 곡선 등으로 표시된다.

24년 상시, 23년 상시, 21년 상시, 19년 8월, 16년 3월

02 다음 중 아날로그 컴퓨터와 비교하여 디지털 컴퓨터의 특징으로 옳은 것은?

① 입력 형태로 전류, 전압, 온도, 속도 등이 가능하다.
② 논리 회로를 사용하며, 프로그래밍이 필요하다.
③ 미분이나 적분에 관한 연산 속도가 빠르다.
④ 특수 목적용으로 기억 기능이 적다.

> 디지털 컴퓨터는 코드화된 문자나 숫자로 입력하고 이산적인 데이터를 출력하는 형식의 컴퓨터이다.

기적의 TIP

디지털 컴퓨터와 아날로그 컴퓨터를 특징을 비교하는 문제가 자주 출제되고 있습니다.

---

45 제어 장치의 종류

- **프로그램 카운터(PC)** : 다음번에 실행할 명령의 주소를 기억하는 레지스터이다.
- **명령 레지스터(IR)** : 현재 실행 중인 명령을 기억하는 레지스터이다.
- **명령 해독기(Decoder)** : 현재 수행해야 할 명령을 해독한 후 제어 신호를 발생한다.
- **부호기(Encoder)** : 명령 해독기로 해독한 내용을 신호로 변환하여 각 장치에 전달한다.
- **메모리 주소 레지스터(MAR)** : 주기억 장치에 기억된 프로그램이나 데이터의 주소를 기억하는 레지스터이다.
- **메모리 버퍼 레지스터(MBR)** : 주기억 장치에 기억된 주소의 내용을 기억하는 레지스터이다.

24년 상시, 23년 상시, 21년 상시, 20년 2월, 16년 10월

01 다음 중 컴퓨터 중앙 처리 장치의 제어 장치에 있는 레지스터의 설명으로 옳은 것은?

① 프로그램 카운터(PC)는 다음번에 실행할 명령어의 번지를 기억하는 레지스터이다.
② 명령 레지스터(IR)는 현재 실행 중인 명령어를 해독하는 레지스터이다.
③ 부호기(Encoder)는 연산된 결과의 음수와 양수를 결정하는 회로이다.
④ 메모리 버퍼 레지스터(MBR)는 기억 장치에 입출력 되는 데이터의 주소 번지를 기억한다.

오답 피하기

- 명령 레지스터(IR) : 현재 수행 중인 명령의 내용을 기억하는 레지스터
- 부호기(Encoder) : 명령 해독기로 해독한 내용을 신호로 변환하여 각 장치에 전달
- 메모리 버퍼 레지스터(MBR) : 메모리 주소 레지스터(MAR)의 내용을 기억

기적의 TIP

제어 장치의 종류와 기능을 연결하는 문제가 출제됩니다. 현재 명령어는 IR이고, 다음 명령어 번지는 PC에서 기억합니다.

- **누산기(AC)** : 산술 연산 및 논리 연산의 결과를 일시적으로 기억하는 레지스터이다.
- **가산기(Adder)** : 2개 이상의 수를 입력하여 이들의 합을 출력하는 논리 회로 또는 장치이다.
- **보수기(Complementary)** : 뺄셈을 할 때 사용되는 보수를 만들어 주는 논리 회로이다.
- **인덱스 레지스터** : 기억되어 있는 내용에 대한 주소를 변경하기 위해 유효 주소를 구하는 레지스터이다.
- **데이터 레지스터** : 연산에 사용할 데이터를 일시적으로 기억하는 레지스터이다.
- **상태 레지스터** : 연산 실행 결과의 양수와 음수, 자리 올림(Carry)과 오버플로(Overflow), 인터럽트 금지와 해제 상황 등의 상태를 기억한다.

22년 상시, 21년 상시, 20년 7월

01 다음 중 연산 장치의 구성 요소에 대한 설명으로 옳은 것은?

① 보수기 : 2진수의 덧셈을 수행하는 회로
② 누산기 : 연산된 결과를 일시적으로 저장하는 레지스터
③ 데이터 레지스터 : 연산 중에 발생하는 여러 가지 상태 값을 기억하는 레지스터
④ 인덱스 레지스터 : 연산에 사용될 데이터를 기억하는 레지스터

오답 피하기
- 보수기 : 뺄셈을 할 때 사용되는 보수를 만들어 주는 논리 회로
- 데이터 레지스터 : 연산에 사용할 데이터를 일시적으로 기억하는 레지스터
- 인덱스 레지스터 : 기억되어 있는 내용에 대한 주소를 변경하기 위해 유효 주소를 구하는 레지스터

기적의 TIP
연산 장치의 종류와 기능을 연결하는 문제가 출제됩니다. 연산의 핵심은 계산 기능으로 결과는 누산기(AC)에서 일시적으로 기억합니다.

- 캐시 기억 장치는 CPU와 주기억 장치 사이의 속도차를 극복하기 위하여 사용하는 메모리로, SRAM을 사용하여 빈번하게 사용되는 프로그램이나 데이터를 보관하는 메모리로 사용한다.
- 가상 기억 장치는 보조 기억 장치의 일부를 주기억 장치처럼 사용하여 주기억 장치의 용량을 확대해서 사용하는 메모리이다.
- 연관 기억 장치는 기억 장치에 기억된 내용을 찾을 때 주소를 사용하지 않고 기억된 데이터의 내용을 이용하여 원하는 정보에 접근하는 방식의 메모리이다.
- 플래시 메모리는 EEPROM의 일종으로 하드웨어와 소프트웨어의 중간적 성격의 장치로 속도가 빠르고 운영체제에서 입출력 장치를 제어하는 부분과 같이 고속처리가 필요한 프로그램과 디지털 시스템에서 주로 사용에 저장되며, 내용 변경이 가능하다.

24년 상시, 20년 7월, 17년 9월

01 다음 중 컴퓨터에서 사용하는 캐시 메모리에 관한 설명으로 옳은 것은?

① CPU와 주기억 장치의 처리 속도를 향상시키기 위하여 사용한다.
② 보조 기억 장치를 주기억 장치처럼 사용할 수 있는 기능을 제공한다.
③ 주기억 장치에 접근할 때 주소 대신 기억된 내용으로 접근하는 기능을 제공한다.
④ EEPROM의 일종으로 중요한 정보를 반영구적으로 저장할 수 있다.

오답 피하기
- ② : 가상 기억 장치
- ③ : 연상(연관) 기억 장치
- ④ : 플래시 메모리

24년 상시, 22년 상시, 21년 상시, 19년 3월, 13년 6월

02 다음에서 설명하는 기억 장치로 옳은 것은?

- 하드 디스크의 일부를 주기억 장치처럼 사용한다.
- 페이징 기법과 세그멘테이션 기법이 있다.

① 연관 메모리　　　　② 캐시 메모리
③ 가상 메모리　　　　④ 플래시 메모리

오답 피하기
- 연관 메모리(Associative Memory) : 주소가 아니라 기억된 데이터의 내용을 이용하여 원하는 정보에 접근하는 방식
- 캐시 메모리(Cache Memory) : 중앙 처리 장치와 주기억 장치 사이에 존재하는 메모리
- 플래시 메모리(Flash Memory) : 전기적인 방법으로 여러 번 읽기/쓰기가 가능한 EEPROM의 일종으로 BIOS, MP3 플레이어, 휴대전화, 디지털 카메라 등에 사용

기적의 TIP
캐시, 가상 기억, 연상 기억, 플래시 기억 장치 모두 뜻과 특징을 묻는 문제가 자주 출제되고 있습니다.

- **일괄 처리 시스템(Batch Processing System)** : 처리할 데이터를 일정한 시간이나 분량이 될 때까지 모아서 한꺼번에 처리하는 방식이다.
- **시분할 처리 시스템(Time Sharing System)** : 속도가 빠른 CPU의 처리 시간을 분할하여 여러 개의 작업을 연속으로 처리하는 방식으로 사용자가 컴퓨터 시스템과 직접 대화형으로 작업을 처리한다.
- **듀플렉스 시스템(Duplex System)** : 한 쪽의 CPU가 가동 중일 때 다른 CPU가 대기하며, 가동 중인 CPU가 고장나면 대기 중인 다른 CPU가 가동되는 시스템이다.
- **분산 처리 시스템(Distribute Processing System)** : 네트워크로 연결된 컴퓨터에 의해 작업과 자원을 분산하여 처리하는 방식으로 자원 공유, 신속한 처리, 높은 신뢰성을 제공한다.
- **다중 처리 시스템(Multi-processing System)** : 하나의 컴퓨터에 두 개 이상의 CPU를 설치하여 대량의 데이터를 신속하게 처리하는 방식이다.

24년 상시, 21년 상시, 16년 10월

01 다음 중 컴퓨터를 이용한 처리 시스템의 설명으로 옳지 않은 것은?

① 시분할 시스템(Time Sharing System) : 컴퓨터의 처리 시간을 짧은 시간 단위로 분할하여 한 대의 컴퓨터를 여러 명이 동시에 사용할 수 있게 하는 방식

② 실시간 처리 시스템(Real Time System) : 자료가 발생하는 즉시 처리하는 방식

③ 멀티프로그래밍(Multi-Programming) : 한 대의 컴퓨터에 2대 이상의 CPU를 설치하여 대량의 데이터를 신속하게 처리하는 방식

④ 분산 처리 시스템(Distribute Processing System) : 지역적으로 분산된 여러 대의 컴퓨터 시스템을 연결하여 업무를 지역적 또는 기능적으로 분산시켜 처리하는 방식

- 다중 프로그램(Multi-Programming) : 동시에 두 개 이상의 프로그램을 주기억 장치에 기억시켜 놓고 하나의 프로세서가 고속으로 처리하는 방식
- 다중 처리 시스템(Multi-Processing System) : 하나의 컴퓨터에 여러 개의 CPU를 설치하여 프로그램을 처리하는 방식

기적의 TIP

운영체제 시스템 분류와 그 기능을 묻는 문제가 출제되고 있습니다. 일괄 처리는 한꺼번에, 시분할은 시간을 나누어 처리하는 방법입니다.

- **상용 소프트웨어(Commercial Software)** : 정해진 금액을 지불하고 정식으로 사용하는 프로그램이다.
- **공개 소프트웨어(Freeware Software)** : 누구나 무료로 사용하는 것이 허가되어 있는 공개 프로그램으로 인터넷의 공개 자료실이나 FTP 서버에서 다운받아 자유로이 사용할 수 있는 프로그램이다.
- **셰어웨어(Shareware)** : 일정 기간 무료로 사용하다가 마음에 들면 금액을 지불해야 정식으로 사용할 수 있는 제품으로 일부의 기능을 제한한 프로그램이다.
- **벤치마크 테스트(Benchmark Test)** : 하드웨어나 소프트웨어의 성능을 검사하기 위해 실제로 사용하는 조건에서 처리 능력을 테스트하는 것이다.
- **알파 버전(Alhpa Version)** : 새로운 제품을 개발했을 때 다른 부서의 직원이 사용하여 성능을 시험하는 검사 프로그램이다.
- **번들(Bundle)** : 하드웨어나 소프트웨어를 구입할 때 서비스로 제공하는 프로그램이다.
- **데모 버전(Demo Version)** : 소프트웨어의 홍보를 위해 어떤 기능을 가졌는지 소개하는 프로그램이다.

23년 상시, 21년 상시, 20년 2월

01 다음의 소프트웨어 관련 용어에 대한 설명으로 옳은 것을 모두 고른 것은?

> (가) 프리웨어 : 일정 기간 동안 무료로 사용하다가 금액을 지불하고 정식으로 사용할 수 있는 소프트웨어이다.
> (나) 알파 버전 : 베타 테스트를 하기 전 제작 회사 내에서 테스트할 목적으로 제작하는 소프트웨어이다.
> (다) 상용 소프트웨어 : 정해진 금액을 지불하고 사용하는 것으로, 해당 소프트웨어의 모든 기능을 사용할 수 있다.
> (라) 벤치마크 테스트 : 소프트웨어나 하드웨어의 성능을 점검하기 위해 실제로 사용되는 조건에서 처리 능력을 테스트하는 것이다.

① (가), (다)
② (나), (다)
③ (가), (나), (다)
④ (나), (다), (라)

프리웨어는 누구나 무료로 사용하는 것이 허가된 프로그램으로, 인터넷 공개 자료실이나 FTP 서버에서 다운로드해 자유로이 사용할 수 있는 프로그램이다.

오답 피하기

(가)는 셰어웨어에 대한 설명이다.

기적의 TIP

소프트웨어 사용권에 따른 종류와 특징을 묻는 문제가 출제되고 있습니다. 셰어웨어는 일정 기간만 무료이고 계속 사용하려면 돈을 지불해야 합니다.

- **바이러스의 감염 증상**
  - 컴퓨터가 부팅되지 않거나 부팅 시간이 지연되고 프로그램이 실행되지 않거나 실행 속도가 저하된다.
  - 파일 목록이 화면에 나타나는 시간이 오래 걸리며 화면에 이상한 글자가 나타난다.
  - 파일 크기에 변화가 생기고 파일의 작성일과 시간이 변경된다.
- **바이러스의 예방 방법**
  - 데이터를 정기적으로 백업하고 복구 디스켓을 작성한다.
  - 백신 프로그램은 항상 최신의 버전으로 업데이트한다.
  - 출처가 불분명한 전자우편은 열어 보지 않고 삭제한다.

24년 상시, 20년 7월/2월

01 다음 중 컴퓨터 바이러스의 감염 증상으로 옳지 않은 것은?

① 프로그램의 실행 속도가 이유 없이 늦어진다.
② 사용 가능한 메모리 공간이 줄어드는 등 시스템 성능이 저하된다.
③ 일정 시간 후에 화면 보호기가 작동된다.
④ 예측이 불가능하게 컴퓨터가 재부팅된다.

[화면 보호기]를 설정하면 일정 시간 후에 보호기 프로그램이 작동되는 것으로 바이러스는 아니다.

22년 상시, 18년 3월

02 다음 중 컴퓨터 바이러스 감염 증상으로 옳지 않은 것은?

① 시스템 파일이 손상되어 부팅이 정상적으로 수행되지 않을 수 있다.
② 감염된 실행 파일은 실행되지 않거나 처리 속도가 빨라질 수 있다.
③ 특정한 날짜가 되면 컴퓨터 화면에 이상한 메시지가 표시될 수 있다.
④ 디스크를 인식 못 하거나 감염 파일의 크기가 커질 수 있다.

바이러스에 감염된 실행 파일을 실행하게 되면 실행되지 않거나 속도가 크게 느려질 수 있다.

기적의 TIP
컴퓨터 바이러스의 다양한 감염 증상과 예방법을 함께 알아두세요.

- **랜섬웨어** : 인터넷 사용자의 컴퓨터에 침입하여 문서나 파일에 암호를 지정하여 열지 못하도록 한 다음 사용할 때 돈을 요구하는 악성 프로그램이다.
- **내그웨어** : 사용자에게 정기적으로 소프트웨어를 등록하고 비용을 지불하도록 요구하는 소프트웨어이다.
- **스파이웨어** : 다른 사람의 컴퓨터에 잠입해 개인신상정보 등과 같은 정보를 사용자 모르게 수집하는 악성 소프트웨어이다.
- **애드웨어** : 특정 소프트웨어를 실행할 때 또는 설치한 후 자동으로 광고가 표시되는 소프트웨어이다.

22년 상시, 20년 2월, 18년 9월

01 다음은 무엇에 대한 설명인가?

> 인터넷 사용자의 컴퓨터에 잠입해 내부 문서나 스프레드시트, 그림 파일 등을 암호화해 열지 못하도록 만들고 해독용 키 프로그램을 전송해 준다며 돈을 요구하는 악성 프로그램

① 내그웨어(Nagware)
② 스파이웨어(Spyware)
③ 애드웨어(Adware)
④ 랜섬웨어(Ransomware)

오답 피하기
- 내그웨어 : 사용자에게 정기적으로 소프트웨어를 등록하고 비용을 지불하도록 요구하는 소프트웨어
- 스파이웨어 : 다른 사람의 컴퓨터에 잠입해 개인신상정보 등과 같은 정보를 사용사 모르게 수집하는 익성 소프트웨어
- 애드웨어 : 특정 소프트웨어를 실행할 때 또는 설치한 후 자동적으로 광고가 표시되는 소프트웨어

기적의 TIP
악성 소프트웨어를 구별하는 방법에 대한 문제가 출제되고 있습니다. 랜섬웨어는 돈을 요구하는 악성 소프트웨어입니다.

- **비트맵 :** 픽셀(Pixel, 화소)로 이미지를 표현하는 방식으로 래스터 이미지라고도 한다. 확대하거나 축소하면 이미지에 계단 현상이 나타나 거칠어지며, 기억 공간을 많이 차지하게 되지만 화면에 표시되는 속도는 빨라진다. BMP, GIF, JPG, PCX, TIFF, PNG 등의 형식으로 고해상도를 표현한다.
- **벡터 :** 선을 연결하여 직선이나 곡선으로 이미지를 표현하는 방식이다. 확대해도 테두리가 거칠어지지 않고 매끄럽게 표현되고, 기억 공간을 적게 차지하지만 화면에 표시되는 속도는 느리다. WMF, AI, CRD, DXF 등의 형식이 있다.

24년 상시, 23년 상시, 19년 3월, 16년 10월

01 다음 중 멀티미디어 그래픽 데이터의 벡터 방식에 대한 설명으로 옳지 않은 것은?

① 점과 점을 연결하는 직선이나 곡선을 이용하여 이미지를 표현한다.

② 이미지를 확대하여도 테두리가 매끄럽게 표현된다.

③ 좌표 개념을 사용하여 이동 회전 등의 변형이 쉽다.

④ 비트맵 방식과 비교하여 기억 공간을 많이 차지한다.

> 벡터 방식은 기억 공간을 적게 차지하지만 화면에 표시되는 속도는 느리다.

22년 상시, 14년 6월

02 다음 중 그래픽 데이터를 표시하는 방식 중에서 벡터 방식에 대한 설명으로 옳지 않은 것은?

① 고해상도를 표현하는 데 적합하다.

② 기본적으로 직선과 곡선을 이용한다.

③ 수학적 공식을 이용해 표현한다.

④ 도형과 같은 단순한 개체 표현에 적합하다.

> 고해상도 표현은 비트맵 방식을 사용한다.

기적의 TIP

비트맵과 벡터 방식의 이미지를 비교하는 문제가 출제되고 있습니다. 비트맵은 확대하면 계단 현상이 나타나고, 벡터 방식은 매끄러운 것이 특징입니다.

- 동영상 파일 형식에는 MPEG, AVI, DVI, DivX, ASF, MOV 등이 있다.
- 사운드 파일 형식에는 WAVE, MIDI, MP3, MP4 등이 있다.
- MP3는 고음질 오디오 압축의 표준 형식으로, MPEG에서 규정한 MPEG-1의 압축 기술을 이용한 방식이다.

23년 상시, 20년 7월, 18년 3월

01 다음 중 멀티미디어 파일 포맷에 대한 설명으로 옳지 않은 것은?

① MP3는 PCM 기법에 의해 생성된 디지털 데이터를 사용하며 MPEG-3 규격의 압축 기술을 사용한다.

② ASF는 인터넷을 통해 오디오, 비디오 및 생방송 수신 등을 지원하는 통합 멀티미디어 형식이다.

③ WMF는 Windows에서 기본적으로 사용하는 벡터 그래픽 파일 형식이다.

④ DVI는 인텔사에서 개발한 동영상 압축 기술이다.

> MP3는 MPEG-1 Audio Layer-3의 약자로 MPEG-1의 압축 기술을 사용한다.

21년 상시, 15년 6월

02 다음 중 멀티미디어 데이터에 관한 설명으로 옳지 않은 것은?

① MOV 파일은 애플사에서 개발한 JPEG 압축 방식을 사용하는 동영상 파일이다.

② MIDI 파일은 연주 정보만 저장하므로 WAV 파일보다 크기가 작다.

③ MP3 파일은 MPEG-3 규격의 압축 기술을 사용한다.

④ WMV 파일은 스트리밍 서비스 지원이 가능하다.

> MP3 파일은 MPEG-1의 압축 기술을 사용한다.

기적의 TIP

멀티미디어 파일 형식의 종류와 특징을 묻는 문제가 출제되고 있습니다. 특히, MP3는 MPEG-1의 압축 기술을 이용하였음을 알아두세요.

- 광케이블은 코어, 클래딩, 코팅으로 구성된다.
- 신호로 만든 광선을 내부 반사로 전송하는데, 다른 유선 전송 매체에 비하여 대역폭이 넓어 데이터 전송률이 뛰어나므로 전송 손실이 적다.
- 다른 전송 매체보다 크기가 작고 가벼우며, 빛의 형태로 전송하므로 충격성 잡음 등의 외부 간섭을 받지 않는다.
- 케이블 크기가 작고 가벼워 정보 전달의 안정성이 매우 높으나 설치 비용이 많이 든다.
- 신호 증폭을 위한 리피터의 설치 간격이 넓어 가입자 회선 및 근거리 통신망으로 이용한다.

23년 상시, 20년 7월, 15년 6월

01 다음 중 정보통신을 위하여 사용되는 광섬유 케이블에 관한 설명으로 옳지 않은 것은?

① 대역폭이 넓어 데이터의 전송률이 우수하다.
② 리피터의 설치 간격을 좁게 설계하여야 한다.
③ 도청하기 어려워서 보안성이 우수하다.
④ 다른 유선 전송 매체와 비교하여 정보 전달의 안전성이 우수하다.

> 광섬유 케이블은 광대역을 사용하며 리피터의 간격이 넓다.

21년 상시, 15년 6월

02 다음 중 전송 매체인 광섬유 케이블(Optical Fiber Cable)에 대한 설명으로 옳지 않은 것은?

① 코어와 클래딩, 코팅 부분으로 구성된다.
② 넓은 대역폭을 제공하므로 데이터의 전송률이 높다.
③ 가늘고 가벼우며 외부 잡음 등의 영향을 거의 받지 않는다.
④ 다른 전송 매체에 비해 설치 비용이 저가이며, 시공이 쉽기 때문에 가정용 전화기나 개인용 컴퓨터 연결에 주로 사용된다.

> 광섬유 케이블의 단점으로 시공이 어려우며 설치 비용도 고가이다.

기적의 TIP

통신 회선 중 유선 매체인 광케이블의 특징을 묻는 문제가 출제되고 있습니다.

- **LAN(근거리 통신망)** : 회사, 학교, 연구소 등의 특정 지역 내에서 시스템을 연결하는 통신망이다. 성형, 버스형, 링형, 망형, 계층형 등으로 구축하며 OSI 참조 모델의 하위 계층에 해당한다.
- **MAN(도시 통신망)** : 도시와 도시 간에 구축되는 통신망이다.
- **WAN(광역 통신망)** : 국가나 전 세계에 걸쳐 연결되는 통신망이다.
- **B-ISDN(광대역 종합 정보 통신망)** : 광케이블을 사용하여 고화질의 동영상까지 전송할 수 있는 고속 통신망이다. 핵심 기술은 비동기 전송 방식(ATM : 53바이트 셀)을 기반으로 구축되며, 넓은 대역폭을 사용한다.

23년 상시, 22년 상시, 18년 3월, 11년 4월

01 다음 중 광대역 종합 정보 통신망(B-ISDN)에 대한 설명으로 옳은 것은?

① 빠른 전송 속도에 비해 사용료가 경제적이다.
② 비동기 전송 방식(ATM)을 기반으로 구축되며, 넓은 대역폭을 사용한다.
③ 자원 공유를 목적으로 학교, 연구소, 회사 등이 구내에서 사용하는 통신망이다.
④ 동축 케이블을 사용하여 문자, 음성, 고화질의 동영상까지 전송할 수 있는 통신망이다.

> 광대역 종합 정보 통신망(B-ISDN)은 넓은 대역폭을 사용하며 비동기 전송 방식(ATM)을 기반으로 구축한 통신망으로 속도에 비해 사용료는 비싸다.

오답 피하기

③은 LAN(근거리 통신망)에 대한 설명이다.

21년 상시, 11년 3월

02 다음 중 LAN의 특성에 대한 설명으로 옳지 않은 것은?

① 회사, 학교, 연구소 등의 특정 구역 내에서 자원 공유를 목적으로 사용하는 통신망이다.
② LAN 프로토콜은 OSI 참조 모델의 상위 계층에 해당된다.
③ 오류 발생률이 낮으며, 네트워크에 포함된 자원을 공유할 수 있다.
④ 망의 구성 형태에 따라서 성형, 버스형, 링형, 계층형 등으로 분류할 수 있다.

> LAN은 OSI 참조 모델의 하위 계층에 해당한다.

기적의 TIP

통신망 구분, 광대역 종합 정보 통신망(B-ISDN)의 핵심 기술, ATM과 통신망의 특징을 묻는 문제가 출제되고 있습니다.

- IPv4
  - 32비트의 크기로 10진수 4자리를 점(Dot)으로 구분한다.
  - 네트워크 규모에 따라 A, B, C, D, E 클래스로 구분한다.
- IPv6
  - 128비트의 크기로 16진수 8자리를 콜론(:)으로 구분한다.
  - IPv4와 호환성, 인증성, 기밀성, 무결성의 지원으로 보안 문제를 해결하여 빠른 속도와 실시간 흐름 제어를 지원한다.

24년 상시, 20년 2월, 19년 3월

01 다음 중 인터넷의 IPv6 주소 체제에 관한 설명으로 옳지 않은 것은?

① IPv4와 호환성이 뛰어나다.
② Class A의 네트워크 부분은 IPv4의 2배인 16비트로 구성되어 있다.
③ 128비트의 주소를 사용하여, 주소 부족 문제를 해결할 수 있다.
④ 인증성, 기밀성, 데이터 무결성의 지원으로 보안 문제를 해결할 수 있다.

> IPv6는 128비트로 16진수 8자리로 표시되며 클래스 구분이 없고, IPv4는 A~E 클래스까지 있다.

22년 상시, 14년 6월

02 다음 중 한글 Windows 10에서 인터넷 IP 주소 체계를 위해 사용하는 IPv6에 관한 설명으로 옳지 않은 것은?

① IPv4와의 호환성이 뛰어나며, IPv4와 비교하여 자료 전송 속도가 빠르다.
② 숫자로 8비트씩 4부분으로 구분하며, 총 32비트로 구성된다.
③ 인증성, 기밀성, 데이터 무결성의 지원으로 보안 문제를 해결할 수 있다.
④ 실시간 흐름 제어로 향상된 멀티미디어 기능을 제공한다.

> IPv6은 총 128비트로, 16비트씩 8부분으로 구성된다.

기적의 TIP

IPv4와 IPv6를 비교하고 특징을 묻는 문제가 출제되고 있습니다. IPv4는 32비트, IPv6는 128비트를 사용합니다.

- **SMTP** : 메일을 보내는 데 사용되는 프로토콜이다.
- **POP3** : 메일을 받아오는 데 사용되는 프로토콜이다.
- **IMAP** : POP와 달리 전자우편의 제목이나 보낸 사람만 보고 메일을 다운로드할 것인지 선택할 수 있는 프로토콜이다.
- **MIME** : 메일로 화상이나 음성을 포함한 멀티미디어 정보를 보낼 때 사용되는 표준 규격 프로토콜이다.

23년 상시, 18년 3월, 14년 6월

01 다음 보기 중 전자우편을 위한 프로토콜끼리 올바르게 짝지어진 것은?

㉠ SMTP	㉡ FTP	㉢ POP3
㉣ IMAP	㉤ MIME	㉥ DNS

① ㉡, ㉢, ㉣, ㉤
② ㉠, ㉢, ㉣, ㉤
③ ㉠, ㉡, ㉢, ㉣
④ ㉠, ㉢, ㉣, ㉥

오답 피하기

- FTP : 파일 송수신 프로토콜
- DNS : 문자로 된 도메인을 숫자로 된 IP 주소로 변환하는 서버

24년 상시, 16년 6월

02 다음 중 전자우편에서 사용하는 프로토콜과 주소에 대한 설명으로 옳지 않은 것은?

① POP3는 2진 파일을 첨부한 전자우편을 보내기 위하여 사용한다.
② SMTP는 TCP/IP 호스트의 우편함에 ASCII 문자 메시지를 전송해 준다.
③ ks2002@korcham.net에서 @의 앞부분은 E-mail 주소의 ID이고, @의 뒷부분은 메일 서버의 호스트 이름이다.
④ MIME은 웹 브라우저에서 지원하지 않는 멀티미디어 파일을 이용하는 데 사용된다.

> POP3은 전자우편의 수신을 담당하는 프로토콜이다.

기적의 TIP

전자우편 프로토콜의 종류와 의미를 묻는 문제가 출제되고 있습니다. MIME는 멀티미디어 정보까지 보낼 수 있음을 알아두세요.

58 인터넷 프로그래밍 언어

 ▶합격 강의

- **HTML(Hypertext Markup Language)** : 하이퍼텍스트 문서를 만드는 데 사용되는 언어 규약으로, 웹 문서의 표준으로 사용한다.
- **SGML(Standard Generalized Markup Language)** : 복잡하고 대용량인 멀티미디어 문서를 원활하게 교환할 수 있도록 ISO에서 제정한 데이터 객체 양식 표준이다.
- **XML(eXtensible Markup Language)** : HTML을 획기적으로 개선한 차세대 인터넷 언어이다. SGML의 복잡한 단점을 개선한 언어로 사용자가 새로운 태그와 속성을 정의할 수 있는 확장성을 가졌다.
- **JAVA(자바)** : C++언어를 기반으로 개발된 객체 지향 프로그래밍 언어로 WWW 환경에서 분산 작업이 가능하도록 설계하였다.
- **LISP** : 문자열을 쉽게 다루며 인공지능 분야에서 사용하는 언어이다.
- **객체 지향 프로그래밍 언어** : 객제 간의 관계에 중점을 두며 클래스로 캡슐화, 상속성, 추상화의 특징이 있고 웹 환경에서 분산 작업 가능한 언어로 C++, C#, JAVA, Python, R 등이 있다.
- **절차 지향 프로그래밍 언어** : 프로그램 실행이 순차적으로 실행되는 언어로 C, BASIC, COBOL, FORTRAN 등이 있다.

21년 상시, 20년 2월

01 다음 중 프로그래밍 언어에 대한 설명으로 옳지 않은 것은?

① C++와 Java는 객체 지향 프로그래밍 언어로 Java는 특히 기업이나 인터넷의 분산 응용 프로그램에 사용되도록 설계되었다.

② XML은 월드 와이드 웹, 인트라넷 등에서 데이터와 포맷 두 가지 모두를 공유하려고 할 때 유용한 프로그래밍 언어로 웹상에서 구조화된 문서를 전송 가능하도록 설계된 표준화된 텍스트 형식이다.

③ LISP는 문자열을 쉽게 다루기 위해 설계된 프로그래밍 언어로 인공지능 분야의 프로그래밍에 사용되는 언어이다.

④ HTML은 웹 페이지와 구성 요소들의 객체 지향 기능을 지원하며 콘텐츠에 CSS와 레이어를 사용할 수 있으며 전부 또는 대부분의 페이지 요소를 제어할 수 있는 프로그래밍 언어이다.

> HTML은 하이퍼텍스트 문서를 만들기 위해 사용되는 언어로 웹 문서의 표준으로 사용한다. 이식성이 높고 사용이 편리하나 고정된 태그만 사용하므로 복잡한 구조를 갖는 문서 작성은 어렵다.

24년 상시, 23년 상시, 22년 상시, 19년 8월

02 다음 중 객체 지향 프로그래밍 언어로만 짝지어진 것은?

① C++, C#, JAVA
② C, COBOL, BASIC
③ FORTRAN, C++, XML
④ JAVA, C, XML

> C, COBOL, FORTRAN은 절차 지향 언어이다.

24년 상시, 19년 3월

03 다음에서 설명하는 언어는?

> 객체 지향적 프로그래밍 언어로, 처음에는 가전제품 내에 탑재해 동작하는 앱을 위해 개발했지만, 현재는 웹 애플리케이션 개발에 가장 많이 사용하는 언어 가운데 하나이고, 모바일 기기용 소프트웨어 개발에도 널리 사용하고 있는 언어이다.

① JAVA
② Visual C++
③ Delphi
④ Power Builder

> JAVA는 객체 지향 프로그래밍 언어로 네트워크를 이용한 분산 작업이 가능하도록 설계되었다.

기적의 TIP

객체 지향 프로그래밍 언어의 종류와 특징을 묻는 문제가 출제되고 있습니다. HTML과 SGML에 대해 비교하여 잘 알아두세요.

- **스미싱(Smishing)** : 스마트폰 문자메시지를 통해 소액 결제를 유도하는 피싱 사기 수법이다.
- **스니핑(Sniffing)** : 네트워크 주변을 지나다니는 패킷을 엿보면서 계정과 패스워드를 알아내기 위한 행위이다.
- **피싱(Phishing)** : 금융기관 등으로 사칭하여 불특정 다수에게 메일을 발송해 위장된 홈페이지로 접속하도록 한 뒤 인터넷 이용자들의 금융정보 등을 빼내는 신종사기 수법이다.
- **파밍(Pharming)** : 피싱 기법의 일종으로 사용자가 자신의 웹 브라우저에서 정확한 주소를 입력해도 가짜 웹 페이지로 이동하게 하여 개인정보를 훔치는 행위이다.
- **스푸핑(Spoofing)** : 악의적인 목적으로 임의로 웹 사이트를 구축해 일반 사용자의 방문을 유도한 다음, 사용자의 시스템 권한을 획득한 뒤 정보를 빼가거나 사용자가 암호와 기타 정보를 입력하도록 속인다.
- **서비스 거부 공격(DDos)** : 해당 시스템의 네트워크 트래픽 양을 증가시켜 시스템의 정상적인 동작을 방해하는 행위이다.

24년 상시, 22년 상시, 20년 2월, 16년 6월

01 다음 중 정보 보안 위협에 대한 설명으로 옳지 않은 것은?

① 스미싱(Smishing) : 수신한 메시지에 있는 인터넷 주소를 클릭하면 악성코드를 설치하여 개인 금융 정보를 빼내는 행위이다.

② 스니핑(Sniffing) : 네트워크상에서 다른 상대방들의 패킷 교환을 엿보면서 계정과 패스워드를 알아 내는 행위이다.

③ 파밍(Pharming) : 검증된 사용자가 네트워크를 통해 데이터를 보낸 것처럼 가장하여 해당 컴퓨터 시스템을 완전히 장악해 마음대로 정보를 변조하거나 파괴하는 행위이다.

④ 랜섬웨어(Ransom Ware) : 인터넷 사용자의 컴퓨터에 잠입해 내부 문서나 스프레드시트, 그림 파일 등을 암호화해 열지 못하도록 만든 후 금품을 요구하는 악성 프로그램이다.

> 파밍은 피싱 기법의 일종으로 사용자가 자신의 웹 브라우저에서 정확한 주소를 입력해도 가짜 웹 사이트로 이동하게 되어 개인정보를 훔치는 행위이다.

기적의 TIP

정보 보안 위협의 다양한 공격에 대해 출제되고 있습니다. 파밍은 피싱 기법으로 개인 정보를 훔치는 행위입니다.

- **WiFi** : 고성능 무선 통신을 가능하게 하는 무선랜 기술로 유선을 사용하지 않고 전파나 빛 등을 이용하여 네트워크를 구축하는 방식이다.
- **RFID(Radio-Frequency IDentification)** : 전자태그 기술로 IC칩과 무선을 통해 식품·동물·사물 등 다양한 개체의 정보를 관리할 수 있는 인식 기술이다.
- **I-PIN** : 인터넷 개인 식별 번호(Internet Personal Identification Number)로 인터넷상에서 주민등록번호 도용 범죄를 방지하기 위해 만든 인터넷 신원확인번호이다.
- **Mirroring** : 해킹이나 장비 고장 등의 사고가 발생했을 때 데이터가 손실되는 것을 막기 위해서 데이터를 하나 이상의 장치에 중복 저장하는 것이다.
- **메시업(Meshup)** : 웹상에서 제공되는 다양한 콘텐츠와 서비스를 혼합하여 새로운 서비스를 개발하는 기술이다.
- **텔레메틱스(Telelmatics)** : 텔레커뮤니케이션+인포메틱스의 합성어로 원격통신과 정보과학을 결합한 서비스이다.
- **증강현실(Augmented Reality)** : 현실 세계의 배경에 3D의 가상 이미지를 중첩하여 영상으로 보여 주는 기술이다.

24년 상시, 21년 상시, 20년 2월

01 다음에서 설명하는 용어로 옳은 것은?

> 고성능 무선 통신을 가능하게 하는 무선랜 기술로 유선을 사용하지 않고 전파나 빛 등을 이용하여 네트워크를 구축하는 방식

① WiFi
② Mirroring
③ RFID
④ I-PIN

오답 피하기

- Mirroring : 해킹이나 장비 고장 등의 사고가 발생했을 때 데이터가 손실되는 것을 막기 위해서 데이터를 하나 이상의 장치에 중복 저장하는 것
- RFID(Radio-Frequency IDentification) : 전자태그 기술. 무선 주파수를 이용해 빛을 전파하여 먼 거리의 태그도 읽고 정보를 수신할 수 있음
- I-PIN(아이핀) : 인터넷상에서 주민등록번호를 도용하여 발생하는 범죄를 방지하기 위해 만든 인터넷 신원확인번호

24년 상시, 19년 8월

02 다음 중 정보통신기술(ICT)에 대한 설명으로 옳지 않은 것은?

① 증강현실(Augmented Reality) : 현실 세계의 배경에 3D의 가상 이미지를 중첩하여 영상으로 보여주는 기술이다.

② RFID(Radio Frequency IDentification) : 전자태그가 부착된 IC칩과 무선 통신 기술을 이용하여 다양한 개체들의 정보를 관리할 수 있는 센서기술이다.

③ 매시업(Mashup) : 웹상에서 제공되는 다양한 콘텐츠와 서비스를 혼합하여 새로운 서비스를 개발하는 기술이다.

④ 텔레메틱스(Telematics) : 유선 전화망, 무선망, 패킷데이터 망 등과 같은 기존의 통신망을 하나의 IP 기반 망으로 통합하여 각종 데이터를 전송하는 기술이다.

> 텔레메틱스(Telematics)는 텔레커뮤니케이션+인포메틱스의 합성어로 무선 통신과 GPS 기술이 결합되어 자동차 등 운송 장비 안에서 다양한 이동 통신 서비스를 제공하는 기술을 의미한다. 차 안에서 외부의 정보를 수집하여 제공하는 것으로 네비게이션, 위치 정보, 교통 정보, 자율 주행차 등에 활용된다.

24년 상시, 23년 상시, 18년 3월

03 다음에서 설명하는 신기술은 무엇인가?

> – 현실 세계의 배경에 3D의 가상 이미지를 중첩하여 영상으로 보여 주는 기술이다.
> – 스마트폰 카메라로 주변을 비추면 인근에 있는 상점의 위치, 전화번호 등의 정보가 입체 영상으로 표시된다.

① SSO(Single Sign On)
② 증강현실(Augmented Reality)
③ RSS(Rich Site Summary)
④ 가상현실(Virtual Reality)

오답 피하기

• SSO : 하나의 아이디로 여러 사이트를 이용할 수 있는 시스템
• RSS : 포털 사이트나 블로그와 같이 콘텐츠 업데이트가 자주 일어나는 웹 사이트의 업데이트된 정보를 자동으로 쉽게 사용자들에게 제공하는 서비스
• 가상현실 : 가상의 환경을 만들어서 마치 실제 주변 상황의 환경과 상호작용을 하는 것처럼 만들어주는 시스템

기적의 TIP

최신 ICT 기술의 다양한 기능을 묻는 문제가 출제되고 있습니다. 기술의 종류와 의미를 연결시켜 알아두세요

---

61 모바일 기능

• **플로팅 앱(Floating App) :** 여러 개의 앱을 한꺼번에 사용할 수 있도록 하는 것으로 스마트 기기의 멀티미디어 관련 어플리케이션 실행 시에 영상 화면을 오버레이의 팝업 창 형태로 분리하여 실행하는 기능이다.
• **스마트 앱(Smart App) :** 스마트폰 등의 모바일 기기에 설치하는 응용 프로그램으로 사용자의 목적과 용도에 따라 설치하여 활용하는 프로그램이다.
• **앱 스토어(App Store) :** 스마트폰에 탑재할 수 있는 다양한 애플리케이션을 판매하는 온라인상의 모바일 콘텐츠 장터이다.
• **앱북(App Book) :** 스마트폰, 태블릿 PC 등에서 실행되는 전자책이다.

24년 상시, 23년 상시, 18년 9월, 16년 3월

01 다음 중 보기에서 설명하는 모바일 기기 관련 용어로 옳은 것은?

> 여러 개의 앱을 한꺼번에 사용할 수 있도록 앱 실행 시 영상 화면을 오버레이의 팝업 창 형태로 분리하여 실행하는 기능이다.

① 스마트 앱(Smart App)
② 플로팅 앱(Floating App)
③ 앱 스토어(App Store)
④ 앱북(App Book)

오답 피하기

• 스마트 앱(Smart App) : 모바일 기기에서 사용하는 응용 앱
• 앱 스토어(App Store) : 온라인상의 모바일 앱 장터
• 앱북(App Book) : 모바일 등에서 보여지는 전자책

기적의 TIP

모바일에서 사용하는 앱 기술과 기능을 묻는 문제가 출제되고 있습니다. 플로팅은 '떠 있는 상태'로 화면 위에 다른 화면이 떠다니는 것을 의미합니다.

해설과 함께 보는
상시 기출문제

CONTENTS

1과목   워드프로세싱 용어 및 기능

⟨상⟩⟨중⟩⟨**하**⟩

01 다음 중 워드프로세서의 화면 표시 기능과 관련된 설명으로 옳지 않은 것은?

① 눈금자를 사용하면 왼쪽과 오른쪽 여백, 들여쓰기, 내어쓰기, 탭 설정 여부 등을 표시할 수 있다.

② 상태 표시줄에는 커서가 있는 쪽 번호, 커서 위치, 삽입 또는 수정 상태, 자판의 종류 등의 정보를 표시한다.

③ 문서를 작성할 때 화면을 상·하·좌·우로 이동하는 기능을 스크롤(Scroll)이라고 한다.

④ 작업 화면의 기본 도구 모음에는 제어상자, 제목, 창 조절 단추 등이 표시된다.

> 기본 도구 모음은 문서 작업을 할 때 자주 사용하는 기능을 아이콘화하여 비슷한 기능을 모아 놓은 곳으로, 사용자가 임의로 위치를 바꾸거나 재구성할 수 있다. 제어상자, 제목, 창 조절 단추 등은 창의 구성 요소로 창의 가장 위에 표시된다.

⟨상⟩⟨**중**⟩⟨하⟩

02 다음 문장을 효과적으로 입력하기 위한 방법으로 옳지 않은 것은?

> 대한민국의 장점은 대한민국에 사는 대한민국 국민이 조국인 대한민국의 발전을 위해 최선을 다하는 것이다.

① 복사하기 기능 사용
② 보일러 플레이트 기능 사용
③ 매크로 기능 사용
④ 상용구 기능 사용

> 보일러 플레이트는 작성 중인 문서의 일부분에 주석, 메모 등을 적어놓기 위해 따로 설정한 구역으로 머리말, 꼬리말, 주석 등 재사용할 수 있는 내용을 입력하는 구역이다.

> **오답 피하기**
> • 복사 : 범위를 지정하여 복사한 후 붙여넣기하여 여러 번 사용
> • 매크로 : 자주 사용하는 여러 개의 명령어를 묶어서 하나의 키에 등록하여 키를 입력하여 표시하는 기능
> • 상용구 : 자주 쓰이는 어휘를 등록시켜 두었다가 준말을 입력하여 본말을 표시하는 기능

⟨상⟩⟨**중**⟩⟨하⟩

03 다음 중 전자문서의 관리에 대한 설명으로 옳지 않은 것은?

① 전자문서의 결재권자는 전자문서를 열람한 후 전자문서의 서명란에 서명한다.

② 행정 기관의 전자이미지관인은 문서과의 기안자가 찍어야 한다.

③ 전자결재시스템을 사용하면 표준 서식으로 정해진 문서만 사용할 수 있다.

④ 전자문서의 효력은 수신자의 컴퓨터에 파일로 등록된 때부터 발생한다.

> 문서과의 기안자가 아니라 처리과의 기안자가 이미지 관인을 찍어야 한다.

⟨상⟩⟨중⟩⟨**하**⟩

04 다음 설명에 해당하는 용어는 무엇인가?

> 주문서, 납품서, 청구서 등 무역에 필요한 각종 서류를 표준화된 양식을 통해 전자적 신호로 바꿔 컴퓨터 통신망을 이용, 거래처에 전송하는 시스템이다. 기존의 서류를 통한 업무 처리와는 달리 컴퓨터를 이용하여 사무실에서 빠르고 간편하게 업무를 처리할 수 있다. 기업 간의 거래 데이터를 교환하기 위한 표준 포맷이다.

① EDI
② ERP
③ EDMS
④ CALS

> **오답 피하기**
> • ERP(전사적자원관리) : 회사의 자금, 회계, 구매, 생산, 판매 등 모든 업무의 흐름을 효율적으로 통합하여 관리하는 전산 시스템
> • EDMS(전자문서 관리 시스템) : 다양한 형태의 문서와 자료를 그 작성부터 폐기에 이르기까지의 모든 과정을 일관성 있게 전자적으로 통합 관리하기 위한 시스템
> • CALS(Commercial At the Light Speed) : 광속 상거래로 설계에서부터 모든 정보를 기업, 기업 간, 국제 간에 공유하는 기업정보화시스템

05 다음 중 한글 워드프로세서에서 사용하는 KS X 1005-1 (유니코드)에 대한 설명으로 옳지 않은 것은?

① 완성형 코드에 조합형 코드를 반영하여 개발되었다.
② 전 세계에서 사용할 수 있는 모든 문자를 표현할 수 있는 국제 표준 코드이다.
③ 영문은 1바이트, 한글은 2바이트를 사용하는 코드이다.
④ 외국 소프트웨어의 한글화가 쉽고 한글은 가나다순으로 정렬된 코드이다.

유니코드는 모든 문자가 2바이트를 사용한다.

06 다음에 설명하는 문서정리 방법을 나타내는 용어로 가장 적절한 것은?

- 같은 카테고리의 문서를 한 곳에 모을 수 있다.
- 문서 내용의 분류가 여러 개인 경우 상호 참조 표시가 필요하다.
- 문서가 소분류로 구분되어 취급되는 경우에 많이 활용된다.

① 번호식 분류법
② 지역별 분류법
③ 주제별 분류법
④ 수직적 분류법

오답 피하기

번호식 분류법은 문서를 일정량 모이면 개별 폴더에 숫자를 지정하여 보관하는 방식으로 무한 확장 가능하다는 특징이 있다. 지역별 분류법은 거래처의 지역이나 범위에 따라 가나다순으로 분류하는 방법이다.

07 〈보기1〉이 〈보기2〉처럼 수정되었을 때 사용된 교정부호를 올바르게 짝지어진 것은?

〈보기1〉

초청장 이나 안내문은 초대의
글이나 모임주제를 쓰고 일시,
장소, 연락처를 입력한다.

〈보기2〉

초청장이나 안내문은 초대의
글이나 모임 주제를 쓰고 일시, 장소,
연락처를 입력한다.

① ᴐ͡, ᴆ, ͡ᴖ
② ͡, ᴠ, ᴝ
③ ᴜ, ᴐ͡, ᴐ͡
④ ᴆ, ᴐ͡, ᴝ

초청장 이나 안내문은 초대의
글이나 모임주제를 쓰고 일시,
장소, 연락처를 입력한다.

08 다음 중 문서의 분량에 변동이 없는 교정부호로만 짝지은 것은?

① ᴦ, ͡ᴖ, ☼
② ᴆ, ᴠ, ᴝ
③ ͡, ᴝ, ☼
④ ᴐ͡, ᴜ, ͡ᴖ

①은 글자 바로하기, 자리 바꾸기, 되살리기(원래대로 두기) 교정부호로 분량에 변동이 없다.

오답 피하기

- ② : 들여쓰기, 사이 띄우기, 줄 잇기
- ③ : 붙이기, 줄 잇기, 되살리기(원래대로 두기)
- ④ : 수정, 내어쓰기, 자리 바꾸기

09 다음 설명에 해당하는 워드프로세서의 용어는?

> 문서편집과 관련된 여러 가지 설정 항목들의 표준값으로 사용자가 따로 지정하지 않는 한 이 값이 그대로 적용된다.

① 디폴트(Default)
② 클립아트(Clip Art)
③ 도구상자(Tool Box)
④ 스풀링(Spooling)

오답 피하기
• 클립아트 : 컴퓨터로 문서를 만들 때 편리하게 사용할 수 있도록 미리 만들어 저장해 놓은 여러 가지 그림
• 도구상자 : 파일을 조작하거나 내용을 편집하는 기능 등으로 공통적으로 사용되는 각종 기능을 모아 놓은 곳
• 스풀링 : 처리할 데이터를 보관하여 저장하고 이것을 다른 장치가 이용하도록 하는 기능으로 컴퓨터가 다른 주변 장치 간에 데이터를 전송할 때 처리 시간을 단축하기 위해 사용

10 다음 중 문서관리의 원칙에 대한 설명으로 가장 옳지 않은 것은?

① 정확성 : 문서를 옮겨 적거나 다시 기재하는 것을 줄이고, 복사해서 사용한다.
② 용이성 : 문서를 쉽게 작성하고, 판단 사무 작업을 사무화한다.
③ 신속성 : 반복되고 계속되는 업무는 유사 관련 자료를 참고하여 사무 절차와 방법을 간소화한다.
④ 경제성 : 문서의 집중 관리 및 처리를 통하여 경비를 절약한다.

> 문서관리의 신속성은 문서 처리를 보다 빨리 수행하고자 하는 것이다.

11 다음 중 한자를 입력하는 방법으로 옳지 않은 것은?

① 한자 목록이나 한자 사전에서 해당 한자를 선택하여 입력한다.
② 한자 사전에 없는 단어일 경우 사용자가 등록시킬 수 있다.
③ 한자의 음을 모를 때에는 문장 자동 변환으로 입력한다.
④ 음절 단위 변환은 한글로 음을 먼저 입력한 후 한 글자씩 한자로 변환한다.

> 한자 음을 모를 때에는 부수 입력, 외자 입력, 2Stroke 방법으로 한자를 입력할 수 있다.

12 다음 중 워드프로세서에서 문서를 작성할 때 금칙 처리에 관한 설명으로 옳은 것은?

① 특정한 기호가 행의 마지막 또는 행의 처음에 나타나지 않도록 하는 것이다.
② 입력되는 단어가 길어서 동일한 줄에 입력되지 않을 경우 다음 줄로 이동하여 나타나도록 하는 것이다.
③ 문서 인쇄 시 특정한 글자나 기호가 인쇄되지 않도록 하는 것이다.
④ 특정한 서체를 작성 중인 문서에서 사용할 수 없도록 하는 것이다.

> 행두 금칙 문자는 행의 처음에 올 수 없는 문자나 기호이고, 행말 금칙 문자는 행의 마지막에 올 수 없는 문자나 기호이다.

13 다음 중 워드프로세서에서 치환에 대한 내용으로 옳지 않은 것은?

① 치환 후에는 문서의 분량이 변할 수 없다.
② 글자 모양, 문단 모양, 스타일도 지정하여 바꿀 수 있다.
③ 블록을 지정한 특정 영역에 대해서만 치환 기능을 적용할 수 있다.
④ 특정 문자열을 찾아 다른 문자열로 바꾸는 기능이다.

> 치환(바꾸기) 후에는 문서의 분량이 증가하거나 감소할 수 있어 분량이 변할 수 있다.

14 다음 중 공문서의 구성에서 결문의 내용으로 옳지 않은 것은?

① 시행일자
② 협조자
③ 붙임(첨부)
④ 발신기관 주소

> 붙임(첨부)은 본문의 구성 요소이다.

15 다음 중 전자책(e-Book)의 특징으로 옳지 않은 것은?

① 마우스 등의 읽기 위한 장치가 있어야 한다.
② 그림, 동영상, 애니메이션 등의 멀티미디어 구현이 가능하다.
③ 종이책에 비해 포장이나 유통 비용이 적게 든다.
④ 저작권이 필요 없어 누구나 보고 편집할 수 있다.

> **오답 피하기**
> 전자책도 저작권이 있으므로 전자책은 구입하여 이용해야 하며, 함부로 편집하면 안 된다.

16 다음 중 문서관리를 위하여 처리 단계별로 문서를 분류하는 경우에 각 문서에 관한 설명으로 옳지 않은 것은?

① 접수문서 : 외부로부터 접수된 문서
② 공람문서 : 배포문서 중 여러 사람이 돌려보는 문서
③ 보존문서 : 일처리가 끝난 완결문서로 해당연도 말까지 보관하는 문서
④ 배포문서 : 접수문서를 문서과가 배포 절차에 의해 처리과로 배포하는 문서

> ③은 보관문서에 대한 설명이다. 보존문서의 보존 기간은 해당연도 말까지가 아니라 처리기관별로 일정 기간 동안 보존한다.

17 다음 중 워드프로세서에서 매크로(Macro)에 대한 설명으로 옳지 않은 것은?

① 일련의 작업 순서를 키보드의 특정 키에 기록해 두었다가 필요할 때 한 번에 재실행하는 기능이다.
② 동일한 내용의 반복 입력이나 도형, 문단 형식, 서식 등을 여러 곳에 반복 적용할 때 효과적이다.
③ 작성한 매크로는 별도의 파일로 저장할 수 있으며 편집이 가능하다.
④ 마우스 동작을 포함한 사용자의 모든 동작을 기억하는 것을 '키 매크로'라고 한다.

> 마우스 동작을 포함한 동작을 기억하는 것은 '스크립트 매크로'이고 키보드의 동작을 기억하는 것은 '키 매크로'이다.

18 다음 워드프로세서의 용어에 대한 설명 중 옳지 않은 것은?

① 영문 균등(Justification) : 워드 랩 등으로 생긴 공백을 처리하기 위해 단어와 단어 사이의 간격을 균등 배분함으로써 전체 길이를 맞추고 균형을 유지하기 위한 기능
② 디폴트(Default) : 전반적인 규정이나 서식 설정, 메뉴 등 이미 가지고 있는 값으로 기본값 또는 표준값
③ 보일러 플레이트(Boiler Plate) : 문서 일부분에 주석, 메모 등을 적어놓기 위해 따로 설정한 구역
④ 문자 피치(Character Pitch) : 인쇄 시 문자와 문자 사이의 간격을 표현한 단위로 피치가 클수록 문자 사이의 간격이 넓어짐

> 피치는 1인치에 포함되는 문자 수로 글자와 글자 사이의 간격을 표시하는 단위이다. 피치가 커지면 1인치에 인쇄되는 글자 수가 많아져 글자 간격은 좁아진다.

19 다음 사외문서의 구성에 대한 설명 중 두문에 해당하지 않은 것은?

① 제목은 문서 내용을 파악할 수 있도록 본문 내용을 간추려 표시한다.
② 수신자명은 직위와 성명을 표시한다.
③ 발신연월일은 숫자 뒤에 년, 월, 일을 붙여 표시할 수 있다.
④ 발신명은 문서 발신자의 성명을 표시한다.

> 제목은 '본문'의 구성 요소이다.

20 다음과 가장 관련 있는 기능은 무엇인가?

> – 문단의 형태(글꼴, 크기, 문단 모양, 문단 번호)를 쉽게 변경할 수 있다.
> – 문서에 대하여 일관성 있는 서식을 유지하면서 편집하는 데 가장 유용한 기능이다.

① 수식 편집기
② 목차 만들기
③ 스타일
④ 맞춤법 검사

> **오답 피하기**
> • 수식 편집기 : 수학식이나 화학식을 입력하고 수정하는 편집기
> • 목차 만들기 : 차례로 만들 부분에 표시를 달아두고 일괄적으로 제목을 작성하기
> • 맞춤법 검사 : 작성된 문서와 워드프로세서에 내장된 사전을 비교하여 틀린 단어를 찾아주고 수정하는 기능

21 다음 보기에서 설명하는 한글 Windows 10 운영체제의 특징으로 옳은 것은?

> 한 대의 컴퓨터 시스템에서 운영체제가 각 작업의 제어권을 행사하여 작업의 중요도와 자원 소모량 등에 따라 우선순위가 높은 작업에 기회가 가도록 우선순위가 낮은 작업에 작동 제한을 걸어 특정 자원 응용프로그램이 제어권을 독점하는 것을 방지하는 안정적인 체제이다.

① 선점형 멀티태스킹
② 그래픽 사용자 인터페이스
③ 자동 감지 기능
④ 64비트 운영체제

> 선점형 멀티태스킹은 제어권이 운영체제에 있고, 비선점형 멀티태스킹은 제어권이 프로그램에 있다.
>
> **오답 피하기**
> • 그래픽 사용자 인터페이스 : 사용자에게 편리한 사용 환경으로 사용자가 그림으로 된 그래픽 아이콘을 마우스와 키보드를 통해 실행하여 정보를 교환하는 방식의 환경을 제공
> • 자동 감지 기능 : 컴퓨터에 설치된 새로운 하드웨어를 자동으로 감지하여 하드웨어를 구성하고 충돌을 방지하는 기능으로 주변 장치와 하드웨어가 PnP 기능을 지원하는 BIOS가 있어야 PnP 기능을 사용 가능
> • 64비트 운영체제 : 완벽한 64비트 운영체제를 사용하여 데이터의 처리를 더 빠르고 안정적으로 시스템을 구축

22 다음 중 한글 Windows 10의 [시작] 메뉴에 관한 내용으로 옳지 않은 것은?

① 시작 메뉴를 표시하는 바로 가기 키는 Ctrl + Esc 이다.
② 시작 메뉴에서 [파일 탐색기] 창이나 [장치 관리자] 창을 열 수 있다.
③ 최근에 사용한 문서를 빠르게 열 수 있는 점프 목록 기능이 있다.
④ 시작 메뉴에 있는 앱은 윈도우 시스템 부팅 시 자동 실행된다.

> [시작] 메뉴에 있는 앱은 필요할 때 선택하면 실행된다. 윈도우 시스템으로 로그인할 때 설치된 목록의 앱이 자동으로 실행되어 최소화되거나 백그라운드 작업으로 실행되도록 하기 위해서는 [시작]-[설정]-[앱]-[시작 프로그램]에서 설정해야 한다.

23 다음 중 한글 Windows 10에서 [휴지통]의 속성 창에서 할 수 있는 작업으로 옳지 않은 것은?

① 휴지통의 크기를 하드 디스크 드라이브마다 MB 단위로 지정할 수 있다.
② 휴지통에서 원래 폴더 위치를 지정할 수 있다.
③ 파일이나 폴더가 삭제될 때 휴지통에 버리지 않고 바로 제거되도록 설정할 수 있다.
④ 파일이나 폴더가 삭제될 때마다 삭제 확인 대화상자 표시를 하도록 설정할 수 있다.

> 휴지통의 원래 폴더는 삭제하기 이전의 위치로 설정되어 있으며, 위치를 변경할 수는 없다.

24 다음 중 한글 Windows 10에서 아이콘 보기 형식으로 옳지 않은 것은?

① 넓은 아이콘
② 큰 아이콘
③ 작은 아이콘
④ 사세히

> 아이콘 보기 형식으로는 아주 큰 아이콘, 큰 아이콘, 보통 아이콘, 작은 아이콘, 목록, 자세히, 타일, 내용이 있다.

25 한글 Windows 10에서 캡처 도구에 대한 설명으로 옳지 않은 것은?

① [시작] 메뉴의 [Windows 보조프로그램]-[캡처 도구]를 선택한다.
② 캡처 모드에는 자유형, 삼각형, 사각형 창 캡처, 전체 화면 캡처가 있다.
③ 캡처한 내용은 png, jpg, gif의 그림 형식으로 저장할 수 있다.
④ 캡처한 내용은 빨간 펜을 사용하여 그린 후 복사할 수 있다.

> 캡처 모드에서 삼각형은 사용할 수 없다.

26 다음 중 한글 Windows 10의 [제어판]에 있는 [프로그램 및 기능]을 이용하여 수행할 수 있는 작업으로 옳은 것은?

① Windows 기능 켜기와 끄기, 장치 드라이버를 다운받아 설치할 수 있다.
② [Windows 탐색기] 프로그램을 제거할 수 있다.
③ 제거된 응용 앱은 [휴지통]에 임시 저장할 수 있다.
④ Windows 운영체제를 다시 설치할 수 있다.

 오답 피하기
• ② : [Windows 탐색기] 프로그램은 [프로그램 및 기능]을 통해 삭제 불가
• ③ : 제거된 응용 앱은 [휴지통]에 임시 저장되지 않고 바로 삭제
• ④ : 운영체제를 재설치할 때에는 Windows 원본 DVD나 USB를 넣고 설치

27 다음 중 한글 Windows 10에서 [드라이브 조각 모음 및 최적화]와 관련된 내용으로 옳지 않은 것은?

① 디스크 조각 모음이 진행 중인 동안에도 컴퓨터를 사용할 수 있다.
② NTFS, FAT, FAT32 이외의 다른 파일 시스템으로 포맷된 경우와 네트워크 드라이브에 대해서는 디스크 조각 모음을 실행할 수 없다.
③ 디스크 공간의 최적화로 사용 가능 공간이 확장된다.
④ 디스크 조각 모음을 정해진 요일이나 시간에 자동으로 수행할 수 있도록 예약을 설정할 수 있다.

디스크 조각 모음 및 최적화를 통해서 디스크의 접근 속도를 향상시킬 수 있다. 디스크의 공간 확장을 하는 것은 디스크 정리이다.

28 다음 중 한글 Windows 10이 설치된 C: 디스크 드라이브의 [로컬 디스크(C:) 속성] 창에서 작업할 수 있는 내용으로 옳지 않은 것은?

① 드라이브를 압축하여 디스크 공간을 절약할 수 있다.
② 디스크 오류 검사 및 드라이브 조각 모음을 할 수 있다.
③ 네트워크 파일이나 폴더를 공유할 수 있도록 설정할 수 있다.
④ 디스크 정리 및 디스크 포맷을 할 수 있다.

로컬 디스크(C:)의 속성 창에서 디스크 정리는 가능하나 디스크 포맷은 할 수 없다. 포맷은 디스크 드라이브의 바로 가기 메뉴에서 [포맷(A)]이라는 메뉴에서 실행할 수 있다.

29 다음 중 한글 Windows 10의 작업 표시줄에 대한 설명으로 옳지 않은 것은?

① 작업 표시줄은 현재 실행되고 있는 프로그램 단추와 프로그램을 빠르게 실행하기 위해 등록한 고정 프로그램 단추 등이 표시되는 곳이다.
② 작업 표시줄 자동 숨기기를 지정하면 작업 표시줄을 다른 위치로 이동시킬 수 없다.
③ '작업 표시줄 잠금'이 지정된 상태에서는 작업 표시줄의 크기나 위치 등을 변경할 수 없다.
④ 작업 표시줄은 기본적으로 바탕 화면의 맨 아래쪽에 있다.

작업 표시줄 자동 숨기기는 작업 표시줄이 보이지 않다가 마우스 포인터의 이동으로 보이는 기능으로 '숨기기'되어 있어도 작업 표시줄을 다른 위치로 이동할 수 있다.

30 다음 중 한글 Windows 10에서 라이브러리에 대한 설명으로 옳지 않은 것은?

① 자주 사용하는 폴더들을 하나씩 찾아다니지 않고 라이브러리에 등록하여 한 번에 관리할 수 있다.
② 라이브러리는 컴퓨터 여기저기 흩어져 있는 자료를 한 곳에서 보고 정리할 수 있게 하는 가상의 폴더이다.
③ 기본적으로 문서, 음악, 사진, 비디오 라이브러리를 제공한다.
④ 하나의 라이브러리에는 최대 30개의 폴더를 포함시킬 수 있다.

하나의 라이브러리에는 최대 50개의 폴더를 포함시킬 수 있다.

31 다음 중 한글 Windows 10에서 새로운 프린터를 추가하기 위한 [프린터 추가]에 관한 설명으로 옳지 않은 것은?

① [장치 및 프린터] 창에서 [프린터 추가]를 선택하여 작업을 수행한다.
② [프린터 추가]를 수행하는 과정에서 네트워크, 무선 또는 Bluetooth 프린터와 로컬 프린터로 구분하여 설치할 수 있다.
③ USB 포트에 연결되는 플러그 앤 플레이 프린터가 있으면 [프린터 추가]를 사용할 필요가 없다.
④ [프린터 추가]를 이용하여 설치된 새로운 로컬 프린터는 항상 기본 프린터로 지정된다.

프린터를 추가한다고 해서 기본 프린터로 무조건 자동 지정되는 것은 아니다. 기본 프린터가 없는 상태에서 프린터를 추가할 경우 기본 프린터로 설정할 수 있다.

32 다음 중 한글 Windows 10의 [Windows 탐색기]에서 [홈] 메뉴를 이용하여 수행할 수 있는 작업으로 옳지 않은 것은?

① 모든 개체를 선택할 수 있다.
② 선택 영역 반전을 할 수 있다.
③ 선택한 개체를 휴지통으로 이동할 수 있다.
④ 선택한 개체를 압축할 수 있다.

> 선택한 개체를 압축하는 작업은 [공유] 메뉴를 이용하여 할 수 있다.

33 다음 중 한글 Windows 10에서 압축 폴더에 대한 설명으로 옳지 않은 것은?

① 폴더를 압축하면 다른 컴퓨터로 빠르게 전송할 수 있다.
② 압축된 폴더의 파일은 일반 파일과 같이 편집하여 사용할 수 있다.
③ 압축하려는 파일이나 폴더를 선택한 후 바로 가기 메뉴의 [보내기]-[압축(Zip)]을 선택하여 압축할 수 있다.
④ 압축된 파일을 읽기 전용으로 열어 수정한 후 다른 이름으로 저장할 수 있다.

> 압축된 폴더의 파일은 일반 파일과 같이 편집할 수 없고 다른 이름으로 저장한 후 편집하여 사용할 수 있다.

34 한글 Windows 10 파일 탐색기의 탐색 창에서 구성 요소 범주로 옳지 않은 것은?

① 내 PC
② 즐겨찾기
③ 포맷
④ 바탕 화면

> 포맷은 파일 탐색기 탐색 창이 아니라, 디스크 드라이브의 바로 가기 메뉴에 있다.

35 다음 중 한글 [Windows 보조프로그램]에 있는 [그림판]에 대한 설명으로 옳지 않은 것은?

① 스마트폰으로 촬영한 jpg 파일을 불러와 편집한 후 png 파일 형식으로 저장할 수 있다.
② 편집 중인 이미지의 일부분을 선택한 후 삭제하면 삭제된 빈 공간은 '색 1'(전경색)로 채워진다.
③ 그림판에서 편집한 그림은 Windows 바탕 화면의 배경으로 그림 전체를 사용할 수 있다.
④ 오른쪽 버튼으로 그림을 그릴 경우에는 모두 '색 2'(배경색)로 그려진다.

> 지우개로 삭제된 빈 공간은 '색 2'(배경색)으로 채워진다.

36 다음 중 한글 Windows 10의 [장치 관리자] 창에서 설치된 하드웨어 드라이버의 바로 가기 메뉴를 이용하여 실행할 수 있는 작업 내용으로 옳지 않은 것은?

① 장치 드라이브 연결
② 드라이버 업데이트
③ 하드웨어 변경 사항 검색
④ 디바이스 제거

> 장치를 선택한 후 바로 가기 메뉴는 드라이버 업데이트, 디바이스 사용 안 함, 디바이스 제거, 하드웨어 변경 사항 검색, 속성으로 구성되어 있다.

37 다음 중 한글 Windows 10에서 인쇄가 전혀 되지 않는 경우에 취해야 할 조치로 옳지 않은 것은?

① 인쇄할 프린터의 속성에서 [스풀 설정]을 확인한다.
② 프린터 전원이나 프린터 케이블이 제대로 연결되어 있는지 확인한다.
③ 프린터의 이름이 변경되었거나 삭제되었는지 확인한다.
④ 설정된 프린터의 드라이버가 제대로 설치되었는지 확인한다.

> 스풀은 고속의 CPU와 저속의 프린터 사이에서 병행하여 작동시켜 속도를 조절하기 위한 기능으로 인쇄되지 않는 경우와는 상관없다.

38 다음 중 한글 Windows 10의 [개인 설정] 창에서 할 수 있는 작업으로 옳지 않은 것은?

① 바탕 화면에 새로운 테마를 지정하여 적용할 수 있다.
② 화면 보호기 설정을 사용하여 화면의 해상도를 변경할 수 있다.
③ Windows 및 프로그램의 이벤트에 적용되는 소리 구성표를 변경할 수 있다.
④ 창 테두리, 시작 메뉴, 작업 표시줄의 색을 변경할 수 있다.

> [개인 설정] 창에서 화면 보호기를 설정할 수 있으나, 해상도 변경은 [시스템] 창의 [디스플레이]에서 변경할 수 있다.

39 다음 중 한글 Windows 10에서 레지스트리에 대한 설명으로 옳지 않은 것은?

① 레지스트리를 편집하려면 시작 메뉴의 검색 상자에서 'regedit'를 입력하여 실행한다.
② 레지스트리란 Windows 사용자의 정보, 응용 프로그램의 정보, 설정 사항 등 Windows 실행 설정에 대한 정보를 담은 데이터베이스이다.
③ 레지스트리가 손상되면 Windows에 치명적인 손상을 줄 수 있으므로 주의하여 사용해야 한다.
④ 레지스트리는 백업을 받을 수 없으므로 함부로 삭제하거나 실수하는 일이 없도록 신중하게 편집하여야 한다.

> 레지스트리는 백업하여 복구가 가능하다.

40 다음 중 아래 보기에서 설명하는 한글 Windows 10의 네트워크 기능 유형으로 옳은 것은?

> 네트워크의 다른 컴퓨터나 서버에 연결하여 파일/프린터 등의 공유 자원을 사용할 수 있게 하는 소프트웨어이다.

① 서비스
② 프로토콜
③ 클라이언트
④ 어댑터

> 클라이언트 기능은 사용자가 연결하려는 네트워크에 있는 컴퓨터와 파일을 액세스하기 위해 Microsoft Networks용 클라이언트를 설치하여 사용한다.

> **오답 피하기**
> • 서비스 : 네트워크상에 있는 파일 및 프린터를 공유하기 위해 설치
> • 프로토콜 : 사용자와 다른 컴퓨터 간에 통신을 할 때 사용하는 통신 규약으로 네트워크상에서 통신할 때에는 같은 프로토콜을 사용해야 함
> • 어댑터 : 사용자의 컴퓨터를 물리적으로 네트워크에 연결하기 위한 하드웨어 장치

3과목   PC 기본상식

41 사용 권한에 따라 소프트웨어를 분류하고자 할 때, 다음은 무엇에 대한 설명인가?

> 일정 기간 동안 무료로 사용하다가 마음에 들면 금액을 지불해야 정식으로 사용할 수 있는 제품으로, 일부 기능을 제한한 프로그램이다.

① 베타 버전
② 셰어웨어
③ 프리웨어
④ 번들 프로그램

> **오답 피하기**
> • 베타 버전 : 제품을 공식적으로 발표하기 전에 일부 관계자와 사용자에게 제공하여 성능을 테스트하는 것
> • 프리웨어 : 공개 소프트웨어로 누구나 무료로 사용하는 것이 허가된 프로그램
> • 번들 프로그램 : 하드웨어나 소프트웨어를 구입할 때 끼워주는 프로그램

42 다음은 무엇에 대한 설명인가?

> – 7비트의 크기 → 128개의 문자 표현 가능
> – 자료 처리나 통신 시스템에 사용

① BCD 코드
② ASCII 코드
③ EBCDIC 코드
④ GRAY 코드

> **오답 피하기**
> • BCD 코드 : 2^6으로 6비트의 크기로 64개 문자 표현
> • EBCDIC 코드 : 2^8으로 8비트의 크기로 256개 문자 표현
> • GRAY 코드 : 인접 비트 사이에 1비트만이 변화하여 값을 구하는 코드로 입출력 장치 코드와 A/D(Analog/Digital), D/A 변환기에 많이 사용

43 다음 중 OSI 7계층 구조 중에서 세션 계층(Session Layer)의 기능과 거리가 먼 것은?

① 연결 설정, 유지 및 종료
② 대화(회화) 구성
③ 메시지 전송과 수신(데이터 동기화 및 관리)
④ 사용자가 다양한 응용 프로그램을 이용

> 사용자가 다양한 응용 프로그램을 이용하는 계층은 응용 계층이다.

44 다음 바이러스의 유형 중 사용자 디스크에 숨어 있다가 날짜와 시간, 파일의 변경, 사용자나 프로그램의 특정한 행동 등의 일정 조건을 만족하면 실행되는 바이러스는?

① 폭탄(Bomb) 바이러스
② 은닉(Stealth) 바이러스
③ 부트(Boot) 바이러스
④ 클러스터(Cluster) 바이러스

> 폭탄 바이러스는 정해진 시간이나 특정 조건에 반응하도록 설계되어 실행된다.
>
> **오답 피하기**
> • 은닉 바이러스 : 메모리에 상주하고 있으며 다른 파일을 변형한 사실을 숨기는 바이러스
> • 부트 바이러스 : 부트 섹터와 파일 모두에 감염되는 바이러스
> • 클러스터 바이러스 : 감염된 디스크에서 프로그램이 실행되면 동시에 감염시키는 바이러스

45 다음 중 보기에서 설명하는 운영체제의 운영 방식으로 옳은 것은?

> – 속도가 빠른 CPU의 처리 시간을 분할하여 여러 개의 작업을 연속으로 처리하는 방식
> – 일정 시간 단위로 CPU 사용권을 신속하게 전환하여 각 사용자들이 자신만이 컴퓨터를 사용하고 있는 것처럼 느끼게 하는 방식

① 일괄 처리 시스템
② 분산 처리 시스템
③ 듀플렉스 시스템
④ 시분할 시스템

> **오답 피하기**
> • 일괄 처리 시스템 : 처리할 데이터를 일정량 또는 일정 기간 동안 모았다가 한꺼번에 처리하는 방식으로 급여 계산 등에 이용
> • 분산 처리 시스템 : 지역적으로 분산된 여러 대의 컴퓨터를 네트워크로 연결하여 작업과 자원을 분산하여 처리하는 방식
> • 듀플렉스 시스템 : 한쪽의 CPU가 가동 중일 때 다른 CPU가 대기하며 가동 중인 CPU가 고장이 나면 대기 중인 다른 CPU가 가동되는 시스템

46 다음은 무엇에 대한 설명인가?

> – 금융과 기술의 융합을 통한 금융 서비스 및 산업의 변화를 통칭한다.
> – 모바일, SNS, 빅데이터 등 새로운 IT 기술 등을 활용하여 기존 금융 기법과 차별화된 금융 서비스를 제공한다.
> – 예로 삼성페이, 애플페이, 알리페이 등이 있다.

① 오픈뱅킹(Open Banking)
② 스마트뱅킹(Smart Banking)
③ 펌뱅킹(Firm Banking)
④ 핀테크(FinTech)

> 핀테크는 금융(Financial)과 기술(Technique)의 합성어로 정보기술(IT)을 기반으로 한 새로운 형태의 금융기술이다.

47 다음 보기에서 설명하는 해킹 방법으로 옳은 것은?

> 네트워크상에서 다른 상대방들의 패킷 교환을 엿보면서 계정과 패스워드를 알아내는 행위이다.

① 스푸핑(Spoofing)
② 스니핑(Sniffing)
③ 크래킹(Cracking)
④ 세션 하이재킹(Session Hijacking)

> **오답 피하기**
> • 스푸핑 : 눈속임으로 검증된 사람인 것처럼 mac, IP 주소 등의 속임을 이용한 공격
> • 크래킹 : 해킹과 비슷한 의미로 특정 목표로 해를 끼치는 행위
> • 세션 하이재킹 : 세션 가로채기로 아이디와 패스워드를 몰라도 시스템에 접근하여 자원이나 데이터를 사용하는 공격

48 다음 보기 중 전자우편을 위한 프로토콜끼리 올바르게 짝지어진 것은?

㉠ SMTP	㉡ POP3	㉢ FTP
㉣ DNS	㉤ IMAP	㉥ MIME

① ㉠, ㉡, ㉢, ㉣
② ㉠, ㉡, ㉤, ㉥
③ ㉡, ㉢, ㉤, ㉥
④ ㉡, ㉣, ㉤, ㉥

> **오답 피하기**
> FTP은 파일 송수신 프로토콜이고, DNS는 문자로 된 도메인을 숫자로 된 IP로 바꾸는 시스템이다.

49 다음 중 컴퓨터 부팅 시 화면에 아무것도 표시되지 않고 '삐~'하는 경고음만 여러 번에 걸쳐 나는 경우의 해결 방법으로 옳지 않은 것은?

① 부팅 디스크로 부팅한 후 시스템 파일을 전송하거나 디스크 검사로 부트 섹터를 검사한다.
② RAM이 제대로 꽂혀 있는지 또는 이물질이 있는지 확인한다.
③ 그래픽 카드를 제거한 후 부팅하여 그래픽 카드가 원인인지를 확인한다.
④ CPU가 제대로 꽂혀 있는지 점검한다.

> RAM, 그래픽 카드, CPU에 문제가 있으면 '삐~' 경고음이 발생한다.

50 다음 중 빛의 반사 작용을 이용해서 사진이나 그림 등을 디지털 데이터로 변환하는 데 사용되는 입력 장치는?

① 태블릿
② 디지타이저
③ 스캐너
④ 플로터

> 스캐너는 사진이나 그림을 디지털 데이터로 읽어 들이는 장치다.

> **오답 피하기**
> 태블릿, 디지타이저는 펜을 이용한 입력 장치이고, 플로터는 출력 장치이다.

51 다음 중 데이터의 크기에 대한 설명으로 옳지 않은 것은?

① 니블(Nibble) : 4개의 비트가 모여 1Nibble을 구성한다.
② 바이트(Byte) : 파일 구성의 최소 단위로, 의미 있는 정보를 표현하는 최소 단위이다.
③ 레코드(Record) : 하나 이상의 관련된 필드가 모여서 구성되는 자료 처리 단위이다.
④ 파일(File) : 프로그램 구성의 기본 단위로, 여러 레코드가 모여서 구성된다.

> 바이트는 문자를 표현하는 최소 단위로, 8비트가 모여 1바이트가 된다.

52 다음 중 주기억 장치에 대한 설명으로 옳은 것은?

① 현재 가장 많이 사용하는 주기억 장치는 SSD(Solid State Drive)이다.
② EEPROM은 BIOS, 글꼴, POST 등이 저장된 대표적인 펌웨어(Firmware) 장치이다.
③ SDRAM은 전원이 공급되지 않아도 지워지지 않는 비휘발성 메모리이다.
④ RDRAM은 가장 속도가 빠른 기억 장치이다.

> **오답 피하기**
> • SSD : 하드 디스크를 대신해 사용하고 속도가 빠른 보조 기억 장치
> • ROM : 전원이 공급되지 않아도 지워지지 않는 비휘발성 메모리
> • 기억 장치 속도(빠름에서 느린 순) : 레지스터 → 캐시(SRAM) → DRAM (RDRAM)

53 다음 중 컴퓨터의 시스템 관리에 관한 설명으로 옳지 않은 것은?

① 전원을 끌 경우에는 반드시 사용 중인 응용 앱을 먼저 종료한다.
② 컴퓨터를 이동하거나 부품을 교체할 경우에는 반드시 전원을 끄고 작업한다.
③ 시스템에 이상이 발생하면 먼저 HDD(하드 디스크)를 포맷하고 시스템을 재설치한다.
④ 최신 바이러스 백신 프로그램을 사용하여 주기적으로 점검한다.

> HDD(하드 디스크)를 포맷하게 되면 기존에 저장된 모든 자료를 잃을 수 있으므로 다른 이상을 먼저 점검한다.

54 다음 중 보기에서 설명하는 모바일 기기 관련 용어로 옳은 것은?

> 여러 개의 앱을 한꺼번에 사용할 수 있도록 앱 실행 시 영상 화면을 오버레이의 팝업창 형태로 분리하여 실행하는 기능이다.

① 스마트 앱(Smart App)
② 플로팅 앱(Floating App)
③ 앱 스토어(App Store)
④ 앱북(App Book)

> 플로팅(Floating)이란 둥둥 떠다닌다(유동)는 뜻이며, 화면 위에 또 다른 화면이 떠다닌다는 의미이다.

55 다음 중 멀티미디어 그래픽 기법의 설명으로 옳지 않은 것은?

① 디더링(Dithering)은 제한된 색상을 조합하여 복잡한 색이나 새로운 색을 만드는 작업이다.
② 메조틴트(Mezzotint)는 무수히 많은 점과 선으로 이미지를 만드는 것을 말한다.
③ 모핑(Morphing)은 기존의 이미지를 필터를 사용하여 다양한 형태의 새로운 이미지로 변환하는 작업이다.
④ 인터레이싱(Interlacing)은 이미지의 대략적인 모습을 먼저 보여주고 다음에 점차 자세한 모습을 보여주는 작업이다.

> 모핑은 한 이미지가 다른 이미지로 합성 변형되는 과정으로 컴퓨터 그래픽에서는 본래의 형태를 변형시키는 기술을 뜻한다.

56 다음 중 아날로그 컴퓨터와 비교하여 디지털 컴퓨터의 특징으로 옳은 것은?

① 입력 형태로 전류, 전압, 온도, 속도 등이 가능하다.
② 논리 회로를 사용하며, 프로그래밍이 필요하다.
③ 미분이나 적분에 관한 연산 속도가 빠르다.
④ 특수 목적용으로 기억 기능이 적다.

> • 디지털 컴퓨터 : 논리 회로를 사용하며, 프로그래밍이 필요
> • 아날로그 컴퓨터 : 증폭회로를 사용하며 프로그래밍이 불필요

57 다음 중 컴퓨터 분류에서 워크스테이션(Workstation)에 관한 설명으로 옳지 않은 것은?

① 대부분 RISC 프로세서를 사용한다.
② 네트워크에서 클라이언트(Client) 역할을 주로 담당한다.
③ 고성능 그래픽 처리나 공학용 시뮬레이션에 주로 사용한다.
④ 주로 다중 사용자 시스템에서 사용되기도 한다.

> 워크스테이션은 네트워크에서 주로 서버 역할을 담당한다.

58 다음 중 컴퓨터에서 사용하는 응용 소프트웨어인 데이터베이스 관리 시스템(DBMS)의 특징으로 옳지 않은 것은?

① 데이터의 중복성을 최소화하여 저장 공간을 절약할 수 있다.
② 데이터의 일관성과 무결성을 유지할 수 있다.
③ 데이터의 논리적 · 물리적 독립성을 방지할 수 있다.
④ 다수 사용자의 동시 실행 제어가 가능하다.

> 데이터베이스 관리 시스템(DBMS)은 데이터의 독립성을 확보해야 한다.

59 다음 중 인터넷상에서 보안을 위협하는 유형에 대한 설명으로 옳지 않은 것은?

① 파밍(Pharming) : 스미싱의 발전된 형태로 사용자 동의 없이 사용자 정보를 수집하는 프로그램이다.
② 분산 서비스 거부 공격(DDoS) : 데이터 패킷을 범람시켜 시스템의 성능을 저하시킨다.
③ 스푸핑(Spoofing) : 신뢰성 있는 사람이 데이터를 보낸 것처럼 데이터를 위변조하여 접속을 시도한다.
④ 스니핑(Sniffing) : 네트워크상에서 전달되는 패킷을 엿보면서 사용자의 계정과 패스워드를 알아낸다.

> 파밍(Pharming)이란, 피싱 기법 중의 하나로 사용자가 자신의 웹 브라우저에서 정확한 웹 페이지 주소를 입력해도 가짜 웹 페이지에 접속시켜 개인정보를 훔치는 유형이다.

60 다음에서 설명하는 기술은?

> – 뉴스나 블로그 등과 같은 컨텐츠가 자주 업데이트되는 사이트들의 정보를 자동으로 사용자들에게 알려주기 위해 사용하는 웹 서비스 기술
> – 관심 있는 뉴스의 제목과 내용 요약 등이 표시되어 해당 기사에 쉽게 접근

① RSS   ② SNS
③ 상황인식   ④ 시멘틱 웹

> RSS(Rich Site Summary)는 뉴스나 블로그 사이트에서 주로 사용하는 콘텐츠 표현 방식이며 RSS 형식으로 웹 사이트 내용을 보여준다.
>
> **오답 피하기**
> • SNS : 특정한 관심이나 활동을 공유하는 사람들 사이의 관계망을 구축해 주는 온라인 서비스
> • 상황인식 : 현실 공간과 가상 공간을 연결하여 가상 공간에서 현실의 상황을 정보화하고 이를 활용하여 사용자 중심의 지능화된 서비스를 제공하는 기술
> • 시멘틱 웹 : 정보들 사이의 연관성을 컴퓨터가 이해하고 처리할 수 있는 에이전트 프로그램을 통해 사용자가 원하는 정보를 찾아 제공하여 컴퓨터들끼리 정보를 주고받으면서 자체적으로 필요한 일을 처리할 수 있는 차세대 지능형 웹

SELF CHECK 제한시간 60분 | 소요시간   분 | 전체 문항 수 60문항 | 맞힌 문항 수   문항

1과목 워드프로세싱 용어 및 기능

(상)(중)(하)

01 다음 중 워드프로세서의 특징이 아닌 것은?

① 다양한 형태의 문서를 빠르게 작성할 수 있다.
② 시간과 공간의 낭비를 가져올 수 있다.
③ 작성된 문서를 모바일, 이메일 등을 통해 전송하여 공유할 수 있다.
④ 보조 기억 장치에 반영구적으로 보관할 수 있다.

> 다양한 형태의 문서를 빠르게 작성하여 시간과 공간의 낭비를 줄일 수 있다.

(상)(중)(하)

02 다음 중 워드프로세서에서 사용하는 키에 대한 설명으로 옳은 것은?

① 기능키(Function key)는 하나의 키로 두 가지 기능을 수행하는 키이다.
② Caps Lock와 같은 토글키는 자주 사용되는 워드프로세서 기능을 하나의 키로 수행하는 것이다.
③ Shift, Alt, Ctrl과 같은 조합키는 단독으로는 사용할 수 없고 다른 키와 조합하여 사용하는 키이다.
④ Print Screen 키는 현재 활성화된 창을 클립보드에 저장하는 키이다.

> **오답 피하기**
> • 기능키 : 자주 사용되는 워드프로세서 기능들을 하나의 키로 수행하는 것 (F1~F12키)
> • 토글키 : 하나의 키로 두 가지 기능을 수행하는 키(Caps Lock, Scroll Lock, Insert, Num Lock, 한/영)
> • Print Screen : 화면 전체를 클립보드에 저장하는 키
> • Alt + Print Screen : 현재 활성화된 창을 클립보드에 저장하는 키

(상)(중)(하)

03 다음 중 유니코드(KS X 1005-1)에 대한 설명으로 옳지 않은 것은?

① 영문은 1바이트, 한글은 2바이트로 표현한다.
② 외국 소프트웨어의 한글화가 쉽고 한글을 모두 가나다순으로 정렬한다.
③ 완성형과 조합형을 동시에 사용할 수 있고 전세계 모든 문자를 표현할 수 있다.
④ 기억 공간을 많이 차지한다.

> 유니코드는 한글, 영문, 숫자 모두 2바이트 크기로 표현한다.

(상)(중)(하)

04 다음에서 설명하는 글꼴 구현 방식은?

> – 그래픽과 텍스트를 종이, 필름, 모니터 등에 인쇄하기 위한 페이지 설명 언어
> – 글자의 외곽선 정보를 그래픽 소프트웨어에 제공하여 위지윅을 구현

① 벡터
② 비트맵
③ 트루타입
④ 포스트스크립트

> **오답 피하기**
> • 벡터 : 글자를 점의 모임이 아닌 곡선이나 선분의 모임으로 그린 글꼴로 플로터에서 사용
> • 비트맵 : 점으로 글꼴을 표현한 방식으로 확대하면 계단 현상이 나타남
> • 트루타입 : Windows에서 기본적으로 제공되는 글꼴로 위지윅 기능을 제공

---

05 다음 중 워드프로세서 용어에 대한 설명으로 옳은 것은?

① 개체 : 잘라낸 그림으로 문서를 작성하거나 편집할 때 편리하게 만들어 놓은 그래픽 데이터의 모음
② 래그드 : 문서 작성 시 사용되는 공백
③ 캡처 : 화면에 표시된 문자나 도형의 정보를 하나의 파일에 저장하는 것
④ 하이퍼미디어 : 서로 관련성 있는 텍스트를 유기적으로 연결하여 그와 관련성 있는 문서를 참조하는 형식

- 클립아트 : 잘라낸 그림이라는 의미로, 컴퓨터로 문서를 작성하거나 편집할 때 편리하게 사용할 수 있도록 만들어 놓은 그래픽 데이터 모음
- 래그드 : 문서의 오른쪽 끝이 정렬되지 않은 상태
- 마진 : 문서 작성 시 페이지의 상·하·좌·우에 두는 공백
- 하이퍼텍스트 : 서로 관련성 있는 텍스트를 유기적으로 연결하여 그와 관련성 있는 문서를 참조하는 형식

06 다음 중 문단에 대한 설명으로 옳지 않은 것은?

① 문서 전체 또는 일부분을 일정한 기준으로 정렬하는 기능이 있다.
② 가운데 정렬은 문서의 가운데를 기준으로 정렬한다.
③ 범위를 지정하지 않고도 정렬할 수 있다.
④ 한 행의 내용이 다 채워지지 않으면 커서는 다음 행으로 이동할 수 없다.

문단을 입력하다가 Enter 를 눌러 강제 개행하여 다음 행으로 이동할 수 있다.

07 다음 중 워드프로세서의 치환(바꾸기)에 대한 설명으로 옳지 않은 것은?

① 문서에서 원하는 부분을 블록으로 설정하면 설정된 부분에 대해서만 바꾸기할 수 있다.
② 글자 모양, 문단 모양, 속성을 바꾸기할 수 있다.
③ 바꾸기한 후에는 문서 전체 분량이 변함이 없다.
④ 대·소문자 구분, 띄어쓰기 무시를 하여 바꾸기할 수 있다.

바꾸기를 한 후에는 문서 분량이 그대로이거나, 증가 또는 감소할 수 있다.

08 다음 중 온라인 전자출판에 대한 설명으로 옳은 것은?

① 정확성과 신속성은 떨어진다.
② 온라인 출판은 우선 종이로 먼저 출판한 후 온라인으로 출판해야 한다.
③ 검색이 쉬워 독자가 필요한 내용만을 검색하여 읽을 수 있다.
④ 자료를 보관하는 데이터베이스의 공간이 필요하며 용량은 크지 않아도 된다.

오답 피하기
- ① : 온라인 전자출판의 정확성과 신속성은 더 높음
- ② : 종이로 출판하지 않아도 온라인 출판을 할 수 있음
- ④ : 전자출판은 멀티미디어 데이터로 자료를 보관하는 공간이 크게 필요

09 다음 중 교정부호의 사용법이 옳지 않은 것은?

① 정해진 부호를 사용한다.
② 표기하는 색깔은 원고의 색과 다르게 눈에 잘 띄는 색으로 한다.
③ 수정하려는 글자를 정확하게 지적한다.
④ 교정할 부호는 알아볼 수 있다면 서로 겹치더라도 문제없다.

교정할 부호는 서로 겹치지 않도록 하고 부득이 겹칠 경우 각도를 크게 하여 교정 내용을 알아볼 수 있도록 해야 한다.

10 다음 중 〈보기 1〉의 문장이 〈보기 2〉의 문장으로 수정되었을 때 사용된 교정부호의 순서를 올바르게 나열한 것은?

〈보기 1〉

넘어지지 않는 것이 아니라 넘어질 때마다
일어서는 것.
거기에 삶의 가장 큰영광이 존재한다.

〈보기 2〉

넘어지지 않는 것이 아니라 넘어질 때마다 일어서는 것.
거기에 삶의 가장 큰 영광이 존재한다.

① ㄴ, ㄹ, ✓
② ㄴ, ♂, ⌣
③ ㄷ, ⊗, ⌣
④ ㄷ, ♂, ✓

11 다음 문장에서 '다양한'의 '다' 글자 왼쪽에 마우스 포인터를 위치하여 화살표가 나왔을 때 두 번 클릭하였을 경우의 결과로 옳은 것은?

> 다양한 문장을 충분히 활용하여 읽는 사람으로 하여금 명확히 의미를 알 수 있도록 한다.
> 하나의 용건을 기재한다.

① 하나의 단어가 선택
② 한 줄이 선택
③ 하나의 문단이 선택
④ 문서가 전체 선택

> 단어에서 더블 클릭하면 하나의 단어가 선택되고, 한 번 클릭하였을 때에는 하나의 줄이 선택, 두 번 클릭하였을 때에는 하나의 문단이 선택, 세 번 클릭하였을 때에는 문서 전체가 선택된다.

12 다음 중 문서의 주제별 파일링 방법에 관한 특징으로 옳은 것은?

① 단순하고 빠르며 서구의 전통적인 파일링 시스템의 문서 분류 방법으로 사용된다.
② 품목, 물건, 사업 활동이나 기능 등의 명칭을 표제로 사용한다.
③ 여러 나라나 지역에 사업장이 있는 기업에 유용하다.
④ 확장이 수월하고 업무 내용보다 번호로 참조되는 업무에 유용하다.

> 주제별 파일링은 문서의 내용으로부터 주제를 결정하고 이 주제를 토대로 문서를 대 · 중 · 소로 나누는 분류법이다.

13 작성된 문서 전체에 대해서 다음과 같은 서식으로 바꾸고자 한다. 이러한 반복적인 작업을 수행하는 데 가장 효율적인 기능은?

> 글자 속성 : 진하게, 글자 크기 : 12pt, 글꼴 : 돋움체, 문단 정렬 : 양쪽 정렬

① 스타일(Style)
② 캡처(Capture)
③ 복사(Copy)
④ 치환(Replace)

> 스타일은 자주 사용하는 글자 모양이나 문단 모양을 미리 스타일로 만들어 놓고 필요할 때 한꺼번에 바꿀 수 있는 기능이다.

14 다음 중 한자를 입력하는 방법으로 옳은 것은?

① 한자의 음을 모를 경우에는 한글/한자 음절 변환, 단어 변환, 문장 자동 변환 등으로 입력한다.
② 한자의 음을 아는 경우에는 부수/총 획수 입력, 외자 입력, 2Stroke 입력으로 변환한다.
③ 자주 사용하는 한자 단어를 한자 단어 사전에 등록하여 사용할 수 있다.
④ 부분에 대해 블록을 지정하여 한자를 변환할 수 있으나, 문서 전체를 지정하여 변환할 수는 없다.

> **오답 피하기**
> 한자의 음을 아는 경우에는 한글/한자 음절 변환, 단어 변환, 문장 자동 변환으로 한자를 입력하고, 한자의 음을 모를 경우에는 부수/총 획수 입력, 외자 입력, 2Stroke으로 한자를 입력할 수 있다. 블록을 지정하거나 문서 전체를 지정하여 한자를 변환할 수도 있다.

15 다음 중 공문서의 처리 원칙에 관한 설명으로 가장 옳지 않은 것은?

① 문서는 일정한 요건과 형식을 갖추어야 한다.
② 문서는 권한이 있는 사람에 의해 작성되고 처리되어야 한다.
③ 사무 분장에 따라 각자의 직무 범위 내에서 책임을 가지고 처리해야 한다.
④ 문서는 신중한 업무 처리를 위해 당일보다는 기한에 여유를 두고 천천히 처리하도록 한다.

> 효율적인 업무를 위해 천천히 처리하지 말고 당일 또는 즉시 처리해야 한다.

16 다음 중 파일링 시스템의 원칙으로 옳지 않은 것은?

① 불필요한 문서는 지체 없이 폐기한다.
② 문서가 보관되는 서류함의 위치를 누구나 쉽게 알 수 있도록 한다.
③ 파일링 방법 전반에 대해 내부 규정을 정하여 표준화한다.
④ 문서의 보안을 위해 개인이 보관하고 담당자만 검색할 수 있게 한다.

> 문서 담당자가 문서를 개인의 서랍 속이나 다른 문서에 끼워 보관하면 안 된다.

상중하

17 다음 중 워드프로세서의 표 기능에 대한 설명으로 옳지 않은 것은?

① 복잡한 내용이나 수치 자료를 일목요연하게 정리할 때 사용한다.

② 표의 속성에서 확대나 축소, 그림자를 설정할 수 있다.

③ 표에서 같은 행이나 열에 있는 두 개 이상의 셀을 하나의 셀로 결합할 수 있다.

④ 표 안에 새로운 중첩된 표를 만들어 편집할 수 있다.

> 표의 속성에서 표의 크기, 표의 테두리, 캡션, 배경, 위치, 여백 등을 변경할 수 있으나 확대, 축소, 그림자 설정은 할 수 없다.

18 다음 중 전자출판에 사용되는 용어에 대한 설명으로 옳지 않은 것은?

① 디더링(Dithering) : 기존의 그림을 다른 형태로 새롭게 변형, 수정하는 작업을 의미한다.

② 모핑(Morphing) : 두 개의 이미지를 부드럽게 연결하여 변환, 통합하는 기능이다.

③ 필터링(Filtering) : 작성된 그림을 필터 기능을 이용하여 여러 가지 형태의 새로운 이미지로 바꾸어 주는 기능이다.

④ 오버프린트(Over Print) : 대상체의 컬러가 배경 색의 컬러보다 짙을 때에 겹쳐서 인쇄하는 방법이다.

> 디더링은 제한된 색상을 조합하여 복잡한 색이나 새로운 색을 만드는 작업이다.

19 다음 중 워드프로세서의 편집 기능에 대한 설명으로 옳지 않은 것은?

① 사전 기능은 단어를 입력하면 의미를 확인할 수 있게 해준다.

② 스타일(Style)은 문서에 복잡한 수식을 입력할 때 사용하는 기능이다.

③ 다단 편집이란 하나의 편집 화면을 여러 개의 단으로 나누어서 문서를 작성하는 기능이다.

④ 매크로(Macro)는 사용자가 키보드나 마우스로 작업한 순서를 보관해 두었다가 한꺼번에 재실행하는 기능이다.

> 간단한 수학식이나 복잡한 수식을 입력할 때에는 수식 편집기를 사용한다.

20 다음 중 공문서의 '끝'을 표시하는 방법에 대한 설명으로 옳지 않은 것은?

① 첨부물이 있는 경우에는 붙임의 표시문 끝에 1자(2타)를 띄우고 '끝' 표시를 한다.

② 첨부물이 없이 본문이 끝났을 경우에는 본문의 끝에서 1자(2타)를 띄우고 '끝' 표시를 한다.

③ 기재 사항이 서식의 칸 중간에서 끝난 경우에는 다음 줄의 왼쪽 기본선에서 1자(2타)를 띄우고 '끝' 표시를 한다.

④ 기재 사항이 서식의 마지막 칸까지 작성되는 경우 서식의 칸 밖의 아래 왼쪽 기본선에서 1자(2타)를 띄우고 '끝' 표시를 한다.

> 기재 사항이 서식의 칸 중간에서 끝난 경우에는 기재 사항의 다음 줄에 '이하 빈칸'이라고 표시한다.

21 다음 중 한글 Windows 10의 로그인 옵션으로 옳지 않은 것은?

① 보안 키

② Windows Hello PIN

③ Windows Hello Eye

④ Windows Hello 얼굴

> Windows 로그인 옵션에는 Windows Hello 얼굴, Windows Hello 지문, Windows Hello PIN, 보안 키, 암호, 사진 암호가 있다.

22 다음 중 한글 Windows 10에서 사용하는 [휴지통]에 대한 설명으로 옳은 것은?

① USB 메모리에 있는 파일을 선택한 후 Delete 키를 눌러 삭제하면 휴지통으로 들어가지 않고 완전히 지워진다.
② 지정된 휴지통의 용량을 초과하면 가장 최근에 삭제된 파일부터 자동으로 지워진다.
③ 삭제할 파일을 선택하고 Shift + Delete 키를 누르면 해당 파일이 휴지통으로 이동한다.
④ 휴지통의 크기는 사용자가 원하는 크기를 KB 단위로 지정할 수 있다.

> **오답 피하기**
> • ② : 휴지통의 용량을 초과하면 가장 오래전에 삭제한 파일부터 지워짐
> • ③ : Shift + Delete 키를 눌러 삭제하면 휴지통에 들어가지 않고 곧바로 삭제
> • ④ : 휴지통의 크기는 MB 단위로 지정

23 다음 중 한글 Windows 10에서 바탕 화면에 새 폴더를 작성하는 방법으로 옳지 않은 것은?

① 바탕 화면의 바로 가기 메뉴에서 [새로 만들기]-[폴더]를 선택한다.
② 파일 탐색기의 [홈] 메뉴에서 [새 폴더]를 클릭한다.
③ 바탕 화면에서 Shift + F10을 누른 후 [새로 만들기]-[폴더]를 선택한다.
④ 파일 탐색기의 [바탕 화면] 아이콘에서 바로 가기 메뉴의 [새로 만들기]-[폴더]를 선택한다.

> 바탕 화면에서 새 폴더를 만드는 바로 가기 키는 Ctrl + Shift + N 키이다.

24 다음 중 한글 Windows 10의 바로 가기 아이콘에 대한 설명으로 옳지 않은 것은?

① 바로 가기 아이콘은 앱을 빠르게 실행하기 위한 아이콘으로 하나만 작성이 가능하다.
② 바탕 화면에 해당 폴더의 새로운 바로 가기 아이콘을 만들 수 있다.
③ 파일의 바로 가기 아이콘을 삭제해도 원본 파일은 삭제되지 않는다.
④ 바로 가기 아이콘은 원본 파일이 있는 위치와 관계없이 만들 수 있다.

> 바로 가기 아이콘은 하나의 앱에 대해 여러 개 만들 수 있다.

25 다음 중 한글 Windows 10의 [계산기] 기능으로 옳은 것은?

① 표준에는 별도의 변환 없이 통화 환율, 길이, 부피, 무게 및 질량을 사용한다.
② 공학용은 사칙 연산뿐만 아니라 산술 시프트, 논리 시프트 계산이 가능하다.
③ 날짜 계산은 일정 관리과 알람 관리를 할 수 있다.
④ 프로그래머용은 2, 8, 10, 16진수 계산과 비트, 비트 시프트를 계산한다.

> **오답 피하기**
> • ① : 표준에는 일반적인 사칙 연산이 가능하고 변환기를 사용하여 통화 환율, 길이, 부피 등의 계산 가능
> • ② : 산술 시프트, 논리 시프트 계산은 프로그래머용 계산기의 기능
> • ③ : 날짜 계산은 두 날짜 간의 차이, 추가 또는 뺀 날을 계산하는 기능

26 다음 중 한글 Windows 10에서 파일이나 폴더의 복사, 이동, 삭제에 대한 설명으로 옳은 것은?

① 임의의 폴더를 다른 드라이브로 이동시키려면 해당 폴더를 드래그 앤 드롭하면 된다.
② 폴더 창에서 방금 전에 삭제한 파일은 Ctrl + Z 를 누르면 복원할 수 있다.
③ 삭제할 폴더에 하위 폴더가 여러 개 존재하는 경우 Delete 를 눌러 삭제할 수 없다.
④ USB 메모리에 있는 파일을 Shift 를 누른 상태로 하드 디스크 드라이브로 드래그 앤 드롭하면 그대로 복사된다.

> **오답 피하기**
> • ① : 다른 드라이브로 드래그 앤 드롭하면 복사가 실행
> • ③ : 폴더를 Delete 로 삭제하면 하위 폴더도 함께 삭제
> • ④ : Shift 를 누른 상태로 다른 드라이브로 드래그 앤 드롭하면 이동이 실행

27 다음 중 한글 Windows 10에서 클립보드에 대한 설명으로 옳지 않은 것은?

① 클립보드의 내용은 마지막으로 사용된 하나만 삭제된다.
② 클립보드의 내용을 고정하여 재부팅해서 사용할 수 있다.
③ 클립보드의 내용은 ⊞ + V 를 눌러 여러 번 붙여넣기할 수 있다.
④ 클립보드에는 이동, 복사, 캡처 등의 작업을 저장하는 임시 기억장소이다.

> 한글 Windows 10의 클립보드는 복사, 이동, 캡처 등의 작업으로 여러 개의 클립보드를 사용할 수 있고 하나씩 또는 여러 개를 한꺼번에 삭제할 수 있다.

28 다음 중 한글 Windows 10의 그림판 3D 기능에 대한 설명으로 옳지 않은 것은?

① 한글 Windows 10에서 기본적으로 설치된 3D모델링 앱이다.
② 그림판에서 작성한 2D 그림을 그림판 3D로 보내서 수정할 수 있다.
③ 열기할 때에는 jpg, gif, png, mp3, mp4 등의 형식을 지정하여 열 수 있다.
④ 기록하여 비디오로 내보내기할 수 있다.

> jpg, gif, png, bmp 등의 그림 형식은 열기할 수 있으나, mp3, mp4의 미디어 형식은 열 수 없다.

29 다음 중 한글 Windows 10에서 [접근성]에 대한 기능으로 옳지 않은 것은?

① 돋보기를 사용하여 화면의 일부를 확대하여 표시한다.
② 화면의 내용을 소리내어 읽기한다.
③ 마우스의 왼쪽과 오른쪽 단추 기능을 바꾼다.
④ 숫자 키패드로 화면에서 마우스 포인터를 이동한다.

> 마우스의 왼쪽/오른쪽 단추 기능은 마우스의 속성에서 변경할 수 있다.
>
> **오답 피하기**
> • ① : 돋보기 기능에 대한 설명
> • ② : 내레이터 기능에 대한 설명
> • ④ : 마우스키 켜기 기능에 대한 설명

30 다음 중 한글 Windows 10의 프린터 추가에 대한 설명으로 옳지 않은 것은?

① [장치 및 프린터] 창에서 [프린터 추가]를 선택하여 작업을 수행한다.
② 기본 프린터는 2개까지 추가할 수 있고 다른 프린터로 변경할 수 있다.
③ USB 포트에 연결되는 플러그 앤 플레이 프린터가 있으면 [프린터 추가]를 사용할 필요가 없다.
④ [프린터 추가]를 수행하는 과정에서 네트워크, 무선 또는 Bluetooth 프린터와 로컬 프린터로 구분하여 설치할 수 있다.

> 기본 프린터는 반드시 1개만 추가할 수 있다.

31 다음 중 한글 Windows 10 [제어판]의 [전원 옵션]에 대한 설명으로 옳지 않은 것은?

① [시작]–[전원]에서 [절전] 기능을 보이지 않게 설정할 수 있다.
② 특정 시간이 지나면 모니터 화면에 보호 프로그램이 실행되도록 설정한다.
③ 전원 사용 시 1시간 후 PC를 절전 상태로 전환하도록 설정한다.
④ [균형 조정]은 에너지 소비와 성능 사이의 균형을 자동으로 설정하는 기능이다.

> 특정 시간이 지나면 모니터 화면이 자동으로 보호 프로그램이 실행되도록 설정하는 기능은 [개인 설정]–[잠금 화면]에서 설정한다.

32 다음 중 한글 Windows 10의 [Windows 관리 도구]에 대한 설명으로 옳지 않은 것은?

① [시스템 정보]를 수행하면 DMA, IRQ, I/O, 메모리 장치를 확인할 수 있다.
② [디스크 조각 모음 및 최적화]를 수행하면 디스크 공간의 최적화를 이루어 접근 속도가 향상된다.
③ [디스크 검사]를 수행하면 불필요한 파일을 검색하여 삭제한다.
④ [작업 스케줄러]는 지정한 시간에 컴퓨터에서 자동으로 실행하는 작업을 만들고 관리한다.

> [디스크 검사]는 물리적 손상 '검사'와 '복구'를 하는 기능이고, [디스크 정리] 기능은 불필요한 파일을 검색하여 삭제하는 것이다.

33 다음 중 한글 Windows 10에서 [시작]–[설정]–[업데이트 및 보안]–[Windows 보안]의 기능 연결이 옳지 않은 것은?

① 계정 보호 : 계정 및 로그온에 대한 보안 설정
② 가족 옵션 : 자녀 보호에 관한 확인과 가족 디바이스 보기 설정
③ 장치 보안 : 코어, 보안 프로세서, 보안 부팅 등 장치에 대한 보안 설정
④ 바이러스 및 위협 방지 : 바이러스 및 네트워크에 액세스할 수 있는 사용자 설정

> 바이러스 및 위협 방지는 바이러스 검사의 빠른 검사, 전체 검사, 사용자 지정 검사 옵션에 대한 설정을 하는 기능이고, 네트워크에 액세스할 수 있는 사용자 설정은 방화벽 및 네트워크 보호 기능에 대한 설명이다.

34 다음 중 한글 Windows 10에서 [디스크 검사]에 관한 설명으로 옳지 않은 것은?

① 폴더나 파일의 오류를 검사하여 발견된 오류를 복구한다.
② CD-ROM이나 네트워크 드라이브도 디스크 검사를 수행할 수 있다.
③ 디스크 표면 검사를 하여 물리적 오류가 발생하면 해당 위치를 배드 섹터로 NTFS에 기록하고 이후에 사용하지 않는다.
④ 두 개 이상의 파일이 하나의 클러스터에 저장된 경우와 같이 교차 연결된 파일은 제거하거나 백업할 수 있다.

네트워크 드라이브, CD-ROM 드라이브는 디스크 검사를 수행할 수 없다.

35 다음 중 한글 Windows 10의 장치 관리자에 대한 설명으로 옳지 않은 것은?

① 설치된 하드웨어는 [제어판]의 [장치 관리자]에서 확인할 수 있다.
② 설치된 하드웨어의 제거는 [프로그램 및 기능] 창에서 해당 하드웨어의 드라이버를 제거하면 된다.
③ 자동감지기능(PnP)이 지원되지 않는 장치를 설치할 때에는 [장치 관리자]-[동작]-[레거시 하드웨어 추가]를 이용한다.
④ 자동감지기능(PnP)을 지원하는 장치를 설치하고 Windows 10을 재시작하면 자동으로 인식하여 설치된다.

하드웨어의 제거는 [장치 관리자] 창에서 해당 하드웨어를 선택하고 디바이스를 제거할 수 있으며, [프로그램 및 기능]은 앱을 제거하고 변경하는 기능이다.

36 다음 중 한글 Windows 10의 [Windows Defender 방화벽] 창에서 할 수 있는 작업에 대한 설명으로 옳지 않은 것은?

① 네트워크 위치를 선택하여 컴퓨터가 항상 적절한 보안 수준으로 설정되도록 할 수 있다.
② Windows Defender 방화벽은 해커나 악성 소프트웨어가 인터넷 또는 네트워크 통해 들어오는 것을 방지해 준다.
③ 전자 메일을 보내거나 받을 때 알림 표시를 하도록 설정할 수 있다.
④ 인바운드 규칙, 아웃바운드 규칙 등과 같은 고급 보안을 설정할 수 있다.

전자 메일이 아니라 허용되는 앱 목록에 있는 연결을 포함하여 모든 들어오는 앱을 차단하도록 알림을 설정할 수 있다.

37 한글 Windows 10의 비디오 편집기 기능에 대한 설명으로 옳지 않은 것은?

① 사진 파일을 불러오기하여 비디오 파일로 작성할 수 있다.
② 반짝거림, 불꽃놀이와 같은 애니메이션 3D 효과를 추가한다.
③ 비디오를 분할하기, 자막넣기, 배경음악 넣기 기능을 사용한다.
④ mp4 파일을 불러오기하여 일부분을 자르기하는 기능은 할 수 없다.

비디오 파일을 스토리보드에 넣은 후 자르기할 수 있다.

38 다음 중 한글 Windows 10의 디스크 포맷에 대한 설명으로 옳은 것은?

① NTFS 파일 시스템에서 볼륨 레이블은 최대 32자까지 입력할 수 있다.
② 빠른 포맷을 하면 불량 섹터를 검색하고 포맷한다.
③ USB를 부팅 디스크로 만들 수 없다.
④ 인터넷이 연결되지 않으면 포맷할 수 없다.

오답 피하기
• ② : 빠른 포맷은 불량 섹터를 검색하지 않고 포맷
• ③ : USB 플래시 드라이브를 이용하여 부팅 디스크로 만들 수 있음
• ④ : 인터넷 연결과 포맷과는 상관없음

39 다음 중 웹 브라우저인 크롬(Chrome)에 대한 설명으로 옳지 않은 것은?

① 구글사에서 만든 텍스트 기반 인터페이스 웹 브라우저이다.
② 안정성과 보안, 속도면에서 효율적이다.
③ 인터넷 사용기록, 쿠키 및 캐시된 파일을 삭제하여 개인정보를 보호한다.
④ 세이프 브라우징의 사용으로 위험한 이벤트가 발생하면 감지하여 알리는 기능이 있다.

> 크롬은 그래픽 사용자 인터페이스 웹 브라우저이다.

40 다음은 한글 Windows 10에서 네트워크 장비 중 무엇에 대한 설명인가?

> - 인터넷에 접속할 때 반드시 필요한 장비이다.
> - 가장 최적의 경로를 설정하여 전송한다.
> - 수신된 정보에 의하여 자신의 네트워크나 다른 네트워크의 연결점을 결정한다.
> - 각 네이터들이 효율석인 속도로 전송될 수 있도록 데이터의 흐름을 제어한다.

① 허브(Hub)
② 리피터(Repeater)
③ 게이트웨이(Gateway)
④ 라우터(Router)

> 라우터는 최적의 패킷 경로를 지정하는 장비이다.

오답 피하기
- 허브(Hub) : 네트워크를 구성할 때 한꺼번에 여러 대의 컴퓨터를 연결하는 장치
- 리피터(Repeater) : 디지털 신호가 감소하는 장거리 전송을 위해서 수신한 신호를 재생시키거나 출력 전압을 높여 전송하는 장치
- 게이트웨이(Gateway) : 주로 LAN에서 다른 네트워크에 데이터를 보내거나 다른 네트워크로부터 데이터를 받아들이는 출입구 역할

---

41 다음 중 컴퓨터 발전에 대한 설명으로 옳지 않은 것은?

① ENIAC은 프로그램 내장 방식을 사용한 계산기이다.
② UNIVAC-1은 최초의 상업용 전자계산기이다.
③ 인공 지능 및 퍼지 이론과 관련 있는 주요 소자는 VLSI이다.
④ 시분할 처리와 다중처리가 개발된 시기는 3세대이다.

> ENIAC은 최초의 전자식 계산기로 프로그램 외장 방식의 계산기이고, EDSAC은 최초의 프로그램 내장 방식을 사용한 계산기이다.

42 다음에서 설명하는 코드는?

> - 데이터 통신이나 정보 교환에서 전송 오류를 검출하고 교정하는 코드
> - 2bit의 오류 비트를 찾고 1bit의 오류를 교정하는 코드

① 패리티 코드
② 해밍 코드
③ 그레이 코드
④ Excess-3 코드

오답 피하기
- 패리티 코드 : 전송 도중에 발생할 수 있는 오류(외부 잡음, 전압의 불안정 등)를 탐지하기 위해 비트 하나를 추가하여 송신하는 코드
- 그레이 코드 : 인접 비트 사이에 1비트만이 변화하여 연속된 아날로그 자료에서 오류를 쉽게 알아내는 코드
- Excess-3 코드 : BCD(8421) 코드에 3을 더한 코드

43 다음 중 디지털 컴퓨터의 특징이 아닌 것은?

① 논리회로 사용
② 미적분으로 병렬 연산
③ 이산적인 데이터
④ 연산 속도가 느림

> 디지털 컴퓨터는 사칙 연산 형식이고 아날로그 컴퓨터는 미적분 연산 형식이라는 특징이 있다.

44 다음 중 포트에 대한 설명으로 옳은 것은?

① USB : 최대 127개까지 직렬 장치를 연결하여 사용 가능
② PS/2 : 병렬 포트로 마우스나 모뎀에 연결
③ IrDA : 원거리 통신에 사용하는 포트
④ COM1 : 병렬 포트로 프린터에 연결

• PS/2 : 개인용 컴퓨터에서 사용하는 마우스와 키보드 연결 포트
• IrDA : 적외선 통신에 사용하여 데이터를 전송하는 포트로써 케이블 없이 기기 간의 데이터 전송을 가능하게 함
• COM1 : 직렬 포트로 마우스나 모뎀을 연결
• LPT1 : 병렬 포트로 프린터에 연결

45 다음 중 연산 장치에 대한 설명으로 옳지 않은 것은?

① 누산기는 산술 연산 및 논리 연산의 결과를 일시적으로 기억하는 레지스터
② 상태 레지스터는 연산 실행 결과의 여러 가지 상태 값을 기억하는 레지스터
③ 데이터 레지스터는 연산에 사용할 데이터를 일시적으로 기억하는 레지스터
④ 명령 레지스터는 현재 수행 중인 명령의 내용을 기억하는 레지스터

명령 레지스터는 제어 장치 레지스터이다.

46 다음 중 컴퓨터의 입력 장치에 해당하지 않는 것은?

① 디지타이저(Digitizer)
② 플로터(Plotter)
③ 스캐너(Scanner)
④ 광학문자판독기(OCR)

플로터는 입력 장치가 아니라, 건축 설계 도면을 인쇄하는 출력 장치이다.

47 다음 중 데이터베이스 관리 시스템(DBMS)이 가져야 할 특징만을 묶은 것은?

① 중복 데이터 최소화, 데이터의 종속성
② 중복 데이터 최소화, 데이터의 독립성
③ 데이터의 공유 불가, 데이터의 종속성
④ 데이터의 공유 불가, 데이터의 독립성

데이터베이스 관리 시스템(DBMS)의 특징은 데이터 독립성, 데이터 무결성, 데이터 일관성, 데이터 중복 최소화, 자원 공유이다.

48 다음 보기의 내용은 무엇에 대하여 설명한 것인가?

중앙 처리 장치 내에 존재하며 자료의 이동을 위해 임시로 결과를 저장해 두는 고속의 기억 장치이다.

① 연산 기억 장치(Associative Memory)
② 디스크 캐시 메모리(Disk Cache Memory)
③ 가상 메모리(Virtual Memory)
④ 레지스터(Register)

레지스터의 종류에는 제어 장치에 사용하는 프로그램 카운터, 명령 레지스터, 명령 해독기, 부호기 등과 연산 장치에 사용하는 누산기, 보수기, 인덱스 레지스터, 데이터 레지스터, 상태 레지스터 등이 있다.

• 연산 기억 장치 : 기억 장치에 기억된 내용을 찾을 때 주소를 사용하지 않고 기억된 데이터의 내용을 이용하여 원하는 정보에 접근하는 방식
• 디스크 캐시 메모리 : 고속의 중앙 처리 장치(CPU)와 상대적으로 느린 주기억 장치의 속도 차이를 극복하여 컴퓨터의 처리 속도를 높이기 위한 고속 메모리
• 가상 메모리 : 보조 기억 장치 일부를 주기억 장치처럼 사용하여 주기억 장치의 용량을 확대하는 기법

49 다음에서 설명하는 것은?

– 서로 연결된 두 개 이상의 처리기에서 두 개 이상의 프로세스를 동시에 수행하여 연산 속도를 높이는 방식
– 프로세서를 늘려서 여러 일을 동시에, 더 빨리 처리할 수 있게 해주는 시스템 방식

① CISC 프로세스
② RISC 프로세스
③ 분산 처리 시스템
④ 병렬 처리 시스템

• CISC(Complex Instruction Set Computer) : 사용자가 작성하는 고급 언어에 각각 하나씩의 기계어를 대응시켜 처리하는 회로로 구성된 중앙 처리 장치의 한 종류
• RISC(Reduced Instruction Set Computer) : 자주 쓰이지 않는 명령어들은 소프트웨어로 구현하고 자주 쓰이는 명령어만 간략화하여 CPU의 성능을 높인 것
• 분산 처리 시스템 : 처리할 수 있는 장비(컴퓨터 등)를 네트워크로 상호 연결하여 전체적인 일의 부분을 나누어 더 빨리 처리할 수 있게 하는 시스템 방식

50 다음에서 설명하는 바이러스는?

> – 메모리에 상주하고 있으며 다른 파일을 변형한 사실을 숨기고 있어 운영체제로부터 피해사실을 숨기는 바이러스
> – 다양한 수단으로 탐지를 피하는 능력을 가진 바이러스

① 은닉 바이러스
② 클러스터 바이러스
③ 논리 폭탄
④ 웜 바이러스

- 클러스터 바이러스 : 바이러스에 감염된 디스크에서 프로그램이 실행되는 동시에 실행되는 바이러스
- 논리 폭탄 : 사용자의 컴퓨터에 숨어있다가 날짜나 시간, 파일의 변경, 사용자나 프로그램이 특정한 행동을 하면 실행되는 바이러스
- 웜 바이러스 : 네트워크를 통해 연속적으로 자신을 복제하여 시스템의 부하를 높여 시스템을 다운시키는 바이러스

51 다음 중 바이오스(BIOS)에 대한 설명으로 옳지 않은 것은?

① 컴퓨터의 기본 입출력 장치나 메모리 등 하드웨어 작동에 필요한 명령들을 모아 놓은 프로그램이다.
② 바이오스는 하드 디스크에 저장되어 있는 운영체제의 일부이다.
③ 바이오스는 부팅할 때 POST를 통해 컴퓨터를 점검한 후에 사용 가능한 장치를 초기화한다.
④ 하드 디스크 타임이나 부팅 순서와 같이 바이오스에서 사용하는 일부 정보는 CMOS에서 설정이 가능하다.

바이오스는 하드웨어와 소프트웨어의 중간 형태로 펌웨어 ROM에 저장되어 있어 ROM-BIOS라고도 한다.

52 다음 중 멀티미디어 관련 용어에 대한 연결이 옳지 않은 것은?

① 모핑은 두 개의 서로 다른 이미지가 전혀 다른 이미지로 변화하는 기법
② 메조딘트는 이미지에 무수히 많은 점은 찍은 듯한 효과로 부드러운 명암을 다양하게 표현하는 기법
③ 디더링은 인접하는 색상이나 흑백의 점들을 혼합하여 중간 색조를 만들어 윤곽이 부드러운 이미지를 얻는 방법
④ 인터레이싱은 사진의 현상 과정 중에 빛을 쪼여 주면 색채가 반전되는 효과

인터레이싱은 이미지가 처음에는 거친 모자이크 형식으로 나타나다가 서서히 선명해지는 기법이고, 솔러리제이션은 사진의 현상 과정 중에 빛을 쪼여 주면 색채가 반전되는 효과이다.

53 다음 중 비밀키 암호화 기법에 대한 설명으로 옳지 않은 것은?

① 암호화키와 복호화키가 동일하다.
② 사용자가 많아지면 관리해야 하는 키의 개수가 많아진다.
③ 대표적인 알고리즘으로 DES가 있다.
④ 알고리즘이 복잡하고 속도가 느리다.

비밀키 암호화 기법은 키의 크기가 작고 알고리즘이 간단하여 경제적이다.

54 다음 중 컴퓨터에서 정보 보안을 위하여 사용하는 방화벽에 관한 설명으로 옳지 않은 것은?

① 내부 네트워크로 들어오거나 외부 네트워크로 나가는 패킷을 체크한다.
② 역추적 기능이 있어서 외부 침입자의 흔적을 찾을 수 있다.
③ 방화벽을 사용하더라도 내부의 불법적인 해킹은 막지 못한다.
④ 해킹에 의한 외부로의 정보 유출을 막기 위한 보안 시스템이다.

방화벽은 내부에서 외부로 나가는 것을 체크하지는 못한다.

55 다음 중 응용 소프트웨어에 대한 설명으로 옳지 않은 것은?

① 스프레드시트 소프트웨어로는 엑셀, 로터스, 훈민시트 등이 있다.
② 셰어웨어(Shareware)는 무료로 사용할 수 있으며 누구나 자유롭게 사용하고 수정 및 배포할 수 있다.
③ 전자출판(DTP) 소프트웨어로는 페이지 메이커, Quark Xpress 등이 있다.
④ 데이터베이스 관리 시스템을 사용하면 데이터의 중복성을 최소화할 수 있다.

오픈소스는 무료로 누구나 자유롭게 사용, 수정 배포하는 프로그램이고, 셰어웨어는 일정 기간 동안 제한된 기능으로 사용하다가 마음에 들면 금액을 지불하고 사용하는 프로그램이다.

56 다음에서 설명하는 모바일 운영체제는?

> - 구글에서 개발한 개방형 운영체제
> - 개방형 소프트웨어이므로 단말기 제조사나 이동 통신사 등이 무료로 인터넷과 메신저 등을 이용할 수 있으나 보안에 취약

① iOS
② 안드로이드
③ 클라우드 OS
④ 윈도우폰

- iOS : 애플사의 운영체제
- 클라우느 OS : 앱을 스마트폰에 직접 설치하지 않고 웹에서 비로 구동할 수 있는 시스템
- 윈도우폰 : 마이크로소프트사의 운영체제

57 다음 중 정보화 사회의 최신 기술 중에서 사물 인터넷(IoT)에 대한 설명으로 옳지 않은 것은?

① 세상에 존재하는 모든 사물을 네트워크로 연결한다.
② 인간과 사물 간에 언제 어디서나 서로 소통할 수 있다.
③ 인터넷에 연결된 기기가 사람의 개입 없이 서로 정보를 주고받으며 처리할 수 있다.
④ 컴퓨팅 자원을 가상화 기술로 통합하여 서비스를 제공한다.

클라우드 컴퓨팅은 컴퓨팅 자원을 가상화 기술로 통합하여 서비스를 제공하는 컴퓨터이다.

58 다음에서 설명하는 금융사기 수법은?

> PC에 악성코드를 감염 → 정상적인 인터넷 뱅킹절차(보안카드 번호 앞뒤 2자리) 이행 후 이체 클릭 → 오류 발생 반복(이체정보 미전송) → 일정 시간 경과 후 동일한 보안카드 번호를 입력하여 본인의 범행 계좌로 이체

① 스미싱
② 파밍
③ 스니핑
④ 메모리 해킹

메모리 해킹은 피해자 PC 메모리에 상주한 악성코드로 인하여 정상 은행사이트에서 보안카드 번호 앞뒤 2자리만 입력해도 부당 인출해가는 수법이다.

오답 피하기

- 스미싱 : 문자메시지와 피싱의 합성어로 문자메시지의 인터넷 주소를 클릭하면 피해자도 모르게 소액결제 피해 또는 개인금융정보 탈취
- 파밍 : 악성코드에 감염된 사용자 PC를 조작해서 금융정보를 탈취
- 스니핑 : 네트워크 주변을 지나다니는 패킷을 엿보면서 계정과 패스워드를 알아내는 행위

59 다음에서 설명하는 정보 통신망은?

> - 많은 양의 통신이 가능해야 한다.
> - 기밀 보장이 되어야 한다.
> - 응답 시간이 빨라야 한다.
> - 하나의 통신 회선이 장애가 발생하더라도 데이터를 전송할 수 있도록 모든 지점의 단말장치를 서로 연결한 형태이다.

① 성(Star)형
② 링(Ring)형
③ 계층(Tree)형
④ 망(Mesh)형

- 성형 : 중앙의 컴퓨터와 모든 단말기가 직접 연결된 형태
- 링형 : 컴퓨터가 서로 원형으로 연결된 형태
- 계층형 : 중앙의 컴퓨터와 단말기를 하나의 통신 회선으로 연결하는 방식으로 분산 처리 시스템이 가능한 형태

60 다음 중 개인정보에 대한 설명으로 옳은 것은?

① 개인정보는 성명, 주소 등과 같이 살아 있는 개인을 식별할 수 있는 정보이다.
② 개인에 대한 다른 사람의 평가, 견해 등과 같은 간접적인 정보는 개인정보에 포함되지 않는다.
③ 개인정보 자기결정권은 자신의 개인정보 보호를 위하여 정보주체가 지켜야 할 권리이다.
④ 프라이버시권은 자신에 관한 정보가 언제 누구에게 어느 범위까지 알려지고 이용되도록 할지를 스스로 결정하는 권리이다.

개인에 대한 다른 사람의 평가나 견해 등의 간접적인 정보도 개인정보에 포함된다. 개인정보 자기결정권은 자신에 관한 정보가 언제 누구에게 어느 범위까지 알려지고 이용되도록 할지를 스스로 결정하는 권리이고, 프라이버시권은 자신의 개인정보 보호를 위하여 정보 주체가 지켜야 할 필수적인 권리이다.

SELF CHECK 제한시간 60분 | 소요시간   분 | 전체 문항 수 60문항 | 맞힌 문항 수   문항

1과목 워드프로세싱 용어 및 기능

01 다음 중 워드프로세서의 특징으로 옳지 않은 것은?

① 문서를 작성하는 '단어 처리기' 또는 '문서 작성기'라고도 한다.
② 문서를 작성하고 저장하고 편집하고 인쇄할 수 있다.
③ 작성한 문서에 암호를 부여하여 저장할 수 있어 보안 유지가 가능하다.
④ 문서를 편집하기 위해 데이터베이스 관리 시스템(DBMS)을 이용한다.

> DBMS는 대량의 데이터베이스를 관리하는 응용 소프트웨어이다.

02 다음 중 워드프로세서 용어에 대한 설명으로 옳지 않은 것은?

① 미주(Endnote) : 문서의 내용을 설명하거나 인용한 원문의 제목을 알려주는 보충 구절로 문서의 맨 마지막에 표시하는 기능을 말한다.
② 피치(Pitch) : 단어와 단어 사이의 간격을 표현하는 단위이다.
③ 홈베이스(Home Base) : 문서를 편집할 때 특정 위치를 홈 주소로 지정해 바로 이동시키는 기능이다.
④ 보일러 플레이트(Boiler Plate) : 작성 중인 문서 내에 머리말, 꼬리말, 주석 같은 것을 표시하기 위해 따로 설정한 구역이다.

> 피치는 1인치당 인쇄되는 문자 수를 말하며, 피치 수가 증가할수록 문자 사이의 간격이 좁아진다.

03 〈보기 1〉의 문장이 〈보기 2〉의 문장으로 수정되기 위해 필요한 교정부호들로만 올바르게 짝지어진 것은?

〈보기 1〉

> 고통으로 세상은 가득하지만
> 그것을 이겨내는 일로도 가득 차 있다.

〈보기 2〉

> 세상은 고통으로 가득하지만
> 한편 그것을 이겨내는 일로도 가득차 있다.

① ⌒, ⌐, ∨
② ⌒, ∨, ⌢
③ ⌐, ⌣, ∨
④ ⌒, ⌣, ⌢

04 다음 중 파일링 시스템의 기본 원칙으로 옳지 않은 것은?

① 시간과 공간의 극대화
② 문서 검색의 용이성 및 신속한 출납
③ 명확한 분류를 위한 파일링 방법의 표준화
④ 문서의 소재 명시 및 보존의 확실성

> 시간과 공간의 최소성을 원칙으로 하며 시간과 공간이 극대화(크게)되면 시간과 공간의 낭비가 발생한다.

05 다음 중 공문서의 발송에 대한 설명으로 옳지 않은 것은?

① 문서는 처리과에서 발송하되 우편을 이용하여 발송함을 원칙으로 한다.
② 우편으로 발송하는 문서는 행정안전부 장관이 정하는 행정사무용 봉투에 넣어 발송한다.
③ 전자문서의 경우에는 처리과의 문서수발업무를 담당하는 자 또는 기안자가 전자이미지관인을 찍은 후 처리과에서 발송한다.
④ 행정기관의 장은 공문서를 수발함에 있어 문서의 보안유지와 분실, 훼손 및 도난방지를 위한 조치를 강구하여야 한다.

> 공문서의 발송은 정보 통신망을 이용함을 원칙으로 한다.

06 다음 중 하나의 페이지를 완성하지 않고 다음 페이지로 강제 이동할 때 사용하는 키는?

① Alt + Enter
② Ctrl + Enter
③ Ctrl + X
④ Shift + Enter

> • Ctrl + Enter : 페이지를 강제로 나누기하는 바로 가기 키
> • Enter : 강제로 다음 행으로 이동하는 키

07 다음 중 한자의 음을 모를 때 입력하는 방법으로 옳은 것은?

① 부수나 총 획수를 입력한 후 한자로 변환한다.
② 한글을 입력한 후 [한자]키를 누른다.
③ 한자가 많이 들어 있는 문서의 일부분 또는 전체를 블록 지정하여 [한자]키를 눌러 변환한다.
④ 한자의 음을 모르는 경우 검색 및 치환 기능으로 변환해야 한다.

> 한자의 음을 모를 경우, 부수/총 획수 입력변환, 외자 입력변환, 2스트로크(Stroke) 변환으로 한자를 입력하고, 한자의 음을 알 경우에는 음절 단위 변환, 단어 단위 변환, 문장 자동 변환으로 입력한다.

08 다음 중 워드프로세서의 기능에 대한 설명으로 옳은 것은?

① 병합(Merge)은 인쇄를 하면서 동시에 다른 문서를 작성하거나 편집하는 기능이다.
② 매크로(Macro)는 사용자가 입력한 문장의 맞춤법 검사를 하는 기능이다.
③ 각주는 문서의 내용을 설명하거나 보충 구절을 해당 페이지에 하단에 표기하는 것이다.
④ 기본값(Default)은 네트워크를 통한 업무의 교환 시스템으로 문서의 표준화를 전제로 운영된다.

> **오답 피하기**
> • 병합(Merge) : 정렬된 두 개 이상의 파일을 하나의 새로운 파일로 합치는 기능
> • 매크로(Macro) : 사용자가 입력하는 일련의 키보드의 조작 순서를 기억하여 재생하는 기능
> • 기본값(Default) : 사용자가 변경하기 이전의 값으로 전반적인 규정이나 서식 설정 등에 대해 미리 가지고 있는 값

09 다음 중 찾기(검색)에 대한 설명으로 옳지 않은 것은?

① 찾기 기능은 대문자와 소문자를 구분하여 내용을 찾을 수 있다.
② 찾기한 후에는 문서 전체 분량이 변한다.
③ 찾을 내용과 글꼴을 이용하여 찾기 기능을 수행할 수 있다.
④ 찾기 기능을 이용하여 찾을 때 현재 커서의 위쪽이나 아래쪽 내용을 찾을 수 있다.

> 찾기(검색)한 후에는 문서의 분량이 변하지 않는다.

10 다음 중 워드프로세서의 인쇄 기능에 대한 설명으로 옳지 않은 것은?

① 문서의 일부분만 인쇄할 수 있고, 문서의 내용을 파일로 인쇄할 수 있다.
② 미리보기를 하면 편집한 내용의 전체 윤곽을 확인할 수 있다.
③ 인쇄 매수를 지정하여 동일한 문서를 여러 번 인쇄할 수 있다.
④ 인쇄할 때 프린터의 해상도를 높게 설정하면 선명하게 인쇄되고 출력 속도를 향상시킬 수 있다.

> 해상도를 높게 설정하면 선명하게 인쇄되지만, 출력 속도는 느려진다.

11 다음 중 전자출판에서 그림 사용에 대한 설명으로 옳지 않은 것은?

① 전자출판에 사용되는 그림 형식은 HTML, MP3, MP4 등이 있다.
② 웹 문서의 그림에서 마우스 오른쪽 단추를 눌러 그림을 복사하거나 저장할 수 있다.
③ 내 컴퓨터에 저장된 그림은 워드프로세서로 불러들여 전자출판에 이용할 수 있다.
④ 전자 문서 내의 그림은 자르기하여 불필요한 부분을 없앨 수 있다.

> 그림 파일 형식에는 jpg, gif, png 등이 있으며, HTML은 웹 브라우저에서 표시되는 웹 문서의 파일 형식이다.

12 다음 중 문서의 분류에 대한 설명으로 옳지 않은 것은?

① 접수문서 : 일정한 절차에 따라 문서과에서 접수한 문서
② 배포문서 : 문서과에서 접수한 문서를 처리과로 배포한 문서
③ 공람문서 : 처리과에서 배부받은 문서를 결재권자가 열람에 붙이는 문서
④ 보존문서 : 일처리가 끝난 완결 문서로 해당연도 말일까지 보관하는 문서

> 보존문서는 가치 있는 자료라고 판단되어 일정 기간 동안 보존하는 문서이고, 보관문서는 일처리가 끝난 완결 문서로 해당연도 말일까지 보관하는 문서이다.

13 다음은 문서관리 원칙 중 무엇에 대한 설명인가?

> 문서를 착오 없이 올바르게 처리하기 위한 것이다. 즉, 문서를 옮겨 적거나 다시 기재하는 것을 줄이고 복사해서 사용한다. 또한 사람이 처리하기에 분량이나 규모가 큰 경우에는 자동화된 사무기기를 이용한다.

① 정확성   ② 신속성
③ 용이성   ④ 경제성

> '올바르게'는 정확성과 관계있는 용어이다.
>
> **오답 피하기**
> • 신속성 : 문서가 이동되고 경유하는 것을 줄이고 지체 시간을 줄임
> • 용이성 : 문서 사무의 절차와 방법을 간단하고 쉽게 하고 사무실 환경을 개선
> • 경제성 : 소모품을 절감하고 사무기기의 관리를 효율화하여 유지 및 보수 비용을 줄임

14 다음 중 워드프로세서의 저장 기능에 대하여 설명한 것으로 옳지 않은 것은?

① 주기억 장치인 RAM에 기억되어 있던 문서를 보조 기억 장치로 옮기는 것을 말한다.
② 워드프로세서에서는 여러 가지 다른 형태의 파일로 저장할 수 있다.
③ 작업 중인 워드프로세서 문서를 텍스트 파일로 저장하면 설정된 글자 서식도 함께 저장된다.
④ 일반적으로 확장자가 TXT로 저장된 문서는 메모장이나 워드패드에서 편집이 가능하다.

> 텍스트 파일로 저장하면 텍스트(글자)만 저장되고 글꼴, 색상과 같은 글자 서식은 저장되지 않는다.

15 다음 중 유니코드(KS X 1005-1)에 대한 설명으로 옳지 않은 것은?

① 완성형 코드에 조합형 코드를 반영하여 개발되었다.
② 정보를 교환할 때 충돌이 발생한다.
③ 전 세계의 모든 글자를 2바이트로 표현할 수 있다.
④ 외국 소프트웨어의 한글화가 쉽고 한글은 가나다순으로 정렬된 코드이다.

> 유니코드는 국제 표준 코드로 정보 교환 시 충돌이 발생하지 않고, 정보를 교환할 때 충돌이 발생하는 코드는 KS X 1001 조합형 코드이다.

16 다음 중 교정부호를 사용한 후 문서의 분량이 변하지 않는 교정부호는?

① ⌒   ② ⌧
③ √   ④ ⌒

> ⌧ 되살리기, 원래대로 두기 교정부호는 분량이 변하지 않는다.
>
> **오답 피하기**
> ⌒(삭제), √(사이 띄우기), ⌒(수정)

17 다음 중 문서 파일링에서 명칭별 파일링을 사용하는 경우에 장점으로 옳지 않은 것은?

① 보안이나 기밀 유지에 유용하다.
② 단순하고 처리가 빠르다.
③ 다양한 서류 처리가 용이하다.
④ 가이드나 폴더 배열 방식이 용이하다.

> 명칭이 표시되므로 보안에 약하다.

18 다음 중 전자문서 관리 시스템의 장점으로 옳지 않은 것은?

① 신속한 문서 조회 및 검색이 가능해서 생산성을 향상시킬 수 있다.
② 문서를 보관할 장소가 획기적으로 줄어들어서 사무 환경을 쾌적하게 조성할 수 있다.
③ 조건검색을 통해서 필요한 문서를 손쉽게 제공받을 수 있어서 노력을 줄일 수 있다.
④ 텍스트 문서를 이미지나 영상과는 별개로 관리하여 문서 고유의 특성에 맞춘 관리가 가능하다.

> 전자문서 관리 시스템은 텍스트와 이미지, 영상 등을 통합하여 관리한다.

19 다음 문장을 작성하는 방법 중 옳지 않은 것은?

① 긴 문장은 적당히 끊어 작성한다.
② 전문적인 용어를 사용하여 길게 작성한다.
③ 애매모호한 표현을 사용하지 않는다.
④ 수식어를 정확히 사용한다.

> 전문적인 용어보다는 이해하기 쉬운 용어를 사용하여 간결하게 작성한다.

20 다음 중 전자 출판과 관련된 용어에서 커닝(Kerning)에 대한 설명으로 옳은 것은?

① 글자와 글자 사이의 간격을 미세하게 조정하는 작업이다.
② 제한된 색상을 조합하여 복잡한 색이나 새로운 색을 만드는 작업이다.
③ 문자 위에 겹쳐서 문자를 중복 인쇄하거나 배경색을 인쇄한 후에 그 위에 대상체를 인쇄하는 기능이다.
④ 이미지 변형 작업, 입출력 파일 포맷, 채도, 조명도, 명암 등을 조절하는 작업이다.

> **오답 피하기**
> • ② : 디더링
> • ③ : 오버프린트
> • ④ : 초크

---

21 다음 중 한글 Windows 10에서 마우스와 키보드를 사용하는 방법으로 옳지 않은 것은?

① 파일 탐색기 창에서 `Ctrl`+`A`를 누르면 모든 파일이나 폴더를 선택한다.
② 파일 탐색기에서 주 메뉴를 누를 때에는 `Shift`를 누른 후 주 메뉴 옆의 괄호 안의 밑줄 문자를 눌러 호출한다.
③ 열려있는 앱 간의 전환은 `Alt`+`Tab`키를 이용한다.
④ `⊞`+`M`을 누르면 모든 창을 최소화한다.

> 주 메뉴를 누를 때 `Alt`키를 누른 후 메뉴 옆의 밑줄 문자를 눌러 호출한다.

22 다음 설명에 해당하는 기능은?

> 시스템 버스, RTC, 시스템 비디오 구성 요소, RAM, 키보드, 마우스 등의 드라이브를 검사한다.

① CMOS
② POST
③ MBR
④ ROM-BIOS

> 전원을 누르면 ROM-BIOS가 실행되어 CMOS(하드 디스크 타입, 주변 기기 상태를 보여주는 메모리)의 내용을 확인하고 → POST(Power On Self Test)로 시스템 버스, RTC, 시스템 비디오 구성 요소, RAM, 키보드, 마우스 등의 드라이브를 검사를 수행한 후 → MBR과 부트 섹터를 실행하여 메모리에 로딩하고 → 하드웨어를 인식하고 레지스트리를 확인한 후 윈도우로 로그인 된다.

23 다음 중 한글 Windows 10의 바탕 화면에 대한 설명으로 옳지 않은 것은?

① 바탕 화면의 아이콘은 큰 아이콘, 보통 아이콘, 작은 아이콘 중에서 설정한다.
② 그래픽 장치의 드라이버를 업데이트한다.
③ 화면 해상도를 변경할 수 있다.
④ 바탕 화면에 새 폴더를 만들 수 있다.

> [제어판]-[장치 관리자]에서 그래픽 장치의 드라이버 업데이트를 할 수 있다.

> **오답 피하기**
> • ① : 바탕 화면의 바로 가기 메뉴의 [보기]에서 큰 아이콘, 보통 아이콘, 작은 아이콘 중 선택
> • ③ : 바탕 화면의 바로 가기 메뉴의 [디스플레이 설정]에서 해상도 변경
> • ④ : 바탕 화면의 바로 가기 메뉴의 [새로 만들기]-[폴더]에서 새 폴더 작성

24 다음에서 설명하는 한글 Windows 10의 기능은?

> 작업 표시줄 아이콘을 통해 축소판 미리 보기가 가능하며, 열려있는 모든 창을 최소화하지 않고 바탕 화면을 볼 수 있다.

① 에어로 쉐이크(Aero Shake)
② 에어로 피크(Aero Peek)
③ 에어로 스냅(Aero Snap)
④ 에어로 링크(Aero Link)

> **오답 피하기**
> 에어로 쉐이크(Aero Shake)는 창의 제목 표시줄에서 마우스를 흔들면 현재 창을 제외한 모든 창을 최소화하고 다시 흔들면 원래대로 복원하는 기능이고, 에어로 스냅(Aero Snap)은 창을 화면의 가장자리로 드래그하여 위치에 따라 자동으로 크기가 변경되는 기능이다.

25 다음 중 한글 Windows 10의 바로 가기 아이콘에 대한 설명으로 옳지 않은 것은?

① 선택한 개체를 복사한 후에 바탕 화면의 빈 공간에서 바로 가기 메뉴의 [바로 가기 붙여넣기]를 선택한다.
② 마우스의 오른쪽 버튼을 누른 상태로 원하는 위치로 끌어다 놓으면 표시되는 바로 가기 메뉴에서 [여기에 바로 가기 만들기]를 선택한다.
③ Ctrl + Alt 키를 누른 채 원하는 위치로 끌어다 놓는다.
④ 폴더 창에 있는 개체는 메뉴 모음에서 [홈]-[바로 가기 붙여넣기]를 선택한다.

> 개체를 선택한 후 Ctrl + Shift 를 누른 채 바탕 화면으로 끌어 놓기하여 [바탕 화면에 연결 만들기]를 선택하면 바로 가기 아이콘을 생성할 수 있다.

26 다음 중 한글 Windows 10의 작업 표시줄 속성에서 할 수 있는 작업으로 옳지 않은 것은?

① 작업 표시줄 자동 숨기기를 설정할 수 있다.
② 에어로 피크(Aero Peek)로 바탕 화면 미리 보기를 설정할 수 있다.
③ 작업 표시줄에 표시할 시스템 아이콘을 선택할 수 있다.
④ 시작 메뉴의 점프 목록, 최근에 연 목록을 설정할 수 있다.

> 시작 메뉴에 표시할 앱 목록 표시, 점프 목록에 표시할 최근 항목 수 등은 [설정]-[개인 설정]-[시작]에서 설정할 수 있다.

27 다음 중 한글 Windows 10의 [휴지통 속성] 창에서 수행할 수 있는 작업으로 옳지 않은 것은?

① 삭제 확인 대화상자의 표시 설정
② 휴지통의 바탕 화면 표시 설정
③ 각 드라이브의 휴지통 최대 크기 설정
④ 파일을 휴지통에 버리지 않고 바로 제거하는 기능 설정

> 휴지통 아이콘의 바탕 화면 표시를 설정하려면 [설정]-[개인 설정]-[테마]-[바탕 화면 아이콘 설정]에서 휴지통을 선택한다.

28 다음 중 한글 Windows 10에서 앱을 완전히 제거하는 방법으로 옳지 않은 것은?

① [시작]을 눌러 표시되는 앱에서 바로 가기 메뉴의 [제거]를 눌러 나오는 [프로그램 제거 또는 변경] 창에서 제거한다.
② [제어판]-[프로그램 및 기능]에서 제거할 앱을 선택한 후 [제거]한다.
③ [설정]-[앱]-[앱 및 기능]에서 앱을 선택한 후 [제거]를 클릭한다.
④ 탐색기에서 표시되는 파일을 선택한 후 바로 가기 메뉴의 [삭제]를 선택한다.

> 탐색기에서 바로 가기 메뉴의 삭제는 휴지통에 일시적으로 지워지는 것으로 앱을 완전히 제거하지는 못한다.

29 다음 중 한글 Windows 10의 [메모장]에 대한 설명으로 옳은 것은?

① 문서 전체에 대해 글꼴을 한꺼번에 변경하거나 블록을 지정하여 변경할 수 있다.
② 미리 보기에서 인쇄 진에 진체직인 윤곽을 볼 수 있다.
③ 저장 확장자는 txt, rtf, doc 형식 등으로 저장한다.
④ 글자색은 검은색으로만 표시된다.

> **오답 피하기**
> • ① : 메모장에서 글꼴 변경은 문서 전체에 대해 실행
> • ② : 메모장은 인쇄 미리 보기 기능이 없음
> • ③ : 메모장 저장 확장자는 txt만 가능

30 다음 중 한글 Windows 10에서 발생할 수 있는 문제의 해결 방법으로 옳은 것은?

① 디스크 공간이 부족할 때는 디스크 조각 모음을 실행하여 단편화를 제거한다.
② 디스크의 접근 속도가 느려질 경우에는 디스크 정리를 수행한다.
③ 프로그램이 응답하지 않을 경우에는 [Windows 작업 관리자] 창에서 해당 작업을 종료한다.
④ 메인 메모리 용량이 적을 경우에는 이동식 디스크의 불필요한 프로그램을 삭제한다.

> **오답 피하기**
> • ① : 디스크 공간이 부족할 때는 디스크 정리를 실행
> • ② : 디스크의 접근 속도가 느려질 경우에는 디스크 조각 모음을 실행하여 단편화를 제거하여 처리 속도를 향상
> • ④ : 메인 메모리 용량이 적을 경우에는 실행 중인 불필요한 프로그램을 종료

31 다음 중 이미지 뷰어를 위한 유틸리티 프로그램으로만 짝지은 것은?

① 알씨(ALSee), 사진, 비디오 편집기
② 알FTP, 파일질라, Winscp
③ 반디집, 알집, WinZip
④ 네이버 백신, V3 Lite, 알약

> **오답 피하기**
> • ② : 파일 송수신 FTP 프로그램
> • ③ : 압축 프로그램
> • ④ : 백신 프로그램

32 다음 중 한글 Windows 10의 프린터 사용에 대한 설명으로 옳지 않은 것은?

① 한 대의 프린터를 네트워크로 공유하여 여러 대의 컴퓨터에서 사용할 수 있다.
② 기본 프린터는 가장 최근에 사용한 프린터를 기본 프린터로 설정한다.
③ 이미 설치된 프린터도 다른 이름으로 다시 설치할 수 있다.
④ 스풀 기능은 고속의 CPU와 저속의 프린터를 병행 사용할 때 효율적이다.

> 기본 프린터로 지정된 프린터가 기본 프린터이다.

33 다음 중 한글 Windows 10에서 사용하는 바로 가기 키에 대한 설명으로 옳은 것은?

① ⊞+L : 컴퓨터 시스템을 잠그거나 사용자를 전환한다.
② F10 : 선택된 항목의 속성 대화상자를 화면에 표시한다.
③ Alt+Enter : 활성 창의 바로 가기 메뉴를 표시한다.
④ Alt+Tab : 작업 표시줄의 앱들을 차례대로 선택한다.

> **오답 피하기**
> • F10 : 활성 앱 메뉴 모음 열기
> • Alt+Enter : 선택된 항목의 속성 표시
> • Alt+Tab : 현재 실행 중인 앱 목록을 화면 중앙에 표시하여 전환

34 다음 중 한글 Windows 10의 사용자 계정 관리에 대한 설명으로 옳지 않은 것은?

① 사용자 정보에는 로그인된 사용자의 이름, 계정 유형, 사진이 표시된다.
② 로그인 옵션에는 Windows Hello 얼굴, PIN, 지문, 보안키, 비밀번호, 사진 암호, 홍채가 있다.
③ 전자 메일 주소로 사용자 계정을 만들 수 있다.
④ 관리자 계정에서 가족 구성원을 추가할 수 있다.

> 로그인 옵션에서 홍채는 없다.

35 다음 중 한글 Windows 10의 작업 표시줄에 대한 설명으로 옳지 않은 것은?

① 작업 표시줄은 현재 실행되고 있는 프로그램 단추와 프로그램을 빠르게 실행하기 위해 등록한 고정 프로그램 단추 등이 표시되는 곳이다.
② 작업 표시줄의 색상과 글꼴을 변경할 수 있다.
③ 작업 표시줄은 위치를 변경하거나 크기를 조절할 수 있으며, 크기는 화면의 1/2까지 늘릴 수 있다.
④ '작업 표시줄 잠금'이 지정된 상태에서는 작업 표시줄의 크기나 위치 등을 변경할 수 없다.

> [설정]-[개인 설정]-[색]에서 작업 표시줄의 색상은 변경할 수 있으나 글꼴은 변경할 수 없다.

36 다음 중 한글 Windows 10에서 사용 중인 프린터의 공유 설정을 하려고 할 때 해당 프린터의 바로 가기 메뉴에서 선택해야 하는 메뉴 항목으로 옳은 것은?

① 인쇄 기본 설정
② 프린터 속성
③ 속성
④ 기본 프린터로 설정

> 프린터 공유 설정을 하려고 할 때는 프린터의 바로 가기 메뉴에서 [프린터 속성]을 선택한다.

37 다음 중 한글 Windows 10의 전원에 대한 설명으로 옳은 것은?

① [설정]-[시스템]-[전원 및 절전]에서 1시간 후 디스플레이 화면을 끄기나 절전 상태로 설정한다.
② [시작]-[전원]-[절전]으로 절전 모드로 변경한 후 다시 시작하면 이전 작업 화면은 사라진다.
③ [시작]-[전원] 단추를 보이지 않게 설정할 수 있다.
④ 전원 단추를 누를 때 디스플레이 켜기를 설정할 수 있다.

> **오답 피하기**
> • ② : 절전 모드에서 복귀하면 이전 작업 화면은 그대로 있음
> • ③ : 전원 단추는 항상 표시되어 있음
> • ④ : [전원 옵션]에서 전원 단추를 누를 때 디스플레이 끄기를 설정할 수 있음

38 다음 중 한글 Windows 10에서 사용하는 폴더의 속성 창에서 할 수 있는 작업으로 옳지 않은 것은?

① [일반] 탭에서는 해당 폴더의 위치나 크기, 디스크 할당 크기, 만든 날짜 등을 확인할 수 있다.
② [공유] 탭에서는 네트워크상에서 공유 또는 고급 공유 옵션을 설정할 수 있다.
③ [자세히] 탭에서는 해당 폴더에 대한 사용자별 사용 권한을 설정할 수 있다.
④ [사용자 지정] 탭에서는 해당 폴더에 대한 유형, 폴더 사진, 폴더 아이콘을 설정할 수 있다.

> [자세히] 탭은 파일 속성 창에서 설정할 수 있으며, [보안] 탭에서 해당 폴더에 대한 '사용자별 사용 권한'을 설정할 수 있다.

39 다음 중 한글 Windows 10의 [설정]-[앱]-[앱 및 기능]에 대한 설명으로 옳지 않은 것은?

① 앱을 실행할 수 있다.
② 앱을 제거하거나 이동할 수 있다.
③ 앱을 실행하는 데 사용되는 이름의 별칭을 사용한다.
④ [프로그램 및 기능]을 실행하여 앱을 변경한다.

> [앱 및 기능]에서는 앱을 실행할 수 없고 목록을 확인하여 제거하거나 이동시키는 기능이다.

40 다음 중 한글 Windows 10에서 IPv6에 대한 설명으로 옳지 않은 것은?

① 빠른 속도와 보안 문제를 해결하였다.
② 실시간 흐름제어를 지원한다.
③ 호환성, 인증성, 기밀성, 무결성을 지원한다.
④ 32비트로 구성되었고 10진수 4자리의 도트(.)로 구분된다.

> IPv6는 128비트로 구성되었고 16진수 8자리를 콜론(:)으로 구분한다.

3과목 **PC 기본상식**

---

41 다음 중 컴퓨터 중앙 처리 장치의 제어 장치에 있는 레지스터의 설명으로 옳은 것은?

① 프로그램 카운터(PC)는 다음에 실행할 명령어의 번지를 기억하는 레지스터이다.
② 명령 레지스터(IR)는 현재 실행 중인 명령어를 해독하는 레지스터이다.
③ 부호기(Encoder)는 연산된 결과의 음수와 양수를 결정하는 회로이다.
④ 메모리 버퍼 레지스터(MBR)는 기억 장치에 입출력되는 데이터의 주소 번지를 기억한다.

> **오답 피하기**
> • 명령 레지스터(IR) : 현재 수행 중인 명령의 내용을 기억하는 레지스터
> • 부호기(Encoder) : 명령 해독기로 해독한 내용을 신호로 변환하여 각 장치에 전달
> • 메모리 버퍼 레지스터(MBR) : 메모리 주소 레지스터(MAR)의 내용을 기억하는 레지스터

42 다음 중 디지털 컴퓨터의 특징만을 모두 묶은 것은?

> ⓐ 논리회로
> ⓑ 연산 속도 느림
> ⓒ 범용성
> ⓓ 프로그래밍 불필요
> ⓔ 기억이 제한적
> ⓕ 이산적인 데이터

① ⓐ, ⓑ
② ⓑ, ⓒ, ⓓ
③ ⓐ, ⓑ, ⓒ, ⓕ
④ ⓑ, ⓓ, ⓒ, ⓕ

> 디지털 컴퓨터는 논리회로, 이산적인 데이터, 사칙 연산, 연산속도 느림, 프로그래밍 필요, 범용성, 기억이 용이하고 반영구적인 특징이 있다. 아날로그 컴퓨터는 증폭회로, 연속적인 데이터, 미적분, 연산속도 빠름, 프로그래밍 불필요, 특수 목적용, 기억이 제한적이다.

43 다음에서 설명하는 바이러스는?

> 프로그램 속에 오류를 발생시키는 서브루틴이 있어 특정한 날짜와 시간, 파일의 변경, 사용자나 프로그램의 특정한 행동 등 조건이 만족되면 실행

① 클러스터 바이러스
② 은닉 바이러스
③ 논리 폭탄
④ 웜 바이러스

> **오답 피하기**
> • 클러스터 바이러스 : 감염된 디스크에서 프로그램이 실행되면 동시에 바이러스가 실행
> • 은닉 바이러스 : 메모리에 상주하고 있으며 다른 파일을 변형한 사실을 숨기고 있어 운영체제로부터 피해 사실을 숨김
> • 웜 바이러스 : 네트워크를 통해 연속적으로 자신을 복제, 시스템의 부하를 높임으로써 결국 시스템을 다운시키는 바이러스의 일종

44 다음 중 운영체제에 대한 설명으로 옳지 않은 것은?

① 운영체제는 응용 소프트웨어이다.
② 운영체제의 기능은 사용자와 컴퓨터 간의 인터페이스를 담당한다.
③ 운영체제는 처리 프로그램과 제어 프로그램으로 나뉜다.
④ 처리 능력의 향상, 응답 시간의 단축, 사용 가능도의 향상, 신뢰도의 향상을 목적으로 한다.

> Windows와 같은 운영체제는 시스템 소프트웨어이다.

45 다음 중 속도(느린순 → 빠른순)와 용량(작은 것 → 큰 것), 기억소자, 개발 연도가 잘못 나열된 것은?

① $ms(10^{-3})$ → $\mu s(10^{-6})$ → $ns(10^{-9})$ → $ps(10^{-12})$
② 진공관 → 트랜지스터 → 집적 회로(IC) → 고밀도 집적 회로(LSI)
③ MARK-1 → EDSAC → ENIAC → UNIVAC-1
④ Bit → Byte → Word → Field → Record → File

> 전자 계산기의 개발 순서는 MARK-1 → ENIAC → EDSAC → UNIVAC-1 순서이다.

46 다음 중 바이러스의 예방 방법에 대한 설명으로 옳지 않은 것은?

① 최신 바이러스 백신 프로그램을 사용하여 주기적으로 점검한다.
② 아이디와 비밀번호는 처음에 설정한 그대로 사용한다.
③ 공용 폴더의 속성은 읽기 전용으로 한다.
④ 감염에 대비하여 중요 자료는 주기적으로 백업한다.

> 비밀번호는 문자, 숫자, 특수문자를 포함하여 자주 변경해 주어야 한다.

47 다음 중 멀티미디어 데이터의 장점이 아닌 것은?

① 컴퓨터의 프로그램 기능을 이용하여 복잡한 처리가 가능하다.
② 정보 제공자와 사용자 간의 쌍방향성으로 데이터가 전달된다.
③ 대화기능(Interactive)을 프로그램으로 부여할 수 있다.
④ 문자, 그림, 소리 등의 데이터는 각기 다른 독특한 방식으로 기록된다.

> 문자, 그림, 소리 등의 데이터는 디지털 데이터로 변환하여 통합하여 처리한다.

48 다음 중 정보 통신망에 대한 설명으로 옳지 않은 것은?

① B-ISDN은 비동기 전송 방식(ATM)을 기반으로 구축되며, 넓은 대역폭을 사용한다.
② LAN은 자원 공유를 목적으로 학교, 연구소, 회사 등이 구내에서 사용하는 통신망이다.
③ VAN은 회선을 소유하는 사업자로부터 통신회선을 빌려 독자적인 통신망을 구성하고, 통신서비스를 부가하여 새롭게 구성한 통신망이다.
④ WAN은 전화회선과 일대일로 연결한 통신망이다.

> WAN은 국가와 전 세계에 걸쳐 형성되는 넓은 지역을 연결하는 통신망이다.

49 다음에서 설명하는 메모리는?

> – EEPROM의 일종으로 전기적인 방법으로 여러 번 변경이 가능
> – 디지털 카메라, MP3, BIOS 등에 저장되는 펌웨어

① 플래시 메모리
② 가상 메모리
③ 캐시 메모리
④ 연관 메모리

오답 피하기
- 가상 메모리 : 보조 기억 장치의 공간을 주기억 장치처럼 사용할 수 있는 메모리
- 캐시 메모리 : CPU와 주기억 장치 사이에 있으며, 컴퓨터의 처리 속도를 향상시켜 메모리 접근시간을 줄이는 데 목적
- 연관 메모리 : 저장된 내용의 일부를 이용하여 기억 장치에 접근하여 데이터를 읽어오는 기억 장치이며 메모리에 기억된 정보를 찾는데 저장된 내용에 의하여 접근

50 다음 보기의 (가)와 (나)에서 설명하는 ICT 관련 신기술은?

> (가) 전기 에너지의 생산부터 소비까지의 전 과정을 정보통신시스템과 연결하여 에너지 효율을 높이는 지능형 전력망 시스템이다.
> (나) 무선 주파수 기술과 IC칩에 있는 전자 태그를 이용해 식품, 상품, 동물 등의 다양한 개체의 정보를 관리할 수 있는 정보 인식 기술이다.

① (가) NFC, (나) USN
② (가) USN, (나) NFC
③ (가) 스마트 그리드, (나) RFID
④ (가) RFID, (나) 스마트 그리드

- 스마트 그리드 : 전기의 생산부터 소비까지의 전 과정에 정보 통신 기술을 접목하여 에너지 효율성을 높이는 지능형 전력망 시스템
- RFID : 전자태그 기술로 IC칩과 무선을 통해 식품, 동물, 사물 등 다양한 개체의 정보를 관리할 수 있는 인식기술

오답 피하기
- NFC : 10cm 내외의 가까운 거리에서 무선으로 데이터를 전송하는 무선 태그 기술로 통신거리가 짧아 보안성이 우수하고 가격이 저렴
- USN : 모든 사물에 부착된 태그 또는 센서를 통해 탐지된 사물의 인식 정보는 물론 주변의 온도, 습도, 위치정보, 압력, 오염 및 균열 정도 등과 같은 환경 정보를 실시간으로 네트워크와 연결하여 수집하고 관리하는 네트워크 시스템

51 다음 중 웹 프로그래밍에서 서버 측 언어로만 묶인 것은?

① JSP, PHP, ASP
② JAVA, JSP, JavaScript
③ XML, SGML, HTML
④ JAVA, C, C++

- JSP : 자바로 만들어진 서버 스크립트로, 다양한 운영체제에서 이용 가능
- PHP : 웹 서버에 내장되어 기존의 CGI 형식을 벗어나 별도의 프로세서를 만들지 않고 빠르게 움직이는 서버 측 스크립트 언어
- ASP : 기존의 CGI 기술이 서버에 무리를 주고 실행이 느리다는 단점을 극복하기 위한 기술

52 다음에서 설명하는 파일 형식은?

> - 정지 영상을 표현하는 국제 표준 파일 형식
> - 사용자의 요구에 따라 압축 정도를 지정
> - 24비트 컬러를 사용하여 1,670만 컬러를 표현
> - 압축률이 높고 일반적으로 손실 압축 방법을 많이 사용

① jpg ② png
③ bmp ④ pcx

> **오답 피하기**
> • png : 비손실 그래픽 파일 형식
> • bmp : Windows 표준 비트맵 파일 형식으로 데이터의 압축이 지원되지 않아 그림의 입출력 속도가 빠르나 파일의 크기가 큼
> • pcx : EZSoft사에 의해 개발된 그래픽 파일 형식

53 다음 중 멀티미디어 활용 분야에 대한 설명으로 옳지 않은 것은?

① Kiosk : 백화점, 서점 등에서 사용하는 무인 안내 시스템
② VR : 고도의 컴퓨터 그래픽과 시뮬레이션 기능을 이용하여 실제로 존재하지 않는 가상의 세계를 만들어 내는 기술
③ VCS : 전화, TV를 컴퓨터와 연결해 이미지를 3차원 입체영상으로 보여주는 뉴 미디어
④ VOD : 사용자가 원하는 영상 정보를 원하는 시간에 볼 수 있도록 전송

> VCS(Video Conference System)는 화상 회의 시스템이다.

54 다음 중 현대 정보화 사회의 특징만으로 구성된 것은?

> ⓐ 산업사회
> ⓑ 고도의 지식사회
> ⓒ 컴퓨터와 정보 통신의 결합으로 전달이 향상된 사회
> ⓓ 개인의 개성과 전문성이 중요시되는 다원화 사회

① ⓐ, ⓑ
② ⓐ, ⓒ
③ ⓐ, ⓑ, ⓒ
④ ⓑ, ⓒ, ⓓ

> 판매, 운송 등이 중요시되는 산업 사회에서 정보, 교육, 건강 등이 중요한 정보화 사회로 발전하고 있다.

55 다음 중 최신 기술에 대한 설명으로 옳지 않은 것은?

① 텔레매틱스(Telematics)는 지리적으로 분산되어 있는 컴퓨터를 초고속 인터넷으로 연결하여 공유하기 위한 기술이다.
② 사물 인터넷(IoT)은 모든 사물을 네트워크로 연결하여 인간과 사물 간의 서로 소통하기 위한 정보통신 환경이다.
③ 클라우드 컴퓨팅(Cloud Computing)은 HW/SW 등의 자원을 자신이 필요한 만큼 빌려서 비용을 지불하는 방식의 서비스이다.
④ 유비쿼터스 컴퓨팅(Ubiquitous Computing)은 언제 어디서나 어떤 기기를 통해서도 컴퓨팅이 가능한 환경을 제공한다.

> ①은 그리드 컴퓨팅에 대한 설명이고, 텔레매틱스는 자동차에 정보통신기술과 정보처리기술을 융합하여 운전자에게 다양한 멀티미디어 서비스를 제공하는 것이다.

56 다음에서 설명하는 것은?

> 불특정 다수에게 메일을 발송해 위장된 홈페이지로 접속하도록 한 뒤 인터넷 이용자들의 개인 금융정보를 빼내는 신종사기 수법

① 피싱(Phishing)
② 스미싱(Smishing)
③ 스니핑(Sniffing)
④ 스푸핑(Spoofing)

> **오답 피하기**
> • 스미싱(Smishing) : 스마트폰 문자메시지를 통해 소액 결제를 유도하는 피싱 사기 수법
> • 스니핑(Sniffing) : 네트워크 주변을 지나다니는 패킷을 엿보면서 계정과 패스워드를 알아내기 위한 행위
> • 스푸핑(Spoofing) : 악의적인 목적으로 임의로 웹 사이트를 구축해 일반 사용자의 방문을 유도한 다음, 사용자의 시스템 권한을 획득한 뒤 정보를 빼가거나 사용자가 암호와 기타 정보를 입력하도록 속이는 행위

57 다음 중 색상을 표현하는 RGB 모드에 대한 설명으로 옳지 않은 것은?

① TV, 컴퓨터 모니터와 같이 빛을 이용하는 표시 장치에서 이용한다.
② R, G, B를 각각 1바이트로 표현할 경우 나타낼 수 있는 색상의 가짓수는 256 × 256 × 256의 계산 결과인 16,777,216가지가 된다.
③ 빛의 삼원색인 RED, GREEN, BLUE를 이용하여 색을 혼합하면 섞을수록 명도가 '0'이 되며 밝아지기 때문에 감산혼합이라 한다.
④ 빛의 삼원색인 RED, GREEN, BLUE를 최대의 비율로 혼합하면 흰색을 얻을 수 있다.

> 색은 감산혼합으로 혼합하는 색의 수가 많을수록 명도가 낮아져서 색을 혼합할수록 어두워지고, 빛은 가산혼합으로 반대로 명도가 높아진다.

58 다음 중 전자우편 관련 프로토콜이 아닌 것은?

① ECP(Error Correction Protocol)
② POP(Post Office Protocol)
③ MIME(Multipurpose Internet Mail Extensions)
④ IMAP(Internet Message Access Protocol)

> **오답 피하기**
> • POP : 메일 서버의 이메일을 사용자의 컴퓨터로 가져올 수 있도록 메일 서버에서 제공하는 프로토콜
> • MIME : 웹 브라우저에서 제공하지 않는 멀티미디어 파일을 확인하여 실행시켜주는 프로토콜
> • IMAP : 사용자가 메일 서버에서 메일을 관리하고 수신하기 위한 프로토콜

59 다음 중 인터넷에서 사용하는 프로토콜(Protocol)에 관한 설명으로 옳지 않은 것은?

① 통신망에 흐르는 패킷 수를 조절하는 흐름제어 기능이 있다.
② 송·수신기가 같은 상태를 유지하도록 동기화 기능을 수행한다.
③ 데이터 전송 도중에 발생할 수 있는 오류를 검출하고 수정할 수 있다.
④ 프로토콜은 구문, 의미, 순서의 세 가지 기본요소로 구성된다.

> 프로토콜은 일반적으로 데이터의 오류를 검출할 수는 있으나, 수정은 할 수 없다.

60 다음에서 설명하는 ICT 기술은?

> – 인터넷 개인 식별번호로 인터넷상에서 신원 확인 번호이다.
> – 휴대폰번호, 신용카드번호, 범용공인인증서 등으로 본인 인증을 한 후 발급받아 웹 사이트마다 일일이 실명과 주민등록번호를 입력하는 불편을 덜어준다.

① IoT
② VR
③ I-PIN
④ SSO

> **오답 피하기**
> • IoT : 인터넷에 연결된 기기가 사람의 개입 없이 서로 정보를 주고받으며 처리하는 사물인터넷
> • VR : 컴퓨터그래픽과 시뮬레이션 기능을 이용해 가상세계 체험
> • SSO : 하나의 아이디로 여러 사이트를 이용할 수 있는 시스템

SELF CHECK 제한시간 60분 | 소요시간   분 | 전체 문항 수 60문항 | 맞힌 문항 수   문항

1과목 워드프로세싱 용어 및 기능

상 중 **하**

01 다음에서 설명하는 워드프로세서 기능과 관련 있는 것은?

> – 한 행의 문자가 다 채워지지 않은 상태에서 Enter 키를 눌러 다음 행의 처음으로 커서를 이동하는 기능
> – 새로운 문단을 시작할 때 사용하는 기능

① 자동 개행
② 강제 개행
③ 자동 페이지 넘김
④ 강제 페이지 넘김

> **오답 피하기**
> 자동 개행은 한 행의 문자가 채워지면 자동으로 다음 행의 첫 글자로 이동하는 기능이다.

상 중 **하**

02 다음 중 워드프로세서에서 글자를 입력하는 방법으로 옳지 않은 것은?

① 대 · 소문자는 Caps Lock 나 Shift 를 이용해서 입력한다.
② 범위를 지정한 후 Delete 를 눌러 한꺼번에 삭제할 수 있다.
③ 수정 상태일 경우에는 잘못 입력된 내용을 고치는 기능으로 기존의 글자는 지워진다.
④ 삽입 상태일 경우 Space Bar 를 누르면 글자가 오른쪽으로 밀려나고, Back Space 를 누르면 뒷글자가 지워진다.

> 삽입이나 수정 상태일 때 모두 Back Space 를 누르면 앞 글자가 지워진다.

상 중 **하**

03 다음 중 문서 저장 시 파일명 및 확장자(Extension)를 지정하는 방법에 대한 설명으로 옳지 않은 것은?

① 문서 파일명은 문서의 성격 및 내용이 무엇인지를 쉽게 알 수 있도록 간단하게 지정하는 것이 좋다.
② 일반적으로 *.bak 파일은 문서가 변경되어 저장되는 경우 그 이전의 문서 내용을 저장하는 백업 파일이다.
③ 문서 작성 프로그램에 따라 기본적으로 저장되는 확장자는 정해지므로 임의로 사용자가 다른 형식으로 바꾸어 저장할 수 없다.
④ 이미지 형식으로 저장하여 그림판에서 불러오기할 수 있다.

> 워드프로세서에 따라 기본적으로 저장되는 확장자가 있지만 다른 형식으로 저장할 수 있다.

상 **중** 하

04 다음 중 문서의 수정을 위한 교정부호의 표기법으로 옳지 않은 것은?

① 문서의 내용과 혼돈되지 않도록 글자색과 동일한 색으로 표기하도록 한다.
② 한번 교정된 부분도 다시 교정할 수 있다.
③ 교정하고자 하는 글자를 명확하게 지적해야 한다.
④ 여러 교정부호를 동일한 행에 사용할 때 교정부호가 겹치지 않도록 한다.

> 교정부호는 문서의 글자색과 다른 색으로 눈에 잘 띄는 색을 사용해야 한다.

05 다음과 같이 문장이 수정되었을 때 사용된 교정부호의 순서를 올바르게 나열한 것은?

〈수정 전〉

> 하이퍼텍스트(Hypertext)의 기능은
> 텍스트를 클릭하여 다른 도움말로 이동할수 있다.

〈수정 후〉

> 하이퍼텍스트(Hypertext)의 기능은
> 텍스트를 클릭하여 관련된 다른 도움말로 이동할 수 있다.

① ⌐, ∨, ℓ
② ⌐, ⌣, ∨
③ ⌐, ⌢, ℓ
④ ⌐, ⌐, ℓ

> 하이퍼텍스트(Hypertext)의 기능은
> 관련된
> 텍스트를 클릭하여 다른 도움말로 이동할수 있다.

06 다음 중 메일 머지(Mail Merge)에 대한 설명으로 옳지 않은 것은?

① 본문 파일에 커서를 두고 메일 머지 기능을 실행한다.
② 초청장, 안내장, 청첩장 등을 만들 경우에 효과적이다.
③ 데이터 파일은 반드시 DBF 파일만 사용한다.
④ 본문 내용은 동일하지만 수신인이 다양할 때 사용한다.

> 데이터 파일에는 주소록, Outlook 주소록, 한글 파일, 한셀/엑셀 파일, DBF 파일이 있다.

07 다음 중 워드프로세서의 인쇄 기능에 대한 설명으로 옳지 않은 것은?

① 문서의 내용을 종이에 출력하지 않고 파일로 디스크에 저장할 수 있다.
② 프린터의 해상도를 높게 설정하면 출력 시간은 길어지지만 대신 선명하게 인쇄할 수 있다.
③ 문서의 1-3페이지를 여러 장 인쇄할 때 한 부씩 찍기를 선택하지 않으면 1-2-3페이지 순서로 여러 장이 인쇄된다.
④ 미리 보기 기능을 사용하여 문서의 내용을 편집할 수는 없다.

> 한 부씩 찍기를 선택하면 1-2-3페이지를 반복하여 출력하고, 한 부씩 찍기를 선택하지 않으면 1페이지가 전부 출력된 후 2페이지, 3페이지순으로 출력된다.

08 전자출판이 현재 출판 산업에 끼치는 영향에 대한 설명으로 옳지 않은 것은?

① 여러 가지 콘텐츠의 사용으로 정보화 사회로 발전하고 있다.
② 만화, 웹툰, 웹소설 등 다양하게 활용되고 있다.
③ 복잡한 디지털 환경이 조성되어 출판 비효율성의 원인이 되고 있다.
④ 전자출판은 소자본으로 시작할 수 있어 업계 진출이 자유롭다.

> 전자출판에는 디지털 환경이 필요하고, 디지털 환경을 바탕으로 출판의 효율성이 증가하고 있다.

09 다음 중 공문서 작성에 관한 설명으로 옳지 않은 것은?

① 공문서의 항목 순서가 필요한 경우에는 ㅁ, ㅇ, -, · 등과 같은 기호로 표시할 수 있다.
② 문서에 금액을 표시할 때에는 금153,530원(금일십오만삼천오백삼십원)과 같이 표시하여야 한다.
③ 본문의 내용이 표 형식으로 표의 중간까지만 작성된 경우에는 '끝' 표시를 하지 않고 마지막으로 작성된 칸의 다음 칸에 '이하 빈칸'으로 표시한다.
④ '업무 실명제'란 주요 정책의 결정 및 집행 과정에 참여하는 관련자의 실명과 의견을 기록·관리하는 제도를 말한다.

> ④는 정책 실명제에 대한 설명이다.

10 다음 중 워드프로세서의 인쇄 기능에 대한 설명으로 옳지 않은 것은?

① 블록을 지정하여 인쇄할 수 있다.
② 화면의 확대는 인쇄했을 때에도 확대하여 인쇄된다.
③ 프린터의 해상도를 높게 설정하면 출력 시간을 길어지지만 선명하게 인쇄된다.
④ 미리보기 기능을 이용하면 편집한 내용의 전체 윤곽을 확인할 수 있다.

화면의 확대는 화면만 확대하는 것으로 인쇄 크기와는 상관없다.

11 다음 중 그래픽 데이터의 벡터 방식에 대한 설명으로 옳지 않은 것은?

① 점과 점을 연결하는 직선이나 곡선을 이용하여 이미지를 표현한다.
② 이미지를 확대하여도 테두리가 매끄럽게 표현된다.
③ 좌표 개념을 사용하여 이동 회전 등의 변형이 쉽다.
④ 비트맵 방식과 비교하여 기억공간을 많이 차지한다.

벡터(Vector) 방식은 비트맵 방식과 비교하여 기억공간을 적게 차지하고, 비트맵 방식이 벡터 방식보다 기억공간을 많이 차지한다.

12 다음 중 워드프로세서의 스타일(Style) 기능에 대한 설명으로 옳지 않은 것은?

① 자주 사용하는 글자 모양이나 문단 모양을 미리 스타일로 만들어 놓고 사용한다.
② 글자 모양을 한꺼번에 바꿀 수 있다.
③ 긴 글에 대해 일관성 있는 문단 모양으로 통일성을 유지할 수 있다.
④ 문서 전체에 대해 스타일을 지정하며 블록을 지정하여 스타일을 지정할 수는 없다.

블록(범위)을 설정하여 스타일을 지정할 수 있다.

13 다음 중 EDI에 대한 설명으로 옳지 않은 것은?

① 각종 서류를 표준화된 양식을 통해 전자적 신호로 바꿔 컴퓨터통신망을 이용, 전송하는 시스템이다.
② 기업 간의 거래 데이터를 교환하기 위한 표준 포맷으로 미국의 데이터교환표준협회에 의해 개발되었다.
③ EDI의 3대 구성 요소는 EDI 표준(Standards), 문서(Document), 통신 네트워크(VAN)이다.
④ EDI 메시지들은 암호화되거나 해독될 수 있으며 E-Mail, 팩스와 함께 전자상거래의 한 형태다.

EDI의 3대 구성 요소는 EDI 표준(Standards), 사용자 시스템(User System), 통신 네트워크(VAN)이나.

14 다음 중 워드프로세서 인쇄 용어에 대한 설명으로 옳지 않은 것은?

① 하드 카피(Hard Copy) : 화면에 보이는 내용을 그대로 프린터에 인쇄하는 것을 말한다.
② 라인 피드(Line Feed) : 프린터 용지를 줄 단위로 밀어 올리는 기능이다.
③ 용지 넘김(Form Feed) : 프린터에서 다음 페이지의 맨 처음 위치까지 종이를 밀어 올리는 것을 말한다.
④ 프린터 드라이버(Printer Driver) : 워드프로세서의 산출된 출력 값을 특정 프린터 모델이 요구하는 형태로 번역해 주는 하드웨어를 말한다.

프린터 드라이버(Printer Driver)는 워드프로세서의 산출된 출력 값을 특정 프린터 모델이 요구하는 형태로 번역해 주는 소프트웨어이다.

15 다음 중 공문서 작성에 대한 설명으로 옳지 않은 것은?

① 시작 인사말은 본문에 간단히 기재한다.
② 전하고자 하는 내용은 간결하고 명확하게 본문에 작성한다.
③ 문서의 두문에 제목을 기재하여 문서의 성격을 파악할 수 있게 한다.
④ 문서에서 날짜 표기 시 연, 월, 일 글자를 생략하고 온점(.)을 찍어 표시할 수 있다.

공문서의 두문에는 행정기관명, 수신(경유)을 표시한다. 제목은 본문에 해당한다.

16 다음에 설명하는 워드프로세싱 용어는?

> 전반적인 규정이나 서식 설정, 메뉴 등 이미 가지고 있는 값
> 으로 기본값 또는 표준값

① 옵션(Option)
② 디폴트(Default)
③ 색인(Index)
④ 마진(Margin)

오답 피하기
- 옵션(Option) : 메뉴나 기능을 수행할 때 제시되는 선택 항목
- 색인(Index) : 문서의 내용을 쉽게 찾을 수 있도록 중요한 용어를 쪽 번호와 함께 수록한 목록
- 마진(Margin) : 문서 작성 시 페이지의 상·하·좌·우에 두는 공백

17 다음 중 맞춤법 검사(Spelling Check)에 대한 설명으로 옳지 않은 것은?

① 작성된 문서에서 내장된 사전과 비교하여 맞춤법에 어긋난 단어를 찾아주는 기능이다.
② 맞춤법, 표준말, 띄어쓰기, 기호나 수식의 오류를 검사한다.
③ 사전에 없는 단어는 사용자가 추가할 수 있다.
④ 자주 틀리는 단어를 자동으로 바꾸도록 지정할 수 있다.

맞춤법 검사(Spelling Check)에서 수식의 오류는 검사가 불가능하다.

18 다음 중 공문서를 작성할 때 올바른 문장 작성법에 해당하지 않는 것은?

① 행정업무의 운영 및 혁신에 관한 규정에 따라 공문서는 한글 맞춤법에 맞게 가로로 작성한다.
② 숫자는 아라비아 숫자로 가로로 표기한다.
③ 문서는 쉽고 간결하게 되도록 한글로 작성한다.
④ 시각은 24시간제에 따라 숫자로 표기하되 시, 분의 글자는 생략하고 세미콜론(;)으로 표시한다.

시각은 시:분:초 형식으로 가운데 콜론(:)으로 구분하여 표시한다.

19 다음 중 전자문서에 대한 설명으로 옳지 않은 것은?

① 전자문서란 컴퓨터 등 정보처리 능력을 가진 장치에 의하여 전자적인 형태로 작성되어 송·수신 또는 저장된 문서를 말한다.
② 전자문서의 수신 시점은 수신자가 전자문서를 수신할 컴퓨터를 지정한 경우에는 지정된 컴퓨터에 입력된 때이다.
③ 전자문서는 검토자, 협조자 및 결재권자가 동시에 열람할 수는 없다.
④ 전자문서는 종이 보관의 이관 시기와 동일하게 전자적으로 이관한다.

전자문서는 동시에 여러 사람이 열람할 수 있다.

20 다음 중 문서의 발송에 대한 설명으로 옳지 않은 것은?

① 문서는 정보 통신망을 이용하여 발신함을 원칙으로 한다.
② 문서는 접수과에서 발송하고 기안자가 전자이미지서명을 한다.
③ 전자문서인 경우 전자문서시스템 또는 업무관리 시스템상에서 발송하여야 한다.
④ 전자문서는 행정기관의 홈페이지 또는 공무원의 공식 전자우편 주소를 이용하여 발송할 수 있다.

문서의 발송은 처리과에서 발송하고 처리과에서 전자이미지서명을 한다.

21 다음 중 한글 Windows 10의 [시작]–[전원]의 기능이 아
닌 것은?

① [절전]은 모니터와 하드 디스크를 최소 전력으로 켜
놓은 상태로 키보드나 마우스 등의 사용자 반응에
의해 다시 켤 수 있는 상태
② [로그아웃]은 현재 실행 중인 앱 목록을 그대로 둔
채 다른 사용자로 로그인하는 상태
③ [시스템 종료]는 열려있는 모든 앱을 종료하고 컴퓨
터의 전원을 안전하게 종료
④ [다시 시작]은 변경된 Windows 설정을 저장하고
메모리에 있는 모든 정보를 하드 디스크에 저장한
후 시스템을 다시 시작

> 로그아웃은 현재 사용 중인 앱을 모두 종료한 후 다시 로그인한다.

22 다음 중 한글 Windows 10의 [마우스 속성] 창에서 설정
할 수 있는 항목으로 옳지 않은 것은?

① 마우스 포인터의 지정
② 포인터와 휠의 생성 및 삭제
③ 휠을 한 번 돌릴 때 스크롤할 양
④ 두 번 클릭의 속도

> 포인터와 휠의 생성 및 삭제는 할 수 없다.
>
> 오답 피하기
> • ① : [마우스 속성]–[포인터] 탭에서 마우스 포인터를 지정
> • ③ : [마우스 속성]–[휠] 탭에서 한 번에 스크롤할 줄의 수를 지정
> • ④ : [마우스 속성]–[단추] 탭에서 느림에서 빠름의 속도를 지정

23 다음 중 한글 Windows 10의 [접근성]에 대한 설명으로
옳지 않은 것은?

① [시작]–[설정]–[접근성]을 클릭한다.
② 로그인 후 돋보기를 사용하여 화면을 일부를 확대
하여 표시할 수 있다.
③ 내레이터 시작을 하여 화면에 색 필터를 적용하여
사진 및 색을 쉽게 변경할 수 있다.
④ 고유 색을 사용하여 텍스트와 앱을 보기 쉽게 설정
할 수 있다.

> 내레이터 시작은 화면의 내용을 읽는 화면 읽기 프로그램이고, 색상 변경이
> 화면에 색 필터를 적용하여 사진 및 색을 쉽게 변경하는 기능이다.

24 다음 중 한글 Windows 10에서 [프로그램 및 기능] 창에
대한 설명으로 옳지 않은 것은?

① [프로그램 및 기능] 창에서 새로운 앱을 설치하거나
현재 설치된 앱을 제거 또는 변경할 수 있다.
② [설정]–[앱]–[앱 및 기능]에서 설치된 목록을 확인
하고 수정할 수 있다.
③ 보기 형식을 아주 큰 아이콘, 큰 아이콘, 보통 아이
콘, 작은 아이콘, 자세히 등으로 표시할 수 있다.
④ 자세히 보기에서 표시되는 이름, 게시자, 설치 날
짜, 크기, 버전을 각각 클릭하여 오름차순이나 내림
차순으로 정렬할 수 있다.

> [설정]–[프로그램 및 기능]에서는 새로운 앱을 설치할 수 없다.

25 다음 중 한글 Windows 10에서 [파일 탐색기] 창의 메뉴
이용 방법에 관한 설명으로 옳지 않은 것은?

① 선택한 파일이나 폴더의 속성을 보거나 바로 가기
를 만들려면 [홈] 메뉴를 사용한다.
② 선택한 파일이나 폴더를 삭제하거나 이름 바꾸기를
하려면 [편집] 메뉴를 사용한다.
③ 아이콘 보기 형식을 변경하거나 정렬 기준을 변경
하려면 [보기] 메뉴를 사용한다.
④ 네트워크 드라이브 연결이나 동기화를 하려면 [홈]
메뉴를 사용한다.

> 선택한 파일이나 폴더를 삭제하거나 이름 바꾸기를 하려면 [홈] 메뉴를 사용
> 한다.

26 다음 중 CMOS SETUP에 대한 설명으로 옳지 않은 것은?

① CMOS SETUP에서 컴퓨터의 부팅 순서를 변경해
준다.
② CMOS SETUP은 ROM의 일종으로 수정할 수 없다.
③ CMOS에서 하드 디스크의 타입, 주변 기기 장치
상태 등을 보여준다.
④ CMOS SETUP의 항목을 잘못 변경하면 부팅이 되
지 않거나 사용 중에 에러가 발생하므로 주의한다.

> CMOS는 쓰기가 가능하여 수정할 수 있다.

27 다음 중 한글 Windows 10에서 [연결 프로그램]에 관한 설명으로 옳지 않은 것은?

① 임의의 폴더에 있는 문서 파일에 대해 연결 프로그램을 지정하면 시스템이 시작될 때마다 자동으로 해당 연결 프로그램이 실행된다.
② 연결 프로그램이 지정되어 있지 않은 파일은 사용자가 지정할 수 있다.
③ 서로 다른 확장자를 갖는 파일들은 같은 연결 프로그램으로 지정할 수 있다.
④ 연결 프로그램은 사용자가 임의로 변경할 수 있다.

임의의 폴더에 있는 문서 파일에 대해 연결 프로그램을 지정하면 시스템이 시작될 때가 아니라, 해당 파일이 실행될 때 자동으로 연결 프로그램이 실행된다.

28 다음 중 한글 Windows 10의 [작업 관리자] 창에서 할 수 있는 작업으로 옳지 않은 것은?

① 실행 중인 프린터 목록을 확인하고 중지할 수 있다.
② 현재 시스템 사용자를 확인하고 연결을 끊을 수 있다.
③ 현재 실행 중인 앱 작업에 대하여 강제로 끝내기를 할 수 있다.
④ 모든 사용자의 프로세스를 표시하거나 해당 프로세스의 끝내기를 할 수 있다.

실행 중인 프린터 목록은 [장치 및 관리자]에서 해당 프린터의 [인쇄 작업 목록 보기] 창에서 확인하고 중지할 수 있다.

29 다음 중 한글 Windows 10의 파일의 복사와 이동에 대한 설명으로 옳지 않은 것은?

① 다른 디스크 드라이브에 있는 폴더로 파일을 이동할 경우에는 Shift를 누른 상태에서 마우스로 이동할 위치에 드래그 앤 드롭한다.
② 같은 디스크 드라이브에 있는 다른 폴더로 파일을 이동할 경우에는 Ctrl를 누른 상태에서 마우스로 이동할 위치에 드래그 앤 드롭한다.
③ Ctrl+X를 누른 후 Ctrl+V를 누르면 이동된다.
④ C드라이브의 파일이나 폴더를 선택하여 D드라이브에 드래그 앤 드롭하면 복사된다.

같은 디스크 드라이브에 있는 다른 폴더로 파일을 복사할 경우에는 Ctrl를 누른 상태에서 마우스로 복사할 위치에 드래그 앤 드롭한다.

30 다음 중 한글 Windows 10의 계산기 기능에 대한 설명으로 옳지 않은 것은?

① 표준 모드는 더하기, 빼기, 곱하기, 나누기 등의 사칙 연산을 한다.
② 공학용은 함수, 지수, 로그 등의 복합적인 수식에 유효자리 32자리까지 계산한다.
③ 프로그래머용은 2, 8, 10, 16진수 계산으로 유효자리 64자리까지 계산한다.
④ 날짜 계산은 두 날짜 간 차이, 일정 관리, 알람 관리를 할 수 있다.

날짜 계산에는 일정 관리, 알람 관리 기능은 없다.

31 다음 중 한글 Windows 10에서 기본 앱에 대한 설명으로 옳지 않은 것은?

① 웹 브라우저나 전자 메일 작업 등에 사용할 기본 앱을 설정할 수 있다.
② 파일 형식별로 특정 앱을 선택하여 설정할 수 있다.
③ 파일의 위치별로 특정 앱을 선택하여 설정할 수 있다.
④ 프로토콜별 특정 앱을 선택하여 설정할 수 있다.

파일에 기본으로 사용할 기본 앱, 파일 형식별 앱 연결, 프로토콜별 앱 연결을 할 수 있으나 파일의 위치별 앱 설정은 할 수 없다.

32 다음 중 한글 Windows 10의 사용자 정보에 대한 설명으로 옳지 않은 것은?

① 표준 사용자 계정을 삭제하면 현재 바탕 화면의 모든 파일이 모두 지워진다.
② 관리자 계정은 파일을 추가 설치할 수 있다.
③ 관리자 로그인 정보가 없으면 자녀 보호 설정을 할 수 없다.
④ 전자 메일로 로그인 정보를 작성할 수 있다.

표준 사용자 계정을 삭제하여도 파일은 지워지지 않고 유지된다.

33 다음 중 한글 Windows 10에서 프린터의 공유에 대한 설명으로 옳지 않은 것은?

① [장치 및 프린터]에서 해당 프린터를 찾아 더블 클릭하면 인쇄 관리 창이 표시된다.
② [프린터 추가]를 이용하여 네트워크상에서 공유되어 있는 프린터를 찾아 설치한다.
③ 공유된 프린터는 자동으로 기본 프린터로 설정된다.
④ 공유 프린터의 [속성] 창에서 [테스트 페이지 인쇄]를 선택하면 프린터 설치가 제대로 되어 있는지 확인할 수 있다.

기본 프린터는 사동으로 설정되는 것은 아니고 프린터를 추가할 때 설정하거나 이미 설치된 프린터에서 오른쪽 마우스를 클릭한 후에 기본 프린터로 설정할 수 있다.

34 다음 중 한글 Windows 10의 시스템 정보에서 알 수 있는 항목이 아닌 것은?

① 하드웨어 리소스
② 소프트웨어 환경
③ CMOS SETUP
④ 구성 요소

시스템 정보에서는 내 컴퓨터 시스템의 하드웨어와 소프트웨어의 여러 가지 정보가 표시된다. [시작]-[Windows 관리 도구]-[시스템 정보]를 선택하면 하드웨어 리소스, 구성 요소, 소프트웨어 환경을 확인할 수 있다.

35 다음 중 한글 Windows 10에서 [시작] 메뉴에 대한 설명으로 옳지 않은 것은?

① [시작] 단추를 누르면 현재 로그온한 사용자의 로고가 표시된다.
② 설치된 앱 목록이 알파벳 순서대로 표시된다.
③ [시작] 메뉴의 앱 목록은 사용자가 원하는 대로 추가하거나 삭제할 수 있다.
④ [시작] 메뉴의 바로 가기 메뉴에서 [시작 화면에 고정]을 선택하면 작업 표시줄에 순서대로 표시된다.

[시작 화면에 고정]을 누르면 시작 메뉴의 타일에 고정되어 표시된다.

36 다음 중 한글 Windows 10에서 공유 폴더에 관한 설명으로 옳지 않은 것은?

① 파일을 공유하려면 공유 폴더로 이동시키거나 해당 폴더에 대해 공유를 설정해야 한다.
② 공용 폴더는 현재 사용 중인 컴퓨터의 모든 사용자가 접근할 수 있는 폴더이다.
③ 고급 공유 설정에서 [파일 및 프린터 공유 켜기]를 선택해야 이 컴퓨터에서 사용자가 공유한 파일과 프린터에 접근할 수 있다.
④ 공유 폴더의 동시 사용자 수는 최대 50으로 지정할 수 있다.

공유 폴더의 동시 사용자 수는 최대 20으로 지정할 수 있다.

37 다음 중 IP 주소에 대한 설명으로 옳지 않은 것은?

① 인터넷상에서 구별되는 자신만의 고유한 숫자로 된 주소이다.
② IPv4는 32비트로 구성되었고 10진수 4자리 도트(.)로 구분된다.
③ IPv6는 128비트로 구성되었고 16진수 8자리 콜론(:)으로 구분된다.
④ IPv6의 Class A 영역을 사용하여 네트워크상의 모든 컴퓨터를 공유하여 사용할 수 있다.

IPv6에는 Class 개념이 없다.

38 다음 한글 Windows 10의 보안 기능에 대한 설명 중 옳지 않은 것은?

① 사용자 계정 컨트롤 설정 변경 기능을 사용하면 유해한 프로그램이 사용자 모르게 소프트웨어를 설치하거나 변경하는 것을 방지할 수 있다.
② BitLocker 드라이브 암호화 기능을 사용하면 해당 드라이브에 저장된 모든 파일에 대한 무단 액세스를 방지할 수 있다.
③ Windows Defender 기능을 사용하면 스파이웨어뿐만 아니라 사용자 동의 없이 설치된 소프트웨어로부터 보호할 수 있다.
④ [컴퓨터 관리]의 [디스크 관리] 기능을 사용하면 해당 드라이브에 설치된 악성 소프트웨어를 삭제할 수 있다.

오답 피하기

[디스크 관리] 기능은 컴퓨터에 설치된 하드 디스크의 파티션 재설정이나 열기, 탐색 포맷 등을 설정한다.

39 다음 중 웹 브라우저인 크롬(Chrome)에 대한 설명으로 옳지 않은 것은?

① 세이프 브라우징으로 위험한 사이트로부터 선제적 보안을 설정한다.
② 기본 브라우저를 다른 브라우저로 변경할 수 있다.
③ 시크릿 모드에서는 타사 쿠키를 차단할 수 있다.
④ 개인정보에 대한 인터넷 방문 기록, 쿠키, 캐시 등을 한꺼번에 삭제할 수 있다.

> 기본 브라우저에서 시작 그룹을 특정 페이지로 열 수 있으나 다른 브라우저로 변경은 할 수 없다.

40 다음 중 한글 Winodws 10에서 인터넷을 사용하기 위하여 [인터넷 프로토콜(TCP/IP) 등록정보] 창에서 설정해야 하는 항목에 관한 설명으로 옳지 않은 것은?

① 서브넷 마스크 : IP 주소의 네트워크 ID 부분과 호스트 ID 부분을 구별하기 위하여 IP 패킷 수신자에게 허용하는 32비트의 값이다.
② DNS 서버 : 인터넷을 사용하는 경우에 홈페이지를 제공하는 컴퓨터의 32비트 주소이다.
③ 게이트웨이 : TCP/IP 네트워크 사이에서 IP 패킷을 라우팅하거나 전달할 수 있는 여러 개의 실제 TCP/IP 네트워크에 연결된 장치이다.
④ IP 주소 : 인터넷을 사용하는 네트워크에서 노드를 식별하는 데 사용하는 32비트 주소이다.

> DNS 서버는 문자로 된 도메인 네임을 숫자로 된 IP주소로 바꾸어 주는 서버이다.

3과목 PC 기본상식

41 다음에서 설명하는 장치는?

> – 기록된 문자를 광학적인 방법으로 읽어 들이는 장치
> – 공공요금 청구서에 사용

① 스캐너
② OMR
③ OCR
④ MICR

> **오답 피하기**
> • 스캐너 : 그림이나 사진과 같은 영상 정보를 입력하는 장치
> • OMR : 광학 마크 판독기(OMR)로, 특수한 연필이나 사인펜으로 마크한 카드를 판독하는 장치
> • MICR(자기 잉크 문자 판독기) : 자성을 가진 특수잉크로 기록된 문자를 판독하는 장치

42 다음 중 워크스테이션 컴퓨터에 대한 설명으로 옳지 않은 것은?

① 개인용 컴퓨터와 미니 컴퓨터의 중간 사양의 컴퓨터이다.
② 네트워크에서 서버(Server) 역할을 주로 담당한다.
③ 대부분 마이크로프로세서는 CISC를 사용한다.
④ 고성능 그래픽 처리나 공학용 시뮬레이션에 주로 사용한다.

> 워크스테이션은 RISC 마이크로프로세서를 사용한다.

43 다음 중 정보 사회의 컴퓨터 범죄의 유형으로 옳지 않은 것은?

① 소프트웨어나 웹 콘텐츠의 무단 복사나 사용
② 음란물 유통 및 사이트 운영
③ 컴퓨터 바이러스 백신의 제작
④ 개인 신용 정보 유출

> 컴퓨터 바이러스 백신의 제작은 컴퓨터 범죄가 아니라 바이러스를 예방하고 치료해 주는 역할이다.

44 다음 중 소프트웨어 관련 용어에 대한 설명으로 옳지 않은 것은?

① 셰어웨어 : 기능이나 사용 기간 등에 제한을 두어 무료로 배포한 소프트웨어
② 프리웨어 : 개발자가 소스를 공개한 소프트웨어로 누구나 수정 및 배포
③ 알파버전 : 개발사 내에서 테스트를 목적으로 제작한 프로그램
④ 내그웨어 : 사용자에게 주기적으로 소프트웨어를 등록하도록 요구하는 소프트웨어

> 프리웨어는 공개 소프트웨어로 누구나 무료로 사용하는 것이 허가된 프로그램이나 저작권이 있으므로 누구나 수정이 가능한 것은 아니다. 개발자가 소스를 공개한 소프트웨어로 누구나 수정 및 배포가 가능한 것은 오픈소스 소프트웨어이다.

45 다음에서 설명하는 것은?

> – 운영체제의 핵심으로 부팅 후 메모리에 상주하며 하드웨어를 보호하고 프로그램과 하드웨어 간의 인터페이스 역할을 담당
> – 프로세스 관리, 기억 장치 관리, 파일 관리, 입출력 관리, 프로세스 간 통신, 데이터 전송 및 변환의 기능

① 로더
② 커널
③ 프로세스
④ 쉘

> 오답 피하기
> • 로더 : 컴퓨터 프로그램을 주기억 장치에 적재하고 실행되도록 하는 역할
> • 프로세스 : 연속적으로 실행되고 있는 컴퓨터 프로그램
> • 쉘 : 입력된 명령어의 해석기 역할

46 다음 중 정보 통신을 위하여 사용되는 광섬유 케이블에 관한 설명으로 옳지 않은 것은?

① 대역폭이 넓어 데이터의 전송률이 우수하다.
② 리피터의 설치 간격을 좁게 설계하여야 한다.
③ 도청하기 어려워서 보안성이 우수하다.
④ 다른 유선 전송 매체와 비교하여 정보 전달의 안전성이 우수하다.

> 광섬유 케이블은 리피터의 설치 간격을 넓게 설계한다.

47 다음에서 설명하는 것은?

> – 컴퓨터 시스템을 감염시켜 접근을 제한시킴
> – 특정 파일을 암호화하여 파일을 사용 불가능 상태로 만들어서 복구를 위해 돈을 요구하는 악성 소프트웨어

① 은닉 바이러스
② 논리 폭탄
③ 랜섬웨어
④ 스크립트 바이러스

> 오답 피하기
> • 은닉 바이러스 : 메모리에 상주하고 있으며 다른 파일을 변형한 사실을 숨기고 있어 운영체제로부터 피해 사실을 숨기는 바이러스
> • 논리 폭탄 : 프로그램 속에 오류를 발생시키는 서브루틴이 들어 있어 특정한 날짜와 시간, 파일의 변경, 사용자나 프로그램의 특정한 행동 등 조건을 만족하면 실행되는 바이러스
> • 스크립트 바이러스 : 스크립트로 작성되었고 파일 안에 작성되어 있는 스크립트를 감염시키는 바이러스

48 다음에서 설명하는 것은?

> – 1개의 IP 네트워크 물리적 주소를 여러 개의 논리적 주소로 나누는 것
> – 컴퓨터의 규모를 알리는 정보
> – IP 주소와 결합하여 네트워크 주소와 호스트 주소를 구분하기 위하여 사용

① DNS
② 서브넷 마스크
③ 게이트웨이
④ DHCP

> 오답 피하기
> • DNS : 사람이 기억하기 쉬운 문자로 된 도메인명을 컴퓨터가 이해할 수 있는 IP 주소로 바꿔주는 시스템
> • 게이트웨이 : 프로토콜이 다른 네트워크를 연결시켜 주는 장치로 응용 계층을 연결하여 데이터 형식의 변환 및 프로토콜의 변환 등을 수행하며, 주로 LAN에서 다른 네트워크에 데이터를 보내거나 다른 네트워크로부터 데이터를 받아들이는 출입구 역할
> • DHCP : 주소를 자동으로 설정하는 방식, 즉 네트워크 관리자가 중앙에서 IP 주소를 관리하고 할당하며, 컴퓨터가 네트워크의 다른 장소에 접속되었을 때 자동으로 새로운 IP 주소를 보내주는 프로토콜

49 다음 중 컴퓨터의 수치 데이터 표현에서 고정 소수점 방식과 비교하여 부동 소수점 방식의 특징으로 옳지 않은 것은?

① 연산 속도가 매우 빠르며 수의 표현 범위가 넓다.
② 부호, 지수부, 가수부로 구성되어 있다.
③ 소수점이 포함된 실수를 표현하는 데 사용한다.
④ 양수와 음수 모두 표현이 가능하다.

> 부동 소수점 방식은 고정 소수점에 비해 수의 표현 범위가 넓고 큰 수나 작은 수를 표현하기 때문에 연산 속도가 느리고 시간이 많이 걸린다.

50 다음에서 설명하는 용어는?

> – 사이버 공간에서 상품과 서비스를 사고파는 행위
> – 광고, 발주 등의 모든 활동을 포함하는 행위

① 인트라넷
② 엑스트라넷
③ 전자상거래
④ 전자적문서교환

> **오답 피하기**
> • 인트라넷 : 인터넷의 기술을 기업 내 정보 시스템에 적용한 것으로 전자우편 시스템, 전자결재시스템 등을 인터넷 환경으로 통합하여 사용하는 것
> • 엑스트라넷 : 기업에서 인터넷을 기반으로 한 네트워크를 구축하여 거래처는 물론 일반 고객과의 정보 교류 및 전자상거래를 하는 것
> • 전자적문서교환(EDI) : 네트워크를 통한 업무의 교환 시스템으로 문서의 표준화를 전제로 운영됨

51 다음에서 설명하는 전자우편 프로토콜은?

> – 전자우편을 위한 인터넷 표준 포맷
> – 웹 브라우저가 지원하지 않는 화상이나 음성을 포함한 각종 멀티미디어 정보를 보낼 때의 표준 규격

① POP
② IMAP
③ SMPT
④ MIME

> **오답 피하기**
> • POP : 전자우편을 수신하기 위한 프로토콜로, 주로 POP3를 사용
> • IMAP : POP와 달리 전자우편의 제목이나 보낸 사람만 보고 메일을 다운로드할 것인지 선택할 수 있는 프로토콜
> • SMPT : 전자우편을 송신하기 위한 프로토콜

52 다음에서 설명하는 것은?

> – 언제 어디서나 자유롭게 네트워크를 통해 컴퓨터에 접속할 수 있는 환경
> – 개별 물건에 초소형 전자태그가 삽입되어 있어 시간과 장소에 구애받지 않고 네트워크에 접속하여 사용

① 그리드 컴퓨팅(Grid Computing)
② 유비쿼터스 컴퓨팅(Ubiquitous Computing)
③ 클라우드 컴퓨팅(Cloud Computing)
④ 웨어러블 컴퓨팅(Wearable Computing)

> **오답 피하기**
> • 그리드 컴퓨팅(Grid Computing) : 분산 병렬 컴퓨팅의 한 분야로 원거리 통신망(WAN)으로 연결된 서로 다른 기종의 컴퓨터들을 하나로 묶어 가상의 대용량 고성능 컴퓨터를 구성하여 고도의 연산 작업 혹은 대용량 처리를 수행하는 것
> • 클라우드 컴퓨팅(Cloud Computing) : 하드웨어, 소프트웨어 등의 컴퓨팅 자원을 자신이 필요한 만큼 빌려쓰고 사용요금을 지불하는 방식의 컴퓨팅
> • 웨어러블 컴퓨팅(Wearable Computing) : 유비쿼터스 컴퓨팅의 일종으로, 웨어러블 디바이스(Wearable Device)로 불리는 착용 컴퓨터는 안경, 시계, 의복 등과 같이 착용할 수 있는 형태로 된 컴퓨터를 의미

53 다음 중 광대역 종합 정보 통신망(B–ISDN)에 대한 설명으로 옳은 것은?

① 빠른 전송 속도에 비해 사용료가 경제적이다.
② 비동기 전송 방식(ATM)을 기반으로 구축되며, 넓은 대역폭을 사용한다.
③ 자원 공유를 목적으로 학교, 연구소, 회사 등이 구내에서 사용하는 통신망이다.
④ 동축 케이블을 사용하여 문자, 음성, 고화질의 동영상까지 전송할 수 있는 통신망이다.

> 광대역 종합 정보 통신망(B–ISDN)은 광케이블을 사용하여 고화질의 동영상까지 전송할 수 있는 통신망이다.

> **오답 피하기**
> LAN은 자원 공유를 목적으로 학교, 연구소, 회사 등이 구내에서 사용하는 통신망이다.

54 다음 중 개인정보보호에 관한 설명으로 옳지 않은 것은?

① 개인정보처리자는 정보주체의 개인정보가 분실, 도난, 유출, 위조, 변조 또는 훼손되지 않도록 해야 한다.
② 기업은 개인정보보호를 시작하기 위해서 개인정보보호 전담자와 조직을 만들어야 한다.
③ 개인정보보호에 문제가 생겼을 때는 IT 부서 책임자나 최고보안책임자를 제외하고 경영자가 책임을 져야 한다.
④ 개인정보보호는 개인정보자기결정권이 철저히 보장될 수 있도록 하는 일련의 행위이다.

일차적인 책임자는 개인정보처리 담당자이며, IT 부서 책임자나 최고보안책임자도 책임자이다.

55 다음 중 컴퓨터의 분류에 대한 설명으로 옳지 않은 것은?

① 범용 컴퓨터는 다양한 종류의 디지털 데이터에 대한 처리가 용이하다.
② 워크스테이션은 고성능 컴퓨터로 CISC 프로세서만을 사용한다.
③ 미니 컴퓨터는 마이크로 컴퓨터보다 처리 용량과 속도가 뛰어나다.
④ 하이브리드 컴퓨터는 디지털 컴퓨터와 아날로그 컴퓨터의 장점을 혼합한 형태이다.

워크스테이션은 CISC 프로세서가 아닌 RISC 마이크로프로세서를 사용한다.

56 다음의 설명에서 괄호 안에 들어갈 용어를 순서대로 나열한 것은?

원시 프로그램은 (   )에 의해 컴퓨터가 처리할 수 있는 목적 프로그램으로 바꾸고, 목적 프로그램은 (   )에 의해 실행 가능한 코드로 바뀌며 (   )에 의해 메모리에 적재하여 실행 가능하도록 해준다.

① 인터프리터, 로더, 링커
② 인터프리터, 링커, 로더
③ 컴파일러, 링커, 로더
④ 컴파일러, 로더, 링커

프로그램의 실행은 '원시 프로그램 → 컴파일러 → 목적 프로그램 → 링커 → 로드모듈 → 로더 → 실행'으로 진행된다.

오답 피하기
인터프리터는 목적 프로그램을 생성하지 않는다.

57 다음에서 설명하는 정보 보안 서비스는?

- 권한이 없는 방식으로 변경하거나 파괴되지 않는 데이터의 특성
- 정보의 내용이 전송 중에 수정되지 않고 전달되는 것을 의미하는 보안기능

① 기밀성
② 무결성
③ 부인방지
④ 가용성

오답 피하기
• 기밀성 : 시스템 내의 정보와 자원은 인가된 사용자에게만 접근을 허용, 제3자가 읽지 못하도록 비밀성을 유지
• 부인 방지 : 데이터 송 · 수신한 자가 송 · 수신한 사실을 부인할 수 없도록 증거 제공
• 가용성 : 인가된 사용자는 언제라도 사용 가능

58 다음의 멀티미디어 콘텐츠 제작 도구 중 나머지와 다른 것은?

① 프리미어
② 포토샵
③ 일러스트레이터
④ 코렐드로우

프리미어는 어도비사에서 개발한 동영상 편집 프로그램이고 나머지는 그래픽이나 이미지 제작 프로그램이다.

59 다음 중 웹 프로그래밍 언어에 대한 설명으로 알맞은 것은?

① 펄(Perl) : 문자 처리가 강력하고 이식성이 좋으며 주로 유닉스계의 운영 체계(OS)로 사용되고 있는 프로그램 언어이다.

② SGML : 하이퍼텍스트 생성 언어(HTML) 기능을 확장할 목적으로 월드 와이드 웹 컨소시엄(WWW Consorsium)에서 표준화한 페이지 기술 언어이다.

③ ODA : 대화식 단말기에서 교육 및 연구 목적으로 이용하는 연산을 간략하게 표현할 수 있도록 개발한 프로그래밍 언어이다.

④ APL : 문자나 도형, 화상 등이 섞여 있는 멀티미디어 문서를 이종(異種) 시스템 간에 상호 교환하기 위한 문서 구조와 인터페이스 언어이다.

> **오답 피하기**
> • SGML : 전자문서가 어떠한 시스템 환경에서도 정보의 손실 없이 전송, 저장, 자동처리가 가능하도록 국제표준화기구(ISO)에서 정한 문서처리 표준
> • ODA : 문자나 도형, 화상 등이 섞여 있는 멀티미디어 문서를 이종(異種) 시스템 간에 상호 교환하기 위한 문서 구조와 인터페이스
> • APL : 1962년 IBM의 K.E. Iverson에 의해서 발표된 회화형 프로그래밍 언어. 연산의 중심이 벡터나 배열의 취급이며, 소프트웨어뿐만 아니라 하드웨어의 기능도 기술 가능

60 다음 중 모바일 기기의 기능에서 테더링(Tethering)에 관한 설명으로 옳은 것은?

① 기기에 내장된 카메라를 이용해 실제 사물이나 환경에 부가 정보를 표시하는 기술이다.

② 인터넷에 연결된 기기를 활용해 다른 기기에서 인터넷 접속을 가능하도록 하는 기술이다.

③ 인공위성 위치정보 신호를 수신하는 기술이다.

④ 근거리에서 데이터의 무선 통신을 가능하도록 해주는 기술이다.

> 테더링으로 노트북과 같은 IT 기기를 휴대폰에 연결하여 무선 인터넷을 사용할 수 있다.
>
> **오답 피하기**
> • 증강현실 : 기기에 내장된 카메라를 이용해 실제 사물이나 환경에 부가 정보를 표시하는 기술
> • GPS : 인공위성 위치정보 신호를 수신하는 기술
> • 블루투스 : 근거리에서 데이터의 무선 통신을 가능하도록 해주는 기술

SELF CHECK | 제한시간 60분 | 소요시간 　 분 | 전체 문항 수 60문항 | 맞힌 문항 수 　 문항

1과목 　 워드프로세싱 용어 및 기능

상중**하**

01 다음 중 워드프로세서의 기능을 수행하는 장치에 대한 설명으로 옳지 않은 것은?

① 입력 장치에는 스캐너, 마우스, 바코드 판독기 등이 있다.
② 표시 장치에는 LCD, LED, PDP 등이 있다.
③ 저장 장치에는 하드 디스크, 디지타이저, 터치 패드 등이 있다.
④ 출력 장치에는 플로터, 프린터, COM 등이 있다.

> 저장 장치에는 하드 디스크, USB, CD-W 등이 있고, 디지타이저, 터치 패드는 입력 장치이다.

상중**하**

02 다음 중 워드프로세서 용어의 연결이 옳은 것은?

① 소프트카피 : 화면의 내용을 프린터로 인쇄하는 것
② 디폴트 : 전반적인 규정이나 서식 설정, 메뉴 등 이미 가지고 있는 값
③ 옵션 : 문서 작성에서 본문의 표제, 그림, 표 등을 페이지의 적당한 위치에 균형 있게 배치하는 기능
④ 홈베이스 : 명령이나 기능을 수행하는 데 있어 추가 요소나 선택 항목

> **오답 피하기**
> • 소프트 카피 : 화면을 통해 결과물을 표시하는 기능
> • 레이아웃 : 문서 작성에서 본문의 표제, 그림, 표 등을 페이지의 적당한 위치에 균형 있게 배치하는 기능
> • 옵션 : 명령이나 기능을 수행할 때 선택할 수 있는 항목을 모두 보여주는 것
> • 홈베이스 : 특정 영역을 기억해 둔 다음 특정 키로 바로 이동

상중**하**

03 다음 중 워드프로세서 화면의 상태 표시줄에 없는 것은?

① 파일의 저장 폴더
② 현재 커서의 열 위치
③ 삽입과 수정 상태
④ 전체 페이지 수와 현재 페이지

> 저장 폴더는 워드프로세서 화면의 위에 있는 제목 표시줄에 표시된다.

상중**하**

04 다음 중 워드프로세서의 인쇄 기능에 대한 설명으로 옳지 않은 것은?

① 인쇄 전 미리보기 기능을 이용하여 여백 보기 등을 통해 문서의 윤곽을 미리 확인할 수 있다.
② 모아 찍기 기능을 이용하여 문서 한 장에 여러 페이지를 인쇄할 수 있다.
③ 그림 워터마크와 글씨 워터마크를 설정하여 인쇄할 수 있다.
④ 파일로 인쇄하면 종이로 인쇄한 후 확장자가 .hwp 또는 .doc인 파일로 저장된다.

> 파일로 인쇄하면 프린터 파일(*.prn) 형식으로 저장되고 종이로 인쇄되지 않는다.

상**중**하

05 다음의 글꼴 방식은 무엇인가?

> – 아웃라인 방식
> – 외곽선 정보를 사용하여 높은 압축률을 통해 파일의 용량을 줄인 글꼴
> – 통신을 이용한 폰트의 송수신이 용이

① 비트맵
② 트루타입
③ 오픈타입
④ 포스트스크립트

> **오답 피하기**
> • 비트맵 : 점으로 글꼴을 표현한 방식으로 확대하면 계단 현상 발생
> • 트루타입 : Windows에서 기본적으로 제공되는 글꼴로 위지윅 기능을 제공
> • 포스트스크립트 : 글자의 외곽선 정보를 그래픽 소프트웨어에 제공하며 그래픽과 텍스트를 종이, 필름, 모니터 등에 인쇄하기 위한 페이지 설명 언어

상중**하**

06 다음 중 워드프로세서의 검색 기능에 대한 설명으로 옳지 않은 것은?

① 한글, 영문, 특수문자의 검색이 가능하다.
② 문서의 아래 방향으로만 검색할 수 있다.
③ 문서의 내용을 변경하지는 않는다.
④ 표 안의 내용을 검색할 뿐만 아니라 대·소문자의 구별하여 검색이 가능하다.

> 문서의 찾을 방향은 위쪽, 아래쪽, 문서 전체에 대해 검색할 수 있다.

(상)(중)(하)

07 다음 중 워드프로세서에서 금칙 처리를 가장 잘 표현한 것은?

① 키보드상에 없는 특수문자를 이용해 입력하는 기능이다.
② 자료의 변화를 한눈에 알아보기 쉽게 시각화하여 표현하는 기능이다.
③ 문서에서 행의 처음이나 마지막에 올 수 없는 문자나 기호를 말한다.
④ 자주 사용하는 한자 단어를 한자 단어 사전에 등록하여 사용하는 것이다.

> **오답 피하기**
> • ① : 특수문자 입력
> • ② : 차트 만들기 기능
> • ④ : 한자 단어 사전에 등록

(상)(중)(하)

08 다음 중 전자결재시스템에 관한 설명으로 옳지 않은 것은?

① 문서 양식을 단순화하여 업무 효율성을 높일 수 있다.
② 문서 작성과 유통의 표준화로 업무 생산성을 향상시킬 수 있다.
③ 실명제로 인한 사무 처리의 신중성을 제고시켜 준다.
④ 전자결재가 끝난 문서는 출력하여 따로 편철한다.

> 전자결재가 끝난 문서는 별도로 출력을 하지 않아도 된다.

(상)(중)(하)

09 다음에서 설명하는 파일 형식은?

> 온라인으로 글꼴이나 그림의 편집 상태의 레이아웃을 유지하면서 문서 형태 그대로 주고받으며 디자인을 개발하거나, 각종 인쇄물을 전달하기 어려운 상황에서 온라인으로 인쇄 품질을 떨어뜨리지 않고 문서를 전달할 때 주로 사용한다.

① XML
② PDF
③ JPG
④ HTML

> PDF는 레이아웃을 유지하면서 표시하기 좋은 전자문서의 문서 형식이다.
>
> **오답 피하기**
> • XML : 동일한 데이터를 서로 다른 형식으로 저장하는 두 시스템 사이에서 데이터 전송 등의 기능을 하는 다목적 마크업 언어
> • JPG : 그림 파일 형식
> • HTML : 웹 문서 파일 형식

(상)(중)(하)

10 다음 중 워드프로세서의 조판 기능에 대한 설명으로 옳은 것은?

① 두문은 각 페이지의 아래쪽에 고정적으로 들어가는 글을 입력한다.
② 미문은 페이지 번호, 장 제목 등 각 페이지의 위쪽에 홀수쪽, 짝수쪽으로 나누어 들어간다.
③ 각주는 문서의 설명으로 해당 페이지의 하단에 표기하는 것으로 본문의 크기와 상관없다.
④ 미주는 문서의 보충 설명을 문서의 맨 마지막에 한꺼번에 표기한다.

> **오답 피하기**
> • 두문(머리말) : 각 페이지의 위쪽에 고정적으로 들어가는 글
> • 미문(꼬리말) : 각 페이지의 아래쪽에 들어가는 글
> • 각주 : 문서의 보충 설명으로 해당 페이지의 하단에 표기하는 것으로 각주가 많아지면 본문의 길이가 짧아질 수 있음

(상)(중)(하)

11 다음 중 문서의 분량이 감소할 가능성이 있는 교정부호들로 올바르게 나열된 것은?

① ⌐, ✍, ⌐_
② ⌒, >, ✧
③ ✍, ⌒_, ⌒
④ ⌐, √, ⌒_

> ✍(삭제), ⌒_(줄 잇기), ⌒(붙이기)
>
> **오답 피하기**
> • ① : ⌐(내어쓰기), ✍(삭제하기), ⌐_(줄 바꾸기)
> • ② : ⌒(자리 바꾸기), >(줄 삽입), ✧(원래대로 두기)
> • ④ : ⌐(들여쓰기), √(사이 띄우기), ⌒_(줄 잇기)

(상)(중)(하)

12 다음 중 서로 상반되는 의미를 가진 교정부호로 짝지어진 것은?

① √, ✍
② ⌣, ✧
③ ⌐_, ⌒_
④ ⌐, ⌐

> ③의 줄 바꾸기, 줄 잇기는 서로 상반되는 교정부호이다.
>
> **오답 피하기**
> • ① : 사이 띄우기, 삭제하기
> • ② : 삽입, 되살리기
> • ④ : 끌어 올리기, 내어쓰기

13 다음 중 주제별 분류법에 대해 가장 잘 설명한 것은?

① 같은 내용의 문서를 한곳에 모아 두어 무한하게 확장이 가능하다.
② 동일한 개인 혹은 회사에 관한 문서가 한 곳에 집중되어 관리한다.
③ 거래처의 지역이나 범위에 따라 분류한다.
④ 문서량이 일정량 모이면 개별 폴더에 넣어 숫자를 지정하여 정리한다.

오답 피하기
• ② : 거래처별 분류법
• ③ : 지역별 분류법
• ④ : 번호식 분류법

14 다음 중 전자출판에 대한 설명으로 옳지 않은 것은?

① 위지윅(WYSIWYG) 방식으로 편집할 수 있다.
② 다양한 글꼴과 미리보기를 지원한다.
③ 전자출판 자료는 다른 개체와 혼합하여 편집할 수 없다.
④ 수식, 표, 그리기 기능을 사용하고 하이퍼링크 기술로 다양한 정보가 습득된다.

전자출판 자료를 다른 개체와 연결 또는 포함하여 편집(OLE)할 수 있다.

오답 피하기
위지윅(WYSIWYG)은 화면에 표현된 그대로 출력 결과를 얻을 수 있다는 의미이다.

15 다음 중 전자결재시스템에 대한 설명으로 옳지 않은 것은?

① 결재에 필요한 시간을 줄여준다.
② 문서정리 및 관리에 효율성을 증대시킨다.
③ 업무흐름도에 따라 결재 파일을 결재 경로에 따라 자동으로 넘겨준다.
④ 문서를 재가공해서 사용하는 것이 불가능하다.

전자문서이므로 재가공하여 사용하는 것이 가능하다.

16 다음 중 맞춤법 검사(Spelling Check)에 대한 설명으로 올바른 것은?

① 수식과 화학식도 맞춤법 검사를 할 수 있다.
② 자주 틀리는 단어는 자동으로 수정되도록 지정할 수 있다.
③ 문서의 특정 부분만 검사할 수는 없다.
④ 맞춤법 외에 문법적인 오류는 고칠 수 없다.

맞춤법 검사 기능으로 수식이나 화학식의 맞춤법 검사는 할 수 없지만, 문서의 특정 부분만 범위를 지정하여 검사할 수 있고, 문법적인 오류를 수정할 수 있다.

17 다음 중 문서의 올바른 작성 방법으로 옳지 않은 것은?

① 1문서는 1기안하여 전자문서로 하는 것을 원칙으로 하고 있다.
② 서술형으로 내용을 길게 설명하고 결론은 마지막에 쓴다.
③ 추상적이고 일반적인 용어보다는 구체적이고 개별적인 용어를 사용한다.
④ 문장은 가급적 짧게 끊어서 항목별로 표현한다.

복잡한 내용은 먼저 결론을 내린 후 이유를 길게 설명하는 것이 좋다.

18 다음 중 올바른 글자 입력과 맞춤법에 대한 설명으로 옳지 않은 것은?

① 한글 자모는 24글자로 구성된다.
② 조사는 앞 글자에 이어 입력한다.
③ 단어는 기본적으로 띄어쓰기를 원칙으로 한다.
④ 외래어는 소리나는 대로 적는다.

외래어는 외래어 표기법에 맞추어 표기한다.

19 다음 중 공문서의 성립 및 효력 발생에 관한 설명으로 옳지 않은 것은?

① 공문서의 효력 발생 시기는 다른 법령에 특별한 규정이 없는 한 수신자에게 도달되는 시점이다.
② 공고 문서는 고시, 공고가 있은 후 7일이 경과한 날부터 효력이 발생한다.
③ 문서는 결재권자가 해당 문서에 서명의 방식으로 결재함으로써 성립한다.
④ 전자문서의 효력 발생 시점은 수신자의 컴퓨터에 도달하는 시점을 원칙으로 한다.

> 공고 문서는 고시 또는 공고가 있은 후, 5일이 경과한 날부터 효력이 발생한다.
>
> **오답 피하기**
> 일반 문서는 수신자에게 도달된 때, 전자문서는 수신자의 컴퓨터에 파일로 기록된 때 효력이 발생한다.

20 다음 중 행정업무의 효율적 운영 방법으로 옳지 않은 것은?

① 문서의 결재 시 결재권자의 서명란에는 서명 날짜를 함께 표시한다.
② 둘 이상의 행정기관장의 결재가 필요한 문서는 각각의 행정기관 모두가 기안하여야 한다.
③ 위임전결하는 경우에는 전결하는 사람의 서명란에 '전결' 표시를 한 후 서명하여야 한다.
④ 결재할 수 있는 사람이 휴가, 출장, 그 밖의 사유로 결재할 수 없을 때에는 그 직무를 대리하는 사람이 대결할 수 있다.

> 각각의 행정기관 모두가 기안하는 것이 아니라, 문서 처리를 주관하는 곳에서만 기안하면 된다.

21 다음 중 한글 Windows 10에서 안전 모드로 부팅하는 방법으로 옳은 것은?

① [시작]–[전원]–[다시 시작]을 누를 때 [Shift]와 함께 선택한다.
② 컴퓨터의 전원을 켜고 [F8]키를 눌러 [안전 모드]를 선택한다.
③ 시스템 구성 창에서 [시작프로그램]에서 [안전 모드]를 선택한다.
④ [시작]–[실행]에서 '안전 모드'를 입력한다.

> 안전 모드로 부팅하는 방법은 [시작]–[전원]–[다시 시작]을 누를 때 [Shift]를 함께 누르는 방법이 있다. 그 외에 [다시 시작]을 눌러 나오는 메뉴의 [문제 해결]에서 [고급 옵션]–[시작 설정]에서 안전 모드로 부팅하거나, [시스템 구성] 창의 [부팅]–[안전 모드]를 선택할 수 있다.

22 다음 중 한글 Windows 10의 [폴더 옵션] 창에서 설정할 수 있는 작업으로 옳지 않은 것은?

① 키보드의 단축키로 폴더를 열기
② 모든 폴더에 자세히 등 현재 보기를 적용하기
③ 마우스를 한 번 클릭해서 폴더를 열기
④ 폴더를 찾아볼 때 새 창에서 폴더를 열기

> **오답 피하기**
> [폴더 옵션] 창은 [일반], [보기], [검색] 탭으로 구성되어 있으며 ②는 보기 탭에서 설정할 수 있고, ③, ④는 일반 탭에서 설정할 수 있는 작업이다.

23 다음 중 한글 Windows 10에서 마우스의 끌어놓기(Drag &Drop) 기능을 통해 할 수 있는 작업으로 옳지 않은 것은?

① 파일이나 폴더를 다른 폴더로 이동하거나 복사할 수 있다.
② 폴더 창의 크기를 조절하거나 이동을 할 수 있다.
③ 선택된 파일이나 폴더의 이름 바꾸기를 할 수 있다.
④ 파일이나 폴더의 바로 가기 아이콘을 만들 때 사용할 수 있다.

> 파일이나 폴더의 이름 바꾸기를 하려면 [F2]키 또는 마우스로 클릭 후 다시 한 번 클릭하여 변경할 이름을 입력해야 한다.

24 다음 중 한글 Windows 10의 에어로 스냅(Aero Snap)에 대한 설명으로 옳은 것은?

① 작업 표시줄 끝에 마우스 포인터를 위치하면 바탕 화면 미리 보기가 된다.
② 현재 창을 제외하고 모든 창을 최소화한다.
③ 창을 흔들어 모든 창을 이전 크기로 표시한다.
④ 창을 화면의 가장자리로 드래그하면 위치에 따라 자동으로 크기가 변경되어 분할된다.

오답 피하기

①은 에어로 피크(Aero Peek)에 대한 설명이고, ②, ③은 에어로 셰이크 (Aero Shake)에 대한 설명이다.

25 다음은 한글 Windows 10의 무엇에 대한 설명인가?

– 하드 디스크의 타입, 주변 기기 장착 상태 등을 보여 주는 반도체 메모리
– 마이크로프로세서나 SRAM 등의 집적 회로를 구성하는 데 사용
– 부팅의 우선순위 부여

① BIOS　　　　　② CMOS
③ POST　　　　　④ MBR

오답 피하기

• ROM BIOS(Basic Input Output System) : 롬에 저장되어 있고 부팅에 필요한 가장 기본적인 프로그램을 메모리, 디스크, 모니터와 같은 주변 기기 사이의 정보 전송을 관장
• POST(Power On Self Test) : ROM BIOS가 실행되는 과정으로 문제가 발생하면 부팅을 중단
• MBR(Master Boot Record) : 하드 디스크의 파티션 정보를 저장하는 첫 번째 섹터

26 다음 중 한글 Windows 10에서 [설정]–[업데이트 및 보안]에 대한 설명으로 옳지 않은 것은?

① [복구]는 USB 드라이브 또는 디스크에 있는 파일을 불러와 하드 디스크를 복구한다.
② [Windows 업데이트]는 다음 버전의 Windows 새로운 기능과 보안 개선 사항을 업데이트한다.
③ [백업]은 원본이 손실, 또는 손상 또는 삭제된 경우를 대비해서 다른 드라이브에 파일을 백업한다.
④ [Windows 보안]은 바이러스 및 위협 방지, 장치 보안 및 상태를 보고 관리한다.

[복구]는 PC가 제대로 실행되지 않는 경우 초기화하도록 하는 기능으로, 개인 파일을 유지하거나 제거하도록 선택할 수 있으며 Windows를 다시 설치해야 한다.

27 다음 중 한글 Windows 10의 [디스크 조각 모음 및 최적화]에 관한 설명으로 옳지 않은 것은?

① 디스크의 접근 속도 향상뿐만 아니라 디스크 용량 증가를 위하여 사용한다.
② Windows가 지원하지 않는 형식의 압축 파일이나 네트워크 드라이브는 수행할 수 없다.
③ 디스크 조각 모음 일정 구성을 통하여 예약 실행을 할 수 있다.
④ 디스크에 조각 모음이 필요한지 확인하려면 먼저 디스크를 분석해야 한다.

[디스크 조각 모음 및 최적화]는 디스크의 접근 속도를 향상하는 것은 가능하나, 용량 증가는 하지 못한다. 디스크의 용량을 증가시키는 것은 디스크 정리이다.

28 다음 중 한글 Windows 10에서 휴지통에 대한 설명으로 옳지 않은 것은?

① 휴지통 아이콘은 바로 가기 만들기, 이름 바꾸기를 할 수 있다.
② 휴지통 아이콘을 작업 표시줄에 고정할 수 있다.
③ 파일을 휴지통에 버리지 않고 삭제할 때 바로 제거를 선택할 수 있다.
④ 휴지통 비우기를 하면 복원할 수 없다.

휴지통 아이콘의 바로 가기 메뉴에서 시작 화면에 고정하거나 제거할 수 있으나 작업 표시줄에 고정할 수는 없다.

29 다음 중 한글 Windows 10의 캡처 도구에 대한 설명으로 옳지 않은 것은?

① 내 PC의 전체 화면이나 특정 부분을 그림 형식으로 캡처하여 저장한다.
② 저장 파일 형식에는 PNG, JPG, GIF, HTML의 형식으로 저장한다.
③ 캡처 모드는 자유형, 사각형, 창, 전체 화면 캡처 중에서 선택한다.
④ 캡처된 화면의 글자나 그림을 수정하거나 지우기할 수 있다.

캡처된 화면에 펜이나 형광펜으로 쓰거나 삭제할 수 있으나 캡처된 화면 자체를 수정하는 기능은 없다.

30 다음 중 한글 Windows 10의 잠금 화면에 대한 설명으로 옳지 않은 것은?

① Windows 추천, 사진, 슬라이드 쇼, 사용자 사진으로 잠금 화면을 설정한다.

② 화면 시간 제한 설정을 하여 화면이나 전원 사용 시 지정 시간이 경과하면 끄기를 설정한다.

③ 화면 보호기 설정은 일정한 시간이 지나면 자동으로 화면에 움직이는 그림 등을 표시하여 화면을 보호한다.

④ 화면 보호기에 별도로 암호를 설정할 수 없고 시스템을 재시작할 수 있다.

> 한글 Windows 10은 화면 보호기 설정에서 [다시 시작할 때 로그온 화면 표시]를 선택하면 보호기 실행 중 컴퓨터를 다시 시작할 때 사용자 계정에서 설정한 암호를 입력해야 한다.

---

31 다음 중 한글 Windows 10에서 Bluetooth를 연결할 수 없을 때 조치로 옳지 않은 것은?

① Bluetooth가 하드웨어에 장착이 되어 있는지를 확인한다.

② Bluetooth 장치 드라이버가 설치되어 있는지를 확인한다.

③ [시작]-[설정]-[업데이트 및 보안]의 [문제 해결]-[추가 문제 해결사]에서 Bluetooth 장치 문제 찾기를 한다.

④ Bluetooth 장치 관리자에서 Windows 업데이트를 한다.

> Windows 업데이트는 [시작]-[설정]-[업데이트 및 보안]-[Windows 업데이트]에서 선택하며 Windows의 새로운 기능과 보안 개선 사항에 대한 업데이트가 진행된다.

---

32 다음 중 한글 Windows 10의 [관리 도구]에 대한 설명으로 옳지 않은 것은?

① 구성 요소 서비스

② 이벤트 뷰어

③ 성능 모니터

④ 장치 관리

> 장치 관리는 제어판의 [장치 관리자]에서 설정한다.
>
> **오답 피하기**
> 관리 도구는 Windows 관리를 위한 도구로 시스템 구성 및 정보 고급 사용자용 도구가 포함되어 있다. 관리 도구 항목에는 구성 요소 서비스, 이벤트 뷰어, 컴퓨터 관리, ODBC 데이터 원본(64비트), 성능 모니터, 서비스로 구성되어 있다.

---

33 다음 중 한글 Windows 10에서 파일이나 폴더의 속성 창 기능으로 옳지 않은 것은?

① 그룹 또는 사용자 이름의 사용 권한을 설정할 수 있다.

② 폴더의 종류, 위치와 크기, 디스크 할당 크기를 확인할 수 있다.

③ 폴더를 만든 날짜, 수정한 날짜, 액세스한 날짜를 확인할 수 있다.

④ 폴더의 네트워크 파일 및 폴더의 공유를 설정할 수 있다.

> 파일은 만든 날짜, 수정한 날짜, 엑세스한 날짜를 확인할 수 있지만, 폴더는 만든 날짜만 확인 가능하다.

---

34 다음 중 한글 Windows 10의 [업데이트 및 보안] 창에서 설정할 수 있는 내용으로 옳지 않은 것은?

① Windows에서 컴퓨터의 중요한 최신 업데이트를 정기적으로 확인하여 자동으로 설치할 수 있다.

② 네트워크나 다른 컴퓨터에 액세스할 때 사용하는 여러 사용자 이름 및 암호를 저장된 사용자 이름 및 암호에 저장할 수 있다.

③ 바이러스와 기타 보안 위험으로부터 컴퓨터를 보호할 수 있다.

④ 권한이 없는 사용자가 네트워크나 인터넷을 통해 액세스하지 못하도록 막아 컴퓨터를 보호해 준다.

> ②는 사용자 계정에 대한 설명이다.

---

35 다음 중 한글 Windows 10에서 [작업 관리자] 창에 대한 설명으로 옳지 않은 것은?

① 바탕 화면의 빈 영역에서 바로 가기 메뉴의 [작업 관리자]를 클릭하면 작업 관리자 창을 열 수 있다.

② 현재 컴퓨터에서 실행되고 있는 프로세스의 개수를 알 수 있다.

③ 현재 실행되고 있는 앱을 종료시킬 수 있다.

④ CPU, 메모리, 디스크 등의 사용률을 확인할 수 있다.

> 바탕 화면이 아니라 작업 표시줄의 빈 영역의 바로 가기 메뉴에서 [작업 관리자]를 선택한다.

36 다음 중 한글 Windows 10에서 네트워크에 이상이 있어 발생하는 문제라고 볼 수 없는 것은?

① 네트워크에 로그온할 수 없는 경우
② 네트워크를 통해 다른 컴퓨터와 연결되지 않는 경우
③ 다른 컴퓨터에 연결된 프린터를 공유할 수 없는 경우
④ 현재 실행 중인 이미지 뷰어 프로그램이 응답하지 않는 경우

> 이미지 뷰어 프로그램은 이미지 파일을 열어볼 때 사용하는 프로그램으로 뷰어 프로그램을 실행하는 것은 네트워크 연결과 무관하게 실행할 수 있다.

37 다음 중 한글 Windows 10에서 [시스템 구성] 창을 화면에 표시하려고 한다. 시작 버튼을 누른 후 검색 창에서 입력해야 할 명령어로 옳은 것은?

① ping
② finger
③ msconfig
④ ipconfig

> msconfig는 [시스템 구성] 창으로 시작 모드, 부팅 옵션, 서비스 상태 등을 표시하는 명령어이다.
>
> **오답 피하기**
> • ping : 입력한 IP주소가 네트워크에 잘 연결되어 있는지 확인하는 명령어
> • finger : 지정된 시스템의 사용자에 대한 정보를 표시
> • ipconfig : 컴퓨터의 인터넷 연결에 관한 정보를 확인

38 다음 중 한글 Windows 10의 [이더넷] 속성 창에서 설정할 수 없는 기능은?

① Windows Defender 방화벽
② Microsoft Networks용 클라이언트
③ 인터넷 프로토콜 버전 4(TCP/IPv4)
④ Microsoft 네트워크용 파일 및 프린터 공유

> Windows Defender 방화벽은 [설정]–[업데이트 및 보안]–[Windows 보안]이나 [제어판]의 [Windows Defender 방화벽]에서 설정한다.

39 다음 중 한글 Windows 10에서 Microsoft Edge에 대한 설명으로 옳지 않은 것은?

① Microsoft Edge를 사용할 수 있는 장치는 Windows 및 macOS이고 Android, iOS는 사용할 수 없다.
② InPrivate를 검색할 때 항상 원격 추적 방지 사용을 한다.
③ 브라우징을 닫을 때 검색 데이터를 지우기할 항목을 선택한다.
④ 시작 홈 단추를 열 때 '새 탭 페이지 열기'할 것인지, '이전 세션의 탭 열기'할 것인지를 설정한다.

> Microsoft Edge를 사용할 수 있는 장치는 Android, iOS, Windows 및 macOS이다.

40 다음 중 IPv6에 대한 설명으로 옳지 않은 것은?

① IPv6는 128비트로 구성되었고 16진수 8자리가 도트(.)로 구분된다.
② IPv4와 호환성이 뛰어나다.
③ 실시간 흐름제어로 향상된 멀티미디어 기능을 제공한다.
④ 인증성, 기밀성, 데이터 무결성의 지원으로 보안 문제를 해결할 수 있다.

> IPv6는 128비트로 16진수 8자리로 콜론(:)으로 구분한다.

41 다음 중 컴퓨터에 대한 설명으로 옳지 않은 것은?

① 마이크로 컴퓨터는 크기가 작은 개인용 컴퓨터로 데스크톱, 랩탑, 노트북, 워크스테이션 등이 있다.
② 미니 컴퓨터는 마이크로 컴퓨터보다 처리 용량과 속도가 느리고 크기가 작은 서버용으로 사용한다.
③ 메인 프레임 컴퓨터는 여러 사람이 동시에 이용할 수 있으며 은행, 병원, 정부 기관 등 업무량이 많은 곳에서 사용한다.
④ 슈퍼 컴퓨터는 초고속 처리와 정밀 계산이 필요한 분야에서 사용하고 50페타플롭스(PF) 정도의 연산 처리 속도로 처리한다.

> 컴퓨터 규모에 의한 분류로는 마이크로 컴퓨터 → 미니 컴퓨터(중형) → 메인 프레임 컴퓨터(대형) → 슈퍼 컴퓨터 순서이므로 미니 컴퓨터가 마이크로 컴퓨터보다 크다. 처리 용량과 속도도 미니 컴퓨터가 마이크로 컴퓨터보다 빠르다.

42 다음 중 중앙 처리 장치(CPU)에 대한 설명으로 옳지 않은 것은?

① 중앙 처리 장치는 레지스터, 제어 장치, 연산 장치로 구성되어 있다.
② 컴퓨터 시스템 전체를 제어하는 장치로 다양한 입력 장치로부터 자료를 받아서 처리한 후 그 결과를 출력 장치로 보내는 일련의 과정을 제어하고 조정하는 일을 수행한다.
③ 연산 장치는 각종 덧셈을 수행하고 결과를 저장하는 상태 레지스터와 산술 연산과 논리 연산의 결과를 일시적으로 저장하는 기억 레지스터 등 여러 개의 레지스터로 구성되어 있다.
④ 소프트웨어 명령의 실행이 이루어지는 컴퓨터의 부분, 혹은 그 기능을 내장한 칩을 말하며 기계어로 쓰인 컴퓨터 프로그램의 명령어를 해석하여 실행한다.

> 산술 연산 및 논리 연산을 일시적으로 기억하는 것은 누산기(ACC)이다.

43 다음 중 디지털 회선의 중간에 위치하는 것으로 단순히 신호 증폭뿐만 아니라 네트워크 분할을 통해 트래픽을 감소시키며, 물리적으로 다른 네트워크를 연결할 때 사용하는 장비는 어느 것인가?

① 허브(Hub)
② 리피터(Repeater)
③ 브리지(Bridge)
④ 라우터(Router)

> **오답 피하기**
> • 허브(Hub) : 비교적 가까운 거리의 여러 대의 컴퓨터를 연결하는 장치
> • 리피터(Repeater) : 거리가 멀어질수록 감소하는 디지털 신호를 장거리 전송하기 위해 수신한 신호를 증폭하여 전송하는 장치
> • 라우터(Router) : 가장 최적의 경로를 설정하여 전송하고, 데이터의 흐름을 제어

44 다음에서 설명하는 시스템은?

> 한쪽의 CPU가 가동 중일 때 다른 CPU가 대기하며 가동 중인 CPU가 고장나면 대기 중인 다른 CPU가 가동되는 시스템

① 시분할 처리 시스템
② 실시간 처리 시스템
③ 듀플렉스 시스템
④ 분산 처리 시스템

> **오답 피하기**
> • 시분할 처리 시스템 : 속도가 빠른 CPU의 처리 시간을 분할하여 여러 개의 작업을 연속으로 처리하는 방식
> • 실시간 처리 시스템 : 자료가 들어오는 즉시 처리하는 방식
> • 분산 처리 시스템 : 네트워크로 연결된 컴퓨터에 의해 작업과 자원을 분산하여 처리하는 방식

45 다음 중 펌웨어(Firmware)에 대한 설명으로 옳지 않은 것은?

① 하드웨어 장치에 포함된 소프트웨어이다.
② 펌웨어는 ROM에 저장되어 있어 사용자가 직접 업그레이드할 수 없다.
③ 하드웨어 제어와 구동을 담당한다.
④ 펌웨어는 컴퓨터를 최신의 상태로 유지하기 위해 사용한다.

> 펌웨어는 주로 ROM에 저장되며, 최근에는 읽기, 쓰기가 가능한 플래시 롬에 저장되기 때문에 내용을 쉽게 변경, 추가, 삭제할 수 있다.

상중하

46 다음 중 아래의 설명에 해당하는 용어는?

> – 인터넷상에서 음성이나 동영상 등을 실시간으로 재생하는 기술이다.
> – 전송되는 데이터를 마치 끊임없고 지속적인 물의 흐름처럼 처리할 수 있는 기술을 의미한다.

① 스트리밍(Streaming)
② 샘플링(Sampling)
③ 로딩(Loading)
④ 시퀀싱(Sequencing)

 오답 피하기
- 샘플링(Sampling) : 아날로그 파형을 디지털 파형으로 변환하기 위해 표본화를 하는 작업
- 로딩(Loading) : 필요한 데이터를 보조 기억 장치에서 주기억 장치로 옮기는 일
- 시퀀싱(Sequencing) : 입력된 데이터를 순차적으로 실행하는 것

상중하

47 다음 중 모니터 관련 용어에 대한 설명으로 옳은 것은?

① 해상도 : 모니터 화면을 구성하는 가장 작은 단위
② 주파수 대역폭 : 모니터 등의 출력 장치가 내용을 얼마나 선명하게 표현할 수 있느냐를 나타내는 단위
③ 픽셀 : 모니터가 처리할 수 있는 주파수의 폭
④ 화면 주사율 : 모니터가 가진 수직 주파수로, 1초에 화면이 깜빡이는 정도

- 해상도 : 모니터 등의 출력 장치가 내용을 얼마나 선명하게 표현할 수 있느냐를 나타내는 단위
- 주파수 대역폭 : 신호 전류에 포함된 성분 주파수의 최댓값에서 최솟값을 뺀 수
- 픽셀 : 모니터 화면에 나타나는 각각의 점으로 화면을 구성하는 단위

상중하

48 다음 중 액세스 타임이 빠른 것부터 느린 것 순서로 옳게 나열한 것은?

① CPU 내부 레지스터 → 캐시 메모리 → 주기억 장치 → HDD(하드 디스크) → FDD(플로피디스크)
② 캐시 메모리 → CPU 내부 레지스터 → 주기억 장치 → FDD(플로피디스크) → HDD(하드 디스크)
③ 캐시 메모리 → CPU 내부 레지스터 → 주기억 장치 → HDD(하드 디스크) → FDD(플로피디스크)
④ 주기억 장치 → 캐시 메모리 → CPU 내부 레지스터 → FDD(플로피디스크) → HDD(하드 디스크)

레지스터는 CPU가 데이터를 처리하는 동안 사용한 값이나 연산의 중간 결과를 일시적으로 저장해 두기 위한 CPU 내의 고속 저장 장치이다. 액세스 속도가 빠른 순에서 느린 순으로 정리하면, CPU 내부 레지스터 → 캐시 메모리 → 주기억 장치 → HDD(하드 디스크) → FDD(플로피디스크) 순서이다.

상중하

49 다음 중 바이러스에 대한 설명으로 옳지 않은 것은?

① 바이러스는 실행 파일에 감염되고 일반 파일에는 감염되지 않는다.
② 백신을 RAM에 상주시켜 바이러스 감염을 예방할 수 있다.
③ 시스템 파일이 손상되어 부팅이 정상적으로 수행되지 않을 수 있다.
④ 특정한 날짜가 되면 컴퓨터 화면에 이상한 메시지가 표시될 수 있다.

실행 파일뿐만 아니라 일반 파일에도 바이러스는 감염될 수 있다.

상중하

50 다음 중 운영체제의 구성에서 제어 프로그램에 속하지 않는 것은?

① 감시 프로그램(Supervisor Program)
② 서비스 프로그램(Service Program)
③ 데이터 관리 프로그램(Data Management Program)
④ 작업 관리 프로그램(Job Management Program)

서비스 프로그램은 처리 프로그램에 속한다. 운영체제는 제어 프로그램과 처리 프로그램으로 구성된다. 제어 프로그램에는 감시 프로그램, 작업 관리 프로그램, 데이터 관리 프로그램이 있고, 처리 프로그램에는 언어번역, 서비스, 문제처리 프로그램이 속한다.

상중하

51 다음 중 전자우편을 사용할 때 지켜야 하는 예절에 대한 설명으로 가장 옳은 것은?

① 간결한 문서 작성을 위하여 약어를 사용할 수 있지만, 너무 많은 약어는 사용하지 않는다.
② 정확한 송 · 수신을 위하여 여러 번 발송한다.
③ 전자우편을 보낼 때는 용량에 무관하므로 가급적 해상도 높은 사진, 동영상들을 제공하고, 제목만 보고도 중요도와 내용을 알 수 있도록 작성한다.
④ 전자우편은 많은 사람이 읽어볼 수 있도록 메일링 리스트를 이용하여 가능한 많은 계정으로 보낸다.

약어를 사용하여 간결하고 짧게 표현해야 하나 너무 많은 사용은 자제해야 한다.

52 다음 중 멀티미디어 파일 포맷에 대한 설명으로 옳지 않은 것은?

① MP3는 PCM 기법에 의해 생성된 디지털 데이터를 사용하며 MPEG-3 규격의 압축 기술을 사용한다.
② ASF는 인터넷을 통해 오디오, 비디오 및 생방송 수신 등을 지원하는 통합 멀티미디어 형식이다.
③ WMF는 Windows에서 기본적으로 사용하는 벡터 그래픽 파일 형식이다.
④ DVI는 인텔사에서 개발한 동영상 압축 기술이다.

> MP3는 MPEG에서 규정한 MPEG-1에서 오디오 압축 기술만 분리한 MPEG Audio Layer3 압축 기술을 이용하여 음반 CD 수준의 음질을 유지하면서 파일 크기를 1/12 정도까지 압축할 수 있다.

53 다음 중 네트워크에서 데이터 전달의 흐름을 방해하여 가용성에 영향을 미치는 컴퓨터 시스템의 정보 보안 위협 유형으로 옳은 것은?

① 가로막기(Interruption)
② 가로채기(Interception)
③ 수정(Modification)
④ 위조(Fabrication)

> **오답 피하기**
> • 가로채기(Interception) : 송신한 데이터를 수신자까지 가는 도중에 몰래 보거나 도청하는 행위로 비밀성에 대한 위협
> • 수정(Modification) : 메시지를 원래의 데이터가 아닌 다른 내용으로 바꾸는 것으로 무결성에 대한 위협
> • 위조(Fabrication) : 사용자 인증과 관계해서 마치 다른 송신자로부터 데이터가 온 것처럼 꾸미는 것으로 무결성에 대한 위협

54 다음 중 인터럽트에 대한 설명으로 옳지 않은 것은?

① 외부 인터럽트는 입·출력 장치, 전원 등의 외부적인 요인에 의해 발생한다.
② 여러 장치에서 동시에 인터럽트가 발생할 경우 우선순위가 높은 인터럽트부터 수행한다.
③ 외부 인터럽트는 트랩이라고도 불린다.
④ 소프트웨어 인터럽트는 프로그램 처리 중 명령의 수행에 의해 발생한다.

> 인터럽트는 프로그램 실행 중 예기치 못한 일이 발생하는 것으로 외부, 내부, 소프트웨어 인터럽트가 있으며 우선순위에 따라 실행된다. 트랩은 내부 인터럽트에 속한다.

55 다음 중 ISO(국제표준화기구)가 정의한 국제표준규격 통신 프로토콜인 OSI 7계층 모델의 물리적 계층에서 발생하는 오류를 발견하고 수정하는 기능을 맡으며 링크의 확립, 유지, 단절의 수단을 제공하는 계층은?

① 네트워크 계층(Network Layer)
② 데이터 링크 계층(Data Link Layer)
③ 세션 계층(Session Layer)
④ 응용 계층(Application Layer)

> **오답 피하기**
> • 네트워크 계층 : 네트워크 접속에 필요한 데이터 교환 기능을 제공하고 관리하는 계층
> • 세션 계층 : 송수신 프로세스 간에 대화를 설정하고 그 사이의 동기를 제공하는 계층
> • 응용 계층 : 네트워크를 이용하는 응용 프로그램으로 구성되는 계층

56 다음에서 설명하는 것은?

> − 복잡하고 대용량인 멀티미디어 문서를 원활하게 교환할 수 있도록 국제표준화기구(ISO)에서 제정한 데이터 객체 양식의 표준
> − 유연성이 높고 시스템에 독립적으로 운용이 가능하나 기능이 방대하고 복잡하여 시스템 개발에 어려움이 많은 언어

① XML
② SGML
③ UML
④ HTML

> **오답 피하기**
> • XML : 기존의 HTML언어의 단점을 보완하여 사용자가 새로운 태그와 속성을 정의할 수 있는 확장성을 가짐
> • UML(통합 모델링 언어) : 객체 지향 분석/설계 모델링 언어로 신뢰성이 높은 언어
> • HTML : 인터넷 표준 문서인 하이퍼텍스트 문서를 작성하는 언어

57 다음 중 모바일 기능에 대한 연결이 옳지 않은 것은?

① 증강현실 : 위성에서 보내는 신호를 수신해 사용자의 현재 위치를 알아내는 시스템
② 근접센서 : 물체가 접근했을 때 위치를 검출하는 센서
③ DMB : 영상이나 음성을 디지털로 변환하는 기술을 이용하여 휴대용 IT 기기에서 방송하는 서비스
④ NFC : 무선태그 기술로 10cm 이내의 가까운 거리에서 기기 간의 설정 없이 다양한 무선 데이터를 주고받는 통신기술

> 위성에서 보내는 신호를 수신해 사용자의 현재 위치를 알아내는 시스템은 GPS이다. 증강현실(Augmented Reality)은 현실 세계의 배경에 3D의 가상 이미지를 중첩하여 영상으로 보여 주는 기술이다.

58 다음에서 설명하는 것은?

> – 하나의 아이디로 여러 사이트를 이용할 수 있는 시스템
> – 여러 개의 사이트를 운영하는 대기업이나 인터넷 관련 기업이 각각의 회원을 통합 관리할 필요성에 따라 개발된 방식

① SSO
② IoT
③ USN
④ RFID

오답 피하기
- IoT : 사물인터넷으로 사물에 센서를 부착하여 인터넷으로 연결되어 서로 정보를 주고받는 기술
- USN : 필요한 모든 사물에 전자태그를 부착해(Ubiquitous) 사물과 환경을 인식하고(Sensor) 네트워크(Network)를 통해 실시간 정보를 구축하여 활용하도록 하는 통신망
- RFID : 전자태그 기술로 IC칩과 무선을 통해 식품·동물·사물 등 다양한 개체의 정보를 관리할 수 있는 인식 기술

59 다음 중 스마트폰의 보안 위협에 대처하는 방법에 대한 설명으로 옳지 않은 것은?

① 와이파이(Wi-Fi)망에서 양자 간 통신 내용을 가로채는 중간자 공격을 방지하기 위해 VPN 서비스를 강화한다.
② 악성코드나 바이러스 감염으로부터 예방하고자 운영체제와 백신 프로그램을 항상 최신 버전으로 업데이트한다.
③ 악성코드 유포를 막기 위해 가급적 멀티미디어메시지(MMS)를 사용하고 블루투스 기능은 항상 켜 놓는다.
④ 분실한 기기에 지장된 개인정보를 원격으로 삭제하여 불법 사용을 방지하기 위해 킬 스위치(Kill Switch) 기능을 사용한다.

> 악성 코드 유포를 막기 위해 가급적 멀티미디어 메시지(MMS)의 사용을 자제하고, 블루투스 기능은 사용할 때 켰다가 사용 후 끄는 것이 좋다.

60 다음 중 인터넷 관련 용어의 설명으로 옳지 않은 것은?

① 데몬(Daemon)은 사용자가 직접적으로 제어하지 않고, 백그라운드에서 돌면서 주기적인 서비스 요청 등 여러 작업을 하는 프로그램을 말한다.
② 푸쉬(Push)는 인터넷에서 사용자의 요청에 의하지 않고 서버의 작용에 의해 서버상에 있는 정보를 클라이언트로 자동 배포(전송)하는 것을 말한다.
③ 미러 사이트(Mirror Site)는 인기 있는 웹 사이트의 경우 사이트의 부하를 분산하기 위해 2개 이상의 파일 서버로 똑같은 내용을 분산시켜 보유하고 있는 사이트를 말한다.
④ 핑거(Finger)란 지정한 IP 주소 통신 장비의 통신망 연결을 확인하기 위한 것으로 통신 규약으로는 인터넷 제어 메시지 프로토콜(ICMP)을 사용한다.

> ④는 핑(Ping)에 대한 설명이며, 핑거(Finger)는 특정 시스템을 사용하고 있는 사용자에 대한 정보를 알아보기 위한 명령이다.

해설과 따로 보는

상시 기출문제

CONTENTS

시험장과
동일한 환경에서
문제 풀이 서비스

CBT 온라인 문제집

① 모바일로 QR 코드를 스캔합니다.
② 해당하는 시험을 클릭합니다.
③ 실제 시험처럼 CBT 문제를 풀어보세요.
④ 로그인해서 이용하면 성적 분석도 확인할 수 있습니다.

SELF CHECK　　제한시간 60분 | 소요시간 　　분 | 전체 문항 수 60문항 | 맞힌 문항 수 　　문항

 1과목 　 워드프로세싱 용어 및 기능

---

01 다음 중 워드프로세서에 대한 설명으로 옳지 않은 것은?

① 문서 편집 기능을 가진 소프트웨어로서 '문서 작성기'라고도 한다.
② 워드프로세서는 문서를 작성하고 수정, 인쇄할 수 있는 소프트웨어이다.
③ 입력 장치, 표시 장치, 저장 장치, 출력 장치, 전송 장치로 작업을 한다.
④ PDF 등의 다른 형식으로 작성된 문서는 워드프로세서로 변환할 수 없다.

02 다음 중 워드프로세서의 입력 기능에 대한 설명으로 옳지 않은 것은?

① 삽입 상태에서 Space Bar를 누르면 글자가 뒤로 밀려난다.
② 수정 상태에서 Back Space를 누르면 앞 글자가 지워지고 공백으로 채워진다.
③ 삽입 상태에서 Insert를 누르면 수정 상태가 되어 글자를 쓰면 덮어쓰기가 된다.
④ 수정 상태에서 Delete를 누르면 커서 뒷글자가 지워지고 앞으로 당겨진다.

03 다음 중 워드프로세서의 화면 구성 요소에 대한 설명으로 옳지 않은 것은?

① 제목 표시줄에는 파일 이름과 제어상자, 창 조절 단추가 표시된다.
② 커서는 화면상의 작업 위치로 행과 열의 위치는 상태 표시줄에 표시된다.
③ 화면 확대는 실제 크기를 바꾸지 않고 화면의 크기만 확대하거나 축소하는 기능이다.
④ 주 메뉴는 문서 편집 시 필요한 기능을 표시하는 곳으로 Shift를 누른 후 메뉴 옆에 영문을 선택한다.

04 다음 중 워드프로세서 용어에 대한 설명으로 옳지 않은 것은?

① 하드 카피(Hard Copy) : 화면에 보이는 내용을 그대로 프린터에 인쇄하는 것을 말한다.
② 소프트 카피(Soft Copy) : 화면에 문서의 결과물을 표시하는 것이다.
③ 용지 넘김(Form Feed) : 프린터에서 다음 페이지의 맨 처음 위치까지 종이를 밀어 올리는 것을 말한다.
④ 프린터 드라이버(Printer Driver) : 워드프로세서의 산출된 출력값을 특정 프린터 모델이 요구하는 형태로 번역해 주는 하드웨어를 말한다.

05 다음 중 파일링에 대한 설명으로 옳지 않은 것은?

① 문서를 언제든지 쉽게 찾아볼 수 있도록 하기 위한 시스템이다.
② 불필요한 문서는 복사하여 보관한 후 폐기한다.
③ 파일링은 신속한 검색, 개방화, 시간과 공간의 절약을 목적으로 한다.
④ 문서 담당자가 개인의 서랍 속이나 다른 문서에 끼워 보관하면 안 된다.

06 다음 중 문서 파일링 방법에 관한 설명으로 옳지 않은 것은?

① 명칭별 분류법은 거래자나 거래 회사명에 따라 첫머리 글자를 기준으로 분류한다.
② 주제별 분류법은 문서의 내용에서 주제를 결정하여 주제를 기준으로 분류한다.
③ 혼합형 분류법은 문자와 번호를 함께 써서 작성한 날짜별로 분류한다.
④ 지역별 분류법은 거래처의 지역 위치나 지역 범위에 따른 기준으로 분류한다.

07 다음 중 워드프로세서의 인쇄 기능에 관한 설명으로 옳지 않은 것은?

① 미리보기 기능을 이용하여 문서의 전체 윤곽을 확인하고 파일로 인쇄할 수 있다.
② 문서 일부분만 인쇄할 수 있고, 문서의 내용을 파일로 인쇄할 수 있다.
③ 인쇄 매수를 지정하여 동일한 문서를 여러 번 인쇄할 수 있다.
④ 인쇄할 때 프린터의 해상도를 높게 설정하면 선명하게 인쇄할 수 있다.

08 다음 중 워드프로세서의 편집 관련 용어에 관한 설명으로 옳은 것은?

① 미주(Endnote) : 문서의 내용을 설명하거나 인용한 원문의 제목을 알려주는 보충 구절로 문서의 맨 마지막 페이지에 한꺼번에 표시하는 기능을 말한다.
② 병합(Merge) : 인쇄하면서 동시에 다른 문서를 작성하거나 편집하는 기능이다.
③ 정렬(Align) : 작성된 문서의 내용을 일정한 기준으로 재분류하는 기능이다.
④ 기본값(Default) : 네트워크를 통한 업무의 교환시스템으로 문서의 표준화를 전제로 한다.

09 다음 용어에 해당하는 것은?

> 그림을 밝고 명암 대비가 작은 그림으로 바꾸는 것으로 회사 로고 등을 작성하여 배경으로 엷게 나타낼 때 사용한다.

① 워터마크(Watermark)
② 필터링(Filtering)
③ 오버프린트(Overprint)
④ 스프레드(Spread)

10 〈보기 1〉의 문장이 〈보기 2〉의 문장으로 수정되는 데 필요한 교정부호들로만 올바르게 짝지어진 것은?

〈보기 1〉

> 함께라면 누군가와
> 갈 길이 아무리 멀어도 갈수 있었습니다.

〈보기 2〉

> 누군가와 함께라면
> 갈 길이 아무리 멀어도 갈 수 있습니다.

① ⌺, ⌒⌒, ⌒
② ⌒⌒, ∨, ∽
③ ∨, ∽, ⌒
④ ⌒⌒, ⌒, ⌺

11 다음 중 문서의 분량이 증가할 가능성이 있는 교정부호들로만 올바르게 짝지어진 것은?

① ⌒⌒, ∽, ⌐
② ⌒⌒, ⌒, ⌺
③ ⌐, >, ∨
④ ⌐, ∨, ⌒

12 다음 중 공문서의 작성 방법에 대한 설명으로 옳지 않은 것은?

① 금액을 표기할 경우에는 아라비아 숫자를 사용하되, 숫자 다음의 괄호 안에 한글로 기재한다.
② 문건별 면 표시는 중앙 하단에 표시하고, 문서철별 면 표시는 우측 하단에 표시한다.
③ 시행문을 정정한 때에는 문서의 여백에 정정한 글자 수를 표기하고 정정한 자가 그곳에 서명하고 날인한다.
④ 날짜는 2024. 7. 25. 형식으로 표기하고 시각은 13:45 형식으로 표기한다.

13 다음 중 전자출판의 특징으로 옳지 않은 것은?

① 위지윅(WYSIWYG) 기능은 전자통신 기능을 이용한 것이다.
② 개체 처리 기능이 있어 서로 연결하거나 분해해서 사용할 수 있다.
③ 전자출판으로 저장된 자료는 다른 매체와 결합이 용이하다.
④ 지원하는 글꼴이 많고 사진, 도표, 그리기 등의 편집이 용이하다.

14 다음 중 워드프로세서의 문서 저장 기능에 대한 설명으로 옳은 것은?

① 현재 작업 중인 보조 기억 장치의 내용을 주기억 장치로 이동시키는 기능이다.
② [다른 이름으로 저장하기] 대화상자에서 폴더를 새로 만들 수는 있지만 파일을 삭제할 수 없다.
③ 저장 시 암호를 지정하거나 백업 파일이 만들어지도록 설정할 수 있다.
④ 문서 일부분만을 블록으로 지정한 후에 따로 저장할 수 없다.

15 다음 중 워드프로세서의 출력 기능에 대한 설명으로 옳지 않은 것은?

① 작성한 문서를 팩스로 보낼 수 있다.
② 현재 페이지만 인쇄할 수 있다.
③ 프린터의 해상도를 높게 설정하면 출력 시간이 길어진다.
④ 문서 편집 시 설정한 용지 크기는 인쇄 시 크기를 변경하여 출력할 수 없다.

16 다음 중 문서관리에 대한 설명으로 옳지 않은 것은?

① 문서는 명칭별이나 주제별 등 문서분류법에 따라 분류한다.
② 문서는 분류 후 활용한 문서를 묶어 편철한다.
③ 문서의 보관이란 편철이 끝난 모든 문서를 폐기하기 전까지 관리하는 것이다.
④ 이관이란 보존 기간에 맞춰 보존하기 위하여 해당 부서로 옮기는 것이다.

17 다음과 가장 관련 있는 기능은 무엇인가?

- 문단의 형태(글꼴, 크기, 문단 모양, 문단 번호)를 쉽게 변경할 수 있다.
- 문서에 대하여 일관성 있는 서식을 유지하면서 편집하는 데 가장 유용한 기능이다.

① 스타일(Style)
② 매크로(Macro)
③ 워드 랩(Word Wrap)
④ 아이콘(Icon)

18 다음 중 워드프로세서의 편집 기능에 대한 설명으로 옳지 않은 것은?

① 사전 기능은 단어를 입력하면 의미를 확인할 수 있게 해준다.
② 맞춤법 검사 기능은 작성된 문서와 워드프로세서에 포함된 사전과 비교해 틀린 단어를 찾아주는 기능이다.
③ 다단 편집이란 하나의 화면을 여러 개의 창으로 나누고 두 개 이상의 파일을 불러와 편집할 수 있는 기능이다.
④ 수식 편집기는 문서에 복잡한 수식이나 화학식을 입력할 때 사용하는 기능이다.

19 다음 중 공문서 구성에서 두문에 해당하는 것은?

① 행정기관명   ② 제목
③ 시행일자   ④ 발신명의

20 다음 중 공문서의 발송에 대하여 설명한 것으로 옳지 않은 것은?

① 문서는 정보 통신망을 이용하여 발신함을 원칙으로 한다.
② 문서를 행정기관이 아닌 자에게 전자우편 주소를 이용하여서 발송하는 것은 안 되며 항상 등기우편으로 발신하여야 한다.
③ 내용이 중요한 문서는 등기우편이나 그 밖에 발신 사실을 증명할 수 있는 특수한 방법으로 발신하여야 한다.
④ 행정기관의 장은 문서를 수신 · 발신하는 경우에 문서의 보안 유지와 위조, 변조, 분실, 훼손 및 도난 방지를 위한 적절한 조치를 마련하여야 한다.

(상)(중)(하)

21 다음 중 한글 Windows 10의 부팅 메뉴에 대한 설명으로 옳지 않은 것은?

① 한글 Windows를 시작할 때 F2를 누르면 고급 부팅 옵션 창이 표시된다.
② [시스템 복원] 항목은 부팅에 문제가 있거나 시스템이 정상적으로 동작하지 않을 때 PC에 기록된 복원 지점을 사용해 Windows를 복원시키고자 할 때 사용한다.
③ [안전 모드] 항목을 선택하면 컴퓨터 작동에 필요한 최소한의 장치만을 설정하여 부팅한다.
④ [Windows 시작] 항목은 한글 Windows 10의 기본 부팅 방식이다.

(상)(중)(하)

22 다음 중 한글 Windows 10의 창의 구성 요소에 대한 설명으로 옳지 않은 것은?

① 검색 상자 : 파일명이나 폴더명으로 원하는 항목을 검색할 수 있는 공간이다.
② 메뉴 표시줄 : 창의 기본 기능을 실행할 수 있도록 각종 명령을 모아놓은 공간이다.
③ 내용 표시 창 : 선택한 폴더의 내용이 표시되며 기본적인 작업이 이루어지는 공간이다.
④ 상태 표시줄 : 현재 사용하는 드라이브와 폴더의 위치가 표시되며, 폴더 이름을 선택하면 해당 폴더로 이동하는 공간이다.

(상)(중)(하)

23 다음 중 한글 Windows 10이 설치된 C: 디스크 드라이브의 [로컬 디스크(C:) 속성] 창에서 작업할 수 있는 내용으로 옳지 않은 것은?

① 디스크 정리 및 디스크 포맷을 할 수 있다.
② 디스크 드라이브의 오류 검사 및 디스크 조각 모음을 할 수 있다.
③ 네트워크 파일이나 폴더를 공유할 수 있도록 설정할 수 있다.
④ 드라이브를 압축하여 디스크 공간을 절약할 수 있다.

(상)(중)(하)

24 다음 중 한글 Windows 10의 화면 보호기에 대한 설명으로 옳지 않은 것은?

① 대기 시간, 다시 시작할 때 로그온 화면 표시를 지정할 수 있다.
② 일정 시간 모니터에 전달되는 정보에 변화가 없을 때 화면 보호기가 작동되게 설정한다.
③ 사용자 계정에 암호가 설정되어 있지 않아도 화면 보호기의 암호를 사용할 수 있다.
④ 화면 보호기는 마우스를 움직이거나 키보드에서 임의의 키를 누르면 해제된다.

(상)(중)(하)

25 다음 중 한글 Windows 10에서 사용 중인 프린터의 공유 설정을 하려고 할 때 해당 프린터의 팝업 메뉴에서 선택해야 하는 메뉴 항목으로 옳은 것은?

① 속성
② 프린터 속성
③ 인쇄 기본 설정
④ 기본 프린터로 설정

(상)(중)(하)

26 다음 중 한글 Windows 10에서 하드웨어 추가 또는 제거에 관한 설명으로 옳지 않은 것은?

① 설치된 하드웨어는 [제어판]의 [장치 관리자]에서 확인할 수 있다.
② 플러그 앤 플레이를 지원하는 장치를 설치하고 Windows 10을 재시작하면 자동으로 인식하여 설치된다.
③ 플러그 앤 플레이를 지원하지 않는 장치를 설치할 때는 [장치 관리자] 창의 [동작]−[레거시 하드웨어 추가] 메뉴를 선택하여 나타나는 [하드웨어 추가] 마법사를 사용한다.
④ 설치된 하드웨어의 제거는 [프로그램 및 기능] 창에서 해당 하드웨어의 드라이버를 제거하면 된다.

27 상중하 다음 중 한글 Windows 10의 제어판에 있는 [기본 프로그램]을 이용하여 설정할 수 있는 내용으로 옳지 않은 것은?

① 같은 유형의 파일 형식 또는 프로토콜별로 연결된 프로그램을 설정할 수 있다.
② 파일 형식 또는 프로토콜이 항상 특정 프로그램에서 열리도록 설정할 수 있다.
③ 컴퓨터에 삽입된 CD 또는 미디어 유형에 따라 각각에 맞게 자동으로 수행할 작업을 지정할 수 있다.
④ 컴퓨터에 설치된 특정 프로그램에 대한 추가나 제거를 할 수 있다.

28 상중하 다음 중 한글 Windows 10에서 [시스템] 속성 창에 관한 설명으로 옳지 않은 것은?

① [제어판]의 [개인 설정]을 실행한다.
② 윈도우의 버전을 확인할 수 있다.
③ 컴퓨터의 이름과 작업 그룹을 변경할 수 있다.
④ 프로세서의 종류, 메모리, 시스템의 종류를 확인할 수 있다.

29 상중하 다음 중 한글 Windows 10에서 디스크 포맷 기능에 관한 설명으로 옳지 않은 것은?

① 빠른 포맷은 디스크의 불량 섹터를 검색하지 않고 디스크에서 파일을 제거한다.
② 현재 사용 중인 C 디스크 드라이브의 바로 가기 메뉴에서 [포맷]을 선택한다.
③ 디스크 포맷 창에서 용량, 파일 시스템, 할당 단위 크기, 볼륨 레이블 등을 지정할 수 있다.
④ 파일 시스템을 NTFS로 설정하면 폴더와 파일을 압축할 수 있도록 포맷할 수 있다.

30 상중하 다음 중 아래의 보기에서 설명하는 한글 Windows 10 운영체제의 특징으로 옳은 것은?

> 한 대의 컴퓨터 시스템에서 운영체제가 각 작업의 제어권을 행사하여 작업의 중요도와 자원 소모량 등에 따라 우선순위가 높은 작업에 기회가 가도록 우선순위가 낮은 작업에 작동 제한을 걸어 특정 자원 응용 프로그램이 제어권을 독점하는 것을 방지하는 안정적인 체제

① 선점형 멀티태스킹
② 플러그 앤 플레이
③ 보안이 강화된 방화벽
④ 그래픽 사용자 인터페이스

31 상중하 다음 중 한글 Windows 10에서 파일과 폴더에 대한 설명으로 옳지 않은 것은?

① 파일은 텍스트 문서, 사진, 음악, 앱 등이 될 수 있다.
② 폴더란 서로 관련 있는 파일들을 체계적으로 관리할 수 있는 저장 장소이다.
③ 파일이란 서로 관련성 있는 정보의 집합으로 디스크에 저장되는 기본 단위이다.
④ 폴더 안에 또 다른 하위 폴더와 파일을 만들 수 있으며 바탕 화면, 네트워크, 휴지통, Windows 탐색기 등에서 만들 수 있다.

32 상중하 다음 중 한글 Windows 10의 바로 가기 키에 대한 설명으로 옳지 않은 것은?

① ⊞+R : 윈도우 재부팅
② Ctrl+Esc : 시작 화면 열기
③ Ctrl+Shift+Esc : 작업 관리자 창 바로 열기
④ ⊞+D : 열려있는 모든 창을 최소화하여 바탕 화면이 표시되거나 이전 크기로 복원

33 상중하 다음 중 한글 Windows 10에서 제공하는 기능에 대한 설명으로 옳지 않은 것은?

① 원드라이브(OneDrive) : 종이에 메모하듯이 일정이나 전화번호 등을 입력할 때 사용하는 앱이다.
② 에어로 스냅(Aero Snap) : 열려있는 창을 드래그하는 위치에 따라 창의 크기를 조절할 수 있다.
③ 에어로 피크(Aero Peek) : 작업 표시줄 아이콘을 통해 축소판 미리보기가 가능하며, 열려있는 모든 창을 최소화하지 않고 바탕 화면을 볼 수 있다.
④ 에어로 쉐이크(Aero Shake) : 창을 흔들면 다른 열려있는 모든 창을 최소화하거나 다시 원상태로 나타나게 할 수 있다.

34 상중하 한글 Windows 10의 [그림판]에서 할 수 없는 작업은?

① 다중 레이어 작업과 도면 제도의 기능을 할 수 있다.
② 전자 메일을 사용하여 편집한 이미지를 보낼 수 있다.
③ 작성한 이미지를 바탕 화면의 배경으로 설정할 수 있다.
④ 다른 그래픽 앱에서 편집한 이미지의 일부를 복사해서 붙여넣기할 수 있다.

35 (상)(중)(하) 다음 중 한글 Windows 10에서 사용하는 웹 브라우저의 기능에 대한 설명으로 옳지 않은 것은?

① 플러그인 앱을 설치하여 다양한 멀티미디어 데이터를 처리할 수 있다.
② 접속된 웹 페이지를 사용자 컴퓨터에 저장하거나 인쇄할 수 있다.
③ 전자우편을 보내거나 HTML 문서를 편집할 수 있다.
④ 네트워크 환경 설정을 할 수 있다.

36 (상)(중)(하) 다음 중 한글 Windows 10에서 문서 인쇄에 대한 설명으로 옳지 않은 것은?

① [프린터] 메뉴 중 [모든 문서 취소]는 스풀러에 저장되어 있는 문서 중 오류가 발생한 문서에 대해서만 인쇄 작업을 취소한다.
② 일단 프린터에서 인쇄 작업이 시작된 경우라도 잠시 중지시켰다가 다시 인쇄할 수 있다.
③ 인쇄 대기 중인 문서를 삭제하거나 출력 대기 순서를 임의로 조정할 수 있다.
④ 인쇄 중 문제가 발생한 인쇄 목록을 확인할 수 있다.

37 (상)(중)(하) 다음 중 한글 Windows 10의 [휴지통 속성] 창에서 수행할 수 있는 작업으로 옳지 않은 것은?

① 삭제 확인 대화상자의 표시 설정
② 휴지통의 바탕 화면 표시 설정
③ 각 드라이브의 휴지통 최대 크기 설정
④ 파일을 휴지통에 버리지 않고 바로 제거하는 기능 설정

38 (상)(중)(하) 다음 중 한글 Windows 10에서 사용하는 유틸리티 프로그램에 관한 설명으로 옳지 않은 것은?

① 압축 프로그램을 사용하면 디스크 공간을 효율적으로 사용할 수 있다.
② 이미지 뷰어는 그래픽 이미지를 볼 수 있게 해주는 프로그램이다.
③ 윈도우 비디오 편집기를 사용하면 동영상 편집을 할 수 있다.
④ FTP 프로그램을 사용하면 다른 장소에 있는 컴퓨터를 원격으로 사용할 수 있다.

39 (상)(중)(하) 다음 중 한글 Windows 10의 [디스크 조각 모음 및 최적화]와 관련된 내용으로 옳지 않은 것은?

① 디스크 조각 모음이 진행 중인 동안에는 컴퓨터를 사용할 수 없다.
② NTFS, FAT, FAT32 이외의 다른 파일 시스템으로 포맷된 경우와 네트워크 드라이브에 대해서는 디스크 조각 모음을 실행할 수 없다.
③ 디스크 조각 모음을 수행하면 디스크 공간의 최적화를 이루어 접근 속도와 안전성이 향상된다.
④ SSD 드라이브를 매주, 매월 정해진 날에 디스크 조각 모음을 자동으로 수행하도록 예약을 설정할 수 있다.

40 (상)(중)(하) 다음 중 한글 Windows 10의 인터넷 프로토콜 버전 4 (TCP/IPv4) 속성 창에서 수동으로 설정하는 IP 주소에 관한 설명으로 옳지 않은 것은?

① 해당 IP 주소는 인터넷상에서 자신만의 고유한 숫자로 된 주소이다.
② 서브넷 마스크는 해당 컴퓨터가 속한 네트워크 세그먼트를 식별하는 데 사용한다.
③ 기본 게이트웨이는 서로 다른 LAN을 연결하는 라우터의 주소이다.
④ 기본 설정 DNS 서버는 동적인 IP 주소를 할당해 주는 서버의 주소이다.

(상)(중)(하)

41 다음 중 컴퓨터의 기능에 대한 설명으로 옳지 않은 것은?

① 입력 장치는 키보드, 마우스, 터치스크린, 이미지 스캐너 등과 같은 외부 입력 장치로부터 데이터를 읽어 들이는 기능을 한다.
② 기억 장치는 입력된 데이터나 앱, 처리된 결과로 얻어진 데이터를 저장하는 기능을 한다.
③ 연산 장치는 중앙 처리 장치로부터 읽어 들인 앱의 명령 코드를 해석하여 사칙 연산, 논리 연산, 비교 연산 등을 처리하는 기능을 한다.
④ 출력 장치는 처리된 결과나 기억 장치에 기억된 내용을 사람이 알아볼 수 있는 형태로 내보내는 기능을 한다.

(상)(중)(하)

42 다음에서 설명하는 모바일 운영체제는 무엇인가?

– 구글에서 개발한 리눅스 기반의 개방형 모바일 운영체제
– 개방형 소프트웨어이므로 단말기 제조사나 이동 통신사 등이 무료로 사용할 수 있으나 개방된 만큼 보안에 취약함

① iOS
② 윈도우폰
③ 안드로이드
④ 클라우드 OS

(상)(중)(하)

43 다음 중 컴퓨터 분류에서 워크스테이션(Workstation)에 관한 설명으로 옳지 않은 것은?

① 대부분 RISC 프로세서를 사용한다.
② 주로 다중 사용자 시스템에서 사용되기도 한다.
③ 네트워크에서 클라이언트(Client) 역할을 주로 담당한다.
④ 고성능 그래픽 처리나 공학용 시뮬레이션에 주로 사용한다.

(상)(중)(하)

44 다음 중 전자우편에서 사용하는 프로토콜과 주소에 대한 설명으로 옳지 않은 것은?

① POP3는 2진 파일을 첨부한 전자우편을 보내기 위하여 사용한다.
② SMTP는 TCP/IP 호스트의 우편함에 ASCII 문자 메시지를 전송해 준다.
③ ks2002@korcham.net에서 @의 앞부분은 E-mail 주소의 ID이고, @의 뒷부분은 메일 서버의 호스트 이름이다.
④ MIME은 웹 브라우저에서 지원하지 않는 멀티미디어 파일을 이용하는 데 사용된다.

(상)(중)(하)

45 다음에서 설명하는 기억 장치는?

– EEPROM의 일종으로 ROM과 RAM의 기능을 모두 가지고 있다.
– 읽기, 쓰기가 모두 가능하고 디지털 카메라, MP3 플레이어에 많이 사용한다.

① 플래시 메모리(Flash Memory)
② 캐시 메모리(Cache Memory)
③ 가상 메모리(Virtual Memory)
④ 연관 메모리(Associative Memory)

(상)(중)(하)

46 다음 중 모니터 관련 용어에 대한 설명으로 옳은 것은?

① 해상도 : 모니터 화면을 구성하는 가장 작은 단위
② 픽셀 : 모니터가 처리할 수 있는 주파수의 폭
③ 화면 주사율 : 모니터가 가진 수직 주파수로, 1초에 화면이 깜빡이는 정도
④ 주파수 대역폭 : 모니터 등의 출력 장치가 내용을 얼마나 선명하게 표현할 수 있느냐를 나타내는 단위

(상)(중)(하)

47 다음 중 컴퓨터에서 사용하는 하드 디스크에 관한 설명으로 옳지 않은 것은?

① 트랙은 하드 디스크 표면의 동심원을 말한다.
② 섹터는 트랙의 일부분으로 데이터가 저장되는 기본 단위이다.
③ 클러스터는 하드 디스크의 중심축으로부터 같은 거리에 있는 트랙들의 집합을 말한다.
④ 헤드는 데이터를 읽어내거나 쓰는 장치를 말한다.

48 다음 중 모바일 기기의 기본 기능에서 증강현실(AR)에 관한 설명으로 옳은 것은?

① 유선 랜 기술인 WiFi로 인터넷을 연결하는 기능이다.
② 10cm 이내의 가까운 거리에서 무선으로 데이터를 전송하는 태그 기능이다.
③ 기기에 내장된 카메라를 이용하여 실제 사물이나 환경에 부가 정보를 표시하는 기능이다.
④ 인터넷에 연결된 기기와 그렇지 않은 기기를 USB 나 블루투스로 인터넷을 연결하는 기능이다.

49 다음 중 컴퓨터에서 사용하는 멀티미디어의 특징에 대한 설명으로 옳지 않은 것은?

① 디지털 데이터로 통합하여 처리한다.
② 정보 제공자와 사용자 간의 쌍방향성으로 데이터가 전달된다.
③ 데이터가 일정한 방향으로 순차적으로 처리된다.
④ 텍스트나 동영상 등의 여러 미디어를 통합하여 처리한다.

50 다음의 기능을 나타내는 용어는?

> 자주 사용하는 사이트의 자료를 저장한 후, 사용자가 다시 그 자료에 접근하면 네트워크를 통해서 다시 읽어 오지 않고 미리 저장되어 있던 자료를 활용하여 빠르게 보여주는 기능

① 쿠키(Cookie)
② 캐싱(Caching)
③ 로밍(Roaming)
④ 스트리밍(Streaming)

51 다음에서 설명하는 언어는?

> 객체 지향적 프로그래밍 언어로, 처음에는 가전제품 내에 탑재해 동작하는 앱을 위해 개발했지만, 현재는 웹 애플리케이션 개발에 가장 많이 사용하는 언어 가운데 하나이고, 모바일 기기용 소프트웨어 개발에도 널리 사용하고 있는 언어이다.

① JAVA
② Visual C++
③ Delphi
④ Power Builder

52 다음은 무엇에 대한 설명인가?

> – 전송 중 발생하는 오류를 탐지하기 위해 오류 체크 비트를 하나 추가
> – 오류를 찾아 에러를 교정하는 코드

① BCD 코드
② ASCII 코드
③ EBCDIC 코드
④ Hamming 코드

53 다음 중 컴퓨터에서 사용하는 앱에 관한 설명으로 옳지 않은 것은?

① 상용 소프트웨어는 정식으로 대가를 지불하고 사용해야 한다.
② 셰어웨어는 기능이나 사용기간 등에 제한을 두어 배포한 것으로 무료이다.
③ 프리웨어는 개발자가 소스를 공개한 소프트웨어로 누구나 수정 및 배포할 수 있다.
④ 알파 버전은 개발사 내에서 테스트를 목적으로 제작한 앱이다.

54 다음 중 웹에서 사용이 가능한 웹 그래픽 표준 방식으로 사용되는 그래픽 파일이 아닌 것은?

① JPG
② PNG
③ BMP
④ GIF

55 다음 중 파일 표준 형식에 대한 설명으로 옳지 않은 것은?

① MOV : 정지 영상을 표현하는 국제 표준 파일 형식으로 JPEG를 기본으로 한다.
② MPEG : 프레임 간의 연관성을 고려하여 중복 데이터를 제거하여 압축률을 높이는 손실 압축 기법을 사용한다.
③ ASF : 인터넷을 통해 오디오, 비디오 및 생방송 수신 등을 지원하는 스트리밍을 위한 표준 기술 규격이다.
④ AVI : Windows의 표준 동영상 파일 형식으로 별도의 하드웨어 장치 없이 재생할 수 있다.

56 다음 중 아래의 보기에서 설명하는 네트워크 관련 용어로 옳은 것은?

> – 호스트 이름으로부터의 IP 주소지에 대한 네트워크의 이름을 규정하는 것이다.
> – 네트워크와 호스트를 나누는 데 사용된다.
> – 32비트의 크기를 갖는다.
> – 일반적으로 클래스 C인 경우 '255.255.255.0'을 사용한다.

① DNS(Domain Name System)
② 서브넷 마스크(Subnet Mask)
③ 게이트웨이(Gateway)
④ NAT(Network Address Translation)

57 다음 중 컴퓨터의 수치 데이터 표현에서 고정 소수점 방식과 비교하여 부동 소수점 방식의 특징으로 옳지 않은 것은?

① 양수와 음수 모두 표현이 가능하다.
② 부호, 지수부, 가수부로 구성되어 있다.
③ 소수점이 포함된 실수를 표현하는 데 사용한다.
④ 연산 속도가 매우 빠르며 수의 표현 범위가 넓다.

58 다음 중 ICT 관련 최신 기술 용어에 대한 설명으로 옳지 않은 것은?

① 트랙백(Trackback) : 내 블로그에 해당 의견에 대한 댓글을 작성하면 그 글의 일부분이 다른 사람의 글에 댓글로 보이게 하는 기술이다.
② 와이브로(Wibro) : 이동하면서 초고속 무선 인터넷 서비스가 가능한 기술이다.
③ RFID(Radio Frequency IDentification) : 전자 태그가 부착된 IC칩과 무선 통신 기술을 이용하여 다양한 개체들의 정보를 관리할 수 있는 센서 기술이다.
④ NFC(Near Field Communication) : 한 번의 로그인으로 기업 내의 각종 업무 시스템이나 인터넷에 접속할 수 있도록 하는 기술이다.

59 다음 중 모바일 기기의 보안 기술과 가장 관련이 먼 것은?

① 킬 스위치(Kill Switch)
② 화면 잠금 기능
③ 모바일 OTP를 통한 인증 기능
④ 근접 센서 기능

60 다음 중 정보 보안 위협에 대한 설명으로 옳지 않은 것은?

① 스미싱(Smishing) : 수신한 메시지에 있는 인터넷 주소를 클릭하면 악성코드를 설치하여 개인 금융 정보를 빼내는 행위이다.
② 스니핑(Sniffing) : 네트워크상에서 다른 상대방들의 패킷 교환을 엿보면서 계정과 패스워드를 알아내는 행위이다.
③ 파밍(Pharming) : 검증된 사용자가 네트워크를 통해 데이터를 보낸 것처럼 가장하여 해당 컴퓨터 시스템을 완전히 장악해 마음대로 정보를 변조하거나 파괴하는 행위이다.
④ 랜섬웨어(Ransom Ware) : 인터넷 사용자의 컴퓨터에 잠입하여 내부 문서나 스프레드시트, 그림 파일 등을 암호화하여 열지 못하도록 만든 후 금품을 요구하는 악성 앱이다.

빠른 정답표 확인하기

① 모바일로 QR 코드를 스캔합니다.
② 해당 회차의 정답표를 확인합니다.
③ 빠르고 간편하게 채점해 보세요.

SELF CHECK | 제한시간 60분 | 소요시간 　분 | 전체 문항 수 60문항 | 맞힌 문항 수 　문항

1과목　워드프로세싱 용어 및 기능

01 다음 중 워드프로세서의 특징으로 옳지 않은 것은?

① 문서 작성 및 관리를 전산화하여 유지 관리가 쉽다.
② 맞춤법 검사를 통해 문서의 오류를 줄여준다.
③ 다양한 형태의 문서를 빠르게 작성하여 시간과 노력을 줄여준다.
④ 작성된 문서의 보존은 종이와 주기억 장치에 저장되어 보관할 수 있다.

02 다음 중 워드프로세서 용어에 대한 설명으로 옳지 않은 것은?

① 포매터(Formatter) : 워드프로세서에서 기존의 문서가 요구하는 특정 모양으로 화면에 나타나게 하는 기능
② 디폴트(Default) : 전반적인 규정이나 서식 설정, 메뉴 등 이미 갖고 있는 값
③ 옵션(Option) : 명령이나 기능을 수행하는 있어 추가 요소나 선택 항목
④ 마진(Margin) : 문서의 일부분을 가나다 또는 그 역순으로 재배열하는 기능

03 다음 중 전자통신 출판의 특징으로 볼 수 없는 것은?

① 출판물 제공자와 수용자 간의 상호 대화가 가능한 단방향 매체이다.
② 출판 내용에 대한 추가 및 수정이 신속하다.
③ 임의로 접근하여 다양한 정보를 획득할 수 있다.
④ 다양한 폰트 사용으로 인해 활자 인쇄보다 고품질의 인쇄를 할 수 있다.

04 다음 중 찾기에 대한 설명으로 옳지 않은 것은?

① 블록을 지정한 후 찾기를 하여 내용을 검색할 수 있다.
② 본문 밖에 숨어 있는 화면의 내용이나 표 안의 내용도 검색이 가능하다.
③ 한글, 영문, 특수문자의 검색이 가능하다.
④ 찾기 후에는 문서의 전체 분량이 늘어나거나 줄어들 수 있다.

05 다음 중 글꼴의 표현 방식에 대하여 설명한 것으로 옳지 않은 것은?

① 비트맵(Bitmap) 글꼴은 점으로 글꼴을 표현하는 방식으로 확대하면 테두리가 거칠어지는 현상이 일어난다.
② 아웃라인(Outline) 글꼴은 문자의 외곽선 정보를 이용하여 문자를 표시한다.
③ 트루타입(True Type) 방식의 글꼴은 Windows에서 기본적으로 사용되는 글꼴로 위지윅(WYSIWYG) 기능을 제공한다.
④ 오픈타입(Open Type) 방식의 글꼴은 고도의 압축 기법을 통해 파일의 용량을 줄인 외곽선 형태의 글꼴로 주로 인쇄용 글꼴로 사용한다.

06 다음 중 워드프로세서 관련 용어에 대한 설명으로 옳지 않은 것은?

① 색인(Index) : 문서에 사용된 단어나 어휘를 빠르게 찾기 위해서 페이지 번호를 표시해 두는 기능
② 프린터 버퍼(Printer Buffer) : 인쇄할 내용을 임시로 보관하는 기억장소
③ 소수점 탭(Decimal Tab) : 수치 자료의 경우 소수점을 중심으로 정수와 소수 부분을 정렬하는 기능
④ 래그드(Ragged) : 단어가 줄의 끝에서 잘릴 경우 단어 전체를 다음 줄로 이동시키는 기능

07 다음 중 인쇄 용지에 대한 설명으로 옳지 않은 것은?

① 낱장 용지는 동일한 숫자일 경우 A판보다 B판이 크다.
② 공문서의 표준 규격은 A4(210mm×297mm)이다.
③ A판과 B판으로 나눈 용지의 가로:세로의 비는 1:3 이다.
④ 낱장 용지는 규격 번호가 클수록 면적이 작다.

08 다음 중 워드프로세서의 기능을 수행하는 장치에 대한 설명으로 옳지 않은 것은?

① 입력 장치에는 스캐너, 마우스, 바코드 판독기 등이 있다.
② 표시 장치에는 LCD, LED, PDP 등이 있다.
③ 출력 장치에는 플로터, 프린터, COM 등이 있다.
④ 저장 장치에는 하드 디스크, 디지타이저, 터치 패드 등이 있다.

09 다음 중 아래 보기의 내용이 설명하는 워드프로세서의 용어로 옳은 것은?

> 문서 내에 머리말, 꼬리말, 주석 같은 것을 표시하기 위한 일정 공간으로 주로 문서의 여백을 사용한다.

① 색인(Index)
② 스풀링(Spooling)
③ 하드 카피(Hard Copy)
④ 보일러 플레이트(Boiler Plate)

10 다음 글자를 입력하는 방법에 대한 설명 중 옳지 않은 것은?

① 한글과 영문에 대한 입력 모드를 영문으로 맞추고 영어를 입력한다.
② 대·소문자는 Caps Lock 나 Shift 를 이용하여 입력한다.
③ 한글, 영문 변환키는 워드프로세서에 따라 한/영, 왼쪽 Shift + Space Bar, 오른쪽 Alt 를 사용하기도 한다.
④ Insert 를 눌러 수정 상태로 변경한 후 Space Bar 를 누르면 글자가 삽입된다.

11 다음 중 공문서의 성립 및 효력 발생에 관한 설명으로 옳지 않은 것은?

① 공문서의 효력 발생 시기는 다른 법령에 특별한 규정이 없는 한 수신자에게 도달되는 시점이다.
② 공고 문서는 고시, 공고가 있은 후 7일이 경과한 날부터 효력이 발생한다.
③ 문서는 결재권자가 해당 문서에 서명의 방식으로 결재함으로써 성립한다.
④ 전자 문서의 효력 발생 시점은 수신자의 컴퓨터에 도달하는 시점을 원칙으로 한다.

12 다음의 보기에서 설명하는 워드프로세서의 기능은?

> 문서를 작성하면서 글자 입력 도중에 Enter 를 누른 곳을 줄 바꿈 문자(↵)로 화면에 표시해 주는 기능

① 화면 구성
② 교정부호
③ 문단 부호
④ 문단 모양

13 다음 중 전자출판(Electronic Publishing)에 관한 용어의 설명으로 옳지 않은 것은?

① 리터칭(Retouching) : 기존의 이미지를 다른 형태로 새롭게 변형하는 작업
② 리딩(Leading) : 자간의 미세 조정으로 특정 문자들의 간격을 조정하는 작업
③ 스프레드(Spread) : 대상체의 컬러가 배경색의 컬러보다 엷어서 대상체가 보이지 않는 현상
④ 디더링(Dithering) : 제한된 색상을 조합 또는 비율을 변화하여 새로운 색을 만드는 작업

14 다음 중 한글 워드프로세서에서 사용하는 KS X 1005-1(유니코드)에 대한 설명으로 옳지 않은 것은?

① 완성형 코드에 조합형 코드를 반영하여 개발되었다.
② 전 세계에서 사용할 수 있는 모든 문자를 표현할 수 있는 국제 표준 코드이다.
③ 영문은 1바이트, 한글은 2바이트를 사용하여 정보 교환에 사용한다.
④ 외국 소프트웨어의 한글화가 쉽고 한글은 가나다순으로 정렬된 코드이다.

15 다음 중 공문서의 기안에 대한 설명으로 옳지 않은 것은?

① 기안문서는 전자 문서로 하는 것을 원칙으로 한다.
② 각종 증명 발급이나 회의록 등은 발의자와 보고자의 표시를 생략할 수 있다.
③ 행정기관명을 표시할 때 다른 행정기관명과 동일한 경우 바로 아래 하급기관명을 함께 표시할 수 있다.
④ 수신자가 없는 내부결재문서인 경우 수신란에 '내부 결재'로 표시한다.

16 다음 중 줄 단위의 이동이 발생하는 교정부호로 옳은 것은?

① ✓ , ⌒
② ⌐ , ⌒
③ ⌣ , ⌒
④ ⌐ , ⌒

17 다음 중 워드프로세서를 이용하여 문서를 작성할 때 교정 부호의 사용법에 대한 설명으로 옳지 않은 것은?

① 교정할 부호가 서로 겹치면 각도를 크게 하여 수정한다.
② 정해진 교정부호를 사용해야 한다.
③ 글자를 수정할 때에는 두 줄을 긋고 대각선 방향에 상세하게 설명한다.
④ 교정부호나 글자는 명확하고 간략하게 표기한다.

18 다음 중 문서의 파일링 절차에 대한 순서로 옳은 것은?

> ㉮ 문서 편철
> ㉯ 문서 이관
> ㉰ 문서 보존
> ㉱ 문서 보관
> ㉲ 문서 분류
> ㉳ 문서 폐기

① ㉮ → ㉯ → ㉰ → ㉱ → ㉲ → ㉳
② ㉲ → ㉮ → ㉱ → ㉯ → ㉰ → ㉳
③ ㉮ → ㉲ → ㉯ → ㉰ → ㉱ → ㉳
④ ㉲ → ㉮ → ㉰ → ㉱ → ㉯ → ㉳

19 다음 중 EDI(Electronic Data Interchange)에 대한 설명으로 옳지 않은 것은?

① EDI의 3대 구성 요소는 EDI 표준(Standards), 문서(Document), 통신 네트워크(VAN)이다.
② 각종 서류를 표준화된 양식을 통해 전자적 신호로 바꿔 컴퓨터통신망을 이용, 전송하는 시스템이다.
③ 기업 간의 거래 데이터를 교환하기 위한 표준 포맷으로 미국의 데이터교환표준협회에 의해 개발되었다.
④ EDI 메시지들은 암호화되거나 해독될 수 있으며 E-mail, 팩스와 함께 전자상거래의 한 형태다.

20 다음 중 행정업무의 운영 및 혁신에 관한 규정에서 용어 설명이 옳지 않은 것은?

① '전자이미지서명'이란 기안자 · 검토자 · 협조자 · 결재권자 또는 발신명의인이 전자문서상에 전자적인 이미지 형태로 된 자기의 성명을 표시하는 것을 말한다.
② '전자문자서명'이란 기안자 · 검토자 · 협조자 · 결재권자 또는 발신명의인이 전자문서상에 자동 생성된 자기의 성명을 전자적인 문자 형태로 표시하는 것을 말한다.
③ '행정전자서명'이란 기안자 · 검토자 · 협조자 · 결재권자 또는 발신명의인이 공문서에 자필로 자기의 성명을 다른 사람이 알아볼 수 있도록 한글로 표시하는 것을 말한다.
④ '전자이미지관인'이란 관인의 인영(印影)을 컴퓨터 등 정보처리능력을 가진 장치에 전자적인 이미지 형태로 입력하여 사용하는 관인을 말한다.

21 다음 중 한글 Windows 10에서 사용하는 바로 가기 키에 대한 설명으로 옳은 것은?

① ■+L : 컴퓨터 시스템을 잠그거나 사용자를 전환한다.

② ■+U : 선택된 항목의 속성 대화상자를 화면에 표시한다.

③ Alt+Enter : 활성 창의 바로 가기 메뉴를 표시한다.

④ Alt+Tab : 작업 표시줄의 앱들을 차례대로 선택한다.

22 다음 중 한글 Windows 10의 [계산기] 앱에 대한 설명으로 옳은 것은?

① 날짜 계산용은 두 시간 간의 차이를 계산할 수 있다.

② 공학용은 삼각 함수나 로그 등을 최대 64자리까지 계산할 수 있다.

③ 프로그래머용은 값의 평균/합계, 제곱의 평균/합계, 표준 편차 등을 계산할 수 있다.

④ 표시된 숫자를 저장할 때는 〈MS〉 단추를, 저장된 숫자를 불러와 입력할 때는 〈MR〉 단추를 누른다.

23 다음 중 한글 Windows 10에서 [오류 검사]에 대한 설명으로 옳지 않은 것은?

① 디스크 검사는 폴더와 파일의 오류를 검사하여 발견된 오류를 복구한다.

② 디스크 검사는 손상된 부분을 복구할 때 교차 연결된 파일이 발견되면 제거하거나 백업한다.

③ 오류 검사는 해당 폴더 단위로 검사할 수 있다.

④ 파일과 폴더의 오류뿐만 아니라 디스크 표면을 검사하여 디스크에 생긴 물리적인 오류도 찾아준다.

24 다음 중 Windows 10 장치에 로그인 옵션으로 옳지 않은 것은?

① Windows Hello PIN

② 보안 키

③ Windows Hello 얼굴

④ Windows Hello 홍채

25 다음 중 한글 Windows 10의 [작업 관리자] 창에서 확인할 수 있는 사항으로 옳지 않은 것은?

① 실행 중인 응용 앱 목록

② 시작프로그램 이름과 상태 표시

③ 프린터 등의 주변 기기 사용 목록

④ CPU 이용률과 메모리 속도 및 디스크의 사용 현황

26 다음 중 한글 Windows 10에서 사용하는 [휴지통]에 대한 설명으로 옳은 것은?

① 휴지통의 크기는 사용자가 원하는 크기를 KB 단위로 지정할 수 있다.

② 지정된 휴지통의 용량을 초과하면 가장 최근에 삭제된 파일부터 자동으로 지워진다.

③ 삭제할 파일을 선택하고 Shift+Delete를 누르면 해당 파일이 휴지통으로 이동한다.

④ USB 메모리에 있는 파일을 선택한 후 Delete를 눌러 삭제하면 휴지통으로 가지 않고 완전히 지워진다.

27 다음 중 한글 Windows 10의 [작업 표시줄]에 대한 설명으로 옳지 않은 것은?

① 작업 표시줄은 기본적으로 바탕 화면의 맨 아래쪽에 있다.

② '작업 표시줄 잠금'이 지정된 상태에서는 작업 표시줄의 크기나 위치 등을 변경할 수 없다.

③ 작업 표시줄은 위치를 변경하거나 크기를 조절할 수 있으며, 크기는 화면의 1/4까지만 늘릴 수 있다.

④ 작업 표시줄은 현재 실행되고 있는 앱 단추와 앱을 빠르게 실행하기 위해 등록한 고정 앱 단추 등이 표시되는 곳이다.

28 다음 중 한글 Windows 10에 설치된 기본 프린터에 대한 설명으로 옳은 것은?

① 기본 프린터는 컴퓨터에 설치된 여러 프린터 중 가장 먼저 설치한 프린터를 의미한다.

② 기본 프린터로 지정된 프린터는 삭제시킬 수 없다.

③ 기본 프린터는 설치된 여러 프린터 중 2대까지 지정할 수 있다.

④ 네트워크 프린터나 추가 설치된 프린터도 기본 프린터로 지정할 수 있다.

29 (상)(중)(하) 다음 중 한글 Windows 10에서 발생할 수 있는 문제의 해결 방법으로 옳은 것은?

① 디스크 공간이 부족할 때는 디스크 조각 모음을 실행하여 단편화를 제거한다.
② 디스크의 접근 속도가 느려질 경우에는 디스크 정리를 수행한다.
③ 앱이 응답하지 않을 경우에는 [작업 관리자] 창에서 해당 작업을 종료한다.
④ 메인 메모리 용량이 적을 경우에는 이동식 디스크의 불필요한 파일을 삭제한다.

30 (상)(중)(하) 다음 중 한글 Windows 10에서 사용하는 웹 브라우저에 관한 설명으로 옳지 않은 것은?

① 웹 페이지의 내용을 복사하여 붙여넣기할 수 있다.
② 웹 서버에 있는 홈페이지를 수정할 수 있다.
③ 자주 방문하는 웹 사이트 주소를 관리하는 기능이 있다.
④ 플러그인 프로그램을 사용하여 동영상, 소리 등의 멀티미디어 데이터를 처리할 수 있다.

31 (상)(중)(하) 다음 중 한글 Windows 10의 시작 메뉴에 있는 [찾기] 대화상자에서 [시스템 구성] 대화상자를 열 수 있는 명령어로 옳은 것은?

① ipconfig   ② tracert
③ nbtstat   ④ msconfig

32 (상)(중)(하) 한글 Windows 10의 [Windows Defender 방화벽] 창에서 할 수 있는 작업에 대한 설명으로 옳지 않은 것은?

① 네트워크 위치를 선택하여 컴퓨터가 항상 적절한 보안 수준으로 설정되도록 할 수 있다.
② 앱이 Windows Defender 방화벽을 통해 통신하도록 설정할 수 있다.
③ 전자 메일을 보내거나 받을 때 알림 표시를 하도록 설정할 수 있다.
④ 인바운드 규칙, 아웃바운드 규칙 등과 같은 고급 보안을 설정할 수 있다.

33 (상)(중)(하) 다음 중 한글 Windows 10에서 [작업 표시줄] 창에 대한 설명으로 옳지 않은 것은?

① 작업 표시줄의 빈 영역을 선택한 후 Alt + Enter 를 누르면 [작업 표시줄] 창을 열 수 있다.
② 점프 목록에 표시된 최근 항목을 바로 가기 메뉴에서 [이 목록에서 제거]할 수 있다.
③ 작업 표시줄 자동 숨기기를 설정하면 작업 표시줄을 다른 위치로 이동시킬 수 없다.
④ 화면에서 작업 표시줄 위치를 상·하·좌·우로 설정할 수 있다.

34 (상)(중)(하) 다음 중 한글 Windows 10의 설치된 기본 프린터의 [인쇄 작업 목록 보기] 창에서 가능한 작업으로 옳지 않은 것은?

① 인쇄 일시 중지
② 설치된 프린터 제거
③ 프린터 속성 지정
④ 인쇄 기본 설정 지정

35 (상)(중)(하) 다음 중 한글 Windows 10에서 컴퓨터에 연결된 하드웨어 중에서 [장치 및 프린터] 창에 표시되지 않는 장치는?

① 휴대폰, 디지털 카메라 등과 같은 휴대용 장치
② 사운드 카드, 그래픽 카드, 메모리 등과 같이 컴퓨터 케이스 내부에 설치된 장치
③ 외장 USB 하드 디스크 드라이브, 플래시 드라이브, 웹캠 등과 같이 USB 포트에 연결하는 모든 장치
④ 컴퓨터에 연결된 모든 프린터

36 (상)(중)(하) 다음 중 마이크로소프트 엣지에 대한 설명으로 옳지 않은 것은?

① 새 크로미움(Chromium) 방식을 사용하여 Windows가 지원되는 모든 버전에 호환된다.
② 통합된 컬렉션 기능을 활용하면 웹 콘텐츠를 쉽게 수집, 구성, 공유할 수 있다.
③ 온라인의 보안 문제를 자동으로 차단하여 사용자를 보호한다.
④ Windows 디바이스에 최적화되어 있어서 macOS, iOS, Android 디바이스 등은 다운로드하여 사용할 수 없다.

37 다음 중 한글 Windows 10에서 파일이나 폴더를 삭제할 수 없는 경우에 대한 설명으로 옳은 것은?

① 다운로드한 앱 파일을 디스크 정리로 삭제할 경우
② 휴지통에 있는 특정 파일을 선택한 후에 Delete 를 눌러 삭제할 경우
③ 현재 편집 중인 문서 파일이 포함된 폴더를 선택한 후에 Delete 를 눌러 삭제할 경우
④ 모든 권한이 설정된 특정 폴더의 바로 가기 메뉴에서 [삭제]를 선택하여 삭제하는 경우

38 다음 중 한글 Windows 10의 [접근성 센터] 창에서 할 수 있는 기능에 대한 설명으로 옳지 않은 것은?

① Windows 로그온 시 자동으로 돋보기 기능을 시작할 수 있게 설정할 수 있다.
② 내레이터 시작 기능을 사용하면 키보드를 사용하여 마우스를 제어할 수 있게 설정할 수 있다.
③ 화상 키보드 시작 기능을 사용하면 키보드 없이도 글자를 입력할 수 있다.
④ 고대비 설정을 하면 색 대비를 높여 눈의 피로를 줄이고 내용을 쉽게 읽을 수 있다.

39 다음 한글 Windows 10의 보안 기능에 대한 설명 중 옳지 않은 것은?

① 사용자 계정 컨트롤 설정 변경 기능을 사용하면 유해한 앱이 사용자 모르게 소프트웨어를 설치하거나 변경하는 것을 방지할 수 있다.
② BitLocker 드라이브 암호화 기능을 사용하면 해당 드라이브에 저장된 모든 파일에 대한 무단 액세스를 방지할 수 있다.
③ Windows Defender 기능을 사용하면 스파이웨어뿐만 아니라 사용자 동의 없이 설치된 소프트웨어로부터 보호할 수 있다.
④ 컴퓨터 관리의 [디스크 관리] 기능을 사용하면 모니터의 색상이 종이와 같이 선명하고 깨끗하게 보여 읽기 쉽게 만들어 준다.

40 다음 중 한글 Windows 10의 [이더넷 속성]에서 네트워크 구성 요소에 대한 설명으로 옳지 않은 것은?

① QoS 패킷 스케줄러 : 네트워크 대역폭을 확인하고자 할 때 사용한다.
② Microsoft Networks용 클라이언트 : 사용자 컴퓨터에서 네트워크에 있는 리소스를 액세스할 수 있게 한다.
③ Microsoft 네트워크용 파일 및 프린터 공유 : 다른 컴퓨터에서 네트워크를 사용하여 사용자 컴퓨터의 리소스를 액세스할 수 있게 한다.
④ 인터넷 프로토콜 버전 6(TCP/IPv6) : 다양하게 연결된 네트워크에서 통신을 제공하는 인터넷 프로토콜의 최신 버전이다.

3과목 **PC 기본상식**

41 다음 중 컴퓨터의 발전에 대한 세대별 특징을 연결한 것으로 옳지 않은 것은?

① 1세대 – 일괄 처리 시스템, 분산 처리
② 2세대 – 운영체제 도입, 고급 언어 개발
③ 3세대 – 시분할 처리, MIS 도입
④ 4세대 – 개인용 컴퓨터 개발, 마이크로프로세서 개발

42 다음과 가장 관련 있는 것은 무엇인가?

- 영상과 음성을 하나의 케이블로 전송하는 디지털 포트이다.
- 셋톱박스, DVD 플레이어 등의 기기와 리시버, 모니터, HDTV 등의 출력 장치를 연결하는 데 사용된다.

① HDMI
② IEEE 1394
③ PS/2 포트
④ 디스플레이 포트

43 다음 중 멀티미디어 데이터에 관한 설명으로 옳지 않은 것은?

① 아날로그 데이터를 디지털로 변환하기 위해서는 샘플링(표본화)과 양자화 과정을 거치게 된다.
② 연속적인 아날로그 신호를 불연속적인 디지털 신호로 바꾸는 과정을 샘플링이라고 한다.
③ 샘플링은 음성이나 영상 등의 아날로그 신호를 일정 시간 간격으로 검출하는 단계이다.
④ 샘플링할 때 디지털 오디오 데이터 파일의 크기에 영향을 미치는 요소에는 샘플링 비율(헤르츠), 양자화 크기(비트), 저장 매체의 크기(바이트) 등이 있다.

44 다음 중 데이터의 표현 방식에 대한 설명으로 옳지 않은 것은?

① 숫자를 표현하는 부동 소수점 표현은 고정 소수점 표현에 비해 큰 수나 작은 수를 표현하기 때문에 컴퓨터 내부에서 처리하는 시간이 많이 걸린다.
② 문자 표현 방법 중 확장된 2진화 10진 코드(EBCDIC)는 8비트로 표현하며, ASCII 코드는 7비트로 표현한다.
③ 그레이(Gray) 코드는 각 자릿수에 고유한 값을 부여한 코드로, 가중치 코드에 속하며 보수를 간단히 얻을 수 있다.
④ 고정 소수점 표현은 정수 표현 형식으로 구조가 단순하고 표현 범위가 좁다.

45 다음 중 응용 소프트웨어에 대한 설명으로 옳지 않은 것은?

① 스프레드시트 소프트웨어로는 엑셀, 로터스, 훈민시트 등이 있다.
② 셰어웨어(Shareware)는 무료로 사용할 수 있으며 누구나 자유롭게 사용하고 수정 및 배포할 수 있다.
③ 전자출판(DTP) 소프트웨어로는 페이지 메이커, Quark XPress 등이 있다.
④ 데이터베이스 관리 시스템을 사용하면 데이터의 중복성을 최소화할 수 있다.

46 다음 중 정보 사회의 컴퓨터 범죄의 유형으로 옳지 않은 것은?

① 소프트웨어나 웹 콘텐츠의 무단 복사나 사용
② 음란물 유통 및 사이트 운영
③ 컴퓨터 바이러스 백신의 제작
④ 개인 신용 정보 유출

47 다음 중 정보화 사회의 최신 기술 중에서 사물 인터넷(IoT)에 대한 설명으로 가장 옳지 않은 것은?

① 세상에 존재하는 모든 사물을 네트워크로 연결한다.
② 인간과 사물 간에 언제 어디서나 서로 소통할 수 있다.
③ 인터넷에 연결된 기기가 사람의 개입 없이 서로 정보를 주고받으며 처리할 수 있다.
④ 컴퓨팅 자원을 가상화 기술로 통합하여 새로운 서비스를 제공한다.

48 다음 중 멀티미디어 그래픽 데이터의 벡터 방식에 대한 설명으로 옳지 않은 것은?

① 점과 점을 연결하는 직선이나 곡선을 이용하여 이미지를 표현한다.
② 이미지를 확대하여도 테두리가 매끄럽게 표현된다.
③ 좌표 개념을 사용하여 이동 회전 등의 변형이 쉽다.
④ 비트맵 방식과 비교하여 기억 공간을 많이 차지한다.

49 다음에서 설명하는 기억 장치로 옳은 것은?

- 하드 디스크의 일부를 주기억 장치처럼 사용한다.
- 페이징 기법과 세그먼테이션 기법이 있다.

① 연관 메모리(Associative Memory)
② 캐시 메모리(Cache Memory)
③ 가상 메모리(Virtual Memory)
④ 플래시 메모리(Flash Memory)

50 다음 중 상점에서 바코드를 읽어 들일 때 많이 사용하는 입력 장치로 빛을 주사하여 반사되는 빛의 차이를 인식하여 디지털 그래픽 정보로 만들어 주는 장치는?

① 스캐너(Scanner)
② 트랙볼(Track Ball)
③ 디지타이저(Digitizer)
④ 광전 펜(Light Pen)

51 다음 중 객체 지향 프로그래밍 언어로만 짝지어진 것은?

① JAVA, C, XML
② C++, C#, JAVA
③ C, COBOL, BASIC
④ FORTRAN, C++, XML

52 다음 중 CISC 마이크로프로세서에 대한 설명으로 옳지 않은 것은?

① 명령어의 종류가 많아 전력 소비가 많다.
② 서버, 워크스테이션에 주로 사용된다.
③ 고급 언어에 각기 하나씩의 기계어를 대응시킴으로써 명령어의 집합이 커진다.
④ 명령어 설계가 어려워 고가이나, 레지스터를 적게 사용하므로 프로그램은 간단하다.

53 디지털 콘텐츠의 불법 복제와 유포를 막고 저작권 보유자의 이익과 권리를 보호해 주는 기술과 서비스를 무엇이라고 하는가?

① DRM(Digital Rights Management)
② CRM(Customer Relationship Management)
③ DCRP(Digital Contents Rights Protection)
④ PICS(Platform for Internet Contents Selection)

54 다음 중 아날로그 컴퓨터와 비교하여 디지털 컴퓨터의 특징으로 옳은 것은?

① 입력 형태로 전류, 전압, 온도, 속도 등이 가능하다.
② 논리 회로를 사용하며, 프로그래밍이 필요하다.
③ 미분이나 적분에 관한 연산 속도가 빠르다.
④ 특수 목적용으로 기억 기능이 적다.

55 다음 중 PC의 업그레이드에 관한 설명으로 옳지 않은 것은?

① 소프트웨어를 업그레이드할 때는 CMOS SETUP 프로그램을 사용한다.
② 하드웨어를 업그레이드할 때는 컴퓨터 전원을 끄고 작업한다.
③ RAM을 업그레이드할 때는 메인보드와 운영체제의 지원 사항을 먼저 확인한다.
④ 하드 디스크를 업그레이드할 때는 용량과 RPM, 전송 속도를 고려한다.

56 다음 중 컴퓨터에서 정보 보안을 위하여 사용하는 방화벽에 관한 설명으로 옳지 않은 것은?

① 내부 네트워크로 들어오거나 외부 네트워크로 나가는 패킷을 체크한다.
② 역추적 기능이 있어서 외부 침입자의 흔적을 찾을 수 있다.
③ 방화벽을 사용하더라도 내부의 불법적인 해킹은 막지 못한다.
④ 해킹에 의한 외부로의 정보 유출을 막기 위한 보안 시스템이다.

57 다음 중 컴퓨터를 이용한 처리 시스템의 설명으로 옳지 않은 것은?

① 시분할 시스템(Time Sharing System) : 컴퓨터의 처리 시간을 짧은 시간 단위로 분할하여 한 대의 컴퓨터를 여러 명이 동시에 사용할 수 있게 하는 방식
② 실시간 처리 시스템(Real Time Processing System) : 자료가 발생하는 즉시 처리하는 방식
③ 멀티프로그래밍(Multi-programming) : 한 대의 컴퓨터에 2대 이상의 CPU를 설치하여 대량의 데이터를 신속하게 처리하는 방식
④ 분산 처리 시스템(Distributed Processing System) : 지역적으로 분산된 여러 대의 컴퓨터 시스템을 연결하여 업무를 지역적 또는 기능적으로 분산시켜 처리하는 방식

58 다음 중 전자우편의 기능에 대한 설명으로 옳지 않은 것은?

① 전달 : 다른 사람에게 알려주고 싶은 경우 받은 메일을 그대로 다른 사람에게 보내는 기능이다.
② 회신 : 받은 메일에 대하여 답장을 하되, 발송자는 물론 참조인 모두에게 전송하는 기능이다.
③ 첨부 : 문서, 이미지, 동영상 등의 파일을 전자우편에 첨부하여 보내는 기능이다.
④ 서명 : 메시지를 보낸 사람의 신원을 증명하기 위해 메시지 끝에 붙이는 표식으로 이름, 직위, 회사 이름, 주소 등을 표시한다.

59 다음 중 보기에서 설명하는 모바일 기기 관련 용어로 옳은 것은?

> 여러 개의 앱을 한꺼번에 사용할 수 있도록 앱 실행 시 영상 화면을 오버레이의 팝업창 형태로 분리하여 실행하는 기능이다.

① 스마트 앱(Smart App)
② 플로팅 앱(Floating App)
③ 앱 스토어(App Store)
④ 앱북(App Book)

60 다음 중 스마트폰의 보안 위협에 대처하는 방법에 대한 설명으로 옳지 않은 것은?

① 와이파이(Wi-Fi) 망에서 양자 간 통신 내용을 가로채는 중간자 공격을 방지하기 위해 VPN 서비스를 강화한다.
② 악성코드나 바이러스 감염으로부터 예방하고자 운영체제와 백신 앱을 항상 최신 버전으로 업데이트한다.
③ 악성코드 유포를 막기 위해 가급적 멀티미디어 메시지(MMS)를 사용하고 블루투스 기능은 항상 켜 놓는다.
④ 분실한 기기에 저장된 개인정보를 원격으로 삭제하여 불법 사용을 방지하기 위해 킬 스위치(Kill Switch) 기능을 사용한다.

빠른 정답표 | 확인하기

① 모바일로 QR 코드를 스캔합니다.
② 해당 회차의 정답표를 확인합니다.
③ 빠르고 간편하게 채점해 보세요.

SELF CHECK | 제한시간 60분 | 소요시간　분 | 전체 문항 수 60문항 | 맞힌 문항 수　문항

1과목　워드프로세싱 용어 및 기능

01 다음 중 한글을 입력하는 방법에 대한 설명으로 옳지 않은 것은?

① 완성형 한글은 코드에 없는 문자를 사용할 수 없다.
② 조합형은 초성, 중성, 종성의 코드값을 조합하여 표현한다.
③ 유니코드는 완성형 코드에 조합형을 반영한 코드로 기억 공간을 많이 차지한다.
④ 유니코드는 한글, 영문 모두 1바이트로 표현하며 전 세계의 모든 문자를 표현할 수 있다.

02 다음 중 컴퓨터의 입력 장치가 아닌 것은?

① 스캐너(Scanner)
② 플로터(Plotter)
③ 디지타이저(Digitizer)
④ 광학 문자 판독기(OCR)

03 다음 중 인쇄 관련 단위에 대한 설명으로 옳은 것은?

① CPS : 1초에 인쇄할 수 있는 단어의 수
② LPM : 1분에 인쇄되는 점의 수
③ PPM : 1분에 인쇄할 수 있는 페이지 수
④ DPI : 1인치에 인쇄할 수 있는 줄 수

04 다음 중 완성형(KS X 1001) 코드에 대한 설명으로 옳지 않은 것은?

① 완성된 글자마다 코드값을 부여한다.
② 기억 공간을 많이 차지한다.
③ 국제 표준 코드로 전 세계의 모든 문자를 표현할 수 있다.
④ 영문이나 숫자는 1바이트, 한글이나 한자는 2바이트로 표현한다.

05 다음 중 문서관리의 기본 원칙으로 옳지 않은 것은?

① 문서 사무 처리의 절차나 방법 등을 간결하게 하여 시간 절약과 문서 업무 능률을 증진시킨다.
② 문서 처리의 절차나 방법 중에서 중복되는 것이나 불필요한 것을 없애고, 동일 종류의 문서 사무 처리를 하나로 묶어서 통합하여 처리한다.
③ 문서 사무 처리에 적용할 수 있는 여러 가지의 수단이나 방법 중에서 가장 합리적인 것을 선정하여 적용한다.
④ 문서가 이동되고 경유되는 곳은 늘리고 지체 시간은 줄여야 한다.

06 다음 중 파일링 시스템의 기본 원칙으로 옳지 않은 것은?

① 빠른 속도를 위해 시간과 공간을 극대화시켜 처리
② 명확한 분류를 위한 파일링 방법의 표준화
③ 문서 검색의 용이성 및 신속한 출납
④ 문서의 정확한 소재 명시 및 보존의 확실성

07 다음에 설명하는 문서 정리 방법을 나타내는 용어로 가장 적절한 것은?

> – 같은 카테고리의 문서를 한 곳에 모을 수 있다.
> – 문서 내용의 분류가 여러 개인 경우 상호참조 표시가 필요하다.
> – 문서가 소분류로 구분되어 취급되는 경우에 많이 활용된다.

① 번호식 분류법
② 지역별 분류법
③ 주제별 분류법
④ 수평적 분류법

08 다음 중 문서의 발송에 대한 설명으로 옳지 않은 것은?

① 문서는 정보 통신망을 이용하여 발송함을 원칙으로 한다.
② 전자 문서인 경우 전자 문서 시스템 또는 업무관리 시스템상에서 발송해야 한다.
③ 종이 문서인 경우에는 원본을 발송해야 한다.
④ 문서는 처리과에서 발송한다.

09 다음 중 워드프로세서의 편집 기능에 대한 설명으로 옳지 않은 것은?

① 사전 기능은 단어를 입력하여 주면 의미를 확인할 수 있게 해준다.
② 스타일(Style)은 문서에 복잡한 수식을 입력할 때 사용하는 기능이다.
③ 다단 편집이란 하나의 편집 화면을 여러 개의 단으로 나누어서 문서를 작성하는 기능이다.
④ 매크로(Macro)는 사용자가 키보드나 마우스로 작업한 순서를 보관해 두었다가 한꺼번에 재실행하는 기능이다.

10 다음 중 워드프로세서의 특징으로 옳지 않은 것은?

① 워드프로세서를 이용하면 문서 작성에 드는 시간과 노력을 줄일 수 있다.
② 정보 통신망을 이용하여 문서를 전송할 수 있으므로 보안에 주의할 필요는 없다.
③ 파일로 인쇄하거나 인쇄 용지로 확대/축소 인쇄를 할 수 있다.
④ 문서 작성 및 관리를 전산화함으로써 유지 관리가 쉽다.

11 다음 중 전자문서 관리 시스템에 대한 설명으로 옳지 않은 것은?

① 표준화된 문서 양식으로 신속하게 문서를 조회 및 검색할 수 있다.
② 사무의 생산성이 향상되고 데이터를 공유할 수 있다.
③ 전자문서로 작성한 모든 문서는 출력하여 따로 편철하여 보관한다.
④ 문서 수발에 따르는 시간과 비용이 절감된다.

12 다음 중 워드프로세서의 용어에 대한 설명이 옳지 않은 것은?

① 옵션(Option) : 명령이나 기능을 수행할 때 추가적인 요소나 선택 항목을 표시한다.
② 캡션(Caption) : 글자를 구부리거나 글자에 외곽선, 그림자, 회전 등의 효과를 주어 글자를 꾸미는 것을 말한다.
③ 스크롤(Scroll) : 화면의 상 · 하 · 좌 · 우의 내용을 보기 위해 화면을 이동시키는 기능이다.
④ 래그드(Ragged) : 문서의 오른쪽 끝이 정렬되지 않은 상태를 말한다.

13 다음 중 워드프로세서를 이용한 문서 작성법의 설명으로 옳지 않은 것은?

① 문장은 되도록 간결하게 쓰고 긴 문장은 적당히 끊어 작성한다.
② 작성자의 의사가 명확히 표시되어야 하며 이해하기 쉬운 용어를 사용한다.
③ 문서의 구성은 두문, 본문, 결문 등으로 구분한다.
④ 단어마다 한자, 영어를 넣어 작성하여 문서의 내용을 가급적 어렵게 인식되도록 한다.

14 다음 중 워드프로세서에서 사용하는 기본 용어에 관한 설명으로 옳지 않은 것은?

① 영문 균등(Justification) : 단어와 단어 사이의 간격을 균등 배분하여 문장의 왼쪽 끝만 맞추어 균형을 유지하는 기능
② 색인(Index) : 문서의 중요한 내용들을 빠르게 찾기 위하여 문서의 맨 뒤에 용어와 기록된 쪽 번호를 오름차순으로 기록하여 정리한 목록
③ 디폴트(Default) : 서식이나 메뉴 등에서 기본적으로 설정되어 있는 값
④ 마진(Margin) : 문서 작성 시 문서의 균형을 위해 남겨두는 상 · 하 · 좌 · 우의 여백

15 다음 중 문서의 분량이 감소할 수 있는 교정부호로만 묶인 것은?

① ⌒, ✕, ⌣
② ⌐, ✓, ⌒
③ ⌐, ⌒, ⌒
④ ⌒, ⌒, ⌐

16 다음 중 〈보기 1〉의 문장이 〈보기 2〉의 문장으로 수정되기 위해 필요한 교정부호들로만 짝지어진 것으로 옳은 것은?

〈보기 1〉

> 천재는 노력하는 사람을 이길 수 없고,
> 노력하는 자는 즐기는 자 를 이길 수 없다.

〈보기 2〉

> 천재는 노력하는 자를 이길 수 없고,
> 노력하는 자는 즐기는 자를 이길 수 없다.

① ⌐, ⌒, ⌐
② ⌐, ⌒, ⌒
③ ⌐, ⌒, ⌣
④ ⌐, ⌐, ⌒

17 다음 중 메일 머지(Mail Merge)에 대한 설명으로 옳지 않은 것은?

① 전체적인 내용은 동일하지만 특정 부분만 다른 여러 개의 문서를 만드는 경우에 사용한다.
② 초청장, 안내장, 청첩장 등에 사용한다.
③ 출력 방향에는 모니터 화면, 프린터, 파일, 메일이 있다.
④ 서식 자료 파일의 종류에는 윈도우 주소록, Outlook 주소록, 한글 파일, 엑셀 파일, PDF 파일, 그래픽 파일 등이 있다.

18 다음 보기에서 설명하는 편람으로 옳은 것은?

> 단위 업무에 대한 업무 계획, 업무 현황 및 그 밖의 참고자료 등을 체계적으로 정리한 업무 자료철

① 행정 편람
② 직무 편람
③ 공고 편람
④ 민원 편람

19 다음 중 워드프로세서의 인쇄 기능에 대한 설명으로 옳지 않은 것은?

① 문서의 여러 쪽을 한 페이지에 모아 찍기, 특정 페이지마다 끊어 찍기를 할 수 있다.
② 미리보기 기능을 사용하여 문서의 내용을 편집할 수는 없다.
③ 인쇄 매수를 지정하여 동일한 문서를 여러 번 인쇄할 수 있다.
④ 인쇄할 때 프린터의 해상도를 높게 설정하면 선명하게 인쇄되고 출력 속도도 빨라진다.

20 다음 중 전자출판에 대한 설명으로 옳지 않은 것은?

① 컴퓨터를 이용하여 원고의 입력부터 출력까지의 전 과정을 관리할 수 있다.
② 전자출판을 이용하면 문자뿐만 아니라 그림, 소리, 동영상 등의 표현도 가능하다.
③ 미리보기 기능을 이용하여 최종 결과물의 결과를 미리 화면으로 확인할 수 있다.
④ 출판과 보관 비용이 많이 증가하지만 다른 매체와 결합이 쉽다.

2과목 PC 운영체제

21 다음 중 한글 Windows 10의 전원에 관한 설명으로 옳지 않은 것은?

① 시스템 종료 : 앱을 모두 닫고 시스템을 종료한다.
② 절전 : PC가 켜져 있지만 저 전원 상태로 앱이 열려 있어 절전 모드가 해제되면 이전 상태로 돌아간다.
③ 잠금 : 사용 중인 사용자 계정에 암호가 설정되어 있는 경우 컴퓨터를 켜놓은 상태로 잠그면 사용자 암호를 입력해야만 잠금을 해제할 수 있다.
④ 다시 시작 : 변경된 Windows 설정을 저장하고 메모리에 있는 모든 정보를 이동식 디스크에 저장한 후에 시스템을 다시 시작한다.

22 다음 중 한글 Windows 10에서 사용하는 바로 가기 아이콘에 대한 설명으로 옳지 않은 것은?

① 바로 가기 아이콘을 삭제하여도 원본 파일은 삭제되지 않는다.
② 폴더나 파일, 컴퓨터, 프린터, 디스크 드라이버 등의 개체에 대해 설정할 수 있다.
③ 바로 가기 아이콘은 왼쪽 아래에 화살표 표시가 있으며, 확장자는 .LNK이다.
④ 자주 사용하는 문서나 앱을 빠르게 실행시키기 위하여 사용하는 원본 파일의 복사본이다.

23 다음 중 이미지 뷰어를 위한 유틸리티 앱으로만 짝지은 것은?

① 네이버 백신, V3 Lite, 알약
② 반디집, 알집, WinZip
③ 알FTP, 파일질라, Winscp
④ 알씨(ALSee), Imagine, Windows Media Player

24 다음 중 한글 Windows 10에서 프로그램 설치 및 제거에 대한 설명으로 옳지 않은 것은?

① 파일 탐색기에서 설치 파일(Setup.exe)을 찾아 더블클릭하면 설치할 수 있다.
② 설치된 앱을 완전히 제거하려면 설치된 앱 파일들이 들어있는 폴더를 모두 삭제하면 된다.
③ 인터넷을 통해 설치하려면 해당 앱에 대한 링크를 클릭한 후 '열기' 또는 '실행'을 클릭한다.
④ [제어판]의 [프로그램 및 기능]에서 해당 프로그램을 선택한 후 '제거/변경'을 클릭하면 설치된 앱을 삭제할 수 있다.

25 다음 중 한글 Windows 10의 [Windows 보조프로그램]에 있는 [그림판]에 대한 설명으로 옳지 않은 것은?

① 스마트폰으로 촬영한 jpg 파일을 불러와 편집한 후 png 파일 형식으로 저장할 수 있다.
② 편집 중인 이미지의 일부분을 선택한 후 삭제하면 삭제된 빈 공간은 '색 1'(전경색)로 채워진다.
③ 오른쪽 버튼으로 그림을 그릴 경우에는 모두 '색 2'(배경색)로 그려진다.
④ 그림판에서 편집한 그림은 Windows 바탕 화면의 배경으로 사용할 수 있다.

26 다음 중 한글 Windows 10에서 네트워크와 관련하여 [이더넷 속성] 창에서 할 수 있는 작업으로 옳지 않은 것은?

① 네트워크 연결에 사용하는 장치의 어댑터나 동작 상태, 드라이버 등의 구성을 확인할 수 있다.
② 다른 네트워크 사용자가 현재 사용 중인 컴퓨터의 인터넷을 통해 인터넷 연결 공유를 설정할 수 있다.
③ 클라이언트나 서비스, 프로토콜 등의 네트워크 기능 유형을 선택하고 추가 설치를 할 수 있다.
④ 네트워크에 인터넷 연결 공유된 각 컴퓨터를 직접 연결할 수 있으며, 파일이나 프린터를 사용할 수 있다.

27 다음 중 한글 Windows 10에서 폴더와 프린터의 공유에 대한 설명으로 옳지 않은 것은?

① 다른 사람이 공유 여부를 모르게 하려면 폴더의 공유 이름 뒤에 '#' 기호를 표시한다.
② 공유된 자원의 아이콘을 클릭하면 파일 탐색기 하단의 세부 정보 창에 공유 여부가 표시된다.
③ 프린터를 공유할 경우 공유할 프린터의 이름을 변경할 수 있다.
④ 문서, 비디오, 소리, 그림 등의 데이터 파일을 공유하려면 해당 파일을 공용 폴더로 이동시키면 된다.

28 다음 중 한글 Windows 10의 보조프로그램 중에서 [메모장]에 관한 설명으로 옳은 것은?

① 그림이나 차트 등의 OLE 개체를 삽입할 수 있다.
② 자동 맞춤법과 같은 고급 기능을 제공한다.
③ 서식이 없는 텍스트 형식의 문서만 열거나 저장할 수 있다.
④ 편집하는 문서의 특정 영역(블록)에 대한 글꼴의 종류나 속성, 크기를 변경할 수 있다.

29 다음 중 한글 Windows 10의 바탕 화면에 새 폴더를 만드는 방법으로 옳지 않은 것은?

① 파일 탐색기 창에서 바탕 화면을 선택한 후 메뉴에서 [새 폴더]를 선택한다.
② 바탕 화면에서 새 폴더를 만들기 위한 바로 가기 키인 Ctrl + N 을 누른다.
③ 바탕 화면의 바로 가기 메뉴에서 [새로 만들기]-[폴더]를 선택한다.
④ ⊞ + E 를 눌러 나오는 창에서 바탕 화면을 선택한 후 메뉴에서 [새 폴너]를 선택한다.

30 다음 중 한글 Windows 10의 [작업 표시줄]에서 설정할 수 있는 기능과 관련이 없는 것은?

① 작업 표시줄 잠금
② 작업 표시줄 자동 숨기기 설정
③ 전원 단추 동작 설정
④ 바탕 화면 보기

31 다음 중 한글 Windows 10의 [제어판]에 있는 [기본 프로그램]을 선택하여 설정할 수 있는 항목으로 옳지 않은 것은?

① 기본 프로그램 설정
② 파일 형식 또는 프로토콜을 프로그램과 연결
③ 자동 재생 설정 변경
④ 파일 형식 및 프로토콜 제거 또는 복구

32 다음 중 한글 Windows 10의 바탕 화면에 있는 아이콘을 정렬하는 기준으로 옳지 않은 것은?

① 항목 유형순으로 정렬
② 크기순으로 정렬
③ 수정한 날짜순으로 정렬
④ 이름의 길이순으로 정렬

33 다음 중 한글 Windows 10에서 사용하는 기본 프린터의 설정에 관한 설명으로 옳지 않은 것은?

① 기본 프린터로 사용할 프린터를 마우스 오른쪽 단추로 클릭한 다음 [기본 프린터로 설정]을 클릭한다.
② 현재 기본 프린터를 해제하려면 다른 프린터를 기본 프린터로 설정하면 된다.
③ 인쇄 시 특정 프린터를 지정하지 않으면 자동으로 인쇄 작업이 기본 프린터로 전달된다.
④ 기본 프린터는 2개 이상 지정이 가능하다.

34 다음 중 한글 Windows 10에서 인터넷이 정상적으로 작동하지 않을 때 취해야 할 조치로 옳지 않은 것은?

① 네트워크 카드나 케이블이 바르게 연결되었는지 점검한다.
② [실행] 창에 'renew'를 입력하여 Mac 주소를 확인한다.
③ Windows 또는 웹 브라우저가 정상적으로 설치되어 있는지 확인한다.
④ Ping 명령을 사용해 접속하려는 사이트의 서버 상태를 확인한다.

35 한글 Windows 10에서 바탕 화면에 열려 있는 현재 실행 중인 앱을 종료하는 방법으로 옳지 않은 것은?

① Ctrl + Shift + Esc 를 누른 후 나타나는 작업 관리자 창의 [프로세스] 탭에서 해당 앱을 선택한 후 [작업 끝내기] 단추를 클릭한다.
② 작업 표시줄의 바로 가기 메뉴에서 [작업 관리자]를 선택한 후 [프로세스] 탭에서 해당 앱의 [이미지 이름]을 선택한 후 [작업 끝내기] 단추를 클릭한다.
③ Ctrl + F4 를 누른다.
④ [시작] 메뉴에서 [잠금]을 누르면 나타나는 대화상자에서 [닫기] 단추를 클릭한다.

36 다음 중 한글 Windows 10의 [마우스 속성] 창에서 설정할 수 있는 기능으로 옳지 않은 것은?

① 두 번 클릭 속도의 변경
② 마우스 포인터 모양의 변경
③ 마우스 기종의 변경
④ 오른쪽 단추와 왼쪽 단추 기능 바꾸기

37 다음 중 한글 Windows 10에서 휴지통에 관한 설명으로 옳지 않은 것은?

① 휴지통의 크기는 드라이브마다 다르게 설정할 수 있다.
② 파일 탐색기의 [홈] 리본에 [삭제]를 눌러 휴지통으로 이동한다.
③ 휴지통 비우기를 하면 휴지통 아이콘의 모양이 변경되고 이후 복원할 수 없다.
④ 휴지통의 파일은 필요할 때 복원하여 사용할 수 있으며 휴지통에서 파일을 실행할 수도 있다.

38 다음 중 한글 Windows 10의 [작업 관리자] 창에서 할 수 있는 작업으로 옳지 않은 것은?

① 현재 실행 중인 앱의 작업에 대하여 강제로 끝내기를 할 수 있다.
② 모든 사용자의 프로세스를 표시하거나 해당 프로세스의 끝내기를 할 수 있다.
③ 시스템의 서비스 항목을 확인하고 해당 서비스를 중지하거나 실행할 수 있다.
④ 현재 시스템 사용자를 로그오프하거나 새로운 사용자를 추가할 수 있다.

39 한글 Windows 10의 가상 데스크톱에 대한 설명으로 옳지 않은 것은?

① 개인용 작업과 업무용 작업을 분리하여 하나의 시스템에서 서로 다른 바탕 화면으로 관리할 수 있다.
② 작업 표시줄에는 모든 가상 데스크톱에서 실행 중인 모든 목록이 표시된다.
③ 바로 가기 키 ■ + Tab 을 눌러 새로운 가상 데스크톱을 만들 수 있다.
④ 가상 데스크톱을 삭제해도 현재 작업 중인 창은 다른 데스크톱 화면으로 이동된다.

40 다음 중 한글 Windows 10에서 레지스트리에 대한 설명으로 옳지 않은 것은?

① 레지스트리를 편집하려면 시작 메뉴의 검색 상자에서 'regedit'를 입력하여 실행한다.
② 레지스트리란 Windows 사용자의 정보, 응용 앱의 정보, 설정 사항 등 Windows 실행 설정에 대한 정보를 담은 데이터베이스이다.
③ 레지스트리가 손상되면 Windows에 치명적인 손상을 줄 수 있으므로 주의하여 사용해야 한다.
④ 레지스트리는 백업을 받을 수 없으므로 함부로 삭제하거나 실수하는 일이 없도록 신중하게 편집하여야 한다.

41 다음 중 컴퓨터 바이러스 감염 예방법으로 옳지 않은 것은?

① 공용 폴더의 속성은 읽기 전용으로 한다.
② 불분명한 전자우편은 반드시 열어서 확인하고 삭제한다.
③ 최신 백신을 사용하여 주기적으로 검사한다.
④ 감염에 대비하여 중요 자료는 주기적으로 백업한다.

42 다음 중 컴퓨터 중앙 처리 장치의 제어 장치에 있는 레지스터의 설명으로 옳은 것은?

① 프로그램 카운터(PC)는 다음에 실행할 명령어의 번지를 기억하는 레지스터이다.
② 명령 레지스터(IR)는 현재 실행 중인 명령어를 해독하는 레지스터이다.
③ 부호기(Encoder)는 연산된 결과의 음수와 양수를 결정하는 회로이다.
④ 메모리 버퍼 레지스터(MBR)는 기억 장치에 입출력되는 데이터의 주소 번지를 기억한다.

43 다음 중 전자우편에 대한 설명으로 옳지 않은 것은?

① 메일 서버에 도착한 전자우편을 사용자 컴퓨터로 가져오는 프로토콜은 POP3이다.
② 전자우편 주소 sang123@nara.co.kr에서 도메인 네임은 nara.co.kr이다.
③ 회신은 받은 메일에 대해 답장을 작성하여 발송자에게 보내는 기능이다.
④ 전자우편의 송신을 담당하고 다른 사람의 계정이 있는 곳으로 전송하는 프로토콜은 IMAP이다.

44 다음 중 정보 전송 방식에 대한 설명으로 옳지 않은 것은?

① 통신 회선 이용 방식에 따라 단방향 통신, 양방향 통신, 전이중 통신으로 구분한다.
② 데이터 전송 방식에 따라 직렬 전송, 병렬 전송으로 구분한다.
③ 데이터 동기화 여부에 따라 비동기식 전송, 동기식 전송으로 구분한다.
④ 연결 방식에 따라 점대점 방식, 다지점 방식으로 구분한다.

45 다음은 무엇에 대한 설명인가?

> 키보드 없이 손가락 또는 전자펜을 이용해 직접 액정 화면에 글씨를 써서 문자를 인식하게 하는 터치스크린 방식을 주 입력 방식으로 하여 앱을 실행할 수 있는 모바일 인터넷 기기

① HMD(Head Mounted Display)
② 태블릿 PC
③ 노트북 컴퓨터
④ 랩탑 컴퓨터

46 다음에서 설명하는 오디오 데이터 파일 형식은?

> – 전자 악기 디지털 인터페이스를 의미하며, 컴퓨터 사이에서 음정과 같은 연주 정보를 교환하기 위한 데이터 전송 규격이다.
> – 음성이나 효과음 저장이 불가능하고, 연주 정보만 저장되어 있으므로 크기가 작다.

① MP3   ② MIDI
③ WAVE   ④ RA/RM

47 다음에서 설명하는 컴퓨터는 무엇인가?

> – 컴퓨터의 분류에서 사용 목적에 따른 분류이다.
> – 특수한 목적에만 사용하기 위해 제작된 컴퓨터로 자동 제어 시스템, 항공 기술 등 산업용 제어 분야 등에 사용되며, 아날로그 컴퓨터가 여기에 해당된다.

① 디지털 컴퓨터
② 범용 컴퓨터
③ 전용 컴퓨터
④ 하이브리드 컴퓨터

48 다음 중 컴퓨터의 기본 장치인 주기억 장치에 대한 설명으로 옳지 않은 것은?

① 자료가 있는 주소에 새로운 자료가 들어오면 기존의 자료는 그 다음 주소로 저장된다.
② 주기억 장치에 사용되는 기억 매체는 주로 RAM을 사용한다.
③ 주기억 장치의 각 위치는 주소(Address)에 의해 표시된다.
④ 주기억 장치는 처리 중인 프로그램과 데이터 그리고 중간 처리 결과를 보관한다.

49 다음 중 자기 디스크 관련 용어에 대한 설명으로 옳은 것은?

① 섹터(Sector) : 회전축을 중심으로 데이터가 기록되는 동심원
② 실린더(Cylinder) : 여러 개의 섹터를 모은 것
③ 접근시간(Access Time) : 데이터를 읽고 쓰는 데 걸리는 시간의 합
④ 탐색시간(Seek Time) : 읽기/쓰기 헤드가 지정된 트랙을 찾은 후 원판이 회전하여 원하는 섹터의 읽기/쓰기가 시작될 때까지의 시간

50 다음 중 서로 다른 프로토콜을 사용하는 망을 연결하는 데 사용되는 장치는?

① 리피터(Repeater)
② 게이트웨이(Gateway)
③ 서버(Server)
④ 클라이언트(Client)

51 다음 중 응용 소프트웨어에 대한 설명으로 잘못된 것은?

① MS Outlook은 그룹웨어의 일종이다.
② DTP(Desk Top Publishing) 소프트웨어는 문서 이미지에 포함된 문자를 이미지 형태의 문자로 변경해 준다.
③ 컴퓨터나 소프트웨어 구입 시 무료로 배포되는 소프트웨어를 번들 소프트웨어라고 한다.
④ 데이터베이스 관리 시스템은 데이터의 중복성을 최소화하고 무결성을 보장해 줄 수 있다.

52 다음은 프로그램 개발 절차이다. 괄호 안에 들어갈 내용을 올바르게 나열한 것은?

> 문제 분석 → ( ) → 순서도 작성 → ( ) → ( ) → 테스트 → 프로그램 실행 → 문서화

① 코딩, 입출력 설계, 번역과 오류 수정
② 입출력 설계, 번역과 오류 수정, 코딩
③ 입출력 설계, 코딩, 번역과 오류 수정
④ 번역과 오류 수정, 입출력 설계, 코딩

53 다음 중 연산 장치를 구성하는 레지스터가 아닌 것은?

① 데이터 레지스터
② 메모리 버퍼 레지스터
③ 상태 레지스터
④ 인덱스 레지스터

54 다음 중 DMA(Direct Memory Access)에 관한 설명으로 옳지 않은 것은?

① CPU로부터 입·출력 장치의 제어를 넘겨받아 대신 처리하는 입·출력 전용 프로세서이다.
② 작업이 끝나면 CPU에게 인터럽트 신호를 보내 작업이 종료되었음을 알린다.
③ DMA 방식을 채택하면 CPU의 효율성이 증가되고 속도가 향상된다.
④ DMA를 사용하려면 메인보드와 하드 디스크 같은 주변장치가 DMA를 지원해야 한다.

55 다음 중 그래픽 데이터 형식에 관한 설명으로 옳지 않은 것은?

① BMP : Windows 운영체제의 표준 비트맵 파일 형식으로 압축하여 저장하므로 파일의 크기가 작은 편이다.
② GIF : 인터넷 표준 그래픽 형식으로 8비트 컬러를 사용하여 최대 256색상까지만 표현할 수 있으며, 애니메이션 표현이 가능하다.
③ JPEG : 사진과 같은 선명한 정지 영상 압축 기술에 대한 국제 표준으로 주로 인터넷에서 그림 전송에 사용된다.
④ PNG : 트루 컬러의 지원과 투명색 지정이 가능하다.

56 다음 중 OSI 7 계층 구조에서 각 계층에 해당하는 프로토콜로 옳지 않은 것은?

① 데이터링크 계층 : HDLC, SDLC
② 네트워크 계층 : IP, ICMP
③ 세션 계층 : TCP, UDP
④ 응용 계층 : FTP, HTTP

(상)(중)(하)

57 다음 중 운영체제의 목적에 대한 설명으로 옳지 않은 것은?

① 처리 능력(Throughput) : 일정한 시간 내에 컴퓨터 시스템이 처리할 수 있는 일의 양으로 많을수록 좋다.

② 응답 시간(Turnaround Time) : 사용자가 작업 요청 후 그 결과를 얻을 때까지의 소요되는 시간으로 짧을수록 좋다.

③ 사용 가능도(Availability) : 컴퓨터 시스템을 사용할 때 실제 시스템 자원을 사용할 수 있는 시간을 말하며 시간이 많을수록 좋다.

④ 신뢰도(Reliability) : 주어진 문제를 정확하게 해결하고 작동하는 정도로 무고장 시간이 길수록 좋다.

(상)(중)(하)

58 다음 중 ICT 신기술에서 유비쿼터스(Ubiquitous)에 관한 설명으로 옳지 않은 것은?

① 언제 어디서나 어떤 기기를 통해서도 컴퓨팅이 가능한 환경이다.

② 기존의 관리나 분석체계로 처리가 어려운 대용량 데이터를 처리하는 기술이다.

③ 모든 사물에 초소형 칩을 내장시켜 네트워크로 연결하여 사물끼리 통신이 가능하다.

④ 대표적인 관련 기술로는 RFID와 USN 등이 있다.

(상)(중)(하)

59 다음 중 오디오, 비디오, 이미지 등의 디지털 콘텐츠에 사람의 육안으로는 구별할 수 없도록 저작원의 정보를 삽입하여 불법 복제를 막는 기술로 옳은 것은?

① 카피라잇(Copyright)

② 카피레프트(Copyleft)

③ 워터마킹(Watermarking)

④ 스패밍(Spamming)

(상)(중)(하)

60 다음 중 아래의 보기에서 설명하는 운영체제의 운영 방식으로 옳은 것은?

- 속도가 빠른 CPU의 처리 시간을 분할하여 여러 개의 작업을 연속으로 처리하는 방식
- 일정 시간 단위로 CPU 사용권을 신속하게 전환하여 각 사용자들이 자신만이 컴퓨터를 사용하고 있는 것처럼 느끼게 하는 방식

① 일괄 처리 시스템

② 듀플렉스 시스템

③ 분산 처리 시스템

④ 시분할 시스템

빠른 정답표 확인하기

① 모바일로 QR 코드를 스캔합니다.
② 해당 회차의 정답표를 확인합니다.
③ 빠르고 간편하게 채점해 보세요.

SELF CHECK | 제한시간 60분 | 소요시간　분 | 전체 문항 수 60문항 | 맞힌 문항 수　문항

1과목　워드프로세싱 용어 및 기능

(상)(중)(하)
01 다음 중 워드프로세서의 특징에 대한 설명으로 옳지 않은 것은?

① 작성한 문서를 다른 응용 프로그램에서 불러와 편집할 수 있다.
② 작성 중인 문서를 포토샵 파일(*.PDS)이나 동영상 파일(*.WMV)로 저장할 수 있다.
③ 작성한 문서에 암호를 부여하여 저장할 수 있어 보안 유지가 가능하다.
④ 작성한 문서를 메일, 팩시밀리, 모바일 등을 이용하여 쉽게 전송할 수 있다.

(상)(중)(하)
02 다음 중 한자를 입력하는 방법으로 옳은 것은?

① 특정 영역을 범위 지정한 후 한자키를 눌러 변환할 수 없다.
② 한자의 음을 아는 경우에는 부수/총 획수 입력, 외자 입력, 2Stroke 입력이 있다.
③ 한자의 음을 모를 때에는 한글/한자 음절 변환, 단어 변환, 문장 자동 변환이 있다.
④ 한자키로 한자로 변환한 후 한글로 변환할 수 있고 새로운 한자를 등록할 수 있다.

(상)(중)(하)
03 다음 중 아래의 보기에서 설명하는 워드프로세서의 편집 관련 용어로 옳은 것은?

> 문서의 내용을 설명하거나 인용한 원문의 제목을 알려주는 보충 구절을 해당 페이지 하단에 표기하는 기능

① 미주(Endnote)
② 각주(Footnote)
③ 문단(Paragraph)
④ 클립아트(Clip Art)

(상)(중)(하)
04 다음 중 문서의 인쇄에 대한 설명으로 옳지 않은 것은?

① 프린터의 해상도를 높게 설정하면 인쇄가 선명해진다.
② 문서의 내용을 축소하거나 500%까지 확대하여 인쇄할 수 있다.
③ 인쇄 옵션 항목에는 인쇄 범위, 인쇄 매수, 인쇄 방식 등을 지정할 수 있다.
④ 파일로 인쇄를 하면 종이에 출력한 후 PDF, XPS 등의 파일로 저장된다.

(상)(중)(하)
05 다음 중 글꼴 방식에 대한 설명으로 옳지 않은 것은?

① 비트맵은 점으로 이루어진 글꼴로 점이 많으면 글씨가 세밀해진다.
② 비트맵 글꼴은 확대나 축소를 해도 글씨가 매끄럽게 나타난다.
③ 벡터 글꼴은 좌표를 받아 입력하고 글씨가 커지면 용량이 커진다.
④ 벡터 글꼴은 글자를 선분의 모임으로 그린 글꼴로 플로터 등에서 사용된다.

(상)(중)(하)
06 다음 중 전자문서 관리 시스템에 대한 설명으로 옳지 않은 것은?

① 전자문서는 빠르고 정확한 검색이 가능하다.
② 전자문서의 효력은 수신자의 컴퓨터 파일에 기록되었을 때부터 발생한다.
③ 전자이미지관인은 문서과의 기안자가 자기의 서명을 이미지 형태로 입력하는 작업이다.
④ 전자문서에서 보존 기간이 20년 이상인 문서는 컴퓨터 파일과 장기보존이 가능한 용지에 출력한 출력물을 함께 보존한다.

상중하

07 다음에서 설명하는 것은?

> 문단의 왼쪽/오른쪽 여백, 탭의 위치, 들여쓰기/내어쓰기, 눈금 단위 등을 표시한다.

① 제목 표시줄
② 스크롤(Scroll)
③ 상태 표시줄
④ 눈금자(Ruler)

08 다음 중 공문서 항목 구분 시 넷째 항목의 항목 구분으로 사용할 수 있는 기호는?

① 가, 나, 다, …
② 가), 나), 다), …
③ ㉮, ㉯, ㉰, …
④ (가), (나), (다), …

09 다음 중 공문서의 접수, 처리에 대한 설명으로 옳지 않은 것은?

① 접수한 문서에는 접수 일시와 접수 등록 번호를 전자적으로 표시한다.
② 종이문서인 경우에는 접수인을 찍고 접수 일시와 접수 등록 번호를 적는다.
③ 문서과에서 직접 받은 문서는 문서과에서 접수하여 처리한다.
④ 문서는 처리과에서 접수해야 한다.

10 다음 문장에 사용되는 교정기호로 묶인 것은?

〈수정 전〉

> 경계치 않는 것이 아니라 넘어질 때마다
> 거기에 삶의 가장 큰 존재영광이 존재한다.

〈수정 후〉

> 넘어지지 않는 것이 아니라 넘어질 때마다 일어서는 것.
> 거기에 삶의 가장 큰 영광이 존재한다.

① ⊏, ⟋⟍, ⌐
② ⟋, ⌣, ⟋
③ ☼, ⌒, ⟋
④ ⌣, ⌒, ⌐

11 다음 중 우리나라에서 적용되는 공문서 효력이 발생하는 시기로 옳은 것은?

① 공문서가 작성 완료된 시점
② 공문서가 발송된 직후
③ 공문서가 수신자에게 도달한 시점
④ 공문서가 도달하여 수신자가 내용을 알게 된 시점

12 다음 중 메일 머지(Mail Merge) 기능에 대한 설명으로 옳지 않은 것은?

① 이름이나 직책, 주소 등만 다르고 나머지 내용은 같은 편지를 쉽게 만들 수 있는 기능이다.
② 출력 방향은 파일, 프린터, 화면, 메일로 지정할 수 있다.
③ 데이터 파일은 엑셀(xlsx)이나 액세스(accdb) 파일이어야 한다.
④ 반드시 본문 파일에서 메일 머지 기능을 실행시켜야 한다.

13 다음 중 워드프로세서에서 행말 금칙 문자로만 짝지어진 것으로 옳은 것은?

① ℉ ℃ ?
② ! ☎ 〉
③ # $ ☎
④ : ℃ #

14 다음 중 머리말과 꼬리말에 대한 설명으로 옳지 않은 것은?

① 한 페이지의 맨 위와 아래에 내용이 쪽마다 고정적으로 반복되는 것을 말한다.
② 머리말과 꼬리말에는 책의 제목, 그 장의 제목, 쪽 번호 등을 넣는다.
③ 머리말과 꼬리말의 내용을 짝수쪽, 홀수쪽에 다르게 입력할 수 있다.
④ 머리말에 숫자, 문자, 그림은 입력할 수 있으나 표는 입력할 수 없다.

15 다음 중 소트(Sort)에 대한 설명으로 옳지 않은 것은?

① 오름차순은 숫자, 영문자, 한글순으로 정렬된다.
② 작은 것부터 큰 순서대로 정렬하는 것을 오름차순 정렬이라고 한다.
③ 큰 것부터 작은 순서대로 정렬하는 것을 내림차순 정렬이라고 한다.
④ 한 번 정렬된 내용은 오름차순 혹은 내림차순으로 재배열할 수 없다.

16 다음에서 설명하는 전자출판 기술은?

> - 서로 관련성 있는 문서와 문서를 연결하는 것으로 이용자의 의도된 선택에 따라 이동이 가능
> - 양방향 네트워크에 통신 표준에 따라 이용자에게 다양한 정보를 제공

① 위지윅(WYSIWYG)
② OLE(Object Linking&Embedding)
③ EDI(Electronic Data Interchange)
④ 하이퍼링크(Hyperlink)

17 다음 중 공문서 관리와 관련된 설명으로 옳지 않은 것은?

① 편철은 분류가 끝난 문서를 문서철에 묶는 과정을 말한다.
② 공공기록물의 보존 기간은 영구, 준영구, 30년, 10년, 5년, 3년, 1년으로 구분한다.
③ 이관은 지정된 보존 기간에 맞춰 보존 중인 문서를 연장하여 보존하기 위해 해당 부서로 옮기는 것이다.
④ 분류는 보존 기간이 끝난 문서를 평가하여 보존, 폐기, 보류의 작업을 하는 것이다.

18 다음 중 서로 상반되는 의미의 교정부호로 짝지어지지 않은 것은?

① ∨, ∩
② ‿, ♋
③ ⌐, ⌐
④ ♂, ┐

19 다음 중 찾기와 바꾸기에 대한 설명으로 옳지 않은 것은?

① 한글, 영문, 특수문자로 찾기와 바꾸기가 가능하다.
② 찾기는 문서의 내용에 변화를 주지 않지만 바꾸기는 문서의 내용에 변화를 줄 수 있다.
③ 찾기는 '검색'이라고도 하고 바꾸기는 '치환'이라고도 한다.
④ 바꾸기는 찾을 방향을 지정할 수 없다.

20 다음에서 설명하는 전자출판 기능은?

> 제한된 색상에서 조합 또는 비율을 변화하여 새로운 색을 만드는 작업. 그래픽 이미지에 효과를 넣는 방법

① 디더링(Dithering)
② 렌더링(Rendering)
③ 리터칭(Retouching)
④ 필터링(Filtering)

2과목 **PC 운영체제**

21 다음 중 한글 Windows 10의 파일과 폴더에 대한 설명으로 옳지 않은 것은?

① 파일의 효율적인 관리를 위해 서로 관련 있는 파일들을 한 폴더에 저장한다.
② CON, PRN, AUX, NUL은 시스템에 예약된 단어이므로, 파일 이름과 확장자명으로 사용할 수 없다.
③ 하나의 폴더 내에는 같은 이름의 파일 이름과 확장자가 존재할 수 없다.
④ 파일과 폴더의 이름은 확장자를 포함하여 기본적으로 260자 이내로 작성하며, 공백을 포함할 수 있다.

상 중 하

22 다음 중 한글 Windows 10의 바탕 화면에 있는 폴더 아이콘의 바로 가기 메뉴를 사용하여 할 수 있는 작업으로 옳지 않은 것은?

① 바탕 화면에 해당 폴더의 새로운 바로 가기 아이콘을 만들 수 있다.
② 바로 이전에 삭제한 폴더를 복원할 수 있다.
③ 공유 대상 폴더를 설정할 수 있으며, 동기화할 수 있다.
④ 해당 폴더의 속성을 수정할 수 있다.

상 중 하

23 다음 중 한글 Windows 10의 Windows Media Player에 대한 설명으로 옳지 않은 것은?

① 음악, 비디오, 그림, 녹화된 VR의 라이브러리별 관리를 한다.
② xlsx, hwp, doc 등과 같은 파일 형식의 문서 파일을 열 수 있다.
③ mp3 파일을 재생할 수 있다.
④ 재생 목록에 있는 파일을 비어 있는 CD 또는 DVD로 복사할 수 있다.

상 중 하

24 다음 중 한글 Windows 10의 비디오 편집 기능에 대한 설명으로 옳지 않은 것은?

① 영상 파일을 자르기 및 분할할 수 있다.
② 비디오에 배경 음악이나 해설 텍스트의 색상을 변경하여 추가할 수 있다.
③ 다양한 효과와 필터의 기능을 제공한다.
④ 저장된 이미지를 이용할 수 없고 오디오 파일을 불러오기하여 MP4 형식으로 저장한다.

상 중 하

25 다음 중 한글 Windows 10에서 네트워크 연결을 위한 [이더넷 속성] 창에 관한 설명으로 옳지 않은 것은?

① 네트워크 연결에 사용할 네트워크 어댑터의 유형과 장치가 장착된 위치 등을 알 수 있다.
② 네트워크 기능의 유형에는 라우터, 게이트웨이, 리피터 등이 있다.
③ 기본 게이트웨이와 DNS 서버 주소는 2개 이상 여러 개를 설정할 수 있다.
④ 네트워크가 IP 자동 설정 기능을 지원하지 않는 경우에는 해당 IP 주소, 서브넷 마스크, 기본 게이트웨이, DNS 서버 주소를 수동으로 설정하여야 한다.

상 중 하

26 한글 Windows 10에서 [시스템 이미지 만들기]에 대한 설명으로 옳지 않은 것은?

① 시스템 이미지는 파일 시스템이 NTFS인 경우에만 가능하다.
② 시스템 이미지는 현재 사용 중인 드라이브 전체를 그대로 복사하는 것이다.
③ 시스템 이미지는 개별적인 폴더나 파일을 선택하여 만들 수 없다.
④ [제어판]-[복구]의 왼쪽 창에서 '시스템 이미지 만들기'를 클릭한다.

상 중 하

27 다음 중 한글 Windows 10에서 선택된 파일의 이름 바꾸기를 하는 방법으로 옳은 것은?

① 내 PC나 파일 탐색기 창에서 Ctrl + H , R 을 차례로 누르고, 새 이름을 입력한 후 Enter 를 누른다.
② 내 PC나 파일 탐색기 창에서 [홈] 리본 메뉴의 [이름 바꾸기]를 선택하고, 새 이름을 입력한 후 Enter 를 누른다.
③ F3 을 누르고, 새 이름을 입력한 후 Enter 를 누른다.
④ 내 PC나 파일 탐색기 창에서 [보기] 리본 메뉴의 [이름 바꾸기]를 선택하고, 새 이름을 입력한 후 Enter 를 누른다.

상 중 하

28 다음 중 한글 Windows 10에서 [시작] 메뉴에 대한 설명으로 옳지 않은 것은?

① [시작] 메뉴의 앱 목록은 사용자가 원하는 대로 추가하거나 제거할 수 있다.
② [시작] 메뉴의 앱 목록은 작업 표시줄에 고정하거나 시작 화면에 고정할 수 있다.
③ [시작] 메뉴의 앱 목록의 크기는 마우스로 드래그 앤 드롭하여 가로, 세로의 크기를 조절할 수 있다.
④ [시작] 메뉴의 앱의 [파일 위치 열기]를 눌러 실행 파일을 열 수 있다.

29 한글 Windows 10의 [디스크 조각 모음 및 최적화]에 대한 설명으로 옳지 않은 것은?

① 네트워크 드라이브는 디스크 조각 모음을 할 수 없다.
② 디스크 조각 모음 후에는 액세스 속도가 향상된다.
③ 디스크 조각 모음을 수행하는 동안 다른 작업을 수행할 수 있다.
④ 디스크의 접근 속도 향상뿐만 아니라 디스크 용량 증가를 위하여 사용한다.

30 다음 중 한글 Windows 10에서 바로 가기 아이콘을 만드는 방법으로 옳지 않은 것은?

① 파일을 선택한 후 바로 가기 메뉴에서 [바로 가기 만들기]를 선택하여 작성
② 바로 가기 아이콘을 작성할 항목을 Ctrl + Alt 를 누른 채 드래그 앤 드롭하여 작성
③ 파일을 선택하여 복사한 후 [홈] 리본 메뉴에서 [바로 가기 붙여넣기]를 선택하여 작성
④ 파일을 마우스 오른쪽 단추로 드래그 앤 드롭하여 나타나는 메뉴에서 [여기에 바로 가기 만들기]를 선택하여 작성

31 한글 Windows 10의 화면 보호기에 대한 설명으로 옳지 않은 것은?

① 화면 보호 프로그램을 설정하면 마우스나 키보드를 누르면 원래의 화면으로 되돌아온다.
② 화면 보호기에서 사진, 슬라이드 쇼 등으로 선택하여 잠금 설정을 한다.
③ 화면 보호기의 대기 시간은 초 단위로 설정한다.
④ 화면 보호기에 별도로 암호를 설정할 수 없고 [다시 시작할 때 로그온 화면 표시]를 선택하면 보호기 실행 중 컴퓨터를 시작할 때 로그온하여 실행한다.

32 다음 중 한글 Windows 10에서 사용하는 폴더의 속성 창에서 할 수 있는 작업으로 옳지 않은 것은?

① [일반] 탭에서는 해당 폴더의 위치나 크기, 디스크 할당 크기, 만든 날짜 등을 확인할 수 있다.
② [공유] 탭에서는 네트워크상에서 공유 또는 고급 공유 옵션을 설정할 수 있다.
③ [자세히] 탭에서는 해당 폴더에 대한 사용자별 사용 권한을 설정할 수 있다.
④ [사용자 지정] 탭에서는 해당 폴더에 대한 유형, 폴더 사진, 폴더 아이콘을 설정할 수 있다.

33 다음 중 한글 Windows 10에서 문제 해결 방법에 관한 설명으로 옳지 않은 것은?

① 디스크 공간이 부족할 경우에는 불필요한 응용 앱들의 실행을 종료한다.
② 메모리가 부족할 경우에는 가상 메모리를 충분히 확보할 수 있도록 휴지통, 임시파일, 사용하지 않는 앱 등을 삭제한다.
③ 정상적인 부팅이 안 되는 경우에는 안전모드로 부팅하여 문제를 해결한 후에 Windows 기본모드로 재부팅한다.
④ 시스템 속도가 저하되는 경우에는 디스크 조각 모음 및 최적화를 실행하여 하드 디스크의 단편화를 제거한다.

34 다음 중 한글 Windows 10에서 [그림판] 앱의 사용에 관한 설명으로 옳지 않은 것은?

① 그림의 특정 영역을 선택하여 저장할 수 있다.
② 마우스 오른쪽 단추를 누르고 드래그하면 색 2(배경색)로 그림을 그릴 수 있다.
③ 멀티 레이어 기능을 이용하여 그림 요소를 구성할 수 있다.
④ 그림의 특정 영역을 사각형의 형태로 선택하여 복사할 수 있다.

35 한글 Windows 10의 [계산기] 사용법으로 옳지 않은 것은?

① 날짜 계산에는 음력을 표시할 수 있다.
② 표준은 더하기, 빼기, 곱하기, 나누기, 루트를 계산한다.
③ 공학용은 표준 계산기의 기능에 로그, 지수, 나머지 연산을 한다.
④ 프로그래머용은 2진수, 8진수, 16진수 계산법과 계산의 결과를 저장할 수 있다.

36 다음 중 한글 Windows 10에서 파일이나 폴더의 복사 또는 이동에 사용되는 클립보드에 관한 설명으로 옳지 않은 것은?

① 클립보드를 사용하면 서로 다른 응용 앱 간에 데이터를 쉽게 전달할 수 있다.
② 클립보드에 저장된 내용은 시스템을 다시 시작하더라도 일부분 재사용이 가능하다.
③ ⊞+V를 눌러 나오는 클립보드의 내용은 여러 번 사용이 가능하다.
④ 클립보드의 데이터를 지우려면 [설정]의 [개인 설정]에서 [지우기]한다.

37 한글 Windows 10에서 네트워크 구성 요소에 대한 설명으로 옳지 않은 것은?

① 네트워크에 있는 서로 다른 컴퓨터 간에 정보를 공유하려면 동일한 프로토콜을 사용하여야 한다.
② 어댑터는 컴퓨터가 네트워크에 있는 자원을 액세스할 수 있게 해주는 통신 규약이다.
③ 서비스는 내 컴퓨터에 설치된 파일, 프린터 등의 자원을 다른 컴퓨터에서 공유할 수 있도록 하는 소프트웨어이다.
④ 클라이언트는 네트워크의 다른 컴퓨터나 서버에 연결하여 파일이나 프린터 등의 공유 자원을 사용할 수 있도록 한 소프트웨어이다.

38 다음 중 한글 Windows 10의 [프로그램 및 기능] 창에서 할 수 있는 작업으로 옳지 않은 것은?

① 새로운 Windows 업데이트를 수행하거나 설치된 업데이트 내용을 제거·변경할 수 있다.
② 시스템에 설치된 프로그램의 목록을 확인하거나 제거 또는 변경할 수 있다.
③ 설치된 Windows의 기능을 켜거나 끄기를 설정할 수 있다.
④ 새로운 응용 프로그램의 설치를 할 수 있다.

39 한글 Windows 10의 [장치 관리자]에 대한 설명으로 옳지 않은 것은?

① 플러그인 앱이 실행되어 설치된 목록을 표시한다.
② 플러그인이 지원되지 않는 장치를 설치할 때에는 장치 관리자 창의 [동작]−[레거시 하드웨어 추가]를 눌러 나오는 [하드웨어 추가 마법사]를 사용한다.
③ 각 장치의 속성에서 드라이버 업데이트 작업을 할 수 있다.
④ 장치 관리자 창의 [파일] 메뉴에서 해당 디바이스 장치를 제거할 수 있다.

40 다음 중 한글 Windows 10에서 [제어판]의 [사용자 계정] 창에서 실행할 수 있는 것으로 옳지 않은 것은?

① 시작 화면에 표시할 계정 이름 변경
② 표준 계정으로 계정 유형 변경
③ 사용자 계정 컨트롤 설정 변경
④ PC의 잠금화면 설정 변경

41 다음 중 컴퓨터 시스템의 정보 보안 요건으로 옳지 않은 것은?

① 기밀성 ② 무결성
③ 가용성 ④ 공유성

42 다음 중 컴퓨터 바이러스의 감염 증상으로 옳지 않은 것은?

① 앱의 실행 속도가 이유 없이 늦어진다.
② 사용 가능한 메모리 공간이 줄어드는 등 시스템 성능이 저하된다.
③ 일정 시간 후에 화면 보호기가 작동된다.
④ 예측이 불가능하게 컴퓨터가 재부팅된다.

43 다음 중 4세대 컴퓨터의 특징으로 볼 수 없는 것은?

① 개인용 컴퓨터(PC)가 등장하였다.
② 다중 프로그램이 처음으로 도입되었다.
③ 가상 기억 장치가 도입되었다.
④ 기억 소자로 고밀도 집적 회로(LSI)가 사용되었다.

44 다음은 컴퓨터의 명령어 처리 상태 중 무엇에 대한 설명인가?

번지 부분의 주소가 간접 주소일 경우 기억 장치의 주소가 지정하는 곳으로, 유효 번지를 읽기 위해 기억 장치에 한 번 더 접근한다.

① 인출 상태(Fetch Cycle)
② 간접 상태(Indirect Cycle)
③ 실행 상태(Execute Cycle)
④ 인터럽트 상태(Interrupt Cycle)

45 다음 중 주기억 장치에 대한 설명으로 옳은 것은?

① 현재 가장 많이 사용하는 주기억 장치는 SSD(Solid State Drive)이다.
② EEPROM은 BIOS, 글꼴, POST 등이 저장된 대표적인 펌웨어(Firmware) 장치이다.
③ SDRAM은 전원이 공급되지 않아도 지워지지 않는 비휘발성 메모리이다.
④ RDRAM은 가장 속도가 빠른 기억 장치이다.

46 다음 중 공개키 암호화 기법에 대한 설명으로 옳지 않은 것은?

① 이중키 암호화 기법이라고도 한다.
② 암호화키와 복호화키가 서로 다르다.
③ 대표적인 알고리즘으로 RSA가 있다.
④ 비밀키 암호화 기법에 비해 암호화와 복호화의 속도가 빠르다.

47 다음 설명에 해당하는 컴퓨팅은?

인터넷상의 중앙 서버에 데이터를 저장해 두고, 인터넷 기능이 있는 모든 IT 기기를 사용하여 언제 어디서든지 정보를 이용할 수 있다는 개념으로, 컴퓨팅 자원을 필요한 만큼 빌려 쓰고 사용 요금을 지불하는 방식으로 사용되는 컴퓨팅이다.

① 모바일 컴퓨팅(Mobile Computing)
② 분산 컴퓨팅(Distributed Computing)
③ 클라우드 컴퓨팅(Cloud Computing)
④ 그리드 컴퓨팅(Grid Computing)

48 다음 중 TCP/IP 상에서 운용되는 응용 계층 프로토콜이 아닌 것은?

① FTP
② HTTP
③ TELNET
④ RS-232C

49 다음 중 컴퓨터에서 사용 가능한 가상 기억 장치에 관한 설명으로 옳지 않은 것은?

① 저장된 내용을 찾을 때 주소를 사용하지 않고 기억된 데이터의 내용을 이용하여 원하는 정보에 접근한다.
② 보조 기억 장치의 일부를 주기억 장치처럼 이용하여 주기억 장치의 용량이 확대된 것처럼 사용한다.
③ 페이징(Paging) 기법이나 세그멘테이션(Segmentation) 기법을 이용한다.
④ 주 프로그램은 보조 기억 장치에 저장시키고 CPU에 의해 실제로 사용할 부분만 주기억 장치에 적재시키는 방법을 이용한다.

상 중 하

50 MS 아웃룩(Outlook)에서 다음과 관련이 있는 전자우편의 헤더 부분은 무엇인가?

> 수신된 메일에 참조자가 표시되지 않으나, 함께 메일을 받을 참조자의 전자우편 주소

① 제목(Subject)
② 첨부(Attach)
③ 받는 사람(To)
④ 숨은 참조(Bcc)

상 중 하

51 다음 중 네트워크 기본 장비에서 라우터(Router)에 관한 설명으로 가장 옳은 것은?

① 가까이 있는 여러 대의 컴퓨터를 네트워크와 연결하여 각 회선을 통합적으로 관리한다.
② 네트워크의 가장 최적의 경로를 설정하여 데이터를 전송한다.
③ 구조가 다른 네트워크에 데이터를 보내거나 다른 네트워크로부터 데이터를 받아들이는 출입구 역할을 한다.
④ 거리가 증가될수록 감쇠하는 신호를 재생하거나 출력 전압을 높여 전송한다.

상 중 하

52 다음 중 멀티미디어 데이터의 장점에 대한 설명으로 거리가 먼 것은?

① 디지털 방식을 사용하여 한 번 정해진 값은 영구히 보존할 수 있다.
② 컴퓨터의 프로그램 기능을 이용하여 복잡한 처리가 가능하다.
③ 문자, 그림, 소리 등의 데이터는 각기 다른 독특한 방식으로 기록된다.
④ 대화 기능(Interactive)을 프로그램으로 부여할 수 있다.

상 중 하

53 다음 중 모바일 기기 관련 기술에 대한 설명으로 옳지 않은 것은?

① 플로팅 앱(Floating App) : 저속 전송 속도를 갖는 홈 오토메이션 및 데이터 전송을 위한 표준 기술이다.
② 증강현실 : 현실 세계에 3차원 가상 물체를 겹쳐 보여주는 기술이다.
③ 중력센서 : 스마트폰이 가로 방향인지 세로 방향인지를 인식하여 화면 방향을 보정해 주는 데 사용되는 기술이다.
④ GPS : 어느 곳에서나 스마트폰의 위치를 알려주는 인공위성을 이용한 항법 시스템이다.

상 중 하

54 다음에서 설명하는 용어로 옳은 것은?

> ㉮ 컴퓨터를 인간에게 좀 더 쉽고 쓸모 있게 함으로써 인간과 컴퓨터 간 상호작용을 개선하는 것을 목적으로 하여, 인간이 컴퓨터에 쉽고 편하게 다가갈 수 있도록 작동 시스템을 디자인하고 평가하는 과정을 다루는 학문이다.
> ㉯ 사용자가 눈으로 보는 현실 세계의 모습이나 실제 영상에 문자나 그래픽과 같은 가상의 3차원 정보를 실시간으로 겹쳐 보여주는 새로운 멀티미디어 기술이다.

① ㉮ CISC, ㉯ CAI
② ㉮ HCI, ㉯ AR
③ ㉮ CAL, ㉯ VCS
④ ㉮ HFC, ㉯ VR

상 중 하

55 다음 중 저작권 표시(CCL : Creative Commons License)와 설명이 잘못 연결된 것은?

① ⓘ : 저작자와 출처 등을 표시하면 영리 목적의 이용으로 이용할 수 있지만 저작물의 변경 및 2차적 저작물의 작성을 허락하지 않는다.
② ⊜ : 저작자와 출처 등을 표시하면 영리 목적은 이용할 수 있지만 저작물의 변경 및 2차적 저작물의 작성을 허용하지 않는다.
③ ⓢ : 저작자와 출처 등을 표시하면 자유 이용을 허락하나 2차적 저작물에는 원저작물에 적용된 라이선스와 동일한 라이선스 기준을 적용한다.
④ ⓢ : 저작자와 출처 등을 표시하면 저작물의 변경, 2차적 저작물의 작성을 포함하여 자유 이용을 허락하고 영리적 이용은 불가하다.

56 다음 중 아래의 보기에서 설명하는 그래픽 기법으로 옳은 것은?

> 점토, 찰흙 등의 점성이 있는 소재를 이용하여 인형을 만들고, 소재의 점성을 이용하여 조금씩 변형된 형태를 만들어서 촬영하는 형식의 애니메이션 기법이다.

① 로토스코핑(Rotoscoping)
② 클레이메이션(Claymation)
③ 메조틴트(Mezzotint)
④ 인터레이싱(Interlacing)

57 다음 중 인터넷의 IPv6 주소 체제에 관한 설명으로 옳지 않은 것은?

① IPv4와 호환성이 뛰어나다.
② Class A의 네트워크 부분은 IPv4의 2배인 16비트로 구성되어 있다.
③ 128비트의 주소를 사용하여 주소 부족 문제를 해결할 수 있다.
④ 인증성, 기밀성, 데이터 무결성의 지원으로 보안 문제를 해결할 수 있다.

58 다음 중 데이터 통신의 프로토콜을 정의하는 OSI 7계층에 대한 설명으로 옳지 않은 것은?

① 물리 계층 : 네트워크의 물리적 특징 정의
② 네트워크 계층 : 데이터 교환 기능 정의 및 제공
③ 세션 계층 : 데이터 표현 형식 표준화
④ 응용 계층 : 응용 프로그램과의 통신 제어 및 실행

59 다음 중 개인정보에 대한 설명으로 옳은 것은?

① 개인정보는 성명, 주소 등과 같이 살아 있는 개인을 식별할 수 있는 정보이다.
② 개인에 대한 다른 사람의 평가, 견해 등과 같은 간접적인 정보는 개인정보에 포함되지 않는다.
③ 개인정보 자기결정권은 자신의 개인정보 보호를 위하여 정보주체가 지켜야 할 권리이다.
④ 프라이버시권은 자신에 관한 정보가 언제 누구에게 어느 범위까지 알려지고 이용되도록 할지를 스스로 결정하는 권리이다.

60 다음 중 정보 통신 기술(ICT)에 대한 설명으로 옳지 않은 것은?

① 증강현실(Augmented Reality) : 현실 세계의 배경에 3D의 가상 이미지를 중첩하여 영상으로 보여주는 기술이다.
② RFID(Radio Frequency IDentification) : 전자 태그가 부착된 IC칩과 무선 통신 기술을 이용하여 다양한 개체들의 정보를 관리할 수 있는 센서 기술이다.
③ 매시업(Mashup) : 웹상에서 제공되는 다양한 콘텐츠와 서비스를 혼합하여 새로운 서비스를 개발하는 기술이다.
④ 텔레메틱스(Telematics) : 유선 전화망, 무선망, 패킷데이터 망 등과 같은 기존의 통신망을 하나의 IP 기반 망으로 통합하여 각종 데이터를 전송하는 기술이다.

빠른 정답표 | 확인하기

① 모바일로 QR 코드를 스캔합니다.
② 해당 회차의 정답표를 확인합니다.
③ 빠르고 간편하게 채점해 보세요.

SELF CHECK | 제한시간 60분 | 소요시간   분 | 전체 문항 수 60문항 | 맞힌 문항 수   문항

1과목 워드프로세싱 용어 및 기능

01 다음 중 워드프로세서의 특징으로 옳지 않은 것은?

① 워드프로세서로 작성된 문서는 편지 보내기, 웹 브라우저로 보내기, 웹 서버로 올리기 등으로 다른 응용 프로그램에서 공유할 수 있다.
② 워드프로세서는 암호를 설정하여 보안을 설정할 수 있고 암호를 모를 경우 찾기하여 변경한 후 불러올 수 있다.
③ 다양한 형태의 문서를 빠르게 작성하여 시간과 노력을 줄일 수 있다.
④ 문서 작성 및 편집, 인쇄가 가능하여 전자출판에 이용된다.

02 다음 중 워드프로세서의 화면 표시 기능에 대한 설명으로 옳지 않은 것은?

① 문서를 작성할 때 스크롤 바를 이용하여 화면을 상, 하, 좌, 우로 이동할 수 있다.
② 편집 과정에서 생긴 공백이나 문단 등은 조판 부호를 표시하여 확인할 수 있다.
③ 편집한 문서는 인쇄하기 전에 미리보기를 통해 화면에서 미리 출력해 볼 수 있다.
④ 화면을 확대하면 인쇄물 결과에도 영향을 준다.

03 다음 중 공문서의 표기 방법으로 옳지 않은 것은?

① 표 서식의 중간에 끝났을 경우 '끝' 표시를 하지 않고 다음 행의 첫 칸에 '이하 빈칸'을 입력한다.
② 본문의 내용이 오른쪽 한계선에 닿았을 때 본문 다음 줄의 왼쪽 기본선에서 한 글자 띄우고 '끝'을 표시한다.
③ 공문서의 항목은 1., 가., 1), 가), (1), (가), ①, ㉮ 항목순으로 구분하여 표기한다.
④ 금액을 표기할 때에는 변조를 막기 위해 금 356,000원(금삼십오만육천원)으로 표기한다.

04 다음 중 맞춤법 검사에 대한 설명으로 옳지 않은 것은?

① 내장된 사전을 서로 비교하여 틀린 단어를 찾아주는 기능이다.
② 맞춤법, 표준말, 대/소문자 검사 등을 검사한다.
③ 표나 화학식이나 수식의 오류도 검사할 수 있다.
④ 사전에 없는 단어를 추가할 수 있다.

05 다음 중 문서 작성에 대한 설명으로 옳지 않은 것은?

① 제목은 제목만 보고도 쉽게 문서의 성격과 내용을 알 수 있도록 작성한다.
② 특별한 경우를 제외하고 공문서는 한글 맞춤법에 따라 세로로 작성한다.
③ 목적이 있는 사외문서라 하더라도 인사말부터 시작하는 것이 기본적인 예의이다.
④ 숫자 표기는 특별한 사유가 있는 경우는 제외하고 아라비아 숫자로 한다.

06 다음 중 금칙 처리에 대해 가장 잘 설명한 것은?

① 문서의 처음이나 마지막에 올 수 없는 문자나 기호를 의미한다.
② 미리 입력된 문자열을 표로 전환하는 기능이다.
③ 임의의 문자와 연결되어 있어 새로운 문서를 참조하는 방식이다.
④ 현재 문단의 왼쪽과 오른쪽 여백을 지정하는 기능이다.

07 다음 중 교정부호의 사용법에 대한 설명으로 옳지 않은 것은?

① 정해진 부호를 사용해야 한다.
② 교정할 부호가 겹치지 않도록 하되, 부득이 겹칠 경우 각도를 비슷하게 표시한다.
③ 교정기호나 글자는 명확하고 간략하게 표시한다.
④ 표기하는 색깔은 원고와 색이 다르면서 눈에 잘 띄는 색으로 한다.

08 다음에서 전자출판 용어가 올바르게 연결된 것은?

① 초크(Choke) : 문자 위에 겹쳐서 문자를 중복 인쇄하는 작업

② 커닝(Kerning) : 글자와 글자 사이의 간격을 미세하게 조정하는 작업

③ 모핑(Morphing) : 기존의 이미지를 다른 형태로 새롭게 변형

④ 리터칭(Retouching) : 제한된 색상에서 비율을 변화하여 새로운 색을 만드는 작업

09 다음에서 설명하는 문서 정리법은?

– 같은 내용의 문서를 한 곳에 모아 정리
– 무한하게 확장 가능
– 분류하는 것이 어려움
– 듀이(John Dewey)의 10진 분류법을 이용하면 편리

① 지역별 분류법
② 주제별 분류법
③ 명칭별 분류법
④ 번호식 분류법

10 다음 중 워드프로세서의 용어에 대한 설명으로 옳지 않은 것은?

① 래그드(Ragged) : 문서의 오른쪽 끝이 정렬되지 않은 상태이다.

② 마진(Margin) : 문서의 균형을 위해 비워두는 페이지의 상, 하, 좌, 우 공백을 말한다.

③ 센터링(Centering) : 문서의 중심을 비우고 문서의 내용을 정렬하는 기능이다.

④ 캡션(Caption) : 문서에 포함된 표나 그림에 붙이는 제목 또는 설명이다.

11 다음 중 워드프로세서에서 찾기 기능에 대한 설명으로 옳은 것은?

① 찾기 기능은 대문자와 소문자를 구분하여 내용을 찾을 수 없다.

② 찾기 기능을 이용하여 찾을 때 언제나 현재 커서의 아래쪽으로만 내용을 찾을 수 있다.

③ 찾기 기능에서 띄어쓰기를 무시하고 내용을 찾을 수 없다.

④ 찾을 내용과 글꼴을 이용하여 찾기 기능을 수행할 수 있다.

12 다음 중 공문서에 대한 용어의 설명이 옳지 않은 것은?

① 관인이란 행정기관이 발신하는 인증이 필요한 문서에 찍는 도장을 의미한다.

② 결재란 기관의 의사를 결정할 권한을 가진 자가 직접 그 의사를 결정하는 행위를 말한다.

③ 간인은 발송된 문서를 수신기관의 처리과에서 받아 관련 부서로 보내기 위한 작업을 의미한다.

④ 발신이란 시행문을 시행 대상 기관에 보내는 작업을 의미한다.

13 다음 중 워드프로세서의 용어에 대한 설명으로 옳은 것은?

① 개행(Turnover)은 새 문단이 시작될 때만 하나, 새로운 행(New Line)은 한 문단이나 문장의 중간에서도 할 수 있다.

② OLE 기능은 다른 응용 앱에서 작성한 그림이나 표 등을 연결하거나 삽입하여 사용할 수 있게 하는 기능이다.

③ 매크로(Macro)는 자주 쓰이는 문자열을 따로 등록해 놓았다가 준말을 입력하면 본말 전체가 입력되도록 하는 기능이다.

④ 문자 피치(Pitch)는 1인치당 인쇄되는 문자 수를 말하며, 피치 수가 증가할수록 문자들은 커진다.

14 다음 중 전자문서에 대한 설명으로 옳지 않은 것은?

① 전자문서인 경우에 전자적 방법으로 쪽번호 또는 발급번호를 표시할 수 있다.

② 각급 행정기관에서는 전자문서에 사용하기 위하여 전자이미지관인을 가진다.

③ 대체적으로 전자문서인 경우에는 처리과의 기안자나 문서의 수신·발신업무를 담당하는 사람이 전자이미지관인을 찍는다.

④ 모든 전자문서는 개인 문서함에 보관하면 안 되고 공통 문서함에 보관하여 누구나 열람할 수 있게 한다.

15 공문서의 결재에서 결재권자가 휴가, 출장 기타의 사유로 결재할 수 없는 때에는 그 직무를 대리하는 자가 대결할 수 있으나 그 내용이 중요한 문서에 대하여는 결재권자에게 후에 어떻게 조처하여야 하는가?

① 사후에 보고한다.
② 사후에 반드시 결재를 받는다.
③ 정규 결재 과정을 다시 거친다.
④ 내부 결재 과정을 거친 후 시행한다.

16 다음 중 워드프로세서의 기능에 대한 설명으로 옳지 않은 것은?

① 개체(Object)란 문서에 삽입하는 그림, 동영상, 차트, 소리 등을 말한다.
② 하이퍼미디어는 문서의 특정 단어 혹은 그림을 다른 곳의 내용과 연결시켜 주는 기능이다.
③ 매크로 기능을 이용하면 본문 파일의 내용은 같게 하고 수신인, 주소 등을 달리한 데이터 파일을 연결하여 여러 사람에게 보낼 초대장 등을 출력할 수 있다.
④ 스타일 기능은 몇 가지의 표준적인 서식을 설정해 놓고 공통으로 사용되는 문단에 적용시킬 수 있는 기능이다.

17 다음 중 한글 워드프로세서의 매크로 기능에 대한 설명으로 옳지 않은 것은?

① 일련의 작업 순서 내용을 특정키로 설정하고 필요할 때 한 번에 재생해 주는 기능이다.
② 키보드 매크로는 마우스 동작을 포함하는 사용자 동작을 기억할 수 있다.
③ 작성된 매크로는 편집이 가능하다.
④ 작성된 매크로는 별도의 파일에 저장이 가능하다.

18 다음 문장에서 커서가 '내' 글자에 있을 때 더블 클릭한 후의 결과로 옳은 것은?

내가 그의 이름을 불러주기 전에는
그는 다만 하나의 몸짓에 지나지 않았다.

① 커서 위치의 단어를 범위 지정
② 한 줄 전체 범위 지정
③ 모든 문장 범위 지정
④ 변화 없음

19 다음 중 교정부호의 설명으로 옳지 않은 것은?

① ⌒ : 줄 바꾸기
② ⌐⌐ : 끌어 올리기
③ ⊏ : 들여쓰기
④ ⊇ : 줄 잇기

20 다음 중 이동과 복사에 대한 설명으로 옳지 않은 것은?

① 복사를 위해 영역 지정을 하지만 잘라내기(오려두기)는 영역 지정이 필요 없다.
② 복사와 이동은 모두 붙여넣기 기능을 이용한다.
③ 이동과 복사를 위해 클립보드라는 임시저장 장소를 사용한다.
④ 복사는 문서의 분량을 변화시킬 수 있고 이동은 문서의 분량이 그대로이다.

2과목 PC 운영체제

21 다음 중 한글 Windows 10에서 바로 가기 아이콘에 대한 설명으로 옳지 않은 것은?

① 바로 가기 아이콘은 하나의 응용 앱 아이콘에 대해 한 개만 만들 수 있다.
② 바로 가기 아이콘에는 왼쪽 아래에 꺾인 화살표가 표시된다.
③ 바로 가기 아이콘은 앱을 빠르게 실행하기 위해 만들어 사용하는 것이다.
④ 폴더, 프린터, 디스크 드라이브 등에 대해 바로 가기 아이콘을 만들 수 있다.

22 다음 중 한글 Windows 10에서 파일 탐색기 창의 구성 요소에 관한 설명으로 옳지 않은 것은?

① '즐겨찾기'는 자주 사용하는 개체를 등록하여 해당 개체로 빠르게 이동하기 위하여 사용하는 기능이다.
② '라이브러리'는 컴퓨터의 여러 장소에 저장된 자료를 한 곳에 보고 정리할 수 있는 가상폴더이다.
③ ✱을 누르면 현재 폴더가 모두 축소되어 표시된다.
④ Back Space 를 누르면 현재 폴더의 상위 폴더로 이동한다.

23 다음 중 한글 Windows 10에서 [기본 프로그램]에 대한 설명으로 옳지 않은 것은?

① Windows에서 기본적으로 사용할 프로그램을 선택한다.
② 네트워크 연결 및 방화벽을 열 때 사용할 기본 프로그램을 설정한다.
③ 오디오 CD를 넣으면 Windows Media Player가 자동으로 재생되도록 설정할 수 있다.
④ 웹 브라우저나 전자 메일 작업 등에 사용할 기본 프로그램을 선택한다.

24 다음 중 한글 Windows 10의 [작업 표시줄] 창에서 설정할 수 있는 항목이 아닌 것은?

① 데스크톱 모드에서 작업 표시줄 자동 숨기기
② 작은 작업 표시줄 단추 사용
③ 작업 표시줄의 위치 설정
④ 작업 표시줄의 크기 지정

25 다음 중 한글 Windows 10에서 시작 메뉴 옆에 있는 [찾기] 상자의 사용 방법에 대한 설명으로 옳지 않은 것은?

① 컴퓨터 전체를 검색 대상으로 한다.
② 앱, 문서, 웹을 대상으로 검색할 수 있다.
③ 검색 결과는 범주별로 그룹화되어 표시된다.
④ 수정한 날짜나 크기 등의 속성을 이용한 검색 필터를 사용할 수 있다.

26 다음 중 한글 Windows 10에서 프린터 설치에 대한 설명으로 옳지 않은 것은?

① 10대 이상의 프린터도 설치할 수 있으며 기본 프린터는 하나의 프린터에 대해서만 설정할 수 있다.
② 공유된 프린터를 네트워크 프린터로 설정하여 설치할 수 있다.
③ 공유된 프린터는 기본 프린터로 설정할 수 없다.
④ LAN 카드가 설치되어 IP 주소가 부여된 프린터를 로컬 프린터로 설치할 수 있다.

27 다음 중 한글 [Windows 관리 도구] 프로그램에 대한 설명으로 옳지 않은 것은?

① [시스템 정보]를 수행하면 DMA, IRQ, I/O 주소 및 메모리 주소를 확인할 수 있다.
② [디스크 조각 모음 및 최적화]를 수행하면 디스크 공간의 최적화를 이루어 접근 속도가 향상된다.
③ [디스크 검사]를 수행하면 불필요한 파일을 검색하여 삭제한다.
④ [성능 모니터]는 성능 데이터를 실시간으로 수집하여 결과를 분석하고 보고서를 작성한다.

28 다음 중 한글 Windows 10에서 네트워크에 이상이 있어 발생하는 문제라고 볼 수 없는 것은?

① 네트워크를 통해 다른 컴퓨터와 연결되지 않는 경우
② 네트워크에 로그온할 수 없는 경우
③ 다른 컴퓨터에 연결된 프린터를 공유할 수 없는 경우
④ 현재 실행 중인 이미지 뷰어 앱이 응답하지 않는 경우

29 다음 중 한글 Windows 10에서 [휴지통]의 속성 창에서 할 수 있는 작업으로 옳지 않은 것은?

① 휴지통의 크기를 하드 디스크 드라이브마다 MB 단위로 지정할 수 있다.
② 휴지통의 실제 파일이 저장된 폴더 위치를 지정하여 복원할 수 있다.
③ 파일이나 폴더가 삭제될 때 휴지통에 버리지 않고 바로 제거되도록 설정할 수 있다.
④ 파일이나 폴더가 삭제될 때마다 삭제 확인 대화상자 표시를 하도록 설정할 수 있다.

30 다음 중 한글 Windows 10에서 앱이 응답하지 않을 경우에 문제 해결 방법으로 가장 옳은 것은?

① 사용자의 컴퓨터를 보호하기 위해 Windows 방화벽을 설정한다.
② [장치 관리자] 창에서 중복 설치된 경우 해당 장치를 제거한다.
③ [작업 관리자] 대화상자의 [프로세스] 탭에서 응답하지 않는 앱의 작업을 끝내기한다.
④ [시스템 파일 검사기]를 이용하여 손상된 파일을 찾아 복구한다.

31 다음 중 한글 Windows 10의 보조프로그램에서 [캡처 도구]에 관한 설명으로 옳지 않은 것은?

① 캡처한 화면을 HTML, PNG, GIF, JPG 파일로 저장하거나 캡처한 글자를 편집할 수 있다.
② 화면 캡처 유형은 자유형, 사각형, 창, 전체 화면 캡처 등이 있다.
③ 캡처된 화면은 클립보드에 복사하여 다른 문서에서 붙여넣기로 사용할 수 있다.
④ 캡처된 화면에서 형광펜이나 지우개 도구로 수정할 수 있다.

32 다음 중 한글 Windows 10의 특징에서 플러그 앤 플레이(Plug&Play) 기능에 관한 설명으로 옳지 않은 것은?

① 컴퓨터에 새로운 하드웨어를 설치할 때 해당 하드웨어를 사용하는 데 필요한 시스템 환경을 자동으로 구성해 주는 기능이다.
② 기존 컴퓨터 시스템과 충돌을 방지하는 기능을 수행한다.
③ 하드웨어와 소프트웨어가 PnP 기능을 지원해야 수행한다.
④ 컴퓨터 시스템이 오류가 발생했을 때 자동으로 복구하는 기능을 수행할 수 있다.

33 다음 중 한글 Windows 10에서 압축 프로그램에 대한 설명으로 옳지 않은 것은?

① 압축은 텍스트뿐만 아니라 음악, 사진, 동영상 파일 등도 압축할 수 있다.
② 압축할 때 암호를 지정하거나 분할 압축을 할 수 있다.
③ 종류에는 WinZip, WinRAR, PKZIP 등이 있다.
④ 암호화된 압축 파일을 전송할 경우에 시간 및 비용의 증가 효과를 얻을 수 있다.

34 다음 중 한글 Windows 10에서 파일을 압축하고 복원하기 위해 사용하는 유틸리티 앱으로만 짝지은 것은?

① 알FTP, CuteFTP, 파일질라
② 포토뷰어, 알씨, ACADSee
③ 알집, 윈라(WinRAR), PKZIP
④ V3, 알약, 바이로봇

35 다음 중 한글 Windows 10의 파일 탐색기 창에서 파일이나 폴더를 선택하는 방법으로 옳지 않은 것은?

① 비연속적인 파일이나 폴더를 선택하고자 할 때에는 Ctrl과 함께 클릭한다.
② 연속적인 파일이나 폴더를 선택하고자 할 때에는 Shift와 함께 클릭한다.
③ 여러 개의 파일을 한꺼번에 선택할 경우에는 마우스를 사용하여 사각형 모양으로 드래그한다.
④ 모든 파일과 하위 폴더를 한꺼번에 선택하려면 Alt +A를 사용한다.

36 다음 중 한글 Windows 10에서 인터넷 사용을 위한 TCP/IPv4의 설정에 대한 설명으로 옳지 않은 것은?

① IP 주소는 인터넷에 연결된 호스트 컴퓨터의 유일한 주소로, 네트워크 주소와 호스트 주소로 구성되어 있다.
② 서브넷 마스크는 사용자가 속한 네트워크로 IP 주소의 네트워크 주소와 호스트 주소를 구별하기 위하여 IP 수신인에게 허용하는 16비트 주소이다.
③ 게이트웨이는 다른 네트워크와의 데이터 교환을 위한 출입구 역할을 하는 장치이다.
④ DNS 서버 주소는 문자 형태로 된 도메인 네임을 숫자 형태로 된 IP 주소로 변환해 주는 서버의 IP 주소를 지정한다.

37 다음 중 한글 Windows 10에서 네트워크상에 있는 다른 컴퓨터에 연결되어 있는 프린터를 공유하고자 할 때 작업 순서로 옳은 것은?

> ㉠ 프린터 이름 입력
> ㉡ [네트워크, 무선 또는 Bluetooth 프린터 추가] 선택
> ㉢ [장치 및 프린터] 창에서 [프린터 추가] 클릭
> ㉣ 프린터 선택

① ㉠ → ㉡ → ㉢ → ㉣
② ㉡ → ㉠ → ㉣ → ㉢
③ ㉢ → ㉡ → ㉣ → ㉠
④ ㉣ → ㉠ → ㉡ → ㉢

38 다음 중 한글 Windows 10에서 특정 앱을 제거하려고 할 때 옳은 것은?

① 시작 메뉴의 해당 앱 그룹에서 [Install] 메뉴를 선택한다.
② 해당 앱의 단축 아이콘을 삭제한다.
③ [제어판]의 [프로그램 및 기능]을 이용하여 삭제한다.
④ 해당 앱이 있는 폴더를 모두 삭제한다.

39 한글 Windows 10의 [네트워크 및 공유 센터]에 대한 설명으로 옳지 않은 것은?

① 네트워크 드라이브 연결할 드라이브를 A에서 Z 드라이브 중에서 선택할 수 있다.
② 파일 및 프린터 공유 켜기로 공유 폴더를 사용한다.
③ 어댑터의 설정을 사용 안 함, 상태, 바로 가기 만들기 등으로 변경한다.
④ 미디어 스트리밍 켜기로 사용할 장치를 켤 수 있다.

40 다음 중 한글 Windows 10의 [컴퓨터 관리]에 대한 설명으로 옳지 않은 것은?

① [작업 스케줄러]를 사용하여 지정한 시간에 컴퓨터에 자동으로 수행되는 작업을 만들고 관리한다.
② [이벤트 뷰어]는 컴퓨터에서 발생한 이벤트를 표시한다.
③ [공유 폴더]에서 공유된 폴더의 이름을 확인하고 공유를 설정한다.
④ [성능 모니터]를 사용하여 성능 데이터를 실시간으로 확인한다.

3과목 **PC 기본상식**

41 다음 중 PC의 바이오스(BIOS)에 대한 설명으로 옳지 않은 것은?

① 바이오스는 컴퓨터의 입출력 장치나 메모리 등 하드웨어를 관리하는 프로그램이다.
② 컴퓨터에 연결된 주변 장치를 관리하는 인터럽트(Interrupt) 처리 부분이 있다.
③ 바이오스 프로그램은 메인보드의 RAM에 저장되어 있다.
④ PC의 전원을 켜면 먼저 바이오스 프로그램이 작동하여 시스템을 초기화시킨다.

42 상 중 하 다음 중 인터넷에서 사용하는 프로토콜(Protocol)에 관한 설명으로 옳지 않은 것은?

① 통신망에 흐르는 패킷 수를 조절하는 흐름제어 기능이 있다.
② 송·수신기가 같은 상태를 유지하도록 동기화 기능을 수행한다.
③ 데이터 전송 도중에 발생할 수 있는 오류를 검출하고 수정할 수 있다.
④ 구문, 의미, 순서의 세 가지 기본 요소로 구성된다.

43 상 중 하 다음 중 컴퓨터의 내부 인터럽트에 해당하는 것은?

① 명령 처리 중 오버플로(Overflow)가 발생한 경우
② 컴퓨터의 전원 공급이 끊어졌을 경우
③ 특정 장치에 할당된 작업 시간이 끝났을 경우
④ 입·출력 장치가 데이터 전송을 요구하거나 전송이 끝났음을 알릴 경우

44 상 중 하 다음 중 컴퓨터의 CPU에 있는 레지스터(Register)에 관한 설명으로 옳지 않은 것은?

① CPU 내부에서 처리할 명령어나 연산의 중간 값을 일시적으로 기억한다.
② 메모리 중에서 가장 속도가 빠르다.
③ 플립플롭(Flip-Flop)이나 래치(Latch)들을 연결하여 구성된다.
④ 운영체제의 실행 정보를 기억하고 관리한다.

45 상 중 하 다음과 가장 관련 있는 메모리는 무엇인가?

- 주기억 장치에 저장된 정보에 접근할 때 주소 대신 기억된 정보를 이용하여 접근하는 장치이다.
- 주소를 이용할 때 보다 속도가 빠르다.
- 주로 속도 증가를 목적으로 사용된다.

① 가상 메모리
② 버퍼 메모리
③ 연상 메모리
④ 플래시 메모리

46 상 중 하 다음에서 설명하는 신기술은 무엇인가?

- 현실 세계의 배경에 3D의 가상 이미지를 중첩하여 영상으로 보여주는 기술이다.
- 스마트폰 카메라로 주변을 비추면 인근에 있는 상점의 위치, 전화번호 등의 정보가 입체영상으로 표시된다.

① SSO(Single Sign On)
② 증강현실(Augmented Reality)
③ RSS(Rich Site Summary)
④ 가상현실(Virtual Reality)

47 상 중 하 다음 중 인터넷 표준 그래픽 형식으로 8비트 컬러를 사용하여 256가지로 색의 표현이 제한되지만, 애니메이션도 표현할 수 있는 그래픽 파일 형식은?

① TIF
② PNG
③ GIF
④ JPG

48 상 중 하 다음 중 하드 디스크의 구조에서 모든 디스크 면에 걸친 같은 트랙을 의미하는 용어는?

① 섹터(Sector)
② 클러스터(Cluster)
③ 실린더(Cylinder)
④ 폴더(Folder)

49 상 중 하 다음 중 전자우편 프로토콜에 대한 설명으로 옳지 않은 것은?

① SMTP : 전자우편의 송신을 담당, TCP/IP 호스트의 우편함에 ASCII 문자 메시지 전송
② POP3 : 전자우편의 수신을 담당, 제목과 내용을 한 번에 다운받음
③ IMAP : 전자우편의 수신을 담당, 제목과 송신자를 보고 메일을 다운로드할 것인지를 결정
④ MIME : 텍스트 메일만의 수신을 담당, 일반 문자열을 기호화하는 데 사용

50 다음 중 컴퓨터 CPU에 있는 연산 장치의 레지스터에 대한 설명으로 옳은 것은?

① 누산기 : 2개 이상의 수를 입력하여 이들의 합을 출력하는 논리 회로 또는 장치
② 가산기 : 산술 연산 및 논리 연산의 결과를 일시적으로 기억하는 레지스터
③ 데이터 레지스터 : 연산에 사용할 데이터를 일시적으로 기억하는 레지스터
④ 상태 레지스터 : 색인 주소 지정에 사용되는 레지스터

51 다음 중 컴퓨터에서 부동 소수점과 비교하여 고정 소수점 데이터 표현 방법에 관한 설명으로 옳지 않은 것은?

① 연산 속도가 빠르다.
② 부호와 절대치 방식, 부호와 1의 보수 방식, 부호와 2의 보수 방식이 있다.
③ 아주 큰 수나 작은 수를 표현할 수 있다.
④ 정수 표현 형식으로 구조가 단순하다.

52 다음에서 설명하는 인터넷 프로그래밍 언어로 옳은 것은?

– HTML의 단점을 보완하고, SGML의 복잡한 단점을 개선한 언어
– 사용자가 새로운 태그와 속성을 정의할 수 있는 확장성을 가짐
– 유니코드를 사용하므로 전 세계의 모든 문자를 처리

① XML
② ASP
③ JSP
④ VRML

53 다음의 기능을 수행하는 OSI 7계층은?

– 송·수신 측 간에 관련성을 유지하고 대화를 설정하고 제어한다.
– 대화의 구성 및 동기를 제공한다.
– 데이터 교환 관리 기능을 수행한다.

① 응용 계층
② 표현 계층
③ 세션 계층
④ 전송 계층

54 다음 중 개인 정보의 유형과 종류가 올바르게 연결된 것은?

① 일반적 정보 : 얼굴, 지문, 홍채
② 신체적 정보 : 건강상태, 진료기록, 장애등급
③ 정신적 정보 : 학력, 성적, 상벌기록
④ 사회적 정보 : 종교, 소득내역, 소비성향

55 다음 중 근거리 통신망(LAN)에 대한 설명으로 옳지 않은 것은?

① 분산 처리와 실시간 처리가 가능한 고속 통신이다.
② 연결 방식으로는 스타형, 비스형, 링형, 망형, 트리형이 있다.
③ 유선 케이블, 적외선 링크, 소형 무선 송수신기 등을 이용하여 통신한다.
④ 회사와 상대적으로 먼 거리의 도시나 국가의 컴퓨터를 연결하여 자원을 공유한다.

56 다음 중 컴퓨터에서 사용하는 캐시 메모리에 관한 설명으로 옳은 것은?

① CPU와 주기억 장치의 처리 속도를 향상시키기 위하여 사용한다.
② 보조 기억 장치를 주기억 장치처럼 사용할 수 있는 기능을 제공한다.
③ 주기억 장치를 접근할 때 주소 대신 기억된 내용으로 접근하는 기능을 제공한다.
④ EEROM의 일종으로 중요한 정보를 반영구적으로 저장할 수 있다.

57 다음 중 메모리가 정상적으로 인식되지 않은 경우, 그 해결책으로 옳지 않은 것은?

① CMOS 셋업에서 캐시 항목이 Enable로 설정되어 있는지 확인한다.
② CMOS 셋업에서 RAM의 속도를 임의로 변경하지 않았는지 확인한다.
③ 메인보드에서 지원하는 RAM을 사용했는지 확인한다.
④ RAM 소켓에 RAM이 올바르게 꽂혀있는지 확인한다.

58 다음 보기에서 설명하는 해킹 방법으로 옳은 것은?

> 트러스트 관계가 맺어져 있는 서버와 클라이언트를 확인한 후 클라이언트에 DoS 공격을 하여 연결을 끊은 다음. 공격자가 클라이언트의 IP 주소를 확보하여 서버에 실제 클라이언트처럼 패스워드 없이 접근하는 방법이다.

① 스푸핑(Spoofing)
② 스니핑(Sniffing)
③ 세션 하이재킹(Session Hijacking)
④ 크래킹(Cracking)

59 다음 중 모바일 기기의 기능에서 테더링(Tethering)에 관한 설명으로 옳은 것은?

① 기기에 내장된 카메라를 이용해 실제 사물이나 환경에 부가 정보를 표시하는 기술이다.
② 인터넷에 연결된 기기를 활용해 다른 기기에서 인터넷 접속을 가능하도록 하는 기술이다.
③ 인공위성 위치정보 신호를 수신하는 기술이다.
④ 근거리에서 데이터의 무선 통신을 가능하도록 해주는 기술이다.

60 다음에서 설명하는 용어로 옳은 것은?

> 고성능 무선 통신을 가능하게 하는 무선랜 기술로 유선을 사용하지 않고 전파나 빛 등을 이용하여 네트워크를 구축하는 방식

① WiFi
② RFID
③ I-PIN
④ Mirroring

빠른 정답표 | 확인하기

① 모바일로 QR 코드를 스캔합니다.
② 해당 회차의 정답표를 확인합니다.
③ 빠르고 간편하게 채점해 보세요.

정답 & 해설

2024년 상시 기출문제 01회

01 ④	02 ②	03 ④	04 ④	05 ②
06 ③	07 ①	08 ①	09 ①	10 ②
11 ③	12 ③	13 ①	14 ③	15 ④
16 ③	17 ①	18 ③	19 ①	20 ②
21 ①	22 ④	23 ①	24 ③	25 ②
26 ④	27 ④	28 ①	29 ②	30 ①
31 ④	32 ①	33 ①	34 ①	35 ④
36 ①	37 ②	38 ④	39 ①	40 ④
41 ③	42 ③	43 ③	44 ①	45 ①
46 ③	47 ②	48 ③	49 ③	50 ②
51 ①	52 ④	53 ③	54 ④	55 ①
56 ②	57 ④	58 ④	59 ④	60 ③

2024년 상시 기출문제 04회

01 ②	02 ④	03 ②	04 ④	05 ②
06 ③	07 ④	08 ②	09 ③	10 ②
11 ③	12 ③	13 ③	14 ④	15 ④
16 ④	17 ④	18 ④	19 ③	20 ①
21 ②	22 ②	23 ②	24 ④	25 ②
26 ④	27 ②	28 ③	29 ④	30 ④
31 ④	32 ③	33 ①	34 ④	35 ①
36 ④	37 ②	38 ④	39 ④	40 ④
41 ④	42 ②	43 ④	44 ②	45 ②
46 ④	47 ②	48 ④	49 ①	50 ④
51 ②	52 ③	53 ①	54 ②	55 ①
56 ②	57 ②	58 ③	59 ①	60 ④

2024년 상시 기출문제 02회

01 ④	02 ④	03 ①	04 ④	05 ④
06 ④	07 ③	08 ④	09 ④	10 ④
11 ②	12 ③	13 ②	14 ③	15 ③
16 ②	17 ③	18 ②	19 ①	20 ③
21 ①	22 ④	23 ③	24 ④	25 ③
26 ④	27 ③	28 ④	29 ③	30 ④
31 ④	32 ③	33 ③	34 ④	35 ②
36 ④	37 ③	38 ②	39 ④	40 ①
41 ①	42 ②	43 ③	44 ③	45 ②
46 ③	47 ④	48 ④	49 ③	50 ①
51 ②	52 ②	53 ①	54 ②	55 ①
56 ①	57 ③	58 ②	59 ②	60 ③

2024년 상시 기출문제 05회

01 ②	02 ④	03 ①	04 ③	05 ②
06 ①	07 ②	08 ②	09 ②	10 ③
11 ④	12 ③	13 ②	14 ④	15 ①
16 ③	17 ②	18 ①	19 ①	20 ①
21 ①	22 ②	23 ②	24 ④	25 ④
26 ③	27 ③	28 ④	29 ④	30 ④
31 ①	32 ④	33 ④	34 ③	35 ④
36 ②	37 ③	38 ③	39 ①	40 ③
41 ③	42 ③	43 ①	44 ④	45 ④
46 ②	47 ③	48 ③	49 ④	50 ③
51 ③	52 ①	53 ③	54 ④	55 ④
56 ①	57 ①	58 ①	59 ②	60 ①

2024년 상시 기출문제 03회

01 ④	02 ②	03 ③	04 ③	05 ④
06 ①	07 ③	08 ③	09 ②	10 ②
11 ③	12 ②	13 ④	14 ①	15 ③
16 ②	17 ④	18 ②	19 ④	20 ④
21 ④	22 ④	23 ④	24 ②	25 ②
26 ④	27 ①	28 ④	29 ②	30 ③
31 ④	32 ④	33 ③	34 ④	35 ④
36 ③	37 ④	38 ④	39 ②	40 ④
41 ②	42 ①	43 ④	44 ①	45 ②
46 ②	47 ③	48 ①	49 ④	50 ②
51 ②	52 ③	53 ②	54 ①	55 ①
56 ③	57 ③	58 ②	59 ③	60 ④

정답 & 해설

2024년 상시 기출문제 01회

01 ④	02 ②	03 ④	04 ④	05 ②
06 ③	07 ①	08 ①	09 ①	10 ②
11 ③	12 ③	13 ①	14 ③	15 ④
16 ③	17 ①	18 ③	19 ①	20 ②
21 ①	22 ④	23 ①	24 ③	25 ②
26 ④	27 ④	28 ①	29 ②	30 ①
31 ④	32 ①	33 ①	34 ①	35 ④
36 ①	37 ②	38 ④	39 ①	40 ④
41 ③	42 ③	43 ③	44 ①	45 ①
46 ③	47 ③	48 ③	49 ③	50 ②
51 ①	52 ④	53 ③	54 ③	55 ①
56 ②	57 ④	58 ④	59 ④	60 ③

1과목 워드프로세싱 용어 및 기능

01 ④
PDF 형식 등의 문서는 워드프로세서로 변환할 수 있다.

02 ②
수정 상태에서 Back Space 를 누르면 앞 글자가 지워지고 뒷글자로 채워진다.

03 ④
주 메뉴는 Alt 를 누른 후 메뉴 옆에 영문을 선택하여 호출한다.

04 ④
프린터 드라이버(Printer Driver)는 워드프로세서에서 산출된 출력값을 특정 프린터 모델이 요구하는 형태로 번역해 주는 소프트웨어를 말한다.

05 ②
불필요한 문서는 지체 없이 폐기한다.

06 ③
혼합형 분류법은 문서를 주제별, 명칭별, 형식별 등 다양한 방법으로 혼합하여 분류한다.

07 ①
인쇄 미리보기에서 전체 윤곽을 확인할 수 있으나, 파일로 인쇄는 인쇄 창에서 실행할 수 있다.

08 ①
오답 피하기
- 병합(Merge) : 두 개 이상의 문서를 하나로 합치는 기능
- 정렬(Align) : 문서 전체 또는 일부분을 왼쪽, 가운데, 오른쪽 등의 기준으로 위치시키는 기능
- 기본값(Default) : 명령이나 기능 등이 기본적으로 설정된 값

09 ①
오답 피하기
- 필터링(Filtering) : 작성된 이미지를 필터 기능을 이용하여 새로운 이미지로 바꾸는 기능
- 오버프린트(Overprint) : 문자 위에 겹쳐서 문자를 중복으로 인쇄하는 작업
- 스프레드(Spread) : 대상체의 컬러가 배경색의 컬러보다 옅을 때 배경색에 가려 대상체가 보이지 않는 현상

10 ②
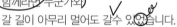
갈 길이 아무리 멀어도 갈수 있습니다.
- 자리 바꾸기 : ⌒
- 사이 띄우기 : ∨
- 글자 삭제 : ♐

11 ③
- ⌐ : 줄 바꾸기
- ＞ : 줄 삽입
- ∨ : 사이 띄우기

오답 피하기
- ① : ♐(수정), ♐(삭제하기), ⌐(줄 바꾸기)
- ② : ⌒(자리 바꾸기), ౨(줄 잇기), ☼(원래대로 두기)
- ④ : ⌐(내어쓰기), ∨(사이 띄우기), ⌒(붙이기)

12 ③
시행문을 정정할 때에는 문서의 여백에 정정한 글자 수를 표기하고 관인을 찍어야 한다.

13 ①
위지윅(WYSIWYG; What You See Is What You Get)은 '보는 대로 얻는다'라는 뜻으로, 전자출판에서 편집 과정을 편집자가 의도한 대로 구현할 수 있는 방식을 의미한다.

14 ③

저장할 때 [도구]-[문서 암호]에서 암호를 설정하거나 [저장 설정]에서 백업 파일이 만들어지도록 설정할 수 있다.

오답 피하기
- [저장]이란 현재 작업 중인 주기억 장치의 내용을 보조 기억 장치로 이동시키는 기능으로, 문서 전체를 저장하거나 블록을 지정하여 문서 일부분에 대해 저장할 수 있음
- [다른 이름으로 저장하기] 대화상자에서 새 폴더 만들기, 파일의 삭제 등을 할 수 있음

15 ④

인쇄할 때 인쇄 용지 크기를 확대하거나 축소하여 출력할 수 있다.

16 ③

- 문서의 보관 : 문서의 편철이 끝난 날이 속하는 연도의 말일까지 처리 과에서 보관
- 문서의 보존 : 보관이 끝난 문서를 폐기하기 전까지 처리과에서 1년, 3년, 5년, 10년, 30년, 준영구, 영구의 7종으로 구분하여 보존

17 ①

스타일(Style)은 일관성 있는 문단 모양과 글자 모양을 설정하여 통일성 있는 문서를 작성할 수 있다.

오답 피하기
- 매크로(Macro) : 일련의 작업 순서를 키보드의 특정 키에 기록해 두 었다가 필요할 때 한 번에 재실행해 내는 기능
- 워드 랩(Word Wrap) : 줄의 끝에 있는 영어 단어가 다음 줄까지 이 어질 때 단어를 다음 줄로 넘겨 단어 파악을 쉽게 할 수 있는 기능
- 아이콘(Icon) : 그래픽 사용자 인터페이스를 제공하는 컴퓨터에서 각 종 명령이나 기능을 선택하기 위한 작은 그림

18 ③

- 다단 편집 : 하나의 화면을 2단 이상으로 나누어 편집하는 기능
- 편집 화면 나누기 : 하나의 화면을 가로 또는 세로로 나누어 편집하는 기능

19 ①

두문에는 행정기관명, 수신(경유)을 기재한다.

오답 피하기
- 본문 : 제목, 본문 내용, 붙임
- 결문 : 발신인(처리 담당자), 기안자, 검토자, 시행일자, 접수일자, 주 소 등

20 ②

전자문서를 행정기관의 홈페이지 또는 공무원의 공식 전자우편 주소를 이용하여 발송할 수 있다.

21 ①

Shift +[다시 시작]을 선택하거나, [시작]-[설정]-[업데이트 및 보안]- [복구]-[지금 다시 시작]을 눌러 나오는 [고급 옵션] 창에서 다양한 옵션 을 선택하여 부팅할 수 있다.

22 ④

상태 표시줄은 현재 사용하는 드라이브와 폴더의 위치가 표시되는 곳 이다. 폴더 이름을 선택하면 해당 폴더로 이동하는 공간은 주소 표시줄 이다.

23 ①

디스크 포맷은 디스크 드라이브의 바로 가기 메뉴에서 [포맷]으로 할 수 있다.

24 ③

사용자 계정에서 암호를 설정한 후 [다시 시작할 때 로그온 화면 표시] 를 체크하여 화면 보호기의 암호를 사용할 수 있다.

25 ②

프린터 속성은 일반, 공유, 포트, 고급 탭 등으로 구성되어 있고 그 중 [공유] 탭에서 [이 프린터 공유]를 설정할 수 있다.

26 ④

[제어판]의 [프로그램 및 기능]은 컴퓨터에 설치된 앱 목록을 확인하고 제거하는 곳이며, 하드웨어의 제거는 [장치 관리자]에서 실행한다.

27 ④

[기본 프로그램]은 Windows에서 기본적으로 사용할 프로그램을 선택 하는 기능이며, 컴퓨터에 설치된 특정 프로그램에 대한 제거나 변경은 [제어판]의 [프로그램 및 기능]을 사용한다.

28 ①

시스템 속성 창은 [제어판]의 [시스템]을 실행하여 열 수 있다.

29 ②

현재 사용 중인 드라이브는 포맷할 수 없다.

30 ①

오답 피하기
- 플러그 앤 플레이(PnP) : 컴퓨터에 새로운 하드웨어를 설치하면 자동 으로 인식하는 기능
- 보안이 강화된 방화벽 : 해커나 악성 소프트웨어가 네트워크나 인터 넷을 통해 컴퓨터를 액세스하는 것을 상황에 따라 지능적 또는 사용 자 임의로 보안을 설정하고 관리
- 그래픽 사용자 인터페이스(GUI) : 사용자에게 편리한 사용 환경으로 그림으로 된 그래픽 아이콘을 마우스와 키보드를 통해 실행하여 정 보를 교환하는 방식

31 ④

휴지통에서는 폴더나 파일을 만들 수 없다.

32 ①

⊞ + R : 실행 대화상자 열기

33 ①

원드라이브(OneDrive)는 클라우드 저장소로 파일 탐색기와 동기화하여 연동할 수 있다.

오답 피하기

스티커 메모는 종이에 메모하듯 일정이나 전화번호 등을 바탕 화면에 메모지로 표시하여 입력하는 앱이다.

34 ①

그림판은 레이어와 제도 작업을 할 수 없다.

35 ④

네트워크 환경 설정은 [제어판]의 [네트워크 및 공유 센터]에서 할 수 있다.

36 ①

[프린터] 메뉴 중 [모든 문서 취소]는 스풀러에 저장된 모든 문서의 인쇄를 취소한다.

37 ②

휴지통의 바탕 화면 표시 설정은 [개인 설정]–[테마]에서 [바탕 화면 아이콘 설정]을 클릭하여 변경할 수 있다.

38 ④

FTP는 파일의 송수신 기능이고, TELNET은 원격 접속 기능이다.

39 ①

[디스크 조각 모음 및 최적화]가 진행 중에 컴퓨터를 사용할 수 있으나, 처리 속도를 향상하기 위해 되도록 컴퓨터의 사용을 멈추는 것이 좋다.

40 ④

DNS 서버는 인터넷을 사용할 때 문자로 되어 있는 도메인을 숫자로 된 IP 주소로 바꾸어주는 서버이며, 기본 설정 DHCP 서버는 동적인 IP 주소를 할당해 주는 서버이다.

3과목　PC 기본상식

41 ③

연산 장치는 산술과 논리 연산을 담당하며, 제어 장치는 명령을 해석하고 감시하며 감독하는 기능을 한다.

42 ③

구글은 오픈 소스인 안드로이드 운영체제를 사용한다.

오답 피하기

• 애플 : iOS 운영체제
• 윈도우폰 : 마이크로소프트(MS) 운영체제
• 클라우드 OS : 웹에서 바로 구동할 수 있는 OS

43 ③

워크스테이션은 네트워크에서 주로 서버(Server) 역할을 담당한다.

44 ①

POP3는 메일 서버에 도착한 이메일을 사용자의 컴퓨터로 가지고 오는 메일 서버이다.

45 ①

오답 피하기

• 캐시 메모리(Cache Memory) : 고속의 CPU와 주기억 장치 사이에 존재하며 처리 속도를 향상시키는 기능을 가진 고속 버퍼 메모리
• 가상 메모리(Virtual Memory) : 보조 기억 장치의 일부를 주기억 장치처럼 사용하는 메모리
• 연관 메모리(연상 기억 장치, Associative Memory) : 주소를 사용하지 않고 기억된 데이터의 내용으로 접근하는 방식의 메모리

46 ③

화면 주사율은 화면에 갱신되는 빈도수로 높을수록 자주 갱신되므로 더 부드럽게 표시된다.

오답 피하기

• 해상도 : 모니터의 이미지 정밀도를 나타내는 지표로 픽셀로 구성
• 픽셀 : 모니터 화면을 구성하는 가장 작은 단위
• 주파수 대역폭 : 모니터가 처리할 수 있는 주파수의 폭

47 ③

실린더는 디스크의 중심축으로부터 같은 거리에 위치하는 트랙들의 모임을 말한다.

오답 피하기

클러스터는 하드 디스크의 중심축으로부터 같은 거리에 있는 섹터들의 집합을 말한다.

48 ③

증강현실(AR)은 현실 세계에 3차원 가상 물체를 겹쳐 보여주는 기술이다.

오답 피하기

• ① : WiFi는 무선랜 기술
• ② : NFC(Near Field Communication) 기능
• ④ : 테더링(Tethering) 기능

49 ③

멀티미디어는 사용자의 선택에 따라 한 방향뿐만이 아니라 여러 방향으로 데이터를 처리하는 비선형성의 구조를 가지는 특징이 있다.

50 ②

캐싱(Caching)은 자주 사용하는 사이트의 자료를 하드 디스크에 저장하였다가 사용자가 다시 그 자료에 접근하면 빠르게 보여주는 기능이다.

오답 피하기

• 쿠키(Cookie) : 사용자의 방문 날짜와 그 사이트에서의 행동을 기록한 정보가 있는 파일
• 로밍(Roaming) : 서로 다른 통신 사업자의 서비스 지역에서도 통신이 가능하게 연결해 주는 서비스
• 스트리밍(Streaming) : 인터넷에서 음성이나 영상, 애니메이션 등을 실시간으로 재생하는 기법

51 ①

JAVA는 객체 지향 프로그래밍 언어로 네트워크를 이용한 분산 작업이 가능하도록 설계되었다.

52 ④

- BCD 코드 : 6비트의 크기로 8421코드라고도 함
- ASCII 코드 : 7비트의 크기로 자료 처리나 통신 시스템에 사용
- EBCDIC 코드 : 8비트의 크기로 입출력 장치와 범용 컴퓨터에서 사용

53 ③

프리웨어는 누구나 무료로 사용하는 것이 허가된 공개 소프트웨어이나, 누구나 소스를 수정 및 배포할 수는 없다. 오픈소스 소프트웨어는 개발자가 소스를 공개한 소프트웨어로 누구나 수정 및 배포가 가능하다.

54 ③

BMP는 Windows 표준 비트맵 파일 형식이나 웹 그래픽 표준 방식은 아니며, 데이터의 압축이 지원되지 않아 그림의 입출력 속도가 빠르나 파일의 크기가 크다.

55 ①

MOV는 애플사에서 만든 동영상 파일 형식이다.

56 ②

- DNS(Domain Name System) : 영문자로 된 도메인 주소를 숫자로 된 IP 주소로 변환시키는 시스템
- 게이트웨이(Gateway) : LAN과 공중 통신망 등을 접속하는 장치
- NAT(Network Address Translation) : 사설 IP 주소를 공인 IP 주소로 바꿔주는 주소 변환기

57 ④

부동 소수점은 고정 소수점에 비해 큰 수나 작은 수를 표현하기 때문에 처리 시간이 많이 걸린다.

58 ④

- NFC(Near Field Communication) : 무선 태그 기술로 10cm 이내의 가까운 거리에서 기기 간의 설정 없이 다양한 무선 데이터를 주고받는 통신 기술
- SSO(Single Sign On) : 한 번의 로그인으로 기업 내의 각종 업무 시스템이나 인터넷에 접속할 수 있도록 하는 기술

59 ④

근접 센서는 물체가 접근했을 때 위치를 검출하는 센서이다.

- 킬 스위치(Kill Switch) : 휴대폰의 도난이나 분실에 대비하여 정보기기를 원격으로 조작해 개인 데이터를 삭제하고 사용을 막는 기능
- 화면 잠금 기능 : 화면을 일정 시간이 지나면 잠그는 기능
- 모바일 OTP를 통한 인증 기능 : 고정된 비밀번호가 아닌 일회용 비밀번호를 생성하여 인증하는 기능

60 ③

파밍(Pharming)은 피싱 기법의 일종으로 사용자가 자신의 웹 브라우저에서 정확한 주소를 입력해도 가짜 웹 사이트로 이동하게 되어 개인 정보를 훔치는 행위이다.

2024년 상시 기출문제 02회

1-121P

01 ④	02 ④	03 ①	04 ④	05 ④
06 ④	07 ③	08 ④	09 ④	10 ④
11 ②	12 ③	13 ②	14 ③	15 ③
16 ②	17 ③	18 ②	19 ①	20 ③
21 ①	22 ④	23 ③	24 ④	25 ③
26 ④	27 ③	28 ④	29 ③	30 ②
31 ④	32 ③	33 ③	34 ②	35 ②
36 ④	37 ③	38 ②	39 ④	40 ①
41 ①	42 ①	43 ④	44 ④	45 ②
46 ③	47 ④	48 ④	49 ③	50 ①
51 ②	52 ②	53 ①	54 ②	55 ①
56 ①	57 ③	58 ②	59 ②	60 ③

1과목 워드프로세싱 용어 및 기능

01 ④

문서는 종이나 하드 디스크와 같은 보조 기억 장치에 반영구적으로 보관할 수 있다.

02 ④

- 마진(Margin) : 문서 작성 시 페이지의 상·하·좌·우에 두는 공백
- 소트(Sort) : 문서의 일부분을 가나다 또는 그 역순으로 재배열하는 기능

03 ①

전자출판은 상호 대화가 가능한 쌍방향 매체를 사용한다.

04 ④

찾기 후에 문서의 내용이 변경된 것이 아니므로 전체 분량이 변경되지 않는다.

05 ④

- 오픈타입(Open Type) : 외곽선 정보를 사용하여 높은 압축 기법을 통해 파일의 용량을 줄인 것으로, 주로 통신을 이용한 폰트의 송수신이 용이함
- 포스트스크립트(Postscript) : 그래픽, 텍스트를 종이, 필름, 모니터 등에 인쇄하기 위한 페이지 설명 언어로, 주로 인쇄용 글꼴로 사용함

06 ④

래그드(Ragged)는 문서의 오른쪽 끝이 정렬되지 않은 상태를 말한다.

워드 랩(Word Wrap)은 행의 끝부분에 입력된 단어가 줄의 끝에서 잘릴 경우 단어 전체를 다음 줄로 이동시키는 기능이다.

07 ③

A판과 B판으로 나눈 용지의 가로:세로의 비는 $1:\sqrt{2}$ 이다.

08 ④
- 저장 장치 : 하드 디스크, CD-ROM, RAM, ROM 등
- 입력 장치 : 디지타이저, 태블릿, 키보드, 마우스 등

09 ④
오답 피하기
- 색인(Index) : 본문 속의 중요한 낱말들을 문서의 제일 뒤에 모아 그 낱말들이 책의 몇 페이지에 있는지 알려주는 기능
- 스풀링(Spooling) : 인쇄하면서 동시에 다른 작업이 가능하도록 인쇄할 데이터를 보조 기억 장치에 저장했다가 프린터로 출력하는 기술
- 하드 카피(Hard Copy) : 화면에 표시된 문서나 내용을 그대로 프린터에 인쇄하는 기능

10 ④
수정 상태에서 Space Bar 를 누르면 글자가 지워진다.

11 ②
공고 문서는 고시 또는 공고가 있은 후 5일이 경과한 날부터 효력이 발생한다.

12 ③
Enter 를 누르면 문단이 바뀜을 의미하므로 문단 부호(↵)로 표시한다.

13 ②
- 리딩(Leading) : 인쇄에서 한 행의 하단에서 다음 행의 상단 사이의 간격으로 줄 간격과 같은 의미
- 커닝(Kerning) : 자간의 미세 조정으로 특정 문자들의 간격을 조정하는 작업

14 ③
정보 교환과 정보 처리에 모두 사용하는 유니코드 문자는 영문과 한글 모두 2바이트로 표현한다.

15 ③
행정기관명을 표시할 때 문서를 기안한 부서가 속하는 행정기관명을 표시하되, 다른 행정기관명과 동일한 경우에는 바로 위 상급기관명을 함께 표시할 수 있다.

16 ②
- ┌ : 줄 바꾸기
- ⌒ : 줄 잇기
오답 피하기
- ① : ∨(사이 띄우기), ⌒(자리 바꾸기)
- ③ : ⌒(삽입), ✑(삭제)
- ④ : ⌐(들여쓰기), ⌒(붙이기)

17 ③
수정할 글자에 수정 교정부호인 ✑를 사용하여 간략하게 기입한다.

18 ②
문서관리 절차는 '구분 → 분류 → 편철 → 보관 → 이관 → 보존 → 폐기'의 순서이다.

19 ①
EDI의 3대 구성 요소는 EDI 표준(Standards), 사용자 시스템(User System), 통신 네트워크(VAN)이다.

20 ③
'행정전자서명'이란 기안자·검토자·협조자·결재권자 또는 발신명의인의 신원과 전자문서의 변경 여부를 확인할 수 있도록 그 전자문서에 첨부되거나 결합된 전자적 형태의 정보로서 인증기관으로부터 인증을 받은 것을 말한다.
오답 피하기
'서명'이란 기안자·검토자·협조자·결재권자 또는 발신명의인이 공문서에 자필로 자기의 성명을 다른 사람이 알아볼 수 있도록 한글로 표시하는 것을 말한다.

2과목 PC 운영체제

21 ①
오답 피하기
- ⊞ + U : 접근성 열기
- Alt + Enter : 선택 항목의 속성 창의 표시
- Alt + Tab : 실행 중인 두 앱 간의 작업 전환

22 ④
오답 피하기
- 날짜 계산 : 두 날짜 간의 차이를 계산하거나 날짜에 일수를 추가하거나 뺀 날 계산
- 공학용 : 삼각 함수, 로그 통계 등의 수식에 유효자리 32자리까지 계산
- 프로그래머 : 2, 8, 10, 16진수 계산과 유효자리 64자리까지 계산

23 ③
오류 검사는 폴더 단위가 아니고 디스크 드라이브 단위로 바로 가기 메뉴의 [속성]-[도구] 탭에서 [검사]를 클릭한다.

24 ④
로그인 옵션
- [시작]-[설정]-[계정]-[로그인 옵션]을 선택
- Windows Hello 얼굴, Windows Hello 지문, Windows Hello PIN, 보안 키, 비밀번호, 사진 암호가 있음

25 ③
[제어판]의 [장치 관리자]에서 사용자 컴퓨터에 설치된 하드웨어 장치의 목록을 확인할 수 있다.

26 ④
오답 피하기
- ① : 휴지통의 크기는 MB 단위로 지정
- ② : 휴지통의 용량을 초과하면 가장 오래전에 삭제된 파일 삭제
- ③ : Shift + Delete 를 눌러 삭제하면 휴지통에 들어가지 않고 완전 삭제

27 ③
작업 표시줄은 화면의 1/2 크기까지 늘릴 수 있다.

28 ④

네트워크로 설치된 프린터의 바로 가기 메뉴에서 [기본 프린터로 설정]을 선택하여 지정할 수 있다.

오답 피하기
- ① : 일반적으로 가장 먼저 설치한 프린터를 기본 프린터로 지정하여 사용하지만, 반드시 기본 프린터는 아님
- ② : 기본 프린터는 삭제하고 다시 설치할 수 있음
- ③ : 기본 프린터는 1대만 지정 가능

29 ③

오답 피하기
- ① : 디스크 조각 모음은 디스크의 처리 속도를 향상시킴
- ② : 디스크 정리는 디스크의 공간을 확보함
- ④ : 메모리 부족일 때에는 실행 중인 앱을 종료

30 ②

웹 브라우저에서 웹 서버에 있는 홈페이지를 볼 수 있지만 수정할 수는 없다.

31 ④

[찾기]에서 cmd를 눌러 나오는 명령 프롬프트 창에서 msconfig를 입력하면 [시스템 구성] 대화상자를 열 수 있다.

오답 피하기
- ipconfig : 내 컴퓨터의 IP 주소, 서브넷 마스크 주소 등을 확인하는 명령어
- tracert : 연결하려는 IP 라우터들이 제대로 패킷을 전송하는지 확인하는 명령어
- nbtstat : NBT(NetBIOS)를 사용하여 프로토콜 통계와 현재 TCP/IP 연결을 표시하는 명령어

32 ③

방화벽은 권한이 없는 사용자가 인터넷 또는 네트워크를 통해 컴퓨터에 접근을 막아주는 역할로 전자 메일의 알림 표시 설정과는 관계가 없다.

33 ③

[작업 표시줄 자동 숨기기]는 작업 표시줄을 보여주지 않다가 마우스를 작업 표시줄에 위치하면 표시되는 기능으로, 자동 숨기기를 설정하여도 작업 표시줄을 다른 위치로 이동시킬 수 있다.

34 ②

[인쇄 작업 목록 보기] 창의 기능으로는 기본 프린터 설정, 인쇄 일시 중지, 인쇄 취소, 다시 시작, 공유, 프린터 속성 지정 등이 있다.

오답 피하기
프린터의 장치 제거는 [제어판]의 [장치 및 프린터]에서 가능하다.

35 ②

사운드 카드, 그래픽 카드, 메모리 등과 같은 장치들은 시스템 내부에 설치되어 있어 창에 표시되지 않는다.

36 ④

Windows 디바이스뿐만 아니라 macOS, iOS, Android 디바이스에서도 다운로드하여 사용할 수 있다.

37 ③

현재 편집 중인 문서가 포함된 파일이나 폴더는 삭제할 수 없다. 파일을 종료한 후에 삭제가 가능하다.

38 ②

[내레이터 시작]을 사용하면 사용자가 키보드를 이용하여 탐색할 때 화면의 모든 텍스트를 소리 내어 읽어주도록 설정할 수 있다.

39 ④
- 디스크 관리 : 새 드라이브를 초기화하고 볼륨을 확장하거나 축소하는 등의 작업을 수행
- ClearType : 모니터의 색상이 종이와 같이 선명하고 깨끗하게 보여 읽기 쉽게 만들어 주는 기능

40 ①

QoS 패킷 스케줄러는 흐름 속도 및 우선순위 서비스를 포함하여 네트워크 트래픽 제어를 제공하는 데 사용한다.

3과목 **PC 기본상식**

41 ①

여러 대의 컴퓨터를 네트워크로 연결하여 사용하는 분산 처리는 네트워크가 크게 발달되는 4세대의 특징이다.

42 ①

오답 피하기
- IEEE 1394 : 개인용 컴퓨터와 디지털 오디오 등에 사용되는 표준 규격
- PS/2 포트 : 개인용 컴퓨터의 키보드와 마우스에 쓰이는 접속 규격
- 디스플레이 포트 : 컴퓨터용 디스플레이에 사용되는 구형 VGA와 DVI에 사용되는 포트

43 ④

샘플링할 때 디지털 오디오 데이터 파일의 크기에 영향을 미치는 요소에는 샘플링 비율(헤르츠), 양자화 크기(비트), 지속시간(초) 등이 있다.

44 ③
- 그레이(Gray) 코드 : 각 자리에 가중치가 부여되지 않은 코드로, 인접한 값 두 개를 합하여 내려 값을 구하는 코드
- 가중치 코드 : 각 자릿 수에 고유한 값을 부여한 코드로, 8421 코드(BCD), 2421 코드 등이 있음

45 ②

셰어웨어(Shareware)는 상용 앱의 홍보를 위해 일정 기간 동안 무료로 사용하다가 돈을 지불하고 사용하는 소프트웨어이다.

오답 피하기
프리웨어(Freeware)는 무료로 사용할 수 있으나 저작권이 있어 누구나 수정이 가능한 것은 아니다.

46 ③

컴퓨터 바이러스 백신은 바이러스의 치료를 목적으로 만드는 것으로 컴퓨터 범죄와 관련이 없다.

47 ④

사물 인터넷(IoT)은 사물에 센서를 부착하여 인터넷으로 연결되어 서로 정보를 주고받는 기술로, 방문객의 위치, 관람객의 정보 등 그때그때 상황에 맞춰 정보를 제공한다.

48 ④

벡터 방식은 비트맵 방식에 비해 기억 공간을 적게 차지한다.

49 ③

오답 피하기

- 연관 메모리(Associative Memory) : 주소가 아니라 기억된 데이터의 내용을 이용하여 원하는 정보에 접근하는 방식
- 캐시 메모리(Cache Memory) : 고속의 중앙 처리 장치와 주기억 장치의 사이에 존재하는 메모리
- 플래시 메모리(Flash Memory) : 전기적인 방법으로 여러 번 읽기 및 쓰기가 가능한 EEPROM의 일종으로, BIOS, MP3 플레이어, 휴대전화, 디지털 카메라 등에 사용

50 ①

스캐너는 그림이나 사진과 같은 영상 정보를 입력하는 장치이다.

오답 피하기

- 트랙볼(Track Ball) : 볼이 위쪽에 달려 있는 마우스로 입력 장치
- 디지타이저(Digitizer) : 아날로그 데이터인 좌표를 판독하여 컴퓨터에 디지털 형식의 설계도면이나 도형을 입력하는 데 사용하는 입력 장치
- 광전 펜(Light Pen) : 펜의 모양을 한 입력 장치

51 ②

- 객체 지향 프로그래밍 언어 : C++, C#, JAVA
- 절차 지향 프로그래밍 언어 : C, COBOL, FORTRAN

52 ②

서버, 워크스테이션에 사용되는 방식은 RISC 마이크로프로세서이다.

53 ①

DRM(Digital Rights Management)은 출판, 음반, 영화, 게임 등의 디지털 콘텐츠의 무단 사용을 막아 제공자의 권리와 이익을 보호해주는 기술과 서비스를 말한다.

오답 피하기

- CRM(Customer Relationship Management) : 고객 관계 관리 시스템으로 기업과 고객과의 관련 활동을 계획, 지원, 평가하는 시스템
- DCRP(Digital Contents Rights Protection) : 콘텐츠 분배를 위한 디지털 권한 관리
- PICS(Platform for Internet Contents Selection) : 웹 사이트 내용에 대해 선택적으로 접근하도록 해주는 기반 구조로 웹 사이트에 포함된 정보 내용의 등급을 판단하는 표준 규격

54 ②

디지털 컴퓨터 특징으로는 논리 회로, 코드화된 문자나 숫자 입력 형식, 연산 속도 느림, 프로그래밍 필요, 범용성 등이 있다.

오답 피하기

아날로그 컴퓨터 특징으로는 증폭 회로, 전류·전압·온도 등의 연속적인 물리량 입력 형식, 연산 속도 빠름, 프로그래밍 불필요, 특수 목적용 등이 있다.

55 ①

CMOS SETUP은 컴퓨터의 BIOS 등의 각종 사항을 설정하는 것으로 소프트웨어 업그레이드와는 관계가 없다.

56 ①

방화벽은 외부에서 불법적으로 침입하는 것을 막는 시스템으로, 내부에서 외부로 나가는 패킷을 체크하지는 못한다.

57 ③

- 멀티프로그래밍(Multi-programming) : 동시에 두 개 이상의 프로그램을 주기억 장치에 기억시켜 놓고 하나의 프로세서가 고속으로 처리하는 방식
- 멀티 처리 시스템(Multi-processing System) : 한 대의 컴퓨터에 2대 이상의 CPU를 설치하여 대량의 데이터를 신속하게 처리하는 방식

58 ②

회신은 상대방이 보낸 메일에 답장을 하는 기능이다.

오답 피하기

전체 회신은 받은 메일에 대하여 답장을 하되, 발송자는 물론 참조인 모두에게 전송하는 기능이다.

59 ②

오답 피하기

- 스마트 앱(Smart App) : 스마트폰 등의 모바일 기기에 설치하는 응용 앱으로 사용자의 목적과 용도에 따라 설치하여 일상생활에서 편리하게 활용할 수 있는 앱
- 앱 스토어(App Store) : 스마트폰에 탑재할 수 있는 다양한 애플리케이션을 판매하는 온라인상의 모바일 콘텐츠 장터
- 앱 북(App Book) : 스마트폰, 태블릿 PC, 개인용 컴퓨터 등 단말기에서 별도의 애플리케이션으로 실행되는 전자책으로, 소프트웨어적 성향이 강하여 애니메이션의 음성, 동영상, 3D 그래픽스 등을 통해 보고, 듣고 만질 수 있는 서비스를 제공하는 앱

60 ③

멀티미디어 메시지(MMS)는 자제하고 블루투스는 사용할 때만 켜 놓고 사용 후 꺼 놓는 것이 좋다.

01 ④	02 ②	03 ③	04 ③	05 ④
06 ①	07 ③	08 ③	09 ②	10 ②
11 ③	12 ②	13 ④	14 ①	15 ④
16 ②	17 ④	18 ②	19 ④	20 ④
21 ④	22 ④	23 ④	24 ②	25 ②
26 ④	27 ①	28 ③	29 ②	30 ③
31 ④	32 ④	33 ④	34 ②	35 ④
36 ③	37 ④	38 ④	39 ②	40 ④
41 ②	42 ①	43 ④	44 ①	45 ②
46 ②	47 ③	48 ①	49 ③	50 ②
51 ②	52 ③	53 ②	54 ①	55 ①
56 ③	57 ③	58 ②	59 ③	60 ④

1과목 　워드프로세싱 용어 및 기능

01 ④

유니코드는 한글, 한자, 영문, 공백 등 모든 문자를 2바이트로 표현한다.

02 ②

플로터(Plotter)는 건축, 전기 등의 설계 도면을 인쇄하는 출력 장치이다.

03 ③

오답 피하기

- CPS(Characters Per Second) : 1초에 인쇄할 수 있는 문자 수
- LPM(Line Per Minute) : 1분에 인쇄할 수 있는 줄 수
- DPI(Dot Per Inch) : 1인치에 인쇄되는 점의 수

04 ③

국제 표준 코드는 유니코드이고, 완성형 코드의 경우 코드가 없는 문자는 사용이 불가능하다.

05 ④

문서의 경유되는 곳을 줄이고 지체 시간도 줄여야 한다.

06 ①

파일링 시스템(Filing System)은 문서를 언제든지 쉽게 찾아볼 수 있도록 정리, 보관, 폐기하는 일련의 제도로 시간과 공간을 최소화하여 처리한다.

07 ③

- 주제별 분류법 : 주제를 정하고 대, 중, 소로 분류하는 경우 듀이의 10진 분류법을 이용하면 편리
- 지역별 분류법 : 같은 지역이나 범위에 따라 분류

08 ③

종이 문서는 원본은 두고 복사본을 발송한다.

09 ②

스타일(Style)은 자주 사용하는 글자 모양이나 문단 모양을 스타일로 만들어 한꺼번에 적용시켜 통일성 있는 문서를 작성하기 위해 사용한다. 복잡한 수식은 수식 편집기를 사용하여 입력한다.

10 ②

정보 통신망을 이용한 전송에는 항상 보안에 주의해야 한다.

11 ③

전자문서는 종이 없는 사무실을 실현하기 위한 것으로 출력하여 보관할 필요가 없다.

12 ②

캡션(Caption)은 표, 그림 등에 설명을 붙이는 기능으로 위치는 작성자가 지정할 수 있다.

13 ④

워드프로세서의 문서의 내용은 되도록 쉽게 인식할 수 있어야 한다.

14 ①

영문 균등(Justification)은 워드 랩 등으로 생긴 공백을 처리하기 위해 단어와 단어 사이의 간격을 균등 배분하여 전체 길이를 맞추고 균형을 유지하기 위한 기능이다.

15 ④

ᕽ(삭제하기), ⌒(붙이기), ㄴ(내어쓰기)로 모두 문서 분량이 감소할 수 있는 교정부호이다.

오답 피하기

- ① : ⌒(붙이기), ✿(원래대로 두기), ⌣(삽입)
- ② : ⌐(줄 바꾸기), √(띄어쓰기), ᕽ(수정)
- ③ : ᒣ(끌어 내리기), ᕽ(수정), ⌒(자리 바꾸기)

16 ②

ㄴ천재는 노력하는 사람을 (자를) 이길 수 없고,
노력하는 자는 즐기는 자 를 이길 수 없다.

17 ④

서식 자료 파일에는 주소록, Outlook 주소록, 한글 파일, 한셀/엑셀 파일, DBF 파일이 있다.

18 ②

직무 편람은 부서별 또는 개인별로 그 소관 업무에 대한 업무 계획, 관리 업무 현황, 기타 참고자료 등을 체계적으로 정리하여 활용하는 업무 현황철 또는 업무 자료철을 말한다.

오답 피하기

- 행정 편람 : 업무 처리 절차와 기준, 장비 운용 방법, 그 밖의 일상적 근무 규칙 등에 관하여 각 업무 담장자에게 필요한 지침, 기준 또는 지식을 제공하는 업무지도서 또는 업무 참고서
- 공고 : 일정한 사항을 일반인에게 알리는 문서로 효력이 단기적이거나 일시적인 것
- 민원 편람 : 민원 업무에 편의성을 위하여 보기에 편리하도록 간추려 놓은 자료

19 ④

인쇄 해상도를 높게 설정하면 선명하게 인쇄는 되나 출력 속도는 느려진다.

20 ④

전자출판은 출판과 보관 비용이 감소한다.

2과목 | PC 운영체제

21 ④

다시 시작
- [시작]–[전원]–[다시 시작]을 클릭하여 실행
- 앱을 모두 닫고 시스템을 다시 시작하는 기능으로, Windows의 설정을 저장하고 메모리의 모든 정보를 하드 디스크에 저장한 후 다시 시작

22 ④

바로 가기 아이콘은 원본 앱의 경로를 지정한 1KB 크기 정도의 작은 크기의 파일로 확장자는 .LNK이다.

23 ④

오답 피하기
- ① : 파일 백신 및 치료 프로그램
- ② : 압축 및 해제 관련 프로그램
- ③ : FTP 프로그램으로 파일 송수신 관련 유틸리티

24 ②

설치된 앱을 완전히 제거하려면 [프로그램 제거 또는 변경]에서 앱 제거를 선택하거나 uninstall을 이용한다.

25 ②

지우개로 이미지의 일부분을 삭제하면 빈 공간은 '색 2'(배경색)로 채워진다.

26 ④

네트워크 연결에 필요한 파일 및 프린터 공유를 위한 프로토콜을 설치할 수 있고 연결 상태를 확인할 수 있다.

27 ①

다른 사람이 공유 여부를 모르게 하려면 폴더나 드라이브의 공유 이름 뒤에 '$' 기호를 표시해야 한다.

28 ③

메모장은 서식이 없는 텍스트 형식(*.txt, html 등)의 문서를 열거나 작성하는 텍스트 편집기로, 서식이 있는 다른 문서의 열기와 OLE, 그래픽 기능 등은 지원되지 않는다.

29 ②
- 바탕 화면에서 [Ctrl] + [N] : 파일 탐색기 창이 실행
- 바탕 화면에서 [Ctrl] + [Shift] + [N] : 새 폴더 만들기

30 ③

전원 단추 동작은 [제어판]의 [전원 옵션]에서 설정할 수 있다.

31 ④

[제어판]의 [기본 프로그램] 항목으로는 기본 프로그램 설정, 파일 형식 또는 프로토콜을 프로그램과 연결, 자동 재생 설정 변경, 컴퓨터의 기본 프로그램 설정이 있다.

32 ④

아이콘 정렬 기준은 이름(가나다 또는 ABC순), 수정한 날짜, 유형(파일 종류, 파일 형식), 크기 등이 있다.

33 ④

기본 프린터는 반드시 1개만 지정이 가능하다.

34 ②

[실행] 창에서 'ipconfig'를 입력하면 내 컴퓨터의 IP 주소, 서브넷 마스크, 게이트웨이 주소를 확인할 수 있다.

35 ④

[시작] 메뉴에서 [잠금]은 사용자 계정에 암호를 두어 컴퓨터를 잠금 상태로 켜놓는 것으로 암호를 입력하여 사용 상태로 해제하여 사용한다.

36 ③

[마우스 속성] 창에서 마우스 기종을 변경할 수는 없다.

37 ④

파일은 휴지통에서 [복원]한 후 실행할 수 있다.

38 ④
- 현재 사용자를 로그오프하거나 연결 끊기를 할 수 있으나 새로운 사용자를 추가할 수는 없음
- 새로운 사용자는 [제어판]의 [사용자 계정]에서 추가

39 ②

작업 표시줄에는 현재 사용 중인 데스크톱에서 실행 중인 목록만이 표시된다.

40 ④

레지스트리는 [시스템 복원]이나 [레지스트리 편집기]에서 백업을 받을 수 있다.

41 ②

불분명한 전자우편을 열면 컴퓨터가 감염될 수 있으므로 열지 않는 것이 좋다.

42 ①

오답 피하기

- ② : 명령 레지스터(IR)는 현재 수행 중인 명령의 내용을 기억하는 레지스터
- ③ : 부호기(Encoder)는 명령 해독기로 해독한 내용을 신호로 변환하여 각 장치에 전달
- ④ : 메모리 버퍼 레지스터(MBR)는 메모리 주소 레지스터(MAR)의 내용을 기억

43 ④

- IMAP : 제목과 송신자를 보고 메일을 다운로드할 것인지를 결정하는 프로토콜로, 전자우편의 수신을 담당
- SMTP : 메일 전송 프로토콜
- POP3 : 메일 수신 프로토콜

44 ①

통신 회선의 데이터 전송 방식에 따라 단방향, 반이중, 전이중 통신 방식으로 구분한다.

45 ②

오답 피하기

- HMD(Head Mounted Display) : 안경처럼 머리에 착용하고 대형 영상을 즐기면서 사용하는 영상 표시 장치(모니터)
- 노트북 컴퓨터 : 노트 크기만 한 컴퓨터
- 랩탑 컴퓨터 : 손바닥 위에 올려놓고 사용할 만한 크기의 컴퓨터

46 ②

MIDI는 파일 크기가 작고 여러 가지 악기로 동시에 연주가 가능한 파일 형식이 장점이나, 음성이나 효과음의 저장이 어렵다는 단점이 있다.

오답 피하기

- MP3 : 고음질의 오디오 압축의 표준 형식
- WAVE : PC 오디오 표준 형식으로, 소리의 원음이 저장되고 재생이 쉽지만 용량이 큼
- RA/RM : 리얼 오디오 파일 형식

47 ③

컴퓨터의 사용 목적에 따라 특정한 분야에 사용하는 전용 컴퓨터, 여러 분야에 광범위하게 사용하는 범용 컴퓨터가 있다.

오답 피하기

- 디지털 컴퓨터 : 코드화된 숫자나 문자를 자료의 형태로 받아 이산적인 자료로 결과를 얻는 컴퓨터로, 일반 사무용이나 계산용의 범용 컴퓨터
- 범용 컴퓨터 : 여러 분야에서 광범위하게 사용할 수 있도록 제작된 컴퓨터
- 하이브리드 컴퓨터 : 디지털 컴퓨터나 아날로그 컴퓨터의 장점만을 혼합한 특수 목적용 컴퓨터

48 ①

제어 장치의 프로그램 카운터(Program Counter)는 다음에 수행할 명령어의 주소를 기억하는 레지스터이다.

49 ③

접근시간(Access Time)은 탐색시간(Seek Time)+회전 대기 시간(원하는 섹터가 헤드 아래로 오는 시간(Latency Time))+데이터 전송 시간(Data Transfer Time)이다.

오답 피하기

- 섹터(Sector) : 한 개의 동심원을 같은 길이로 분할한 구역으로 데이터를 기록하는 단위
- 실린더(Cylinder) : 디스크 중심축으로부터 동일한 거리에 위치하는 트랙들의 모임
- 탐색시간(Seek Time) : 자기 디스크의 헤드가 원하는 자료가 있는 트랙으로 이동하는 시간

50 ②

게이트웨이(Gateway)는 두 개의 서로 다른 네트워크를 상호 접속하는 장치이다.

오답 피하기

- 리피터(Repeater) : 신호를 증폭시켜 먼 거리까지 전달하는 장치
- 서버(Server) : 클라이언트의 요구에 서비스를 제공하는 시스템
- 클라이언트(Client) : 서버에게 서비스를 요청하는 시스템

51 ②

DTP(Desk Top Publishing) 소프트웨어는 컴퓨터를 이용하여 출판물을 만들어 주는 프로그램이다.

52 ③

프로그램 개발 절차

문제 분석 → 입출력 설계 → 순서도 작성 → 코딩 → 번역과 오류 수정 → 테스트 → 프로그램 실행 → 문서화

53 ②

메모리 버퍼 레지스터(MBR)는 제어 장치로, 메모리의 주소 레지스터의 내용을 기억한다.

54 ①

- DMA(Direct Memory Access) : 주변 장치가 직접 메모리 버스를 관리하여 CPU의 부담을 줄이고 전송 속도를 향상시키는 것
- 채널(Channel) : CPU 대신 입·출력 조작의 역할을 담당하는 입·출력 전용 프로세서

55 ①

BMP는 Windows 표준 비트맵 파일 형식으로 입·출력 속도가 빠르나 파일의 크기가 크다.

56 ③

전송 계층에는 TCP, UDP 프로토콜이 해당한다.

57 ③

사용 가능도(Availability)는 시스템을 신속하게 사용할 수 있는 정도로, 빠를수록 좋다.

58 ②

빅데이터는 대용량의 데이터를 빠르게 처리하는 기술이다.

59 ③

오답 피하기

- 카피라잇(Copyright) : 판권, 저작권이라는 뜻으로 창작자가 가지게 되는 법적 권리
- 카피레프트(Copyleft) : 카피라이트에 반대되는 말로서 지적 재산권을 인정하지 않고 창작물에 대해 모든 사람이 공유하고 활용할 수 있도록 하는 것
- 스패밍(Spamming) : 수신인이 원하지 않는 정보임에도 불구, 무차별적인 광고성, 종교성, 정치성 정보를 불특정 다수에게 전송하는 행위

60 ④

오답 피하기

- 일괄 처리 시스템 : 처리할 데이터를 일정한 분량이 될 때까지 모아서 한꺼번에 처리하는 방식
- 듀플렉스 시스템 : 한 쪽의 CPU가 가동 중일 때 다른 CPU가 대기하며, 가동 중인 CPU가 고장나면 대기 중인 다른 CPU가 가동되는 시스템
- 분산 처리 시스템 : 네트워크로 연결된 컴퓨터에 의해 작업과 자원을 분산하여 처리하는 방식

2024년 상시 기출문제 04회

01 ②	02 ④	03 ②	04 ④	05 ②
06 ③	07 ④	08 ②	09 ③	10 ②
11 ③	12 ③	13 ③	14 ④	15 ④
16 ④	17 ④	18 ④	19 ④	20 ①
21 ②	22 ②	23 ②	24 ④	25 ②
26 ④	27 ②	28 ③	29 ④	30 ②
31 ③	32 ③	33 ①	34 ②	35 ①
36 ④	37 ③	38 ④	39 ④	40 ④
41 ④	42 ③	43 ②	44 ②	45 ②
46 ④	47 ③	48 ④	49 ①	50 ④
51 ②	52 ③	53 ①	54 ②	55 ①
56 ②	57 ②	58 ③	59 ①	60 ④

1과목 **워드프로세싱 용어 및 기능**

01 ②

워드프로세서의 저장 형식에는 텍스트 문서, 서식 문서, 플래시 문서, PDF, JPG 등의 이미지 문서가 있으나, 포토샵이나 동영상 파일 형식으로는 저장할 수 없다.

02 ④

오답 피하기

- ① : 특정 영역만 범위를 지정한 후 한자로 변경 가능
- ② : 한글/한자 음절 변환, 단어 변환, 문장 자동 변환(한자 음을 아는 경우)
- ③ : 부수/총 획수 입력, 외자 입력, 2Stroke 입력(한자 음을 모르는 경우)

03 ②

오답 피하기

- 미주(Endnote) : 문서의 보충 구절을 표시하되 문서의 맨 마지막 페이지에 모아서 표시
- 문단(Paragraph) : 문서 입력 중 Enter 로 구분되며, 한 페이지는 한 개 이상의 문단으로 구성
- 클립아트(Clip Art) : 문서를 만들 때 편리하게 사용할 수 있도록 미리 만들어 저장해 놓은 여러 가지 그림

04 ④

파일로 인쇄는 종이로 인쇄하지 않고 *.prn 형식의 파일로 저장된다.

05 ②

비트맵 글꼴은 확대하면 계단 모양으로 표시된다.

06 ③

전자이미지관인의 인영은 컴퓨터 등 정보 처리 능력을 가진 장치로 처리과의 기안자가 찍는 작업이다.

07 ④

- 제목 표시줄 : 창의 위쪽에 위치하며, 파일명, 제어상자, 빠른 실행 도구 모음, 창 조절 단추를 표시하는 곳
- 스크롤(Scroll) : 문서를 작성할 때 화면을 상·하·좌·우로 이동하는 기능
- 상태 표시줄 : 커서가 있는 쪽 번호, 커서 위치, 삽입 또는 수정 상태, 자판의 종류 등의 정보를 표시

08 ②

공문서 항목 구분
- 첫째 항목 : 1. 2. 3. …
- 둘째 항목 : 가. 나. 다. …
- 셋째 항목 : 1) 2) 3) …
- 넷째 항목 : 가) 나) 다) …
- 다섯째 항목 : (1) (2) (3) …
- 여섯째 항목 : (가) (나) (다) …
- 일곱째 항목 : ① ② ③ …
- 여덟째 항목 : ㉮ ㉯ ㉰ …

09 ③

문서과에서 직접 받은 문서는 지체 없이 처리과에 배부하여 접수한다.

10 ②

경계(넘어지지)않는 것이 아니라 넘어질 때마다 거기에 삶의 가장 큰 존재(일어서는 것)영광이 존재한다.

11 ③

우리나라는 공문서가 수신자에게 도달된 때 효력이 발생하는 도달주의를 채택하고 있다.

12 ③

메일 머지에 사용하는 자료(데이터) 종류로는 주소록, Outlook 주소록, 한글 파일, 한셀/엑셀 파일, DBF 파일이 있다.

13 ③

- 행두 금칙(행의 처음에 올 수 없는 문자) : . , ' " ? !)] } 〉 > ! : : 」 」 〉 〉 ℉ ℃
- 행말 금칙(행의 마지막에 올 수 없는 문자) : ' " ([{ 〈 # $ ☎ : 「 「 〈 〈 №

14 ④

머리말에 숫자, 문자, 그림, 표 모두 입력이 가능하다.

15 ④

한 번 정렬된 내용도 오름차순이나 내림차순으로 재배열할 수 있다.

16 ④

하이퍼링크(Hyperlink)는 문서의 특정한 위치에 현재 문서나 다른 문서의 웹 페이지, 전자우편 주소 등을 연결하여 참조하거나 이동하는 기능이다.

- 위지웍(WYSIWYG; What You See Is What You Get, 보는 대로 얻는다) : 문서 편집 과정에서 화면에 표시된 대로 출력물이 나오는 방식
- OLE(Object Linking&Embedding) : 응용 앱 간의 개체 연결 및 포함으로 자료를 공유하는 방식
- EDI(Electronic Data Interchange) : 네트워크를 통한 업무 문서의 전자표준교환시스템

17 ④

문서의 분류는 문서 분류법에 따라 문서를 나누는 작업을 말한다.

18 ④

- ♂ : 수정
- ㄴ : 내어쓰기

- ① : √ (사이 띄우기), ⌒ (붙이기)
- ② : ⌣ (삽입), ♂ (삭제)
- ③ : ⌐ (줄 바꾸기), ⌒ (줄 잇기)

19 ④

바꾸기는 검색할 방향을 아래쪽, 위쪽, 문서 전체로 지정할 수 있다.

20 ①

- 렌더링(Rendering) : 2차원의 이미지에 광원, 위치, 색상 등을 첨가하고, 사실감을 불어넣어 3차원적인 입체감을 갖는 화상을 만드는 작업
- 리터칭(Retouching) : 기존의 이미지를 다른 형태로 새롭게 변형·수정하는 작업
- 필터링(Filtering) : 작성된 이미지를 필터 기능을 이용하여 여러 가지 형태의 새로운 이미지로 탈바꿈해 주는 기능

2과목 PC 운영체제

21 ②

CON, PRN, AUX, NUL은 시스템에 예약된 단어로 파일명으로 사용할 수 없고 확장자로는 사용할 수 있다.

22 ②

삭제한 폴더의 복원은 휴지통에서 가능하다.

23 ②

Windows Media Player는 미디어 파일을 재생하고 설정하는 기능으로 mp3, midi, avi 등의 파일을 지원하며, xlsx, hwp, doc 등의 파일 형식은 열 수 없다.

24 ④

저장된 이미지를 이용하여 동영상으로 편집이 가능하다.

25 ②

네트워크 기능 유형에는 클라이언트, 서비스, 프로토콜이 있다.

26 ④

'시스템 이미지 만들기'는 현재 설치된 윈도우를 실행하는 데 필요한 드라이브의 복사본을 만드는 기능으로 [제어판]-[백업 및 복원]-[시스템 이미지 만들기]에서 백업을 저장할 위치를 선택하여 만들기 하면 된다.

27 ②

오답 피하기
- 내 PC나 파일 탐색기 창에서 Alt + H , R 을 차례로 누르고, 새 이름을 입력한 후 Enter 를 누르기
- F2 를 누르고, 새 이름을 입력한 후 Enter 를 누르기
- 내 PC나 파일 탐색기 창에서 [홈] 리본 메뉴의 [이름 바꾸기]를 선택하고, 새 이름을 입력한 후 Enter 를 누르기

28 ③

마우스로 [시작] 메뉴의 앱 목록의 크기를 조절할 수 없다.

29 ④

[디스크 조각 모음 및 최적화]는 디스크의 액세스 속도를 향상시킨다. 디스크 용량을 증가하려면 [디스크 정리]를 실행한다.

30 ②

바로 가기 아이콘을 작성할 항목을 Ctrl + Shift 를 누른 채 드래그 앤 드롭하여 바로 가기 아이콘을 만든다.

31 ③

화면 보호기는 1~9999의 분 단위로 설정할 수 있다.

32 ③

폴더에는 [자세히] 탭이 없고, 파일 속성 창의 [자세히] 탭에서는 프로그램 이름, 만든 날짜, 유형, 크기 등을 확인할 수 있다.

33 ①

디스크 공간이 부족할 경우에는 [디스크 정리] 등으로 불필요한 파일을 제거해야 하며, 메모리 공간이 부족할 경우에는 불필요한 응용 앱을 종료해야 한다.

34 ③

그림판에서는 레이어 기능을 사용할 수 없다.

35 ①

날짜 계산은 시작 날짜와 종료일 간의 차이, 일 합산 또는 빼기의 기능이 있다.

36 ④

클립보드의 데이터를 지우려면 [설정]의 [시스템]-[클립보드]에서 [지우기]를 클릭한다.

37 ②

어댑터는 컴퓨터를 네트워크에 물리적으로 연결하는 하드웨어 장치이다.

오답 피하기
프로토콜은 컴퓨터가 네트워크에 있는 자원을 액세스할 수 있게 해주는 통신 규약이다.

38 ④

[제어판]의 [프로그램 및 기능]에서는 응용 프로그램의 표시, 제거, 변경, 복구를 할 수 있다.

39 ④

디바이스 장치의 제거는 디바이스의 바로 가기 메뉴나 속성에서 할 수 있다.

40 ④

PC의 잠금화면 설정은 [설정]-[개인 설정]-[잠금 화면]에서 변경 가능하다.

3과목   PC 기본상식

41 ④

오답 피하기
정보 보안 요건
- 기밀성 : 데이터를 제3자가 읽지 못하도록 비밀성을 유지
- 무결성 : 데이터에 결점이 없도록 보호
- 가용성 : 인가된 사용자에게는 언제든지 사용 가능하게 함
- 인증 : 시스템에 접근하는 사용자의 신원을 확인하는 절차
- 부인 방지 : 송·수신 여부를 확인하여 송·수신 사실을 부인하는 것을 방지

42 ③

화면 보호기는 모니터를 보호하기 위한 프로그램이다.

43 ②

다중 프로그램의 도입은 2세대 컴퓨터의 특징이다.

44 ②

명령어 처리 상태에는 인출 상태, 간접 상태, 실행 상태, 인터럽트 상태가 있으며, 지문은 간접 상태에 대한 설명이다.

오답 피하기
- 인출 상태 : 하나의 데이터를 기억 장치로부터 읽어 들여 명령어 레지스터(IR)에 저장
- 실행 상태 : 구한 유효 번지에서 자료를 읽어 들여 해당 명령을 수행
- 인터럽트 상태 : 예기치 못한 일이 발생했을 경우 현재 실행 중인 프로그램을 일시 정지하고 인터럽트 처리 루틴에 의해 일을 처리한 후 복귀하여 원래의 프로그램을 계속 수행

45 ②

EEPROM은 전기적인 방법을 이용하여 여러 번 변경이 가능한 ROM으로, BIOS, MP3 플레이어 등의 플래시 메모리로 사용한다.

오답 피하기
- SSD : 보조 기억 장치
- RAM : 휘발성 메모리로, 처리 속도에 따라 SDRAM, RDRAM, DDR SDRAM으로 구분

46 ④

공개키 암호화 기법은 비밀키 암호화 기법에 비해 속도가 느리다.

47 ③

클라우드 컴퓨팅(Cloud Computing)은 인터넷과 연결된 중앙 컴퓨터에 소프트웨어와 데이터를 저장하여 두었다가 인터넷에 접속하면 언제 어디서든지 데이터를 이용할 수 있는 서비스이다.

오답 피하기
- 모바일 컴퓨팅(Mobile Computing) : 휴대용 PC 등을 이용하여 외부에서 다니면서 손쉽게 컴퓨터를 사용하는 환경
- 분산 컴퓨팅(Distributed Computing) : 이기종 컴퓨터 간에 응용 프로그램을 분산하여 처리하는 환경
- 그리드 컴퓨팅(Grid Computing) : 모든 컴퓨터 기기를 하나의 초고속 네트워크로 연결하여 컴퓨터의 계산 능력을 극대화한 차세대 디지털 신경망 서비스 환경

48 ④

응용 계층 프로토콜에는 FTP, HTTP, TELNET, DNS 등이 있다. RS-232C는 단말장치(DTE)와 회선종단장치(DCE)를 상호 접속하기 위한 물리 계층의 프로토콜이다.

49 ①

가상 기억 장치는 소프트웨어적인 방법으로 실제로 존재하지 않는 기억 공간을 존재하는 것처럼 보이게 하여 사용하는 장치이다.

오답 피하기
연관(연상) 기억 장치는 기억 장치에 기억된 내용을 찾을 때 주소를 사용하지 않고 기억된 데이터의 내용을 이용하여 원하는 정보에 접근하는 방식이다.

50 ④

숨은 참조(Bcc)는 함께 받을 참조자의 전자우편 주소로 받는 사람에게 표시되지 않는다.

51 ②

라우터는 네트워크 계층에서 작동되며 가장 최적의 경로를 설정하여 전송하는 장비이다.

오답 피하기
- ① : 허브(Hub)
- ③ : 게이트웨이(Gateway)
- ④ : 리피터(Repeater)

52 ③

문자, 그림, 소리 등의 데이터는 디지털 데이터 방식으로 변환하여 통합 처리한다.

53 ①

- 플로팅 앱(Floating App) : 스마트 기기의 멀티미디어 관련 애플리케이션 실행 시에 영상 화면을 오버레이의 팝업창 형태로 분리하여 실행하는 기능
- 지그비(Zigbee) : 저속 전송 속도를 갖는 홈 오토메이션 및 데이터 전송을 위한 표준 기술

54 ②

- HCI(Human-Computer Interaction) : 과학과 인문학 사이의 인터페이스로 인간과 컴퓨터 사이의 상호작용에 관한 연구를 하는 분야
- AR(Augmented Reality; 증강현실) : 사용자가 눈으로 보는 현실세계에 가상 물체를 겹쳐 보여주는 기술

오답 피하기
- CISC(Complex Instruction Set Computer) : 명령어가 많고 회로 구조가 복잡하며 가격이 비싼 마이크로프로세서 설계 방식
- CAI(Computer Assisted Instruction) : 컴퓨터로 지원받는 컴퓨터 학습
- VCS(Video Conferencing System) : 화상 회의 시스템
- VR(Virtual Reality) : 컴퓨터로 만든 가상의 세계

55 ①

ⓘ은 저작자 표시(BY)로 저작자와 출처 등을 표시하면 영리 목적으로 이용할 수 있고, 저작물의 변경 및 2차적 저작물의 작성을 포함한 자유 이용을 허락한다는 의미이다(BY; Attribution).

56 ②

오답 피하기
- 로토스코핑(Rotoscoping) : 촬영한 영상을 애니메이션 키 프레임으로 바꿔 그 위에 덧붙여 그리는 기법
- 메조틴트(Mezzotint) : 이미지에 무수히 많은 점을 찍은 듯한 효과로 부드러운 명암을 다양하게 표현하는 기법
- 인터레이싱(Interlacing) : 이미지가 처음에는 거친 모자이크 형식으로 나타나다가 서서히 선명해지는 기법

57 ②

IPv6는 128비트로 16진수 8자리로 표시하고, IPv4는 32비트로 10진수 4자리로 표시한다. IPv6에는 클래스 구분이 없고, IPv4는 A~E 클래스까지 있다.

58 ③

- 세션 계층 : 송·수신 프로세스 간에 대화를 설정하고 그 사이의 동기를 제공
- 표현 계층 : 데이터 표현 형식을 표준화하고 암호화와 데이터 압축을 수행

59 ①

오답 피하기
- ② : 개인에 대한 간접적인 정보도 개인정보에 해당함
- ③ : 개인정보 자기결정권은 자신에 관한 정보를 보호받기 위하여 자신에 관한 정보를 자율적으로 결정하고 관리할 수 있는 권리를 말함
- ④ : 프라이버시권은 개인이 타인의 간섭과 공적인 영역으로부터 고유의 정보를 노출시키지 않는 자유를 확보하는 권리를 말함

60 ④

텔레메틱스(Telematics)는 텔레커뮤니케이션+인포매틱스의 합성어로 무선 통신과 GPS 기술이 결합되어 자동차 등 운송장비 안에서 다양한 이동통신 서비스를 제공하는 기술을 의미한다. 자동차 안에서 외부의 정보를 수집하여 제공하는 것으로 네비게이션, 위치정보, 교통정보, 자율 주행차 등에 활용된다.

01 ②	02 ④	03 ①	04 ③	05 ②
06 ①	07 ②	08 ②	09 ②	10 ③
11 ④	12 ③	13 ②	14 ④	15 ①
16 ③	17 ②	18 ①	19 ①	20 ①
21 ①	22 ④	23 ②	24 ④	25 ④
26 ③	27 ②	28 ④	29 ②	30 ④
31 ①	32 ④	33 ④	34 ③	35 ④
36 ②	37 ③	38 ③	39 ①	40 ④
41 ④	42 ③	43 ①	44 ④	45 ④
46 ②	47 ③	48 ③	49 ④	50 ③
51 ③	52 ①	53 ③	54 ②	55 ④
56 ①	57 ①	58 ①	59 ②	60 ①

1과목 워드프로세싱 용어 및 기능

01 ②

암호를 지정할 수 있으나 암호를 모를 경우 불러오기를 할 수 없다.

02 ④

화면의 확대가 인쇄물의 결과에는 영향을 주지 않는다.

03 ①

서식의 중간에서 끝났을 때 마지막 자의 다음 칸에 '이하 빈칸'을 표시한다.

04 ③

표의 내용은 맞춤법 검사할 수 있으나, 화학식이나 수식의 오류는 검사할 수 없다.

05 ②

공문서는 한글 맞춤법에 따라 가로로 작성한다.

06 ①

• 행두 금칙 문자 : 행의 처음에 올 수 없는 문자(. , ' " ? !)] } 〉 ℃)
• 행말 금칙 문자 : 행의 마지막에 올 수 없는 문자(' " ([{ 〈 # $ ☎)

07 ②

교정할 부호가 겹칠 경우 겹치는 각도를 크게 하여 교정 내용을 알아볼 수 있게 한다.

08 ②

오답 피하기

• 초크(Choke) : 이미지의 변형 작업. 입출력 파일 포맷. 채도, 명암도 등을 조절
• 모핑(Morphing) : 두 개의 이미지를 부드럽게 연결하여 변환하는 기법
• 리터칭(Retouching) : 기존의 이미지를 다른 형태로 새롭게 변형·수정하는 작업

09 ②

오답 피하기

• 지역별 분류법 : 거래처의 지역이나 범위에 따라 가나다순으로 정리
• 명칭별 분류법 : 거래자나 거래 회사명에 따라 이름의 첫머리 글자를 기준으로 가나다순 혹은 알파벳순으로 분류
• 번호식 분류법 : 문서가 일정량 모이면 개별 폴더에 넣어 숫자를 지정하여 정리

10 ③

센터링(Centering)은 문서의 가운데를 기준으로 좌우로 정렬되어 있는 상태이다.

11 ④

• ① : 찾기 기능은 대·소문자를 구별하여 찾기 가능
• ② : 찾기의 방향은 현재 커서 아래쪽으로 또는 위쪽으로 문서 전체에 대해 찾기 가능
• ③ : 찾기 기능에서 띄어쓰기를 무시하고 내용을 찾을 수 있음

12 ③

간인은 하나의 서류가 2장 이상으로 서로 이어졌다는 것을 확인하기 위해 앞장의 뒷면과 뒷장의 앞면에 걸쳐 도장을 찍는 것을 의미한다.

13 ②

오답 피하기

• ① : 개행(Turnover)은 본문의 아무 곳이나 Enter 를 눌러 강제로 행을 나누는 기능
• ③ : 매크로(Macro)는 사용자가 입력하는 일련의 키보드 조작 순서를 기억했다가 그대로 재생하는 기능
• ④ : 문자 피치(Pitch)는 문자와 문자 사이의 간격으로, 피치가 클수록 문자 사이의 간격이 좁아짐

14 ④

공통으로 사용되는 문서는 공통 문서함에 보관하지만, 개인별로 작성된 전자문서는 자신의 문서를 관리할 수 있는 개인 문서함에 보관한다.

15 ①

결재의 종류
• 선결 : 일반적인 형태로 먼저 결재하는 것
• 전결 : 결재권을 위임받은 자가 결재
• 대결 : 직무를 대리하는 자가 대신 결재
• 사후 보고 : 중요한 문서는 결재권자에게 사후에 보고

16 ③

③은 메일 머지 기능에 대한 설명이다.

오답 피하기

매크로는 자주 사용되는 반복적인 키보드 동작을 단축키로 저장하였다가 필요할 때 단축키를 눌러 쉽고 빠르게 작업할 수 있는 기능이다.

17 ②

매크로는 사용자가 입력하는 일련의 키보드 조작 순서를 기억했다가 그대로 재생하는 기능이다.

18 ①

더블 클릭하면 단어가 선택되고, 세 번 빠르게 클릭하면 한 줄 전체 범위가 지정된다.

19 ①

◠◡ 는 자리 바꾸기이다.

20 ①

복사, 잘라내기(이동) 모두 필요한 부분의 영역을 지정해야 한다.

2과목 | **PC 운영체제**

21 ①

바로 가기 아이콘은 하나의 응용 앱에 대해 여러 개 만들 수 있다.

22 ③

★을 누르면 현재 폴더의 모든 하위 폴더가 확장되어 표시된다.

23 ②

윈도우에서 기본적으로 사용할 프로그램을 선택하는 기본 프로그램은 기본 프로그램 설정, 파일 형식 또는 프로토콜을 프로그램과 연결, 자동 재생 설정 변경, 컴퓨터의 기본 프로그램 설정으로 구성된다.

24 ④

작업 표시줄의 크기는 마우스로 드래그 앤 드롭하여 화면의 1/2까지 조절할 수 있다.

25 ④

작업 표시줄의 [찾기] 창에서는 수정한 날짜나 크기의 속성 검색은 할 수 없고, 파일 탐색기의 [검색] 메뉴에서 수정한 날짜, 크기, 종류 등으로 검색할 수 있다.

26 ③

공유 프린터도 기본 프린터로 설정할 수 있다.

27 ③

임시 인터넷 파일, 휴지통 파일 등 불필요한 파일을 검색하여 삭제하는 것은 [디스크 정리]이다.

28 ④

이미지 뷰어 앱은 이미지를 표시하는 응용 앱으로 네트워크 연결과는 무관하다.

29 ②

[휴지통]의 속성 창에서 휴지통의 크기, 사용 가능한 공간을 확인하며, 복원은 삭제한 원래 위치로만 복원되고 다른 위치로 이동하여 사용할 수 있다.

30 ③

[작업 관리자]–[프로세스] 탭에 실행 중인 응용 프로그램의 목록이 표시되며, 특정 작업을 선택하여 [작업 끝내기]를 실행한다.

31 ①

캡처한 화면은 HTML, PNG, GIF, JPG 형식의 파일로 저장할 수 있으나 편집할 수 없다.

32 ④

플러그 앤 플레이(Plug&Play)는 새로운 하드웨어의 자동 감지 기능으로 소프트웨어적인 오류를 복구할 수 없다.

33 ④

암호화된 압축 파일을 전송할 경우 시간이나 비용이 감소된다.

34 ③

파일 압축과 복원 앱의 종류에는 알집, 윈라(WinRAR), PKZIP, 빵집, 다집, 반디집 등이 있다.

오답 피하기
• 파일 송수신 FTP 프로그램의 종류 : 알FTP, CuteFTP, 파일질라 등
• 이미지 뷰어 프로그램의 종류 : 포토뷰어, 알씨, ACDSee 등
• 바이러스 체크 및 백신 프로그램의 종류 : V3, 알약, 바이로봇 등

35 ④

모든 파일과 하위 폴더를 한꺼번에 선택하려면 Ctrl + A 를 사용한다.

36 ②

서브넷 마스크는 네트워크 아이디와 호스트 아이디를 구별하기 위한 주소로 컴퓨터의 규모를 알려주며 32비트로 구성된다.

37 ③

프린터의 추가 설치 순서
① [제어판]의 [장치 및 프린터] 창에서 [프린터 추가]를 클릭
② 로컬 프린터인지, 네트워크 프린터인지를 선택
③ 프린터에 사용할 포트를 결정
④ 프린터 제조업체와 모델을 선택
⑤ 프린터 이름 입력
⑥ 공유 여부를 선택
⑦ 기본 프린터 설정 여부와 테스트 페이지를 선택하고 완료

38 ③

오답 피하기
• ① : Install은 앱을 설치할 때 사용
• ② : 단축 아이콘(바로 가기 아이콘)은 실행 앱의 복사본으로 삭제해도 앱이 남아 있음
• ④ : 폴더를 삭제해도 앱이 모두 삭제되는 것은 아님

39 ①

네트워크 드라이브 연결은 파일 탐색기에서 [내 PC]를 선택한 후 [컴퓨터] 메뉴의 [네트워크 드라이브 연결]에서 연결할 드라이브를 선택한다.

40 ③

[공유 폴더]에서 공유 폴더의 이름과 경로, 종류 등을 확인할 수 있고, 공유 설정은 폴더의 바로 가기 메뉴의 [공유] 탭에서 설정한다.

41 ③

바이오스(BIOS) 프로그램은 ROM에 저장되어 있다.

42 ③

프로토콜이 데이터의 전송 도중 오류의 수정은 할 수 없다.

43 ①

[오답 피하기]
- 외부 인터럽트 : 전원 오류, 입출력 요구, 기계 착오
- 내부 인터럽트 : 명령어에 불법 연산자 사용, 0으로 나누기 실행, 오버플로(Overflow) 발생 등
- 소프트웨어 인터럽트 : 프로그램 내에 특정한 요구에 대한 명령, SVC 명령 수행 시 발생

44 ④

④는 주기억 장치의 역할이다.

45 ③

[오답 피하기]
- 가상 메모리 : 소프트웨어적 방법으로 보조 기억 장치의 일부를 주기억 장치처럼 사용할 수 있게 하여 주기억 장치의 용량을 확대하여 사용하는 메모리
- 버퍼 메모리 : 컴퓨터의 처리 과정에서 프로그램이나 데이터의 일부를 저장하는 데 사용되는 임시 기억 장치
- 플래시 메모리 : 전원 공급이 중단되어도 내용은 사라지지 않고 내용 변경이 가능한 EEPROM으로 최근에는 BIOS를 저장하는 용도로 많이 사용

46 ②

[오답 피하기]
- SSO(Single Sign On) : 하나의 아이디로 여러 사이트를 이용할 수 있는 시스템
- RSS(Rich Site Summary) : 업데이트가 빈번한 웹 사이트의 정보를 사용자에게 보다 쉽게 제공하는 서비스
- 가상현실(Virtual Reality) : 어떤 특정한 환경이나 상황을 컴퓨터로 만들어서, 그것을 사용하는 사람이 마치 실제 주변 상황의 환경과 상호 작용을 하고 있는 것처럼 만들어 주는 시스템

47 ③

GIF는 인터넷 표준 형식으로 256가지의 색을 표현할 수 있고 애니메이션도 표현할 수 있다.

[오답 피하기]
- TIF : DTP에서 사용하는 파일 교환을 목적으로 개발
- PNG : 투명한 배경의 이미지를 만들 수 있고 다양한 컬러 모드와 고해상도의 이미지를 표현
- JPG : 정지 영상을 표현하는 국제 표준 파일 형식

48 ③

실린더(Cylinder)는 디스크의 중심축으로부터 동일한 거리에 위치하는 트랙들의 모임이다.

[오답 피하기]
- 섹터(Sector) : 한 개의 동심원을 같은 길이로 분할한 구역으로 데이터를 기록하는 단위
- 클러스터(Cluster) : 하드 디스크에서 파일을 저장하는 논리적인 단위
- 폴더(Folder) : 관련 있는 파일을 보관하는 곳

49 ④

MIME는 전자우편으로 화상이나 음성을 포함한 멀티미디어 정보를 보낼 때 사용하는 프로토콜이다.

50 ③

[오답 피하기]
- 누산기 : 산술 및 논리 연산의 결과를 일시적으로 기억하는 레지스터
- 가산기 : 2개 이상의 수를 입력하여 이들의 합을 출력하는 논리 회로 또는 장치
- 상태 레지스터 : 연산 실행 결과와 양수, 음수, 자리 올림, 오버플로, 인터럽트 등의 상태를 기억하는 레지스터
- 인덱스 레지스터 : 색인 주소 지정에 사용되는 레지스터

51 ③

아주 큰 수나 작은 수를 표현하는 것은 부동 소수점 표현이다.

52 ①

[오답 피하기]
- ASP : 마이크로소프트사에서 제작한 언어로 웹 서버에서 분석되어 실행된 후에 클라이언트 쪽으로 실행 결과만을 전달하는 언어
- JSP : 자바로 만들어진 서버 스크립트 언어
- VRML : 인터넷 문서에서 3차원 공간을 표현할 수 있는 텍스트 파일 언어

53 ③

[오답 피하기]
- 응용 계층 : OSI 7계층으로 사용자의 위치에서 응용 프로그램의 실행을 담당
- 표현 계층 : OSI 6계층으로 데이터의 표현 형식을 표준화하고 암호화와 압축 등을 수행
- 전송 계층 : OSI 4계층으로 네트워크 종단 시스템 사이의 신뢰성 있는 데이터 전송을 담당

54 ②

[오답 피하기]
- 일반적 정보 : 이름, 주민등록번호, 주소, 전화번호 등
- 정신적 정보 : 종교, 노조가입 여부, 소비성향 등
- 사회적 정보 : 학력, 성적, 상벌기록, 직무평가기록 등

55 ④

도시를 연결하는 망은 MAN이고, 국가를 연결하는 망은 WAN 광역통신망이다.

56 ①

- ② : 가상 메모리
- ③ : 연상(연관) 메모리
- ④ : ROM(Read Only Memory)

57 ①

캐시 항목은 CPU의 처리 속도를 향상시키는 것으로 메모리 인식과 관계없다.

58 ①

스푸핑(Spoofing)은 악의적인 목적으로 웹 사이트를 구축해 방문을 유도한 다음 정보를 빼가는 행위이다.

- 스니핑(Sniffing) : 네트워크 주변을 지나다니는 패킷을 엿보면서 계정과 패스워드를 알아내기 위한 행위
- 세션 하이재킹(Session Hijacking) : 로그인된 상태를 가로채는 행위
- 크래킹(Cracking) : 권한이 없는 사용자가 불법적인 접근을 하여 데이터를 파괴하는 행위

59 ②

테더링(Tethering)은 휴대폰을 모뎀으로 활용할 수 있는 기능으로, 노트북과 같은 IT 기기를 휴대폰에 연결하여 무선 인터넷을 사용할 수 있다.

- 증강현실(AR) : 기기에 내장된 카메라를 이용해 실제 사물이나 환경에 부가 정보를 표시하는 기술
- GPS : 인공위성 위치정보 신호를 수신하는 기술
- 블루투스(Bluetooth) : 근거리에서 데이터의 무선 통신을 가능하도록 해주는 기술

60 ①

- RFID(Radio-Frequency IDentification) : 전자태그 기술로, 무선 주파수를 이용해 빛을 전파하여 먼 거리의 태그도 읽고 정보를 수신할 수 있음
- I-PIN(아이핀) : 인터넷상에서 주민등록번호를 도용하여 발생하는 범죄를 방지하기 위해 만든 인터넷 신원확인번호
- Mirroring(미러링) : 해킹이나 장비 고장 등의 사고가 발생했을 때 데이터가 손실되는 것을 막기 위해서 데이터를 하나 이상의 장치에 중복하여 저장하는 것

이렇게 기막힌 적중률

워드프로세서

실기

올인원

All in One

송재현 저

25

· 2025년 수험서 ·

수험서 28,000원

13000

9 788931 476224

ISBN 978-89-314-7622-4

100% 무료 강의
인증만 하면, 교재와 연계된
고퀄리티 강의가 무료

100점

자동 채점 서비스
설치 과정 없이 웹으로
쉽고 빠르게 채점 가능

YoungJin.com Y.
영진닷컴

이렇게 기막힌 적중률

워드프로세서
실기 올인원

"이" 한 권으로 합격의 "기적"을 경험하세요!

YoungJin.com Y.
영진닷컴

실기 차례

▶ 표시된 부분은 동영상 강의가 제공됩니다.
이기적 홈페이지(license.youngjin.com)에 접속하여 시청하세요.

▶ 제공하는 동영상과 PDF 자료는 1판 1쇄 기준 2년간 유효합니다. 단, 출제기준안에 따라 동영상 내용은 변경될 수 있습니다.

대표 기출 따라하기 ▶

가장 많이 틀리는 Best 10 ▶

상시 공략문제 ▶

구매 인증 PDF

적중 모의고사
01~03회 PDF

워드프로세서 실기
필수 단축키 암기노트 PDF

참여 방법
'이기적 스터디 카페' 검색 → 이기적 스터디카페
(cafe.naver.com/yjbooks) 접속 → '구매 인증 PDF
증정' 게시판 → 구매 인증 → 메일로 자료 받기

실기 시험 출제 경향

01 시험 유형 2개의 시험 유형 중에 무작위로 출제됩니다.

워드프로세서 실기 시험은 2개의 유형(B형/C형)에서 무작위로 출제되고 있습니다. 기능이 다른 것은 아니지만 세부지시사항이 약간씩 다르므로, 문제지를 보고 어떤 순서로 어떻게 작업할지 빠르게 판단할 수 있어야 합니다. 대표적으로 차이가 나는 유형은 아래에서 확인하세요.

다단	문서의 본문은 **2단으로 편집하되**, 단 간격은 8mm, 구분선은 실선 0.12mm로 설정하시오.
	문서의 본문은 **1단에서 2단으로 변하는 모양으로 편집하되**, 단 간격은 8mm, 구분선은 실선 0.12mm로 설정하시오.
누름틀	입력할 내용의 안내문 : '0000. 0. 0.', 입력 데이터 : '2025. 12. 10.'
	입력할 내용의 안내문 : '이름 직위', 입력 데이터 : '박현진 선임연구원'
차트	• 차트의 모양 : **이중 축 혼합형**(묶은 세로 막대형, 표식이 있는 꺾은선형) • 차트의 크기 : 너비 80mm, 높이 65mm, 크기 고정 • 위치 : 본문과의 배치-자리 차지, 가로-단의 가운데 0mm, 세로-문단의 위 0mm • 바깥 여백 : 위쪽 5mm, 아래쪽 7mm • 값 축, 항목 축, 보조 값 축, 범례의 글꼴 설정 : 9pt • 표의 아래 단락에 배치
	• 차트의 모양 : **2차원 원형**, 차트 계열색 : **색상 조합 색4** • 데이터 레이블 : **백분율(%), 바깥쪽 끝에** • 차트의 크기 : 너비 80mm, 높이 70mm, 크기 고정 • 위치 : 본문과의 배치-자리 차지, 가로-단의 가운데 0mm, 세로-문단의 위 0mm • 바깥 여백 : 위쪽 5mm, 아래쪽 8mm • 제목의 글꼴 설정 : 맑은 고딕, 진하게 • 데이터 레이블, 범례의 글꼴 설정 : 9pt • 표의 아래 단락에 배치

지시사항

답안 작성 시 유의사항, 편집 용지, 다단 설정, 글자 모양과 문단 모양, 표의 내용 정렬 등에 대해 지시되어 있습니다. 여기에서는 **편집 용지**와 **다단 설정**을 잘 확인하세요.

과목	제한시간
문서편집기능	30분

수험번호 :

성   명 :

······························· **다음 쪽의 문서를 아래 지시사항에 따라 작성하시오** ·······························

- 작성된 답안의 파일은 지정된 경로 및 파일명을 변경하지 마시고 저장해야 합니다. 이를 준수하지 않으면 실격 처리됩니다.

- 편집 용지
  - ○ 용지 종류는 A4 용지(210mm×297mm) 1매에 용지 방향을 세로로 설정하여 문서를 작성하시오.
  - ○ 용지 여백은 왼쪽·오른쪽은 20mm, 위쪽·아래쪽은 10mm, 머리말·꼬리말은 10mm, 기타 여백은 0mm 로 지정하시오.

- 문서의 본문은 1단에서 2단으로 변하는 모양으로 편집하되, 단 간격은 8mm, 구분선은 실선 0.12mm로 설정하시오.

- 글자 모양
  - ○ 글꼴은 별도의 지시가 없는 한 한글 2022의 기본값으로 작성하시오.
  - ○ 영문, 숫자, 기호 등은 별도의 지시가 없는 한 자판에 있는 문자를 사용하시오.

- 문단 모양
  - ○ 정렬 방식, 여백 등은 문단 모양 기능을 이용하여 작성하시오.
  - ○ 문단 모양은 별도의 지시가 없는 한 한글 2022의 기본값으로 작성하시오.
  - ○ 사이 줄 띄우기는 각 1줄만, 사이 띄우기는 1칸만 띄우시오.

- 표에서 내용의 정렬 방법
  (제목 행과 '합계(평균)' 셀은 가운데 정렬, 나머지는 열 단위를 기준으로 아래와 같이 정렬)
  - ○ 내용의 길이가 서로 다른 문자의 경우 왼쪽 정렬
  - ○ 내용의 길이가 서로 다른 숫자의 경우 오른쪽 정렬
  - ○ 내용의 길이가 서로 같을 경우 문자, 숫자 상관없이 가운데 정렬

- 색상은 '기본' 테마가 포함된 색상 팔레트를 사용하시오.

- 각 항목은 별도의 지시가 없는 한 주어진 문서에 기준하여 작성하시오.

- 각 항목은 별도의 지시가 없는 한 기본 설정값으로 처리하시오.

- 문제에 제시된 지시사항은 작성하지 않음.

대 한 상 공 회 의 소

세부지시사항

작성해야 할 문서에 지시된 부분을 세부지시사항을 보고 설정해야 합니다. 세부지시사항은 **매번 비슷하면서도 다르게** 출제되고 있습니다. 처음 보는 지시사항이라도 연습을 충분히 했으면 설정할 수 있습니다. 글꼴과 색 부분에서 시간을 너무 잡아먹지 않을 수 있도록 연습해야 합니다. 어떤 지시사항이 나오더라도 **당황하지 않는 것**이 중요합니다.

C형	**다음 쪽의 문서를 아래의 〈세부지시사항〉에 따라 작성하시오.**
1. 다단 설정	모양 – 둘, 구분선 – 구분선 넣기, 적용 범위 – 새 다단으로
2. 쪽 테두리	• 선의 종류 및 굵기 : 이중 실선 0.5mm, 모두 • 위치 : 쪽 기준, 왼쪽 · 오른쪽 · 위쪽 · 아래쪽 모두 5mm
3. 글상자	• 크기 : 너비 170mm, 높이 24mm, 크기 고정 • 위치 : 본문과의 배치 – 자리 차지, 가로 – 종이의 가운데 0mm, 세로 – 종이의 위 20mm • 바깥 여백 : 아래쪽 8mm • 선 속성 : 검정(RGB:0,0,0), 실선 0.2mm • 색 채우기 : 초록(RGB:40,155,110) 80% 밝게
4. 제목	• 제목(1) : 한컴산뜻돋움, 16pt, 장평(105%), 자간(–4%), 진하게, 하늘색(RGB:97,130,214) 50% 어둡게, 가운데 정렬 • 제목(2) : 여백 – 왼쪽(360pt)
5. 누름틀	입력할 내용의 안내문 : '0000. 0. 0.', 입력 데이터 : '2025. 5. 28.'
6. 그림	• 경로 : [25]이기적워드올인원₩그림₩핸드폰.TIF, 문서에 포함 • 크기 : 너비 28mm, 높이 18mm • 위치 : 본문과의 배치 – 글 앞으로, 가로 – 종이의 왼쪽 23mm, 세로 – 종이의 위 23mm • 회전 : 좌우 대칭
7. 스타일 (2개소 수정, 3개소 등록)	• 개요 1(수정) : 여백 – 왼쪽(0pt), 한컴 윤고딕 740, 11pt, 진하게 • 개요 2(수정) : 여백 – 왼쪽(15pt) • 표제목(등록) : 스타일 이름 – 표제목, 스타일 종류 – 문단, 가운데 정렬, 한컴돋움, 진하게 • 참고문헌 1(등록) : 스타일 이름 – 참고문헌 1, 스타일 종류 – 문단, 내어쓰기(20pt) • 참고문헌 2(등록) : 스타일 이름 – 참고문헌 2, 스타일 종류 – 글자, 그림자
8. 문단 첫 글자 장식	• 모양 : 3줄, 글꼴 : 한컴산뜻돋움, 면 색 : 노랑(RGB:255,215,0), 본문과의 간격 : 3mm • 글자 색 : 하늘색(RGB:97,130,214) 50% 어둡게
9. 각주	글자 모양 : 맑은 고딕, 번호 모양 : 아라비아 숫자 원문자
10. 하이퍼링크	• '십만 대, %'에 하이퍼링크 설정 • 연결 대상 : 웹 주소 – 'https://cafe.naver.com/yjbooks'
11. 표	• 크기 : 너비 78mm~80mm, 높이 33mm~34mm • 위치 : 글자처럼 취급 • 전체 행 : 셀 높이를 같게 • 모든 셀의 안 여백 : 왼쪽 · 오른쪽 2mm • 테두리 : 표 안쪽은 실선(0.12mm), 표 바깥의 위쪽과 아래쪽은 실선(0.4mm), 표 바깥의 왼쪽과 오른쪽은 없음, 합계 행 위쪽은 이중 실선(0.5mm) • 제목 행 : 셀 배경 색 – 보라(RGB:157,92,187) 25% 어둡게, 글자 모양 – 한컴 윤고딕 760, 하양(RGB:255,255,255) • 합계 행 : 셀 배경 색 – 하양(RGB:255,255,255) 15% 어둡게, 글자 모양 – 진하게 • 문단의 정렬 방식 : 가운데 정렬
12. 블록 계산식	표의 합계 행에 블록 계산식을 이용하여 블록 합계 산출
13. 캡션	표 아래에 삽입 후 오른쪽 정렬
14. 차트	• 차트의 모양 : 2차원 원형, 차트 계열색 : 색상 조합 색2 • 데이터 레이블 : 백분율(%), 바깥쪽 끝에 • 차트의 크기 : 너비 80mm, 높이 70mm, 크기 고정 • 위치 : 본문과의 배치 – 자리 차지, 가로 – 단의 가운데 0mm, 세로 – 문단의 위 0mm • 바깥 여백 : 위쪽 5mm, 아래쪽 7mm • 제목의 글꼴 설정 : 함초롬돋움, 진하게 • 데이터 레이블, 범례의 글꼴 설정 : 9pt • 표의 아래 단락에 배치
15. 쪽 번호	번호 위치 : 오른쪽 아래, 모양 : 아라비아 숫자, 줄표 넣기 선택, 시작 번호 지정
16. 머리말	한컴 윤고딕 740, 10pt, 진하게, 보라(RGB:157,92,187) 25% 어둡게, 오른쪽 정렬
17. 꼬리말	한컴산뜻돋움, 10pt, 진하게, 하늘색(RGB:97,130,214) 25% 어둡게, 가운데 정렬

문제지

워드프로세서 실기 시험은 빈 한글 문서에서 **직접 글을 작성하는 것부터 시작**입니다. 일단 처음부터 끝까지 문서를 작성한 후에, 문제에 표시된 번호가 있는 항목은 세부지시사항을 보고 설정하고, 전각기호 등 번호가 없는 지시는 **문서를 보고 편집**하세요. 글 작성에 15분 정도 사용하고 **편집 및 설정**에 13분 정도 사용한 후, 마지막으로 **반드시 검토**하는 것도 잊지 마세요.

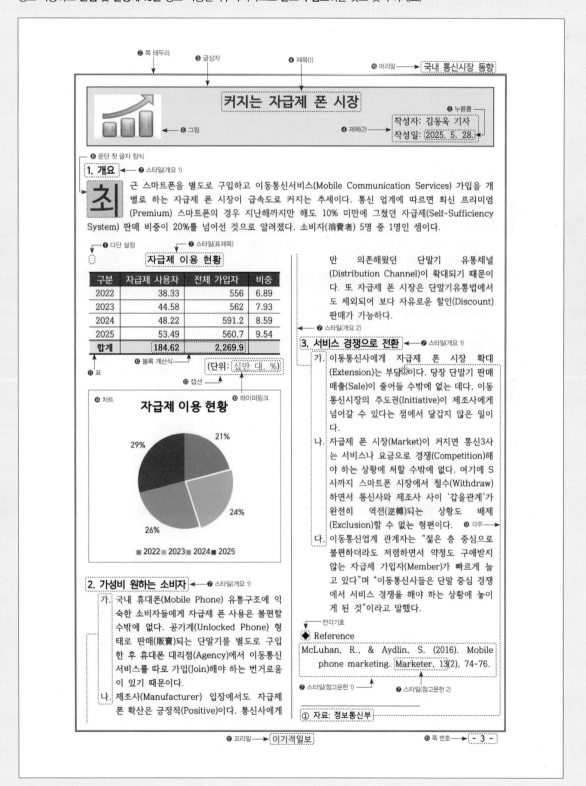

워드프로세서 실기 시험은 공식적으로 발표된 채점 기준이 존재하지 않습니다. 다만, 이기적에서는 수험생들의 합격 여부에 따른 데이터를 바탕으로 채점 기준표를 제공해 드립니다. 어떤 기능을 더 유의하여 작성해야 하는지 참고 자료로 사용해 주세요.

쪽 테두리 : -3점　　　　편집 용지 : -5점　　　　　　　　　　국내 통신시장 동향 머리말 : -3점

글상자 : -5점

커지는 자급제 폰 시장　제목 : 항목당 -3점

작성자 : 김동욱 기자
작성일 : 2025. 5. 28.

누름틀 : -5점

1. 개요　스타일 : -3점

최근 스마트폰을 별도로 구입하고 이동통신서비스(Mobile Communication Services) 가입을 개별로 하는 자급제 폰 시장이 급속도로 커지는 추세이다. 통신 업계에 따르면 최신 프리미엄 오타 : -3~-5점 (Premium) 스마트폰의 경우 지난해까지만 해도 10% 미만에 그쳤던 자급제(Self-Sufficiency System) 판매 비중이 20%를 넘어선 것으로 알려졌다. 소비자(消費者) 5명 중 1명인 셈이다.

문단 첫 글자 장식 : -3점　　　　　　　한자 변환 : -3점

O다단 : -5점　자급제 이용 현황

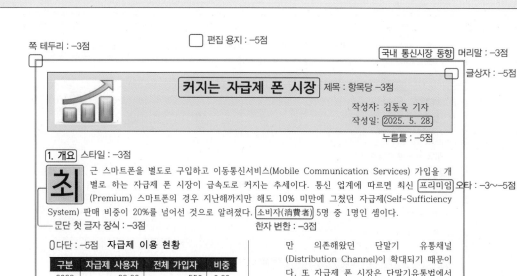

구분	자급제 사용자	전체 가입자	비중
2022	38.33	556	6.89
2023	44.58	562	7.93
2024	48.22	591.2	8.59
2025	53.49	560.7	9.54
합계	184.62	2,269.9	

표 : 항목당 -5점

(단위 : 십만 대, %)

하이퍼링크 : -5점

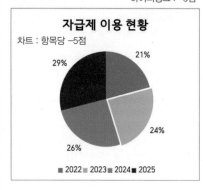

자급제 이용 현황

차트 : 항목당 -5점

21%
24%
26%
29%

■ 2022 ■ 2023 ■ 2024 ■ 2025

2. 가성비 원하는 소비자

가. 국내 휴대폰(Mobile Phone) 유통구조에 익숙한 소비자들에게 자급제 폰 사용은 불편할 수밖에 없다. 공기계(Unlocked Phone) 형태로 판매(販賣)되는 단말기를 별도로 구입한 후 휴대폰 대리점(Agency)에서 이동통신 서비스를 따로 가입(Join)해야 하는 번거로움이 있기 때문이다.

나. 제조사(Manufacturer) 입장에서도 자급제 폰 확산은 긍정적(Positive)이다. 통신사에게만 의존해왔던 단말기 유통채널(Distribution Channel)이 확대되기 때문이다. 또 자급제 폰 시장은 단말기유통법에서도 제외되어 보다 자유로운 할인(Discount) 판매가 가능하다.

3. 서비스 경쟁으로 전환

가. 이동통신사에게 자급제 폰 시장 확대(Extension)는 부담①이다. 당장 단말기 판매 매출(Sale)이 줄어들 수밖에 없는 데다, 이동통신시장의 주도권(Initiative)이 제조사에게 넘어갈 수 있다는 점에서 달갑지 않은 일이다.

나. 자급제 폰 시장(Market)이 커지면 통신3사는 서비스나 요금으로 경쟁(Competition)해야 하는 상황에 처할 수밖에 없다. 여기에 S사까지 스마트폰 시장에서 철수(Withdraw)하면서 통신사와 제조사 사이 '갑을관계'가 완전히 역전(逆轉)되는 상황도 배제(Exclusion)할 수 없는 형편이다.

다. 이동통신업계 관계자는 "젊은 층 중심으로 불편하더라도 저렴하면서 약정도 구애받지 않는 자급제 가입자(Member)가 빠르게 늘고 있다"며 "이동통신사들은 단말 중심 경쟁에서 서비스 경쟁을 해야 하는 상황에 놓이게 된 것"이라고 말했다.

◆ Reference

McLuhan, R., & Aydlin, S. (2016). Mobile phone marketing. Marketer, 13(2), 74-76.

① 자료 : 정보통신부　각주 : -3점

단축키 단축키를 사용하여 시간을 줄일 수 있습니다.

워드프로세서 실기 시험에서 단축키를 사용하면 작업 속도를 단축할 수 있지만, 복잡한 단축키의 경우 바로 가기 메뉴나 도구 상자에서 해당 기능을 찾아서 실행하는 것이 빠를 수도 있습니다. 작업을 어떻게 수행하는지는 제출 문서에서 확인할 수 없으므로 작업 결과만 문제지와 동일하면 됩니다. 각자 편한 방법으로 연습하세요.

기본 작업 및 내용 입력

작업	단축키
저장	Alt + S 또는 Ctrl + S
바탕글 수정	F6
편집 용지 설정	F7
다단 설정	Alt → W → U → E

작업	단축키
들여쓰기	Alt + T
한자 변환	F9 또는 한자
문자표	Ctrl + F10
글자 모양	Alt + L

세부지시사항

작업	단축키	작업	단축키
쪽 테두리	Alt → W → B	블록 합계	Ctrl + Shift + S
글상자	Ctrl + N , B	블록 평균	Ctrl + Shift + A
누름틀	Ctrl + K , E	가운데 정렬	Ctrl + Shift + C
문단 모양	Alt + T	오른쪽 정렬	Ctrl + Shift + R
스타일	F6	왼쪽 정렬	Ctrl + Shift + L
바탕글	Ctrl + 1	진하게	Ctrl + B
문단 첫 글자 장식	Alt → J → A → 3	기울임	Ctrl + I
각주	Ctrl + N , N	캡션	Ctrl + N , C
하이퍼링크	Ctrl + K , H	개체 속성	Ctrl + N , K
그림	Ctrl + N , I	쪽 번호	Ctrl + N , P
표	Ctrl + N , T	머리말/꼬리말	Ctrl + N , H
표 내부 셀 크기	Alt + ← , Alt + →	나가기	Shift + Esc

• • •

내용 입력과 관련된 문의

Q 왜 편집 용지 설정을 가장 처음에 해야 하나요?

A 편집 용지 설정은 언제 하든지 상관없습니다. 그러나 편집 용지 설정에 따라 이후의 쪽 테두리나 글상자의 위치가 다르게 보일 수 있습니다. 혼란을 줄이기 위해서라도 문제지의 편집 용지 설정을 확인한 후 가장 먼저 설정하는 것이 좋습니다.

Q 전각문자로 표시되어 있지 않은 특수문자는 반드시 키보드에서 찾아 입력해야 하나요?

A 네. 문제지에 전각문자로 입력하라는 지시사항이 없다면 키보드에서 입력해야 합니다. 워드프로세서 실기 시험에 자주 출제되는 특수문자로는 하이픈(-), 큰 따옴표("")와 작은 따옴표(''), 퍼센트(%), 앳(@) 등이 있습니다.

Q 단어의 띄어쓰기를 잘 모르겠어요.

A 한 행이 넘어가면서 단어가 시작될 경우에 앞의 단어와 뒤의 단어 사이에 띄어쓰기를 해야 하는지 애매할 때가 있습니다. 이럴 경우에는 다른 단어들을 참고해서 유추하는 수밖에 없습니다. 예를 들어 '금융기관'을 띄어써야 하는지 모르겠는데, 앞의 문장의 '교육기관'에서 띄어쓰지 않았다면 '금융기관'도 띄어쓰지 않았을 확률이 높습니다.

Q 문제지에 오타가 있어요.

A 그래도 오타 그대로 입력해야 합니다. 워드프로세서 실기 시험은 문제지와 똑같은 문서를 만드는 시험입니다. 예를 들어 문서에 '교육기관'이 '교육가관'으로 잘못 입력되어 있더라도 그대로 '교육가관'으로 작성해야 합니다. 임의로 변경하여 작성하면 감점 사항입니다. 만약 시험을 보다가 헷갈린다면 시험 감독관에게 문의하면 됩니다.

Q 단어 사이의 간격이 한 칸보다 더 넓은 것 같아요.

A 그래도 한 칸만 띄어야 합니다. 단어와 단어 사이의 간격이 넓어 보인다면 워드 랩과 영문 균등 때문이므로, 정상적으로 모든 편집을 완료한 후에 확인하면 문제지처럼 똑같이 간격이 벌어져 있는 것을 확인할 수 있습니다.

Q 영문 대/소문자를 구분해야 하나요? 계속 대문자로 작성됩니다.

A 영문 대문자와 소문자를 구분하여 작성하는 것도 채점 기준에 포함됩니다. 만약 계속 대문자로 작성된다면 키보드의 [Caps Lock]이 켜져 있는지 확인해 보세요. [Caps Lock]을 한 번 더 눌러 기능을 끄거나 [Shift]를 누른 채로 입력하면 소문자를 입력할 수 있습니다.

Q 한 행의 마지막에서 [Enter]를 눌러야 하나요?

A 문단의 마지막이라면 [Enter]를 눌러야 하지만 자연스럽게 문장이 이어지는 내용이라면 [Enter]를 누르지 않습니다.

• • •

내용 편집 관련 문의

Q 입력하지 않은 주황색 글씨가 나타나서 입력한 글씨들의 위치가 변경되었어요.

A [보기] 메뉴의 '조판 부호'가 체크되어 있을 때 나타나는 현상입니다. 이 기능을 체크하고 제출한다고 해서 감점이 되는 것은 아니지만 검토를 할 때 오타 등을 확인하는 데 불편을 줄 수 있으니 작성 시에는 체크를 해제한 후 필요할 때만 잠깐씩 켜서 보는 것이 좋습니다.

Q 문단을 시작할 때 자동으로 들여쓰기가 됩니다.

A Ctrl + 1을 눌러 바탕글로 설정해 주세요. 문제지에 들여쓰기가 설정되어 있지 않은 문단이나 개체가 들여쓰기 되는 경우 감점 사항입니다. 만약 문제지에 들여쓰기가 설정되어 있다면, 일단 '바탕글' 상태에서 모든 내용을 입력한 다음에 편집 시 들여쓰기를 설정해 주세요.

Q 글꼴에 '궁서'로 되어 있는데 '궁서체'로 지정했어요.

A '궁서'와 '궁서체'는 다른 글꼴입니다. 문제지의 글꼴을 잘 보고 선택해 주세요. 헷갈리는 글꼴로는 '돋움/돋움체', '바탕/바탕체', '한컴 윤고딕 ○○○' 등이 있습니다. 잘못 지정하면 감점 사항이니 주의해 주세요.

Q 스타일을 지정하고 표제목을 가운데 정렬했는데 감점이 됐어요.

A 표제목은 서식에서 가운데 정렬하면 안 되고, 표제목 스타일을 등록할 때 '문단 모양'에서 가운데 정렬을 설정한 후 스타일을 적용해야 합니다. 그렇지 않으면 '표제목' 스타일을 적용해도 가운데 정렬이 되지 않습니다.

Q 개요 스타일 부분에서 감점이 됩니다.

A '개요 1'과 '개요 2' 스타일의 '1.'과 '가.'는 스타일을 적용하면 자동으로 입력됩니다. 만약 내용 입력 시 '1.'과 '가.' 까지 입력했다면 '1. 1.'과 '가. 가.'로 입력되어 감점 사항입니다.

Q 각주랑 머리말, 꼬리말을 지시사항 대로 수정했는데 감점이 됐어요.

A 각주, 캡션, 머리말/꼬리말 등은 각각의 스타일이 적용된 상태로 생성됩니다. 예를 들어 머리말을 생성하고 내용을 입력한 다음에 지시사항대로 수정했는데 스타일이 '바탕글'로 되어 있다면 '머리말' 스타일로 변경한 다음에 다시 지시사항에 맞게 수정해 주어야 합니다.

Q 이메일 주소를 입력하고 Enter를 치니깐 하이퍼링크가 자동으로 만들어졌어요.

A 문제지에 지시되지 않은 하이퍼링크가 만들어졌다면 삭제해 주어야 합니다. 하이퍼링크는 이메일 주소나 홈페이지 주소 등에 자동으로 입력될 수 있습니다. 이러한 경우에는 하이퍼링크가 지정된 곳에 마우스 커서를 올려두고 마우스 오른쪽 버튼을 눌러 바로 가기 메뉴에서 [하이퍼링크 지우기]를 클릭하면 삭제할 수 있습니다.

표 관련 문의

Q 표 안에 내용을 입력했는데 2줄이 됐어요.

A 표의 내용을 전부 입력하고 2줄이 되는 열을 블록 지정한 후에 Shift + → 또는 Alt + → 로 셀 넓이를 조절해 주어야 합니다. 2줄인 상태로 문제지의 '셀 높이를 같게'를 설정하면 표 전체 높이가 문제지의 범위에서 벗어나게 되어 감점됩니다. 이때 Shift 나 Alt 대신 Ctrl 을 누르면 표 전체 너비가 수정되므로 주의하세요.

Q 표 내용 정렬을 어떻게 해야 하는지 잘 모르겠어요.

A 표 안의 데이터 정렬은 구분 행과 합계(평균) 셀을 제외하고 '열' 기준으로 하면 됩니다. 헷갈린다면 문제지의 정렬을 보고 참고해서 정렬하면 됩니다.

Q 표 안의 내용을 문제지에 맞게 정렬했는데, 가운데 정렬 감점이 됐어요.

A 지시사항에 표를 가운데 정렬하라는 내용이 있습니다. 수험생들이 자주 잊고 넘어가는 지시사항이라서 감점이 빈번하게 이루어집니다. 표를 글자처럼 취급으로 만든 후 바로 가운데 정렬을 하는 습관을 가질 수 있도록 충분히 연습하세요. 표의 너비 때문에 양쪽 정렬과 가운데 정렬이 육안으로는 구분되지 않으므로 잊지 않도록 주의해야 합니다.

Q 표에서 여백을 수정했는데 감점이 됐어요.

A 표의 여백에는 '바깥 여백'과 '모든 셀의 안 여백'이 있습니다. 표의 지시사항에서 제시한 모든 셀의 안 여백이 아닌 바깥 여백을 수정하면 감점 사항입니다. 문제지에서 어떤 여백을 수정해야 하는지 확인하고 수정해 주세요.

Q 문제의 '셀 높이를 같게'는 항상 지정해 주어야 하는 건가요?

A 표를 만들고 나서 Ctrl + ↑ → Ctrl + ↓ 를 누르면 자동으로 모든 셀의 높이가 동일해집니다. 단, 확실하지 않을 때에는 표 전체를 블록 지정한 후 H 를 누르면 각 셀의 높이를 동일하게 만들 수 있습니다.

Q 블록 계산식으로 계산했는데 감점이 되었어요.

A 블록 계산식으로 계산한 숫자를 클릭하면 『』가 흐린 회색으로 보입니다. 이 괄호가 없으면 일반 숫자로 입력한 것으로 되어 감점됩니다. 블록 계산식으로 계산한 후 『』를 지우지 않도록 주의해 주세요.

Q 블록 계산식으로 평균을 계산한 후에 문제에 맞게 소수점 자리를 수정했는데, 마지막 숫자가 달라요.

A [계산식]에서는 소수점 아래의 필요 없는 자리의 숫자는 버려지거나 반올림됩니다. 예를 들어 54.75를 '소수점 이하 한 자리'로 수정해 '54.8'이 되어야 한다면 [계산식]에서 '소수점 이하 한 자리'로 형식을 수정하고, '54.7'이 되어야 한다면 [계산식]을 수정하지 말고 소수점 아래 숫자이 '5'를 지워 '54.7'로 만들면 됩니다. 이때도 마찬가지로 『』를 지우지 않도록 주의해 주세요.

차트 관련 문의

Q 차트 안의 항목 축, 값 축, 범례 등의 지시사항을 한꺼번에 설정하고 싶어요.

A 차트 내부의 속성을 한꺼번에 설정할 수는 없습니다. 귀찮더라도 바로 가기 메뉴의 [글자 속성 편집] 대화상자에서 속성을 변경해 주세요.

Q 차트에서 X축 숫자가 문제지랑 다른데 수정해야 하나요?

A 지시사항에 수정하라는 내용이 없다면 수정하지 않고 그대로 제출해도 감점되지 않습니다. 만약 수정하고 싶다면 [개체 속성]의 [축 속성]에서 변경할 수 있습니다.

Q 차트를 만들 때 데이터를 잘못 가져왔어요.

A 차트를 클릭하고 바로 가기 메뉴에서 [데이터 편집]을 선택하면 차트의 데이터를 편집할 수 있습니다. 모든 설정을 완료한 후에는 이 방법으로 수정하는 것이 편하지만, 처음 만들었을 때 데이터가 잘못 되었다는 것을 알았다면 차트를 삭제하고 다시 표에서 데이터를 선택한 후에 제대로 된 차트를 만드는 것이 빠를 수도 있습니다. 각자 편한 방법으로 연습해 보세요. 중요한 것은 문제지의 차트를 보고 정확하게 데이터를 선택하는 것이 시간을 줄일 수 있는 가장 빠른 방법입니다.

Q 차트의 항목 축과 범례가 문제지와 서로 반대예요.

A 차트를 처음 만들면 첫 번째 열이 항목 축, 첫 번째 행이 범례로 만들어집니다. 만약 문제지에 이와 반대로 되어 있다면 차트를 선택한 후, [차트 디자인]-[줄/칸 전환]에서 행/열을 바꿀 수 있습니다.

Q 항목 축과 범례 사이에 가로 줄이 생겼어요.

A 한글 프로그램의 오류이거나 보조 축을 만들면서 생기는 오류입니다. 차트를 클릭하고 [차트 디자인]-[차트 구성 추가]에서 [축]-[보조 가로]를 체크했다가 다시 한 번 체크 해제해 주세요. 그러면 항목 축과 범례 사이에 가로 줄이 사라집니다.

Q 차트의 [개체 속성] 대화상자에서 위치를 지시사항 대로 수정했는데 문제지랑 다른 위치로 이동했어요.

A 차트가 만들어진 위치에 따라 다른 곳으로 이동할 수 있습니다. 이럴 경우에는 차트를 그냥 두면 안 되고 표 아래 단락에 위치하도록 해주어야 합니다. 차트를 선택한 후, Ctrl + X 를 눌러 오려 두기를 하고 표 아래 줄에 커서를 둔 뒤 Ctrl + V 를 눌러 붙이기를 해주세요. 차트의 위치를 정확하게 알기 위해서는 [보기] 도구 상자의 '문단 부호'와 '조판 부호'에 체크하면 됩니다.

Q 차트 아래에 빈 줄이 있는 것 같아요.

A 문제지에서 봤을 때에는 차트 위 아래로 빈 줄이 하나씩 있는 것 같아 보입니다. 하지만 차트 아래의 공간은 차트의 '바깥 여백'을 지정하면 자연스럽게 생기는 것입니다. 지시사항 대로 마지막까지 설정한 후에, 차트 아래 공간 및 왼쪽 단의 마지막 본문 내용이 문제지와 동일한지 확인해 주세요.

기타 문의

Q 도서를 구매했는데 동영상 강의를 들으면서 공부하고 싶어요.

A 동영상 강의는 이기적 홈페이지(https://license.youngjin.com)에서 시청할 수 있습니다. 홈페이지에서 회원가입을 하고 로그인 후, [무료동영상]-[워드프로세서] 메뉴에서 가지고 있는 책을 클릭해 주세요. 간단한 인증 과정을 거치면 동영상 시청이 가능합니다.

Q 공부하는 데 필요한 자료는 어디에서 다운로드 받아야 하나요?

A 이기적 홈페이지의 [자료실]-[워드프로세서] 메뉴에서 도서에 필요한 자료를 다운로드 받을 수 있습니다. 가지고 있는 책 표지를 확인하고 다운로드 받아야 정확한 자료로 공부할 수 있으니, 다시 한번 확인해 주세요.

Q 자동 채점 서비스를 이용하고 싶어요.

A 워드프로세서 실기 자동 채점 서비스는 웹 채점으로만 제공됩니다. 이기적 홈페이지의 배너 또는 자료실의 링크로 접속할 수 있으며, 직접 http://onlinegrade.co.kr을 입력하여 접속할 수도 있습니다.

Q 채점을 해보니 0점으로 나오는데 왜 그러는 걸까요?

A 채점 서비스는 중복 감점을 허용하고 있습니다. 예를 들어 '이기적 워드'라고 입력해야 하는데 '이가적 워드'라고 잘못 입력했다면 글자 부분과 단어 부분에서 중복으로 감점됩니다. 이처럼 감점 점수가 100점을 넘게 되면 0점으로 표시됩니다. 가장 많이 중복 감점되는 부분이 오타 부분인데, 이 부분은 시험에서는 절대 감점되어서는 안 되는 부분입니다. 워드프로세서 실제 시험에서도 채점 시 수기로도 채점하므로 자동 채점 서비스는 부수적으로만 이용해 주세요.

Q 자동 채점 서비스로 채점했는데 무엇을 틀렸는지 모르겠어요.

A 우선 다운로드 받은 정답 파일을 열고 문서를 비교해 보세요. 한글 프로그램의 [검토]-[문서 비교] 메뉴에서 정답 파일과 수험생이 작성한 파일을 비교해 볼 수 있습니다. 그래도 모르겠다면 이기적 스터디 카페(https://cafe.naver.com/yjbooks)의 [질문 답변] 게시판에 직접 작성한 파일과 함께 문의해 주세요.

Q 내용에 틀린 부분이 있는 것 같아요.

A 수험서로서 오타 및 오류가 없도록 더욱 노력하겠습니다. 만약 공부하다가 발견되는 오류는 book2@youngjin.com 으로 보내주세요. 다음 도서 제작 시 수정하여 더욱 양질의 도서를 만들 수 있도록 하겠습니다. 이기적을 믿고 선택해 주신 수험생분들의 합격을 응원합니다.

실습 파일 사용 방법

01 파일 다운로드하기

1. 이기적 홈페이지(https://license.youngjin.com)의 [자료실]-[워드프로세서] 게시판에 접속하세요.

2. '[2025] 이기적 워드프로세서 필기+실기 올인원' 게시글을 클릭하여 첨부파일을 바탕 화면에 다운로드 하세요.

3. 다운로드 받은 '[25]이기적워드올인원' 압축파일에서 마우스 오른쪽 버튼을 눌러 '"[25]이기적워드올 인원"에 압축풀기'를 클릭하세요(압축을 정상적으로 풀어야 파일을 사용할 수 있습니다).

02 파일 사용하기

1. 압축이 풀린 '[25]이기적워드올인원' 폴더를 더블 클릭하여 열어주세요.

2. 폴더 안에 도서에 필요한 모든 자료가 들어 있습니다.

3. 실습 파일 폴더의 자료를 활용하여 효율적으로 공부하세요.

   ① 'PART 01. 대표 기출 따라하기'를 공부할 때 사용하는 파일과 정답이 들어있어요.

② 'PART 02. 가장 많이 틀리는 Best 10'의 '문제로 연습하기'에서 사용하는 파일과 정답이 들어있어요.

③ 'PART 03. 상시 공략문제'를 공부할 때 사용하는 파일과 정답이 들어있어요.

④ Part 01~03을 공부할 때 사용하는 그림 파일이 들어있어요.

※ 실습 파일 사용 시 주의사항
워드프로세서 실기 시험은 빈 문서에 내용을 입력하는 것부터 시험 시작입니다.
실습 파일 폴더에 들어있는 '대표 기출 따라하기.hwp', '상시 공략문제 01회.hwp'~상시 공략문제 15회.hwp' 파일은 편집 기능만 연습하기 위해 사용하는 파일이므로 처음 실기 시험 공부를 할 때에는 반드시 빈 문서에서 차근차근 연습해 주세요.

자동 채점 서비스 사용 방법

01 자동 채점 서비스 접속하기

1. 이기적 워드프로세서 **자동 채점 서비스 사이트**(http://onlinegrade.co.kr)에 접속하세요.

2. [온라인 채점] 메뉴를 클릭한 후, 채점하고 싶은 **교재를 선택**하세요.
(교재를 잘못 선택하면 채점 결과가 정확하지 않습니다.)

02 직접 작성한 파일 채점하기

1. [**회차선택**]에 채점하려는 회차를 선택하고 [**파일선택**]에는 수험생이 작성한 파일을 찾아서 선택한 후,
[**채점하기**] 버튼을 누릅니다.

2. [**감점내역**]에서는 어떤 부분들이 틀렸는지 확인할 수 있습니다.

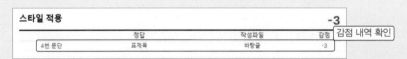

3. [**채점결과**]에서는 점수와 합격 여부, 다른 수험생들의 평균 점수 등을 확인할 수 있습니다.

대표 기출 따라하기

CONTENTS

작업파일 시험 문제지의 구성을 알아두세요.

과목	제한시간
문서편집기능	30분

C형

수험번호 :

성   명 :

·············· **다음 쪽의 문서를 아래 지시사항에 따라 작성하시오** ··············

■ 작성된 답안의 파일은 지정된 경로 및 파일명을 변경하지 마시고 저장해야 합니다. 이를 준수하지 않으면 실격 처리됩니다.

■ 편집 용지

  ○ 용지 종류는 A4 용지(210mm×297mm) 1매에 용지 방향을 세로로 설정하여 문서를 작성하시오.

  ○ 용지 여백은 왼쪽·오른쪽은 20mm, 위쪽·아래쪽은 10mm, 머리말·꼬리말은 10mm, 기타 여백은 0mm 로 지정하시오.

■ 문서의 본문은 1단에서 2단으로 변하는 모양으로 편집하되, 단 간격은 8mm, 구분선은 실선 0.12mm로 설정하시오.

■ 글자 모양

  ○ 글꼴은 별도의 지시가 없는 한 한글 2022의 기본값으로 작성하시오.

  ○ 영문, 숫자, 기호 등은 별도의 지시가 없는 한 자판에 있는 문자를 사용하시오.

■ 문단 모양

  ○ 정렬 방식, 여백 등은 문단 모양 기능을 이용하여 작성하시오.

  ○ 문단 모양은 별도의 지시가 없는 한 한글 2022의 기본값으로 작성하시오.

  ○ 사이 줄 띄우기는 각 1줄만, 사이 띄우기는 1칸만 띄우시오.

■ 표에서 내용의 정렬 방법

  (제목 행과 '합계(평균)' 셀은 가운데 정렬, 나머지는 열 단위를 기준으로 아래와 같이 정렬)

  ○ 내용의 길이가 서로 다른 문자의 경우 왼쪽 정렬

  ○ 내용의 길이가 서로 다른 숫자의 경우 오른쪽 정렬

  ○ 내용의 길이가 서로 같을 경우 문자, 숫자 상관없이 가운데 정렬

■ 색상은 '기본' 테마가 포함된 색상 팔레트를 사용하시오.

■ 각 항목은 별도의 지시가 없는 한 주어진 문서에 기준하여 작성하시오.

■ 각 항목은 별도의 지시가 없는 한 기본 설정값으로 처리하시오.

■ 문제에 제시된 지시사항은 작성하지 않음.

대 한 상 공 회 의 소

C형	다음 쪽의 문서를 아래의 〈세부지시사항〉에 따라 작성하시오.

1. 다단 설정	모양 – 둘, 구분선 – 구분선 넣기, 적용 범위 – 새 다단으로
2. 쪽 테두리	• 선의 종류 및 굵기 : 이중 실선 0.5mm, 모두 • 위치 : 쪽 기준, 왼쪽 · 오른쪽 · 위쪽 · 아래쪽 모두 5mm
3. 글상자	• 크기 : 너비 170mm, 높이 24mm, 크기 고정 • 위치 : 본문과의 배치 – 자리 차지, 가로 – 종이의 가운데 0mm, 세로 – 종이의 위 20mm • 바깥 여백 : 아래쪽 8mm • 선 속성 : 검정(RGB:0,0,0), 실선 0.2mm • 색 채우기 : 초록(RGB:40,155,110) 80% 밝게
4. 제목	• 제목(1) : 한컴산뜻돋움, 16pt, 장평(105%), 자간(–4%), 진하게, 하늘색(RGB:97,130,214) 50% 어둡게, 가운데 정렬 • 제목(?) : 여백 – 왼쪽(360pt)
5. 누름틀	입력할 내용의 안내문 : '0000. 0. 0.', 입력 데이터 : '2025. 5. 28.'
6. 그림	• 경로 : [25]이기적워드올인원₩그림₩핸드폰.TIF, 문서에 포함 • 크기 : 너비 28mm, 높이 18mm • 위치 : 본문과의 배치 – 글 앞으로, 가로 – 종이의 왼쪽 23mm, 세로 – 종이의 위 23mm • 회전 : 좌우 대칭
7. 스타일 (2개소 수정, 3개소 등록)	• 개요 1(수정) : 여백 – 왼쪽(0pt), 한컴 윤고딕 740, 11pt, 진하게 • 개요 2(수정) : 여백 – 왼쪽(15pt) • 표제목(등록) : 스타일 이름 – 표제목, 스타일 종류 – 문단, 가운데 정렬, 한컴돋움, 진하게 • 참고문헌 1(등록) : 스타일 이름 – 참고문헌 1, 스타일 종류 – 문단, 내어쓰기(20pt) • 참고문헌 2(등록) : 스타일 이름 – 참고문헌 2, 스타일 종류 – 글자, 그림자
8. 문단 첫 글자 장식	• 모양 : 3줄, 글꼴 : 한컴산뜻돋움, 면 색 : 노랑(RGB:255,215,0), 본문과의 간격 : 3mm • 글자 색 : 하늘색(RGB:97,130,214) 50% 어둡게
9. 각주	글자 모양 : 맑은 고딕, 번호 모양 : 아라비아 숫자 원문자
10. 하이퍼링크	• '십만 대, %'에 하이퍼링크 설정 • 연결 대상 : 웹 주소 – 'https://cafe.naver.com/yjbooks'
11. 표	• 크기 : 너비 78mm~80mm, 높이 33mm~34mm • 위치 : 글자처럼 취급 • 전체 행 : 셀 높이를 같게 • 모든 셀의 안 여백 : 왼쪽 · 오른쪽 2mm • 테두리 : 표 안쪽은 실선(0.12mm), 표 바깥의 위쪽과 아래쪽은 실선(0.4mm), 표 바깥의 왼쪽과 오른쪽은 없음, 합계 행 위쪽은 이중 실선(0.5mm) • 제목 행 : 셀 배경 색 – 보라(RGB:157,92,187) 25% 어둡게, 글자 모양 – 한컴 윤고딕 760, 하양(RGB:255,255,255) • 합계 행 : 셀 배경 색 – 하양(RGB:255,255,255) 15% 어둡게, 글자 모양 – 진하게 • 문단의 정렬 방식 : 가운데 정렬
12. 블록 계산식	표의 합계 행에 블록 계산식을 이용하여 블록 합계 산출
13. 캡션	표 아래에 삽입 후 오른쪽 정렬
14. 차트	• 차트의 모양 : 2차원 원형, 차트 계열색 : 색상 조합 색2 • 데이터 레이블 : 백분율(%), 바깥쪽 끝에 • 차트의 크기 : 너비 80mm, 높이 70mm, 크기 고정 • 위치 : 본문과의 배치 – 자리 차지, 가로 – 단의 가운데 0mm, 세로 – 문단의 위 0mm • 바깥 여백 : 위쪽 5mm, 아래쪽 7mm • 제목의 글꼴 설정 : 함초롬돋움, 진하게 • 데이터 레이블, 범례의 글꼴 설정 : 9pt • 표의 아래 단락에 배치
15. 쪽 번호	번호 위치 : 오른쪽 아래, 모양 : 아라비아 숫자, 줄표 넣기 선택, 시작 번호 지정
16. 머리말	한컴 윤고딕 740, 10pt, 진하게, 보라(RGB:157,92,187) 25% 어둡게, 오른쪽 정렬
17. 꼬리말	한컴산뜻돋움, 10pt, 진하게, 하늘색(RGB:97,130,214) 25% 어둡게, 가운데 정렬

❷ 쪽 테두리　❸ 글상자　❹ 제목(1)　⓰ 머리말 → 국내 통신시장 동향

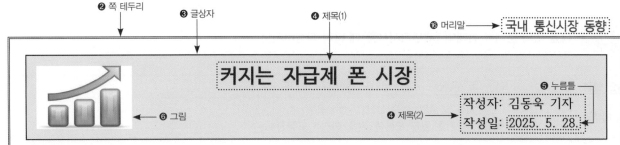

커지는 자급제 폰 시장

❺ 누름틀

작성자: 김동욱 기자
작성일: 2025. 5. 28.

❻ 그림　❹ 제목(2)

❽ 문단 첫 글자 장식

1. 개요　❼ 스타일(개요 1)

최근 스마트폰을 별도로 구입하고 이동통신서비스(Mobile Communication Services) 가입을 개별로 하는 자급제 폰 시장이 급속도로 커지는 추세이다. 통신 업계에 따르면 최신 프리미엄(Premium) 스마트폰의 경우 지난해까지만 해도 10% 미만에 그쳤던 자급제(Self-Sufficiency System) 판매 비중이 20%를 넘어선 것으로 알려졌다. 소비자(消費者) 5명 중 1명인 셈이다.

❶ 다단 설정　❼ 스타일(표제목)

자급제 이용 현황

구분	자급제 사용자	전체 가입자	비중
2022	38.33	556	6.89
2023	44.58	562	7.93
2024	48.22	591.2	8.59
2025	53.49	560.7	9.54
합계	184.62	2,269.9	

⓬ 블록 계산식

(단위: 십만 대, %)

⓫ 표　⓭ 캡션　⓾ 하이퍼링크

⓮ 차트

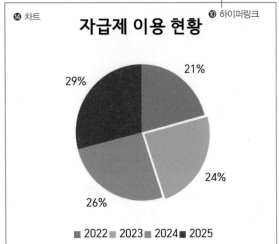

자급제 이용 현황

21%
24%
26%
29%

■ 2022 ■ 2023 ■ 2024 ■ 2025

2. 가성비 원하는 소비자　❼ 스타일(개요 1)

가. 국내 휴대폰(Mobile Phone) 유통구조에 익숙한 소비자들에게 자급제 폰 사용은 불편할 수밖에 없다. 공기계(Unlocked Phone) 형태로 판매(販賣)되는 단말기를 별도로 구입한 후 휴대폰 대리점(Agency)에서 이동통신 서비스를 따로 가입(Join)해야 하는 번거로움이 있기 때문이다.

나. 제조사(Manufacturer) 입장에서도 자급제 폰 확산은 긍정적(Positive)이다. 통신사에게

만 의존해왔던 단말기 유통채널(Distribution Channel)이 확대되기 때문이다. 또 자급제 폰 시장은 단말기유통법에서도 제외되어 보다 자유로운 할인(Discount) 판매가 가능하다.

❼ 스타일(개요 2)

3. 서비스 경쟁으로 전환　❼ 스타일(개요 1)

가. 이동통신사에게 자급제 폰 시장 확대(Extension)는 부담①이다. 당장 단말기 판매 매출(Sale)이 줄어들 수밖에 없는 데다, 이동통신시장의 주도권(Initiative)이 제조사에게 넘어갈 수 있다는 점에서 달갑지 않은 일이다.

나. 자급제 폰 시장(Market)이 커지면 통신3사는 서비스나 요금으로 경쟁(Competition)해야 하는 상황에 처할 수밖에 없다. 여기에 S사까지 스마트폰 시장에서 철수(Withdraw)하면서 통신사와 제조사 사이 '갑을관계'가 완전히 역전(逆轉)되는 상황도 배제(Exclusion)할 수 없는 형편이다. ❾ 각주

다. 이동통신업계 관계자는 "젊은 층 중심으로 불편하더라도 저렴하면서 약정도 구애받지 않는 자급제 가입자(Member)가 빠르게 늘고 있다"며 "이동통신사들은 단말 중심 경쟁에서 서비스 경쟁을 해야 하는 상황에 놓이게 된 것"이라고 말했다.

전각기호

◆ Reference

McLuhan, R., & Aydlin, S. (2016). Mobile phone marketing. *Marketer*, 13(2), 74-76.

❼ 스타일(참고문헌 1)　❼ 스타일(참고문헌 2)

---

① 자료: 정보통신부

❼ 꼬리말 → 이기적일보　⓯ 쪽 번호 → - 3 -

▶ 합격강의

작업파일 '한글 2022' 프로그램의 '새 문서'를 열어 작업하세요.

① 한글 2022 프로그램의 새 문서를 열고 [도구] 도구 상자의 환경 설정(⚙)을 클릭하세요.

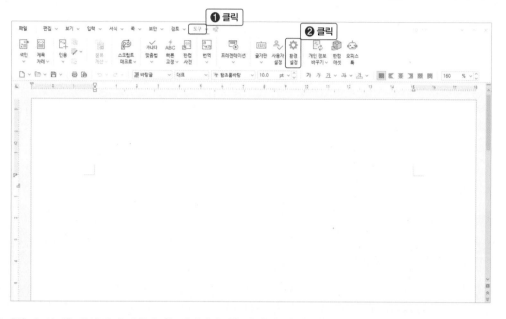

② [환경 설정] 대화상자의 [편집] 탭과 [파일] 탭에서 각자 편한 방법으로 설정하세요.

기적의 TIP

• [편집] 탭에서 편집의 확인하고 끝내기 : 체크 해제, 맞춤법 도우미 작동 : 체크
• [파일] 탭에서 복구용 임시 파일 자동 저장의 무조건 자동 저장 : 체크 해제

③ [기타] 탭의 실시간 검색을 클릭하고, 영한엣센스 : 체크 해제, 민중국어사전 : 체크 해제를 지정한 후 [실시간 검색 설정] 과 [환경 설정] 대화상자에서 [설정]을 클릭하세요.

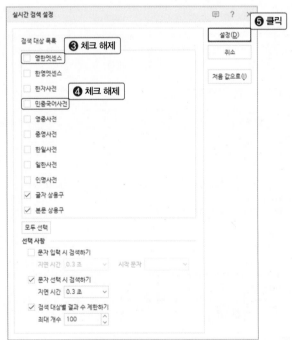

④ [보기] 도구 상자에서 그림과 같이 지정하세요.

⑤ [서식] 도구 상자에서 바탕글의 기본 설정을 확인하세요.

⑥ [쪽] 도구 상자의 편집 용지(📄)를 클릭한 후, [편집 용지] 대화상자의 [기본] 탭에서 용지 종류 : A4(국배판) [210mm × 297mm], 용지 방향 : 세로(▤)를 확인하고, 용지 여백에서 왼쪽 · 오른쪽 : 20mm, 위쪽 · 아래쪽 · 머리말 · 꼬리말 : 10mm, 제본 : 0mm 입력 후 [설정]을 클릭하세요.

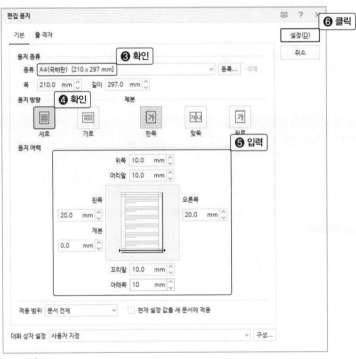

⑦ Alt + S 를 눌러 [다른 이름으로 저장하기] 대화상자에서 [내 PCW바탕 화면] 폴더를 선택하고 파일 이름 : 대표 기출 따라하기, 파일 형식 : 한글 문서 (*.hwp)를 선택한 후 [저장]을 클릭하세요.

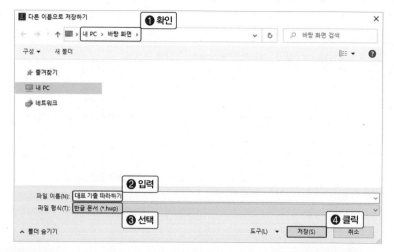

내용 입력

작업파일 앞에서 저장한 문서를 열고 내용을 입력하세요.

① 글상자, 표, 차트를 제외한 모든 내용을 먼저 입력해야 합니다. 우선 첫 번째 개요의 내용과 표 제목을 입력하세요.

> 개요①
> 최근 스마트폰을 별도로 구입하고 이동통신서비스(Mobile Communication Services)②가입을 개별로 하는③
> 자급제 폰 시장이 급속도로 커지는 추세이다. 통신 업계에 따르면 최신 프리미엄(Premium)④스마트폰의
> 경우 지난해까지만 해도 10%⑤미만에 그쳤던 자급제(Self-Sufficiency System)⑥판매 비중이 20%를⑦넘어
> 선 것으로 알려졌다. 소비자(消費者)⑧5명 중 1명인 셈이다.⑨
> ⑩
> 자급제 이용 현황⑪
> ⑫
> ⑬

① 스타일(개요 1)의 번호는 입력하지 말고 제목만 입력한 후 Enter 를 누르세요.

② 한/영 키를 누르고 영문을 입력하세요. 영문 대문자는 Shift 를 함께 누르면 입력할 수 있습니다.

③ 줄이 바뀌어서 넘어가더라도 문단의 끝이 아니면 Enter 를 누르지 않습니다. 신경쓰지 말고 쭉 이어서 입력해 주세요.

④ 한/영 키를 누르고 영문을 입력하세요. Shift + P 를 눌러 대문자를 입력하세요.

⑤ %는 별도의 지시가 없으므로 키보드의 Shift + 5 를 눌러 입력하세요.

⑥ 한/영 키를 누르고 영문을 입력하세요. Shift + S 를 눌러 대문자를 입력하고, 하이픈은 키보드의 - 를 눌러 입력하세요.

⑦ %는 별도의 지시가 없으므로 키보드의 Shift + 5 를 눌러 입력하세요.

⑧ '소비자'를 블록 지정하고 한자 키를 눌러 한글과 한자를 함께 입력하세요.

⑨ 문단의 끝이므로 Enter 를 누르세요.

⑩ 위의 문단과 표 제목 사이에는 빈 줄이 있어야 하므로 Enter 를 누르세요.

⑪ 표 제목을 입력하고 Enter 를 누르세요.

⑫ 표를 만들 자리를 Enter 를 눌러 비워주세요.

⑬ 표와 아래 문단 사이에 빈 줄이 있어야 하므로 Enter 를 누르세요.

기적의 TIP

• 실습 파일 폴더에 있는 '대표 기출 따라하기.hwp' 파일은 내용 입력을 건너뛰고 세부지시사항을 연습할 수 있는 파일입니다.

• 처음 워드프로세서 실기 시험을 준비 중이라면 내용 입력 단계부터 차근차근 따라해 보세요.

한자 입력하기

한자로 변환할 '소비자'를 블록 지정하거나 '소비자' 뒤에 커서를 두고 [한자] 또는 [F9]를 누른 후, [한자로 바꾸기] 대화상자에서 문제와 동일한 한자를 선택하고 입력 형식 : 한글(漢字)를 선택하고 [바꾸기]를 클릭하세요.

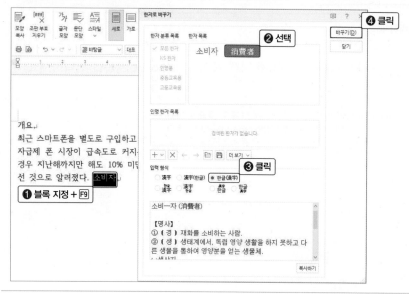

② 두 번째 개요의 내용을 입력하세요.

가성비. 원하는 소비자①
국내 휴대폰(Mobile Phone)②유통구조에 익숙한 소비자들에게 자급제 폰 사용은 불편할 수밖에 없다. 공기③계(Unlocked Phone) 형태로 판매(販賣)④되는 단말기를 별도로 구입한 후 휴대폰 대리점(Agency)에서 이동통신서비스를 따로 가입(Join)해야 하는 번거로움이 있기 때문이다.⑤
제조사(Manufacturer) 입장에서도 자급제 폰 확산은 긍정적(Positive)이다. 통신사에게만 의존해왔던 단말기 유통채널(Distribution Channel)이 확대되기 때문이다. 또 자급제 폰 시장은 단말기유통법에서도 제외되어 보다 자유로운 할인(Discount) 판매가 가능하다.⑥
⑦

① 스타일(개요 1)의 번호는 입력하지 말고 제목만 입력한 후 [Enter]를 누르세요.

② [한/영] 키를 누르고 영문을 입력하세요.

③ 줄이 바뀌어서 넘어가더라도 문단의 끝이 아니면 [Enter]를 누르지 않습니다.

④ '판매'를 블록 지정하고 [한자] 키를 눌러 한글과 한자를 함께 입력하세요.

⑤ 문단의 끝이므로 [Enter]를 누르세요.

⑥ 문단의 끝이므로 [Enter]를 누르세요.

⑦ 위의 문단과 아래 문단 사이에는 빈 줄이 있어야 하므로 [Enter]를 누르세요.

영문 대문자는 [Shift]를 함께 누르면 입력할 수 있습니다.

[한자로 바꾸기] 단축키 : [F9]

③ 세 번째 개요의 내용을 입력하세요.

> 서비스 경쟁으로 전환.①
> 이동통신사에게 자급제 폰 시장 확대(Extension)는② 부담이다. 당장 단말기 판매 매출(Sale)이 줄어들 수밖③에 없는 데다. 이동통신시장의 주도권(Initiative)이 제조사에게 넘어갈 수 있다는 점에서 달갑지 않은 일이다.④
> 자급제 폰 시장(Market)이 커지면 통신3사는 서비스나 요금으로 경쟁(Competition)해야 하는 상황에 처할⑤ 수밖에 없다. 여기에 S사까지 스마트폰 시장에서 철수(Withdraw)하면서 통신사와 제조사 사이 '갑을관계'⑥가 완전히 역전(逆轉)되는 상황도 배제(Exclusion)할 수 없는 형편이다.⑦
> 이동통신업계 관계자는 "젊은 층 중심으로 불편하더라도⑧ 저렴하면서 약정도 구애받지 않는 자급제 가입자(Member)가 빠르게 늘고 있다"며⑨ "이동통신사들은 단말 중심 경쟁에서 서비스 경쟁을 해야 하는 상황에 놓이게 된 것"이라고 말했다.⑨
> ⑩

① 스타일(개요 1)의 번호는 입력하지 말고 제목만 입력한 후 Enter 를 누르세요.

② 한/영 키를 누르고 영문을 입력하세요.

③ 줄이 바뀌어서 넘어가더라도 문단의 끝이 아니면 Enter 를 누르지 않습니다.

④ 문단의 끝이므로 Enter 를 누르세요.

⑤ "는 별도의 지시가 없으므로 키보드의 ' 눌러 입력하세요.

⑥ '역전'을 블록 지정하고 한자 키를 눌러 한글과 한자를 함께 입력하세요.

⑦ 문단의 끝이므로 Enter 를 누르세요.

⑧ ""는 별도의 지시가 없으므로 키보드의 Shift + ' 눌러 입력하세요.

⑨ 문단의 끝이므로 Enter 를 누르세요.

⑩ 위의 문단과 아래 문단 사이에는 빈 줄이 있어야 하므로 Enter 를 누르세요.

④ 참고문헌의 내용을 입력하세요.

> ◆①Reference.②
> McLuhan,③ R., & Aydlin, S. (2016). Mobile phone marketing. Marketer, 13(2), 74④-76.⑤

① 'Reference' 앞에 커서를 두고 [문자표] 대화상자에서 ◆를 찾아 입력한 후, Space Bar 를 눌러 띄어쓰기 한 칸을 입력하세요.

② 한/영 키를 누르고 영문을 입력하세요.

③ 마침표(.)와 쉼표(,)를 잘 구분해서 내용을 입력하세요.

④ 하이픈은 키보드의 - 를 눌러 입력하세요.

⑤ 마지막 문단에서는 Enter 를 누르지 않습니다.

기적의 TIP

문제에 '전각기호'로 입력하라는 지시사항이 있는 문자는 키보드로 입력하면 안 됩니다.

기적의 TIP

[문자표] 단축키 : Ctrl + F10

전각기호 입력하기

전각기호를 입력할 곳에 커서를 두고 Ctrl + F10을 누른 후, [문자표] 대화상자에서 [훈글(HNC) 문자표] 탭의 문자 영역 : 전각 기호(일반), ◆를 선택하고 [넣기]를 클릭하세요.

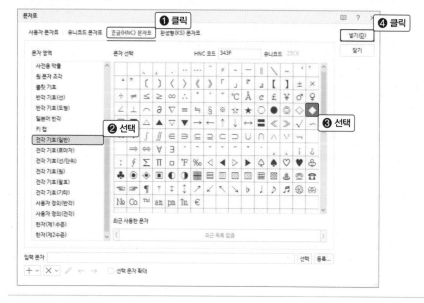

⑤ 다단 설정을 해야 하는 표 제목 앞에 커서를 두고 [쪽] 도구 상자의 단(▤)을 클릭한 후, [단 설정] 대화상자에서 자주 쓰이는 모양 : 둘(▤), 구분선 넣기 : 체크, 종류 : 실선(───), 굵기 : 0.12mm, 간격 : 8mm, 적용 범위 : 새 다단으로를 지정하고 [설정]을 클릭하세요.

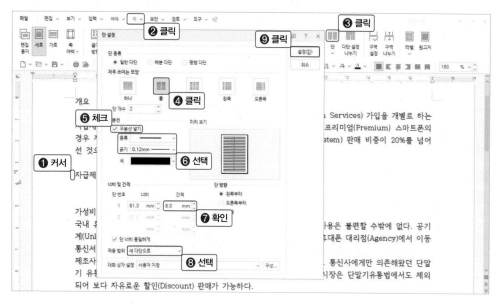

편집 용지를 올바르게 설정했다면 2단으로 다단 설정을 할 때 '너비 : 81.0mm, 간격 : 8.0mm'는 자동으로 지정됩니다.

⑥ 표를 입력하기 위해 표 제목 아래 줄에 커서를 놓고 [입력] 도구 상자의 표(▦)를 클릭한 후, [표 만들기] 대화상자에서 줄/칸의 줄 개수 : 6, 칸 개수 : 4, 글자처럼 취급 : 체크를 지정하고 [만들기]를 클릭하세요.

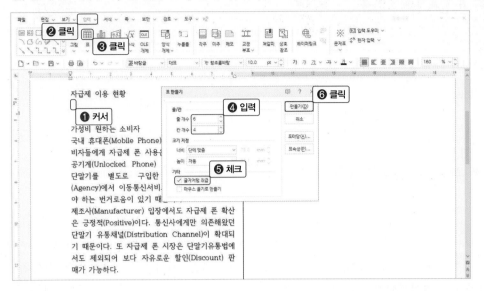

기적의 TIP

[표 만들기] 단축키 : Ctrl + N , T

기적의 TIP

[입력]의 ⬛를 클릭한 후, 표의 줄 수와 칸 수를 드래그하여 만들 수도 있습니다.

더 알기 TIP

다단 설정을 하기 전에 표부터 만들면 표가 1단 넓이로 만들어집니다. 2단 설정을 하기 전에 표를 만들고 싶다면 [표 만들기] 대화상자에서 크기 지정의 너비 : 임의 값, 79.0mm, 높이 : 임의 값, 33.5mm를 입력한 후 [만들기]를 클릭하세요. 표의 너비와 높이는 문제지의 범위 안에만 해당되면 됩니다.

⑦ 표의 내용을 직접 입력하고, Ctrl + ↓ 를 한 번 눌러 표 높이가 문제의 범위 안에 들어가도록 해주세요.

확인			
구분	자급제 사용자	전체 가입자	비중
2022	38.33	556	6.89
2023	44.58	562	7.93
2024	48.22	591.2	8.59
2025	53.49	560.7	9.54
합계			

기적의 TIP

내용이 2줄로 입력되는 것은 Alt + ← 와 Alt + → 로 각 셀의 넓이를 조정해 주면 됩니다. 이때 Alt 가 아닌 Ctrl 을 누르면 표 전체 크기가 변경되니 주의하세요.

⑧ Alt + S 를 눌러 문서를 저장하세요.

세부지시사항

작업파일 앞에서 저장한 문서를 열고 내용을 입력하세요.

세부지시사항 01 | 쪽 테두리

- 선의 종류 및 굵기 : 이중 실선 0.5mm, 모두
- 위치 : 쪽 기준, 왼쪽·오른쪽·위쪽·아래쪽 모두 5mm

---

① [쪽] 도구 상자의 쪽 테두리/배경(▤)을 클릭한 후, [쪽 테두리/배경] 대화상자의 [테두리] 탭에서 선 모양 바로 적용 : 체크 해제, 테두리 종류 : 이중 실선(━━), 굵기 : 0.5mm, 미리 보기 : 모두(▢), 위치 : 쪽 기준, 왼쪽 · 오른쪽 · 위쪽 · 아래쪽 : 5.00mm를 지정하고 [설정]을 클릭하세요.

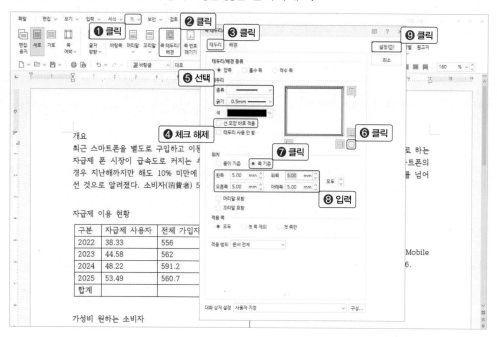

② Alt+S를 눌러 문서를 저장하세요.

- 크기 : 너비 170mm, 높이 24mm, 크기 고정
- 위치 : 본문과의 배치-자리 차지, 가로-종이의 가운데 0mm, 세로-종이의 위 20mm
- 바깥 여백 : 아래쪽 8mm
- 선 속성 : 검정(RGB:0,0,0), 실선 0.2mm
- 색 채우기 : 초록(RGB:40,155,110) 80% 밝게

① [입력] 도구 상자의 가로 글상자(☰)를 클릭한 후, 마우스 포인터가 십자(┼) 모양으로 변하면 마우스를 드래그하거나 클릭히어 글상자를 만드세요.

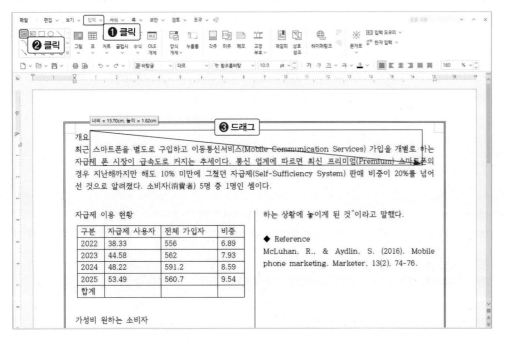

② 글상자를 더블 클릭한 후, [개체 속성] 대화상자의 [기본] 탭에서 너비 : 170mm, 높이 : 24mm, 크기 고정 : 체크, 본문과의 배치 : 자리 차지(☒), 가로 : 종이의 가운데 기준 0mm, 세로 : 종이의 위 기준 20mm를 지정하세요.

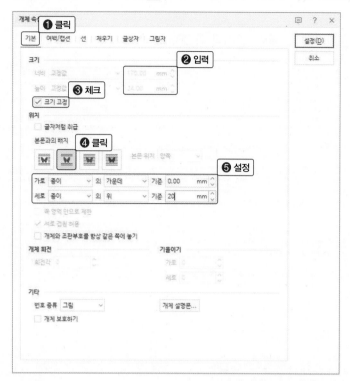

③ [여백/캡션] 탭에서 바깥 여백의 아래쪽 : 8mm를 입력하세요.

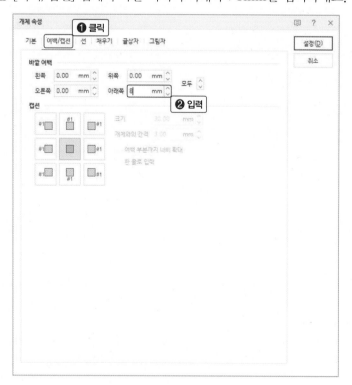

④ [선] 탭에서 색 : 검정(RGB:0,0,0), 종류 : 실선(━), 굵기 : 0.2mm를 지정하세요.

⑤ [채우기] 탭에서 '색'을 선택하고 면 색 : 초록(RGB:40,155,110) 80% 밝게를 지정한 후 [설정]을 클릭하세요.

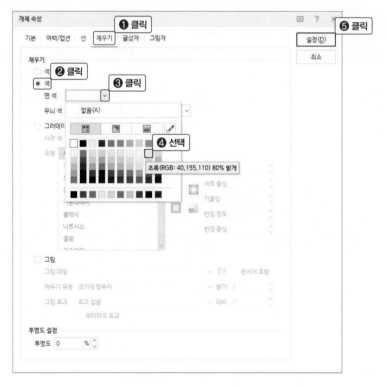

테마 색상표

• '초록(RGB:40,155,110) 80% 밝게'를 지정하기 위해서 테마 색상표(>)를 눌러 '기본' 테마로 변경하세요.

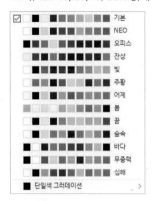

• 시험에는 '기본', 'NEO', '오피스' 테마가 자주 출제됩니다.

• 같은 '노랑' 색이라도 기본 테마의 '노랑(RGB:255,215,0)'과 오피스 테마의 '노랑(RGB:255,255,0)'은 다른 색입니다. 문제의 RGB를 잘 보고 선택해야 합니다.

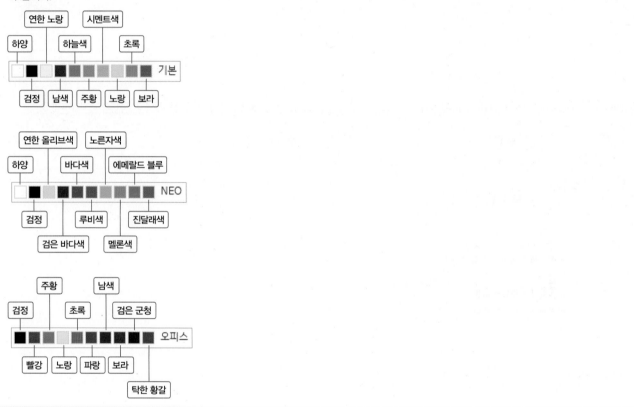

⑥ Alt + S 를 눌러 문서를 저장하세요.

- 제목(1) : 한컴산뜻돋움, 16pt, 장평(105%), 자간(-4%), 진하게, 하늘색(RGB:97,130,214) 50% 어둡게, 가운데 정렬
- 제목(2) : 여백-왼쪽(360pt)
- 누름틀 : 입력할 내용의 안내문 : '0000. 0. 0.', 입력 데이터 : '2025. 5. 28.'

① 글상자 안에 커지는 자급제 폰 시장, 작성자: 김동욱 기자, 작성일: 을 입력하세요.

② '커지는 자급제 폰 시장'을 블록 지정하고 [Alt]+[L]을 눌러 [글자 모양] 대화상자에서 기준 크기 : 16pt, 글꼴 : 한컴산 뜻돋움, 장평 : 105%, 자간 : -4%, 속성 : 진하게(가), 글자 색 : 하늘색(RGB:97,130,214) 50% 어둡게를 지정하고 [설정]을 클릭한 후, [서식] 도구 상자에서 가운데 정렬(三)을 선택하세요.

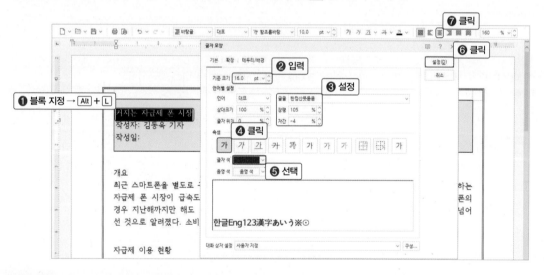

③ 작성일: 뒤에 커서를 두고 [입력]의 ⌄를 눌러 [개체]의 필드 입력(Ⓘ)을 클릭한 후, [필드 입력] 대화상자의 [누름틀] 탭에서 입력할 내용의 안내문 : 0000. 0. 0.을 입력하고 [넣기]를 클릭하세요.

④ 안내문 '0000. 0. 0.'을 클릭하여 『』로 바뀌면 2025. 5. 28.을 입력하세요.

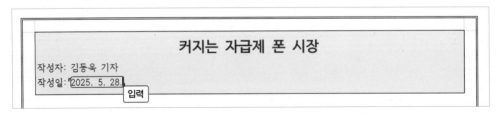

⑤ 제목(2)를 블록 지정하고 Alt+T를 눌러 [문단 모양] 대화상자에서 여백의 왼쪽 : 360pt를 입력하고 [설정]을 클릭하세요.

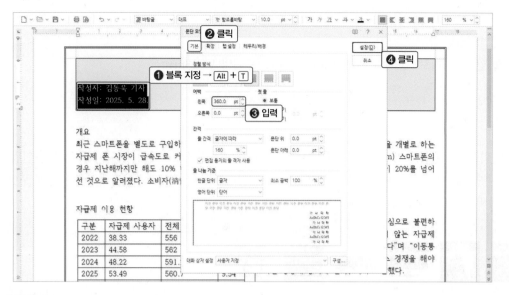

기적의 TIP

[문단 모양] 단축키 : Alt+T

⑥ Alt+S를 눌러 문서를 저장하세요.

- 경로 : [25]이기적워드올인원₩그림₩핸드폰.TIF, 문서에 포함
- 크기 : 너비 28mm, 높이 18mm
- 위치 : 본문과의 배치–글 앞으로, 가로–종이의 왼쪽 23mm, 세로–종이의 위 23mm
- 회전 : 좌우 대칭

① 제목 앞에 커서를 두고 [입력] 도구 상자의 그림(□)을 클릭한 후, [그림 넣기] 대화상자에서 '[25]이기적워드올인원₩
그림' 폴더로 이동하세요. 파일 형식을 TIFF (*.tif)로 변경하고 핸드폰.TIF 그림을 클릭한 후, 아래에서 문서에 포함 :
체크하고 나머지는 체크 해제한 후 [열기]를 클릭하세요.

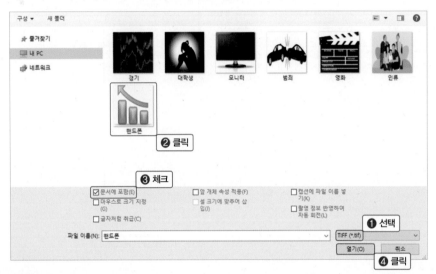

기적의 TIP

[그림 넣기] 단축키 : Ctrl + N , I

기적의 TIP

시험에서 그림의 경로는 C:₩WP 폴더입니다. 세부지시사항을 잘 보고 경로를 찾으면 됩니다.

더 알기 TIP

그림 모양이 같거나 이름이 같은 파일도 형식이 다를 수 있습니다. 시험에서는 그림 형식까지 채점되므로 파일 형식을 변경하고 찾으면 더 정확합니다.

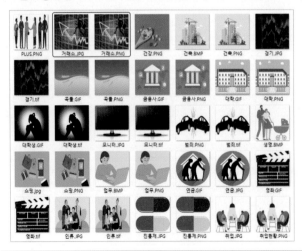

② 그림을 더블 클릭하여 [개체 속성] 대화상자의 [기본] 탭에서 너비 : 28mm, 높이 : 18mm, 본문과의 배치 : 글 앞으로
(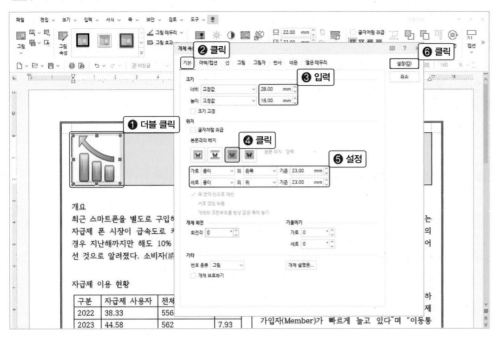), 가로 : 종이의 왼쪽 기준 23mm, 세로 : 종이의 위 기준 23mm를 지정하고 [설정]을 클릭하세요.

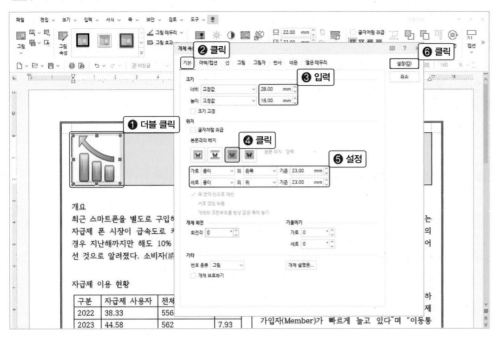

③ 그림을 클릭하고 그림(🎤) 도구 상자의 회전(◎)을 누른 후, 좌우 대칭(▷◁)을 클릭하세요.

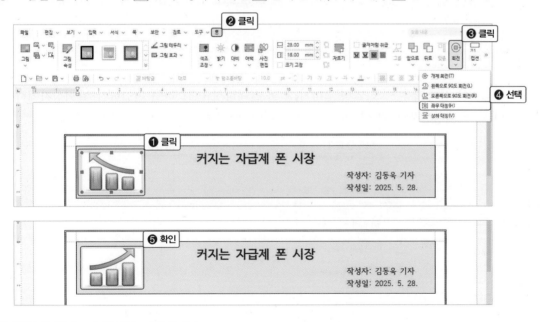

④ Alt + S 를 눌러 문서를 저장하세요.

- 개요 1(수정) : 여백-왼쪽(0pt), 한컴 윤고딕 740, 11pt, 진하게
- 개요 2(수정) : 여백-왼쪽(15pt)
- 표제목(등록) : 스타일 이름-표제목, 스타일 종류-문단, 가운데 정렬, 한컴돋움, 진하게
- 참고문헌 1(등록) : 스타일 이름-참고문헌 1, 스타일 종류-문단, 내어쓰기(20pt)
- 참고문헌 2(등록) : 스타일 이름-참고문헌 2, 스타일 종류-글자, 그림자

① '개요' 앞에 커서를 두고 F6 을 눌러 [스타일] 대화상자를 여세요.

기적의 TIP

[스타일] 단축키 : F6

② [스타일] 대화상자에서 '개요 1'을 선택한 후, 스타일 편집하기(✎)를 클릭하세요. [스타일 편집하기] 대화상자에서 문단 모양을 클릭하고, [문단 모양] 대화상자의 [기본] 탭에서 여백의 왼쪽 : 0pt를 지정한 후 [설정]을 클릭하세요.

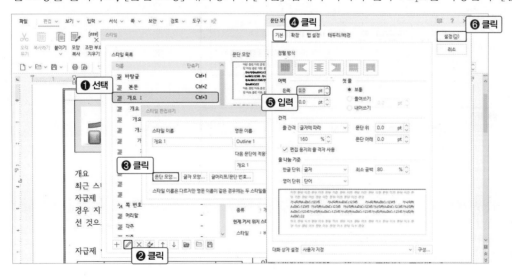

③ [스타일 편집하기] 대화상자에서 글자 모양을 클릭하고, [글자 모양] 대화상자의 [기본] 탭에서 기준 크기 : 11pt, 언어
별 설정의 글꼴 : 한컴 윤고딕 740, 속성 : 진하게(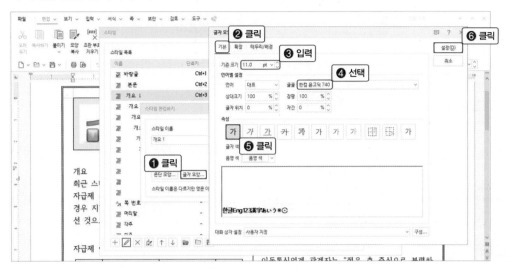)를 지정한 후 [설정]을 클릭하세요. [스타일 편집하기] 대화상자
에서 [설정]을 클릭하세요.

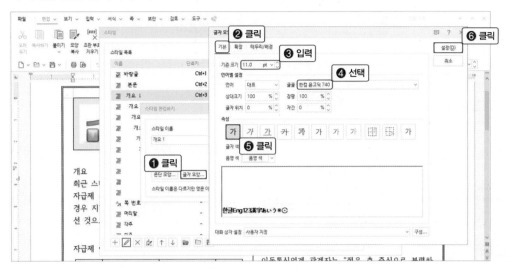

더 알기 TIP

문단 모양과 글자 모양은 스타일 목록에서 이름을 클릭하고 오른쪽 '문단 모양 정보', '글자 모양 정보'의 설정에서 수정할 수도 있습니다.

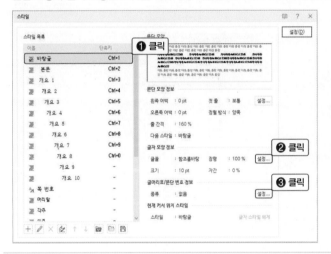

④ [스타일] 대화상자에서 '개요 2'를 선택한 후, 스타일 편집하기(✎)를 클릭하세요. [스타일 편집하기] 대화상자에서 문단 모양을 클릭하고, [문단 모양] 대화상자의 [기본] 탭에서 여백의 왼쪽 : 15pt를 지정한 후 [설정]을 클릭하세요. [스타일 편집하기] 대화상자에서 [설정]을 클릭하세요.

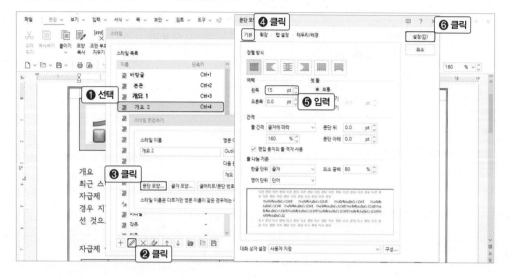

⑤ [스타일] 대화상자에서 스타일 추가하기(➕)를 클릭하세요. [스타일 추가하기] 대화상자에서 스타일 이름 : 표제목, 스타일 종류 : 문단을 지정하고, 문단 모양을 클릭하세요. [문단 모양] 대화상자의 [기본] 탭에서 정렬 방식 : 가운데 정렬(▤)을 선택한 후 [설정]을 클릭하세요.

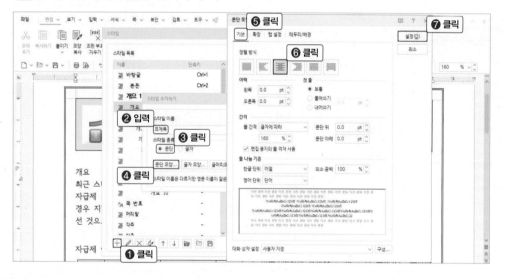

기적의 TIP

'표제목'의 가운데 정렬은 반드시 [문단 모양] 대화상자에서 지정해야 하며, [서식] 도구 상자에서 지정하면 감점되니 주의하세요.

⑥ [스타일 추가하기] 대화상자에서 글자 모양을 클릭하고, [글자 모양] 대화상자의 [기본] 탭에서 언어별 설정의 글꼴 :
한컴돋움, 속성 : 진하게(가)를 지정한 후 [설정]을 클릭하세요. [스타일 추가하기] 대화상자에서 [추가]를 클릭하세요.

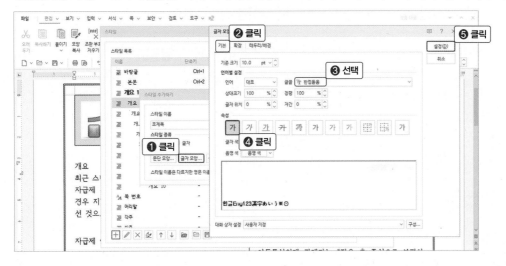

⑦ [스타일] 대화상자에서 스타일 추가하기(+)를 클릭하세요. [스타일 추가하기] 대화상자에서 스타일 이름 : 참고문헌 1,
스타일 종류 : 문단을 지정하고, 문단 모양을 클릭하세요. [문단 모양] 대화상자의 [기본] 탭에서 첫 줄의 내어쓰기 :
20pt를 지정한 후 [설정]을 클릭하세요. [스타일 추가하기] 대화상자에서 [추가]를 클릭하세요.

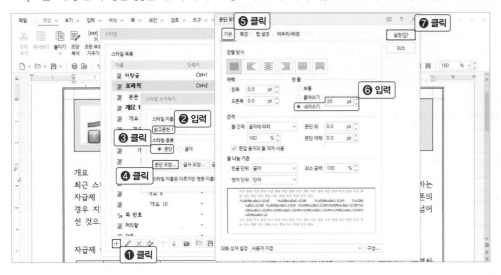

⑧ [스타일] 대화상자에서 스타일 추가하기(╋)를 클릭하세요. [스타일 추가하기] 대화상자에서 스타일 이름 : 참고문헌 2, 스타일 종류 : 글자를 지정하고, 글자 모양을 클릭하세요. [글자 모양] 대화상자의 [기본] 탭에서 속성 : 그림자(가)를 선택한 후 [설정]을 클릭하세요. [스타일 추가하기] 대화상자에서 [추가]를 클릭하세요.

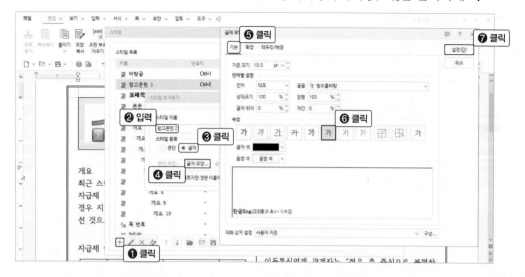

⑨ [스타일] 대화상자에서 '개요 1'을 선택한 후 [설정]을 클릭하세요. '개요' 글자 앞에 '1.'이 자동으로 생기면서 '개요 1' 스타일이 지정된 것을 확인하세요.

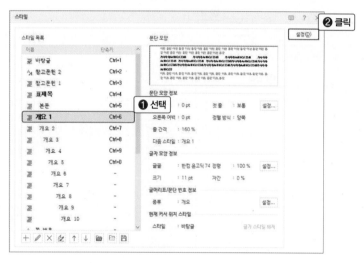

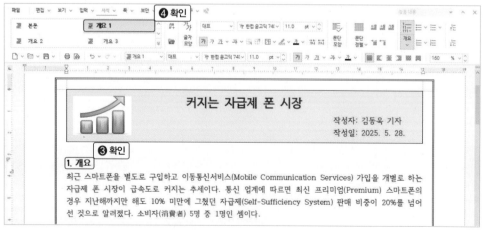

처음에 '개요' 앞에 커서를 두고 [스타일] 대화상자를 열었기 때문에 '개요' 글자에 '개요 1' 스타일을 바로 지정할 수 있습니다. 만약 다른 곳에 커서를 두고 스타일을 만들어서 스타일이 다른 글자에 잘못 지정되었다면, Ctrl + 1 을 눌러 '바탕글' 스타일로 변경한 후 다시 스타일을 지정할 수 있습니다.

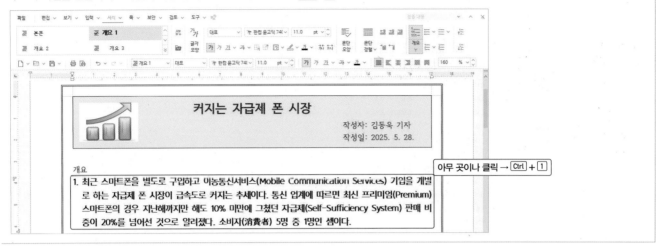

⑩ '가성비 원하는 소비자'와 '서비스 경쟁으로 전환' 앞에 커서를 두고 [서식] 도구 상자의 자세히(⌄)를 눌러 개요 1을 선택하거나 Ctrl + 6 을 눌러 스타일을 지정하세요.

스타일을 문단에 적용하려면 해당 부분을 블록 지정해도 되고, 커서만 위치시킨 후 설정해도 됩니다.

각 스타일의 단축키는 [스타일] 대화상자의 스타일 목록에서 이름과 함께 확인할 수 있습니다.

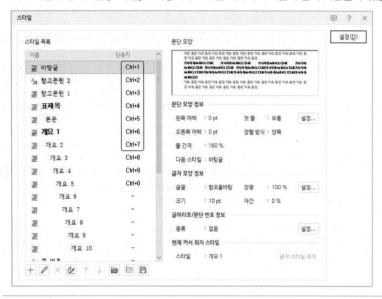

⑪ '개요 2' 스타일에 해당하는 문장들을 블록 지정하고 [서식] 도구 상자의 자세히(≫)를 눌러 개요 2를 선택하거나 Ctrl+7
을 눌러 스타일을 지정하세요.

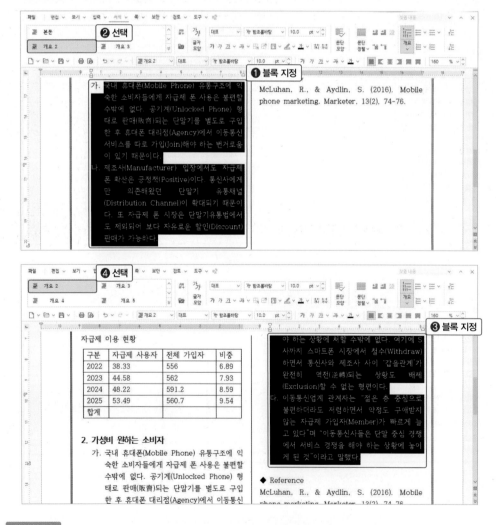

문장들을 모두 블록 지정하는 것이 어렵다면 따로따로 나누어서 지정해도 됩니다.

⑫ '자급제 이용 현황' 앞에 커서를 두고 [서식] 도구 상자의 자세히(⌄)를 눌러 표제목을 선택하거나 Ctrl + 4 를 눌러 스타일을 지정하세요.

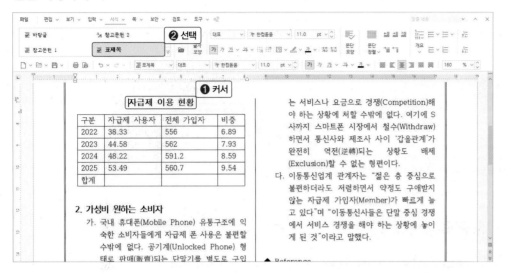

⑬ 'McLuhan,' 앞에 커서를 두고 [서식] 도구 상자의 자세히(⌄)를 눌러 참고문헌 1을 선택하거나 Ctrl + 3 을 눌러 스타일을 지정하세요.

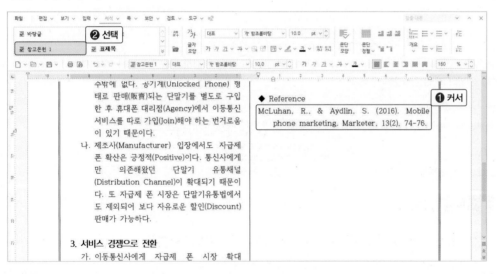

기적의 TIP

'◆ Reference'는 '참고문헌 1' 스타일이 아닌 '바탕글' 스타일입니다. 아래의 문단과 함께 스타일을 지정하지 않도록 문제지의 지시선을 잘 보고 지정하세요. 스타일을 잘못 지정했다면 Ctrl + 1 을 눌러 '바탕글' 스타일로 변경하세요.

⑭ 'Marketer, 13'을 블록 지정하고 [서식] 도구 상자의 자세히(⌄)를 눌러 참고문헌 2를 선택하거나 Ctrl+2를 눌러 스타일을 지정하세요.

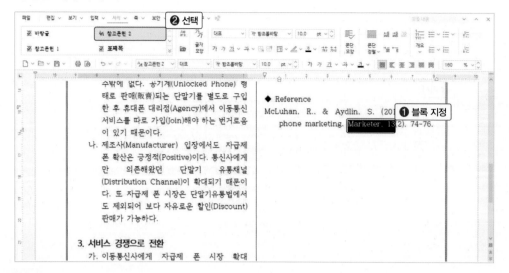

기적의 TIP

스타일을 글자에 적용하려면 해당 부분을 반드시 블록 지정해야 합니다.

더 알기 TIP

• 글자에 적용된 스타일은 해당 문단에서 Ctrl+1을 아무리 눌러도 해제되지 않습니다. 스타일을 변경하고 싶은 부분을 블록 지정한 후 F6을 눌러 오른쪽 하단의 글자 스타일 해제를 선택하고 [설정]을 클릭하세요.

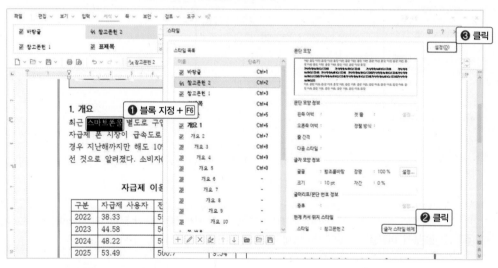

• '글자 스타일 해제'를 하지 않고 바탕글처럼 '함초롬바탕, 10pt, 검정, 속성 없음'으로 변경한다고 해도 스타일은 없어지지 않으므로 꼭 글자 스타일 해제로 변경해야 합니다.

⑮ Alt+S를 눌러 문서를 저장하세요.

- 모양 : 3줄, 글꼴 : 한컴산뜻돋움, 면 색 : 노랑(RGB:255,215,0), 본문과의 간격 : 3mm
- 글자 색 : 하늘색(RGB:97,130,214) 50% 어둡게

① '최' 앞에 커서를 두고 [서식] 도구 상자의 문단 첫 글자 장식(圖)을 클릭한 후, [문단 첫 글자 장식] 대화상자에서 모양 : 3줄(圖), 글꼴/테두리의 글꼴 : 한컴산뜻돋움, 면 색 : 노랑(RGB:255,215,0), 본문과의 간격 : 3mm를 지정하고 [설정]을 클릭하세요.

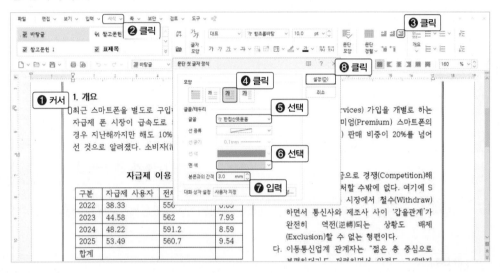

② '최'를 블록 지정하고 글자 색(圖)에서 하늘색(RGB:97,130,214) 50% 어둡게를 선택하세요.

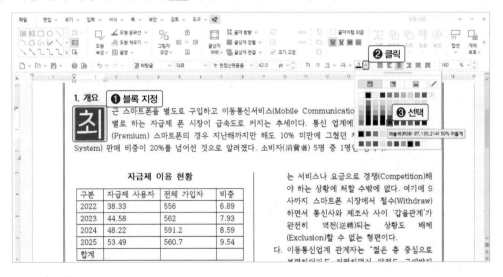

③ Alt + S 를 눌러 문서를 저장하세요.

글자 모양 : 맑은 고딕, 번호 모양 : 아라비아 숫자 원문자

① 각주를 입력할 곳에 커서를 두고 [입력] 도구 상자의 각주(▤)를 클릭하거나 Ctrl+N,N을 누른 후, '1)' 뒤에 자료: 정보통신부를 입력하세요.

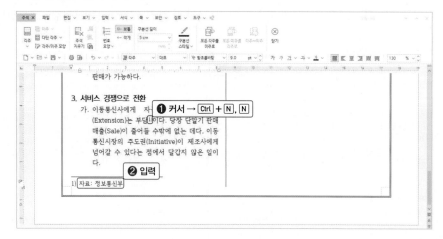

기적의 TIP

[각주] 단축키 : Ctrl+N,N

② [주석] 도구 상자의 가주/미주 모양(▨)을 클릭한 후, 번호 모양 : ①,②,③을 신택하고 [실정]을 클릭하세요.

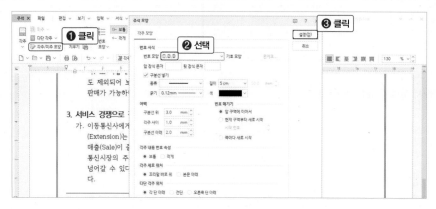

③ '① 자료: 정보통신부'를 블록 지정 후, [서식] 도구 상자에서 글꼴 : 맑은 고딕을 지정하고 [주석] 도구 상자에서 닫기(⊗)를 눌러 영역을 빠져나오세요.

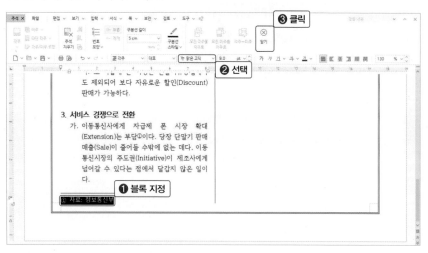

④ Alt+S를 눌러 문서를 저장하세요.

- 크기 : 너비 78mm~80mm, 높이 33mm~34mm
- 위치 : 글자처럼 취급
- 전체 행 : 셀 높이를 같게
- 모든 셀의 안 여백 : 왼쪽 · 오른쪽 2mm
- 테두리 : 표 안쪽은 실선(0.12mm), 표 바깥의 위쪽과 아래쪽은 실선(0.4mm), 표 바깥의 왼쪽과 오른쪽은 없음, 합계 행 위쪽은 이중 실선(0.5mm)
- 제목 행 : 셀 배경 색 – 보라(RGB:157,92,187) 25% 어둡게, 글자 모양 – 한컴 윤고딕 760, 하양(RGB:255,255,255)
- 합계 행 : 셀 배경 색 – 하양(RGB:255,255,255) 15% 어둡게, 글자 모양 – 진하게
- 문단의 정렬 방식 : 가운데 정렬

① 표 안에서 F5를 3번 눌러 표 전체에 블록이 지정되어 있는 상태에서 P를 눌러 [표/셀 속성] 대화상자를 열고, [기본] 탭에서 너비 : 78mm~80mm, 높이 : 33mm~34mm, 글자처럼 취급 : 체크를 확인한 후, [표] 탭에서 모든 셀의 안 여백의 왼쪽 : 2mm, 오른쪽 : 2mm를 지정하고 [설정]을 클릭하세요.

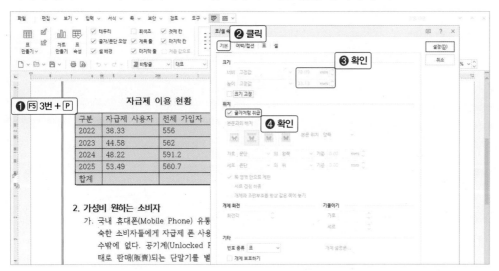

기적의 TIP

[여백/캡션] 탭의 바깥 여백은 수정하지 마세요.

② 블록이 지정되어 있는 상태에서 H를 눌러 셀 높이를 같게 설정하세요.

구분	자급제 사용자	전체 가입자	비중
2022	38.33	556	6.89
2023	44.58	562	7.93
2024	48.22	591.2	8.59
2025	53.49	560.7	9.54
합계			●

③ 블록이 지정되어 있는 상태에서 L을 눌러 [셀 테두리/배경] 대화상자를 여세요. [테두리] 탭에서 선 모양 바로 적용 : 체크 해제, 종류 : 실선(━━), 굵기 : 0.4mm, 미리 보기 : 위쪽 테두리(▤), 아래쪽 테두리(▤)를 선택하세요.

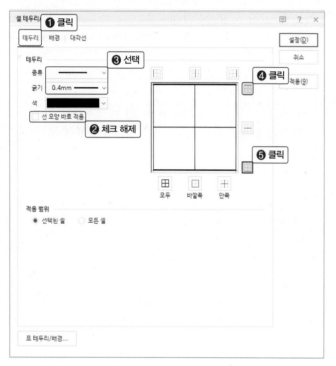

④ 나머지 테두리를 지정하기 위해 테두리의 종류 : 없음(⬚), 미리 보기 : 왼쪽 테두리(▥), 오른쪽 테두리(▥)를 선택하고 [설정]을 클릭하세요.

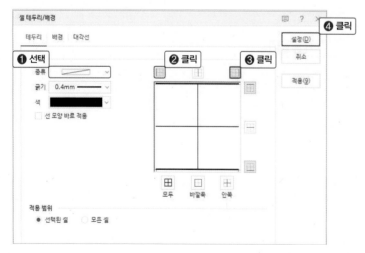

⑤ 제목 행을 블록 지정하고 [표 디자인(▦)] – [표 채우기(▨)]에서 보라(RGB:157,92,187) 25% 어둡게를 선택하고, [서식] 도구 상자에서 글꼴 : 한컴 윤고딕 760, 글자 색 : 하양(RGB:255,255,255)을 지정하세요.

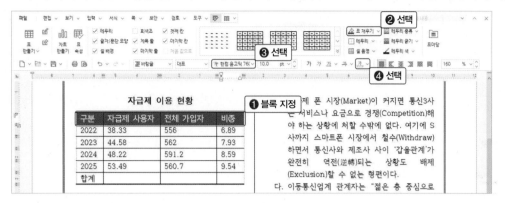

⑥ 합계 행을 블록 지정하고 L을 눌러 [셀 테두리/배경] 대화상자의 [테두리] 탭에서 테두리의 종류 : 이중 실선(▬▬), 굵기 : 0.5mm, 미리 보기 : 위쪽 테두리(▤)를 선택하세요.

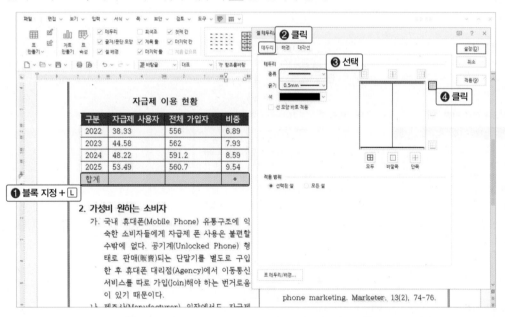

⑦ [배경] 탭에서 면 색 : 하양(RGB:255,255,255) 15% 어둡게를 지정하고 [설정]을 클릭한 후에 [서식] 도구 상자에서 진하게(가)를 지정하세요.

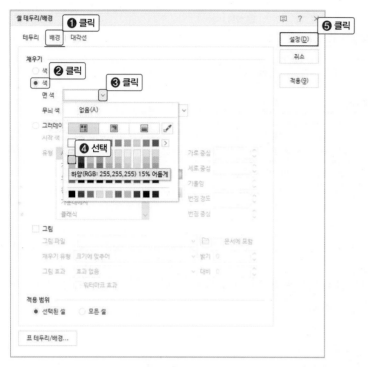

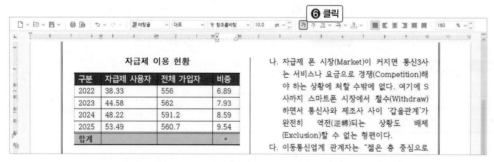

⑧ Esc 를 눌러 전체 블록을 해제한 후, Shift + Esc 를 누르거나 표 앞이나 뒤를 클릭하여 커서를 두고 [서식] 도구 상자의 가운데 정렬(≡)을 클릭하세요.

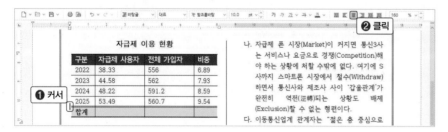

기적의 TIP

표를 가운데 정렬하는 것은 수험생들이 잘 잊어버리는 설정입니다. 꼭 마지막에 해야 하는 것은 아니므로 표를 만들고 나서 바로 설정해 주어도 됩니다.

⑨ Alt + S 를 눌러 문서를 저장하세요.

- 블록 계산식 : 표의 합계 행에 블록 계산식을 이용하여 블록 합계 산출
- 표에서 내용의 정렬 방법
  (제목 행과 '합계(평균)' 셀은 가운데 정렬, 나머지는 열 단위를 기준으로 아래와 같이 정렬)
  - 내용의 길이가 서로 다른 문자의 경우 왼쪽 정렬
  - 내용의 길이가 서로 다른 숫자의 경우 오른쪽 정렬
  - 내용의 길이가 서로 같을 경우 문자, 숫자 상관없이 가운데 정렬
- 캡션 : 표 아래에 삽입 후 오른쪽 정렬

① 2열 2행부터 3열 6행까지 블록 지정 후, 바로 가기 메뉴에서 [블록 계산식] – [블록 합계]를 클릭하세요.

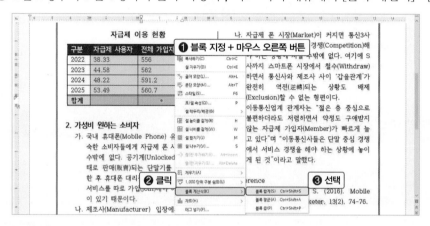

기적의 TIP

- [블록 합계] 단축키 : Ctrl + Shift + S
- [블록 평균] 단축키 : Ctrl + Shift + A

② 그림과 같이 블록 지정하고 [서식] 도구 상자에서 가운데 정렬(⬚)을 선택하세요.

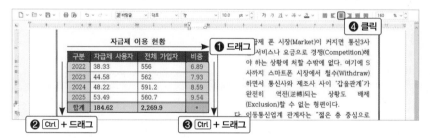

기적의 TIP

각 열의 정렬이 같으면 한꺼번에 블록 지정 후 정렬해도 됩니다. 같은 정렬인 열이 서로 떨어져 있으면 Ctrl 을 누르면서 선택하여 정렬하면 빠르게 설정할 수 있습니다.

③ 2열의 2행부터 3열의 6행까지 블록 지정하고 [서식] 도구 상자에서 오른쪽 정렬(≡)을 선택하세요.

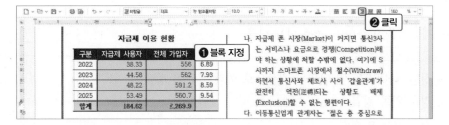

④ 캡션을 만들기 위해 표의 테두리를 클릭하고 [표 레이아웃(▦)]의 캡션(🔲)을 클릭한 후 아래를 선택하세요.

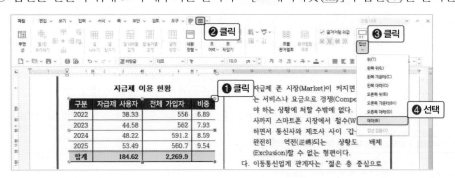

기적의 TIP

캡션을 만들기 위해서 표 테두리를 클릭해도 되지만 표 안에 커서를 둔 상태에서도 만들 수 있습니다.

기적의 TIP

[캡션] 단축키 : Ctrl + N , C

더 알기 TIP

캡션의 위치가 '오른쪽 아래'인 것과 '표 아래 삽입 후 오른쪽 정렬'인 것은 다릅니다.
• 오른쪽 아래

구분	자급제 사용자	전체 가입자	비중
2022	38.33	556	6.89
2023	44.58	562	7.93
2024	48.22	591.2	8.59
2025	53.49	560.7	9.54
합계	184.62	2,269.9	

표 1

• 표 아래 삽입 후 오른쪽 정렬

구분	자급제 사용자	전체 가입자	비중
2022	38.33	556	6.89
2023	44.58	562	7.93
2024	48.22	591.2	8.59
2025	53.49	560.7	9.54
합계	184.62	2,269.9	

표 1

⑤ 자동 입력되어 있는 '표 1'을 블록 지정하고 (단위: 십만 대, %)를 입력한 후, [서식] 도구 상자에서 오른쪽 정렬(▤)을 선택하세요.

구분	자급제 사용자	전체 가입자	비중
2022	38.33	556	6.89
2023	44.58	562	7.93
2024	48.22	591.2	8.59
2025	53.49	560.7	9.54
합계	184.62	2,269.9	

❶ 블록 지정

표 1

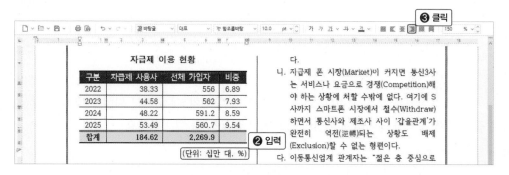

❸ 클릭

자급제 이용 현황

구분	자급제 사용자	전체 가입자	비중
2022	38.33	556	6.89
2023	44.58	562	7.93
2024	48.22	591.2	8.59
2025	53.49	560.7	9.54
합계	184.62	2,269.9	

❷ 입력 (단위: 십만 대, %)

다.

니. 자급제 폰 시장(Market)이 커지면 통신3사는 서비스나 요금으로 경쟁(Competition)해야 하는 상황에 처할 수밖에 없다. 여기에 S사까지 스마트폰 시장에서 철수(Withdraw)하면서 통신사와 제조사 사이 '갑을관계'가 완전히 역전(逆轉)되는 상황도 배제(Exclusion)할 수 없는 형편이다.

다. 이동통신업계 관계자는 "젊은 층 중심으로

⑥ [Alt]+[S]를 눌러 문서를 저장하세요.

- 차트의 모양 : 2차원 원형, 차트 계열색 : 색상 조합 색2
- 데이터 레이블 : 백분율(%), 바깥쪽 끝에
- 차트의 크기 : 너비 80mm, 높이 70mm, 크기 고정
- 위치 : 본문과의 배치-자리 차지, 가로-단의 가운데 0mm, 세로-문단의 위 0mm
- 바깥 여백 : 위쪽 5mm, 아래쪽 7mm
- 제목의 글꼴 설정 : 함초롬돋움, 진하게
- 데이터 레이블, 범례의 글꼴 설정 : 9pt
- 표의 아래 단락에 배치

① 문제의 차트를 보고 차트에 사용될 데이터를 블록 지정하고 [입력] 도구 상자의 차트(📊)에서 원형 : 2차원 원형(🟠)을 선택한 후, [차트 데이터 편집] 대화상자에서 데이터에 이상이 없으면 [닫기(✕)]를 클릭하세요.

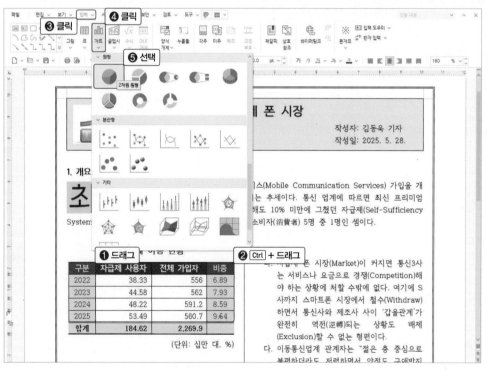

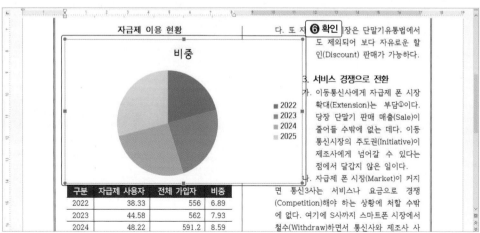

원형 차트에서 데이터가 백분율로 나오면 어떤 데이터로 차트를 만들었는지 판단하기가 어렵습니다. 그럴 때에는 데이터별로 차례대로 차트를 만든 후 [차트 디자인(📊)]–[차트 레이아웃(📈)]–[레이아웃3(🥧)]을 눌러 문제의 데이터 레이블 숫자와 동일한 차트를 찾을 수 있어야 합니다.

- 자급제 사용자 데이터 사용

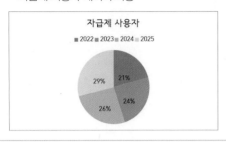

- 전체 가입자 데이터 사용

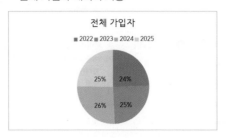

자급제 사용자 데이터와 비중 데이터는 백분율로 바꾸면 수치가 같습니다.

② [차트 디자인(📊)] 도구 상자에서 차트 레이아웃(📈) : 레이아웃3(🥧), 차트 계열색 바꾸기(🎨) : 색상 조합, 색2를 선택하세요.

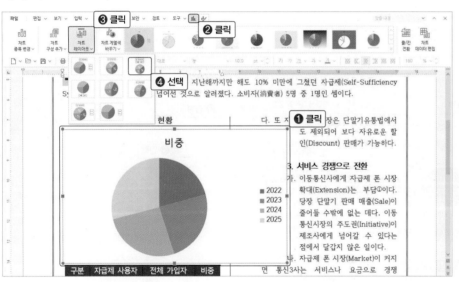

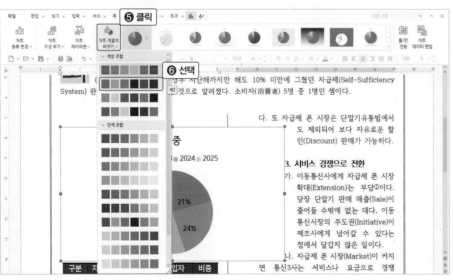

차트 레이아웃(📈)의 레이아웃3(🥧)은 차트를 만들 때 선택했다면 다시 선택하지 않아도 됩니다.

③ 계열 "비중" 데이터 레이블을 더블 클릭하여 [개체 속성] 작업 창에서 데이터 레이블 속성의 레이블 내용 : 백분율, 레이블 위치 : 바깥쪽 끝에를 선택하세요.

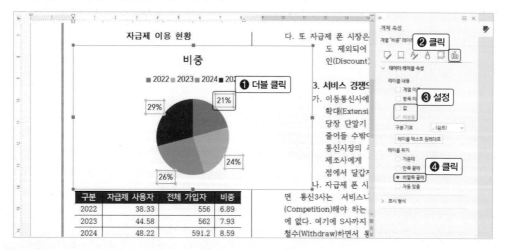

기적의 TIP

데이터 레이블을 클릭한 후 다시 더블 클릭하면 선택된 데이터 레이블만 변경되므로 주의하세요.

④ '2023'의 조각을 분리하기 위해 천천히 두 번 클릭 후 [개체 속성] 작업 창에서 쪼개진 원형 : 5%를 지정하고 [작업 창 닫기(⊠)]를 클릭하세요.

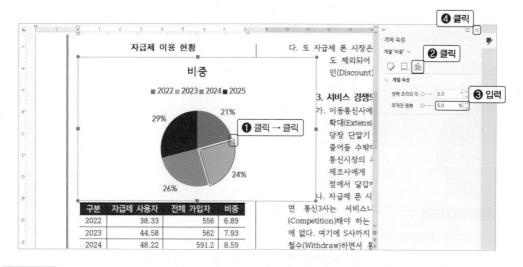

기적의 TIP

조각을 분리하는 문제는 아직 출제되지 않았지만 연습해 보세요.

⑤ 차트를 선택하고 P를 눌러 [개체 속성] 대화상자의 [기본] 탭에서 너비 : 80mm, 높이 : 70mm, 크기 고정 : 체크, 위치에서 본문과의 배치 : 자리 차지(▼), 가로 : 단의 가운데 기준 0mm, 세로 : 문단의 위 기준 0mm를 지정하고, [여백/캡션] 탭에서 바깥 여백의 위쪽 : 5mm, 아래쪽 : 7mm를 지정한 후 [설정]을 클릭하세요.

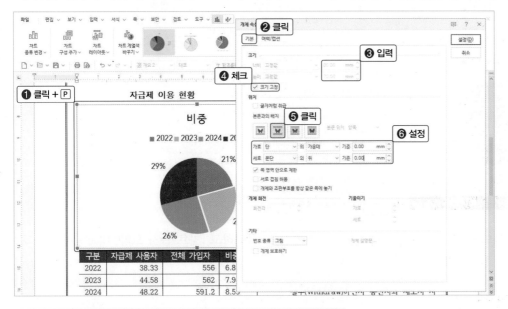

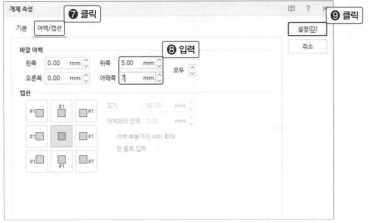

⑥ 차트 제목을 클릭하고 바로 가기 메뉴에서 [제목 편집]을 선택한 후, [차트 글자 모양] 대화상자에서 글자 내용 : 자급제 이용 현황, 한글 글꼴 : 함초롬돋움, 영어 글꼴 : 함초롬돋움, 속성 : 진하게(가)를 지정하고 [설정]을 클릭하세요.

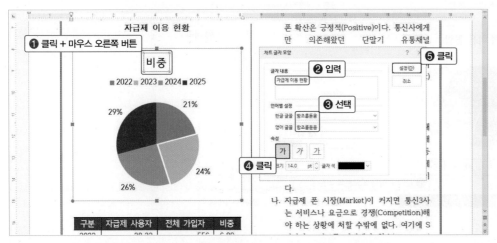

기적의 TIP

차트의 제목이 표의 제목과 동일하다면 차트 제목을 클릭하기 전에 표의 제목을 복사(Ctrl + C)한 후, [차트 글자 모양] 대화상자의 글자 내용에 붙이기(Ctrl + V)하면 편리합니다.

⑦ 범례를 더블 클릭한 후 [계열 속성] 작업 창에서 범례 속성(📊)의 범례 위치 : 아래쪽을 선택하고 [작업 창 닫기(❌)]를 클릭하세요.

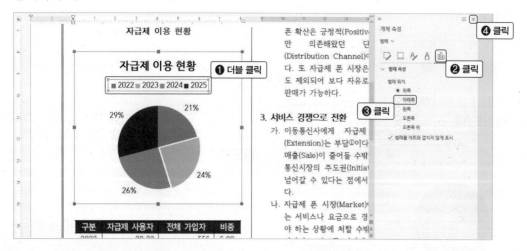

⑧ 계열 "비중" 데이터 레이블의 바로 가기 메뉴에서 [글자 모양 편집]을 클릭하고 [차트 글자 모양] 대화상자에서 크기 : 9pt를 지정한 후, [설정]을 클릭하세요.

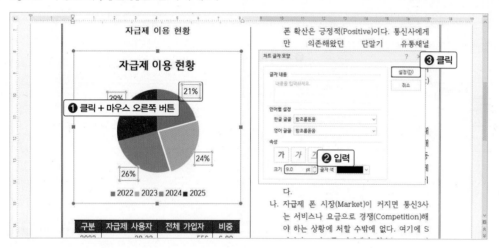

⑨ 범례의 바로 가기 메뉴에서 [글자 모양 편집]을 클릭하고 [차트 글자 모양] 대화상자에서 크기 : 9pt를 지정한 후, [설정]을 클릭하세요.

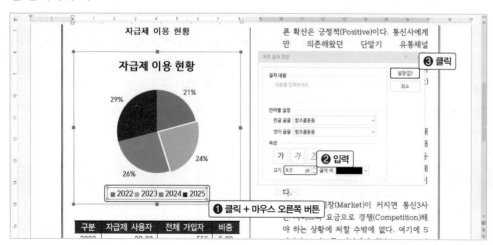

⑩ 차트의 위치를 이동시키기 위해 차트를 선택하고 Ctrl + X 를 눌러 오려 두기를 한 후에 표 아래 줄에 커서를 두고 Ctrl + V 로 붙여넣기를 하세요.

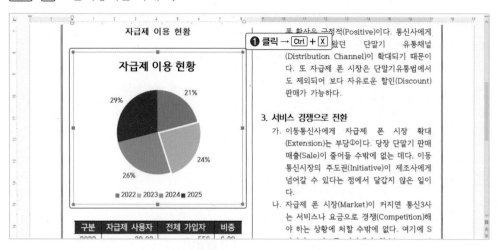

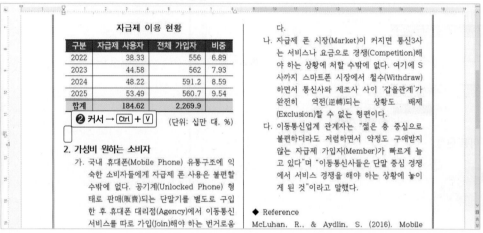

더 알기 TIP

차트의 위치를 정확하게 알기 위해서는 [보기] 도구 상자의 '문단 부호'와 '조판 부호'에 체크하면 됩니다.

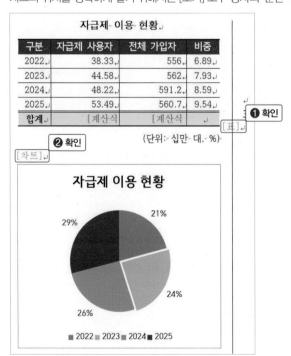

구분	자급제 사용자	전체 가입자	비중
2022↵	38.33↵	556↵	6.89↵
2023↵	44.58↵	562↵	7.93↵
2024↵	48.22↵	591.2↵	8.59↵
2025↵	53.49↵	560.7↵	9.54↵
합계	[계산식]	[계산식]	↵

(단위: 십만 대, %)

⑪ Alt + S 를 눌러 문서를 저장하세요.

세부지시사항 11   하이퍼링크

- '십만 대, %'에 하이퍼링크 설정
- 연결 대상 : 웹 주소-'https://cafe.naver.com/yjbooks'

① '십만 대, %'를 블록 지정하고 [입력] 도구 상자의 하이퍼링크(🌐)를 클릭한 후, [하이퍼링크] 대화상자에서 표시할 문자열 : 십만 대, %를 확인하고, 연결 대상 : 웹 주소, 웹 주소 : https://cafe.naver.com/yjbooks를 입력한 후 [넣기]를 클릭하세요.

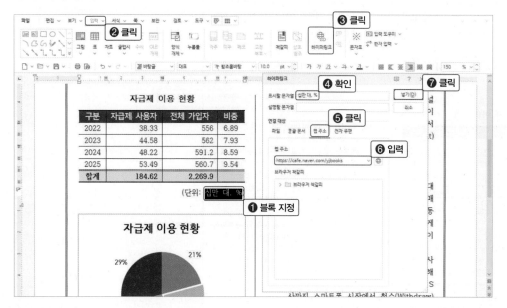

[하이퍼링크] 단축키 : Ctrl + K , H

하이퍼링크가 지정된 글자는 자동으로 밑줄이 나타나고, 글자색이 파랑 또는 보라색으로 변경됩니다. 하이퍼링크가 지정된 글자에 마우스를 가져가면 마우스 포인터가 🖑으로 변합니다.

(단위: 십만 대, %)

웹 주소나 이메일 주소 등에 자동으로 하이퍼링크가 지정될 수 있습니다. 문제에 없는 하이퍼링크는 바로 가기 메뉴의 [하이퍼링크 지우기]에서 지울 수 있습니다.

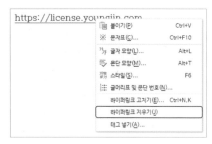

---

② Alt + S 를 눌러 문서를 저장하세요.

번호 위치 : 오른쪽 아래, 모양 : 아라비아 숫자, 줄표 넣기 선택, 시작 번호 지정

① [쪽] 도구 상자의 쪽 번호 매기기(📖)를 클릭한 후, [쪽 번호 매기기] 대화상자에서 번호 위치 : 오른쪽 아래, 번호 모양 : 1,2,3, 줄표 넣기 : 체크, 시작 번호 : 3을 지정하고 [넣기]를 클릭하세요.

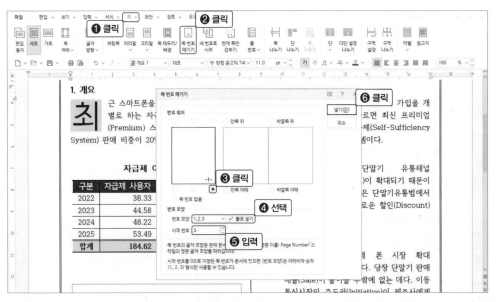

기적의 TIP

[쪽 번호] 단축키 : Ctrl + N, P

더 알기 TIP

쪽 번호 모양

1,2,3	①,②,③	I , II , III	i , ii , iii	A,B,C	가,나,다	一,二,三	갑,을,병	甲,乙,丙
아라비아 숫자	아라비아 숫자 원문자	로마자 대문자 숫자	로마자 소문자 숫자	영문 대문자	한글	한자 숫자	한글 갑을병	한자 갑을병

더 알기 TIP

만약 [쪽 번호 매기기] 대화상자에서 시작 번호를 지정하지 않았다면, 커서를 움직이지 않은 상태에서 [쪽]-[새 번호로 시작(📖)]에서 수정할 수 있습니다.

② Alt + S 를 눌러 문서를 저장하세요.

- 머리말 : 한컴 윤고딕 740, 10pt, 진하게, 보라(RGB:157,92,187) 25% 어둡게, 오른쪽 정렬
- 꼬리말 : 한컴산뜻돋움, 10pt, 진하게, 하늘색(RGB:97,130,214) 25% 어둡게, 가운데 정렬

① [쪽] 도구 상자의 머리말(目)을 누르고 머리말/꼬리말(□)을 클릭한 후, [머리말/꼬리말] 대화상자에서 종류 : 머리말, 위치 : 양쪽을 확인하고 [만들기]를 클릭하세요.

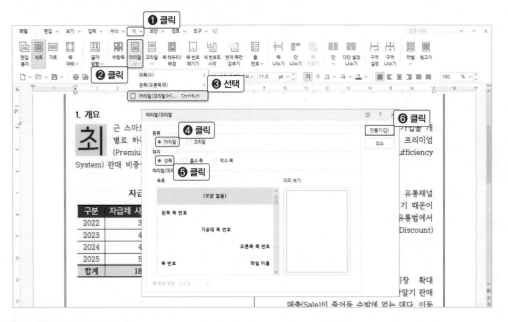

[머리말/꼬리말] 단축키 : Ctrl + N , H

② 머리말에 국내 통신시장 동향을 입력하고 블록 지정한 후, [서식] 도구 상자에서 크기 : 10pt, 글꼴 : 한컴 윤고딕 740, 속성 : 진하게(카), 글자 색 : 보라(RGB:157,92,187) 25% 어둡게, 오른쪽 정렬(目)을 지정하고 [머리말/꼬리말] 도구 상자에서 닫기(⊗)를 눌러 영역을 빠져나오세요.

머리말과 꼬리말의 스타일은 '머리말'입니다. 지시사항 대로 글자 속성을 지정한 후 스타일이 '바탕글'로 되어 있다면 '머리말'로 바꾼 후 다시 글자 속성을 지정해 주세요.

③ [쪽] 도구 상자의 꼬리말(▤)을 누른 후 (모양 없음)을 선택하세요.

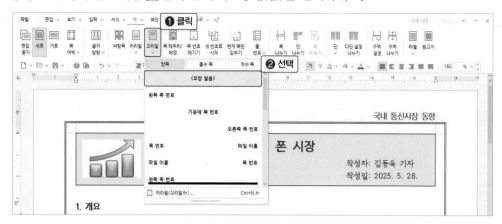

④ 꼬리말에 이기석일보를 입력하고 블록 지정한 후, [서식] 도구 상자에서 크기 : 10pt, 글꼴 : 한컴산뜻돋움, 속성 : 진하게(가), 글자 색 : 하늘색(RGB:97,130,214) 25% 어둡게, 가운데 정렬(▤)을 지정하고 [머리말/꼬리말] 도구 상자에서 닫기(⊗)를 눌러 영역을 빠져나오세요.

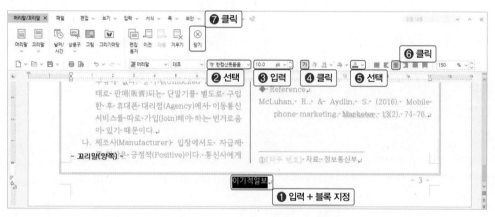

⑤ Alt + S 를 눌러 문서를 저장하세요.

가장 많이 틀리는
Best 10

CONTENTS

SECTION 01
글상자의 위치가 시험지와 달라요.

▶ 합격강의

왜 안 될까요?

① 편집 용지의 용지 여백이 잘못 설정되었어요.
② 글상자의 개체 속성이 잘못 설정되었어요.

해결 방법

① [편집 용지] 대화상자의 용지 종류, 용지 방향, 용지 여백을 지시사항에 맞게 설정했는지 확인하세요(F7).

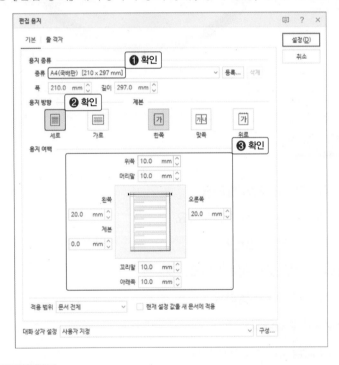

기적의 TIP

편집 용지 설정은 시험마다 다를 수 있으므로 유의사항을 잘 보고 설정해야 합니다.

② 글상자의 [개체 속성] 대화상자에서 크기와 위치를 지시사항에 맞게 설정했는지 확인하세요(Ctrl + N, K).

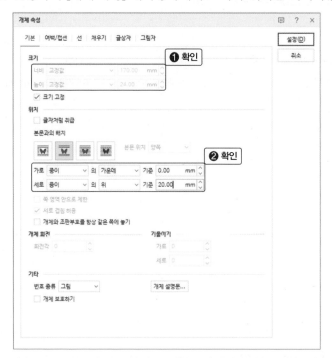

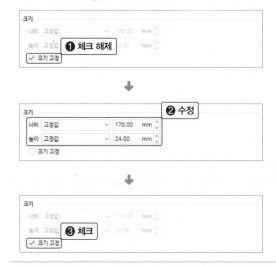

연습 문제 1

● 편집 용지
• 용지 종류는 A4 용지(210mm×297mm) 1매에 용지 방향을 세로로 설정하여 문서를 작성하시오.
• 용지 여백은 왼쪽·오른쪽은 20mm, 위쪽·아래쪽은 10mm, 머리말·꼬리말은 10mm, 기타 여백은 0mm로 지정하시오.

● 글상자
• 크기 : 너비 170mm, 높이 23mm, 크기 고정
• 위치 : 본문과의 배치 − 자리 차지, 가로 − 종이의 가운데 0mm, 세로 − 종이의 위 20mm

연습 문제 2

● 편집 용지
• 용지 종류는 A4 용지(210mm×297mm) 1매에 용지 방향을 세로로 설정하여 문서를 작성하시오.
• 용지 여백은 왼쪽·오른쪽·위쪽·아래쪽은 20mm, 머리말·꼬리말은 10mm, 기타 여백은 0mm로 지정하시오.

● 글상자
• 크기 : 너비 150mm, 높이 20mm
• 위치 : 본문과의 배치 − 자리 차지, 가로 − 종이의 가운데 0mm, 세로 − 종이의 위 30mm

연습 문제 3

● 편집 용지
• 용지 종류는 A4 용지(210mm×297mm) 1매에 용지 방향을 세로로 설정하여 문서를 작성하시오.
• 용지 여백은 왼쪽·오른쪽은 20mm, 위쪽·아래쪽은 10mm, 머리말·꼬리말은 10mm, 기타 여백은 0mm로 지정하시오.

● 글상자
• 크기 : 너비 170mm, 높이 20mm, 크기 고정
• 위치 : 본문과의 배치 − 자리 차지, 가로 − 종이의 가운데 0mm, 세로 − 종이의 위 20mm

누름틀의 안내문은 어떻게 수정하나요.

▶ 합격 강의

왜 안 될까요?

① 지시사항의 '입력할 내용의 안내문' 내용을 잘못 입력했어요.
② '입력할 내용의 안내문'과 '입력 데이터'를 반대로 입력했어요.

해결 방법

① 지시사항의 문구를 확인한 후 올바르게 수정하세요(Ctrl + N , K).

기적의 TIP

'입력할 내용의 안내문'을 입력할 때에는 띄어쓰기 및 오타 등에 유의하여야 합니다.

더 알기 TIP

누름틀을 작성한 곳을 클릭하여 『』가 양옆에 나타난 상태에서 마우스 오른쪽 버튼을 눌러 바로가기 메뉴의 누름틀 고치기를 클릭하면 '입력할 내용의 안내문' 내용을 수정할 수 있습니다.

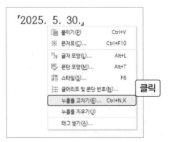

② '입력할 내용의 안내문'과 '입력 데이터'의 내용을 반대로 입력한 것은 아닌지 확인하세요.

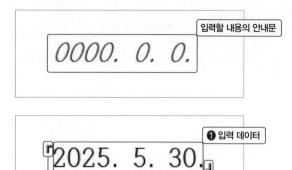

더 알기 TIP

누름틀을 만든 후에 빨간색 기울임 글씨로 나타나는 내용이 '입력 내용의 안내문'이며, 클릭하여 '입력 데이터'를 작성하면 글씨가 검정색으로 나타납니다. 다른 작업을 할 때는 일반 텍스트처럼 보이지만, 누름틀 부분을 마우스로 클릭하면 『』가 양옆에 생깁니다. 이때 『』를 지우면 누름틀도 지워지므로 주의하세요.

• 누름틀이 생성된 상태

『2025. 5. 30.』

• 누름틀이 삭제된 상태

2025. 5. 30.

연습 문제 1   입력할 내용의 안내문 : '0000. 0. 0.', 입력 데이터 : '2025. 3. 1.'

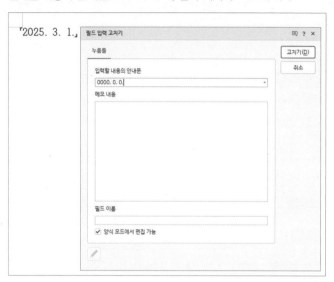

연습 문제 2   입력할 내용의 안내문 : '이름 직위', 입력 데이터 : '이기적 선임연구원'

연습 문제 3   입력할 내용의 안내문 : '시행처 시행일', 입력 데이터 : '대한상공회의소 2/1'

왜 **안 될까요?**

① 그림을 회전시키지 않았어요.

해결 방법

① 삽입된 그림을 클릭하세요.

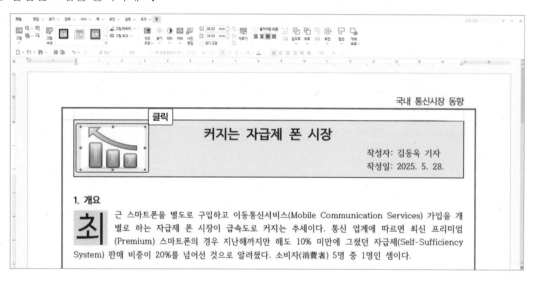

② [그림(📷)]-[회전(🔄)]에서 지시사항대로 수정하세요.

각 회전에 따라 그림 모양이 어떻게 바뀌는지 알아보세요. 시험에는 '좌우 대칭'이 자주 출제됩니다.

• 개체 회전 : 그림의 모서리를 잡고 직접 개체를 회전할 수 있어요.

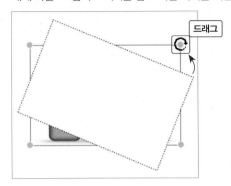

• 왼쪽으로 90도 회전

• 오른쪽으로 90도 회전

• 좌우 대칭

• 상하 대칭

연습 문제 1   회전 : 좌우 대칭

연습 문제 2   회전 : 상하 대칭

SECTION 04

지시사항의 색상을 찾지 못하겠어요.

▶ 합격강의

왜 안 될까요?

① 테마 색상표를 변경하지 않았어요.
② 'ㅇㅇ% 밝게/어둡게'를 잘못 선택했어요.

해결 방법

① 기본으로 지정되어 있는 '테마 색'의 테마 색상표(기본)를 지시사항의 색상이 있는 테마 색상표로 변경하세요.

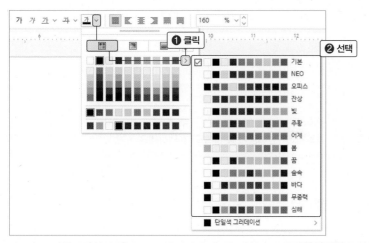

기적의 TIP

같은 노랑 색이여도 '기본' 테마의 노랑(RGB:255,215,0)과 '오피스' 테마의 노랑(RGB:255,255,0)은 RGB값이 다르므로 구분해서 적용해야 합니다.

더 알기 TIP

RGB값을 직접 입력할 수 있는 색상이라면 '스펙트럼'에서 설정할 수 있습니다.

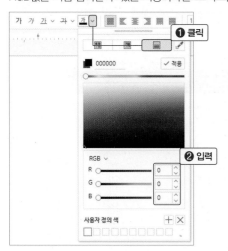

② '○○% 밝게/어둡게'는 RGB로 입력할 수 없으므로 테마 색을 변경하여 찾아야 합니다.

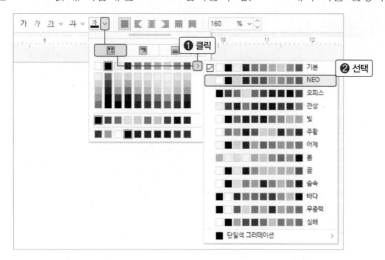

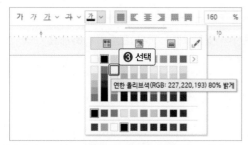

더 알기 TIP

시험에는 '기본', 'NEO', '오피스' 테마가 자주 출제됩니다.

• 기본

하양	검정	연한 노랑	남색	하늘색	주황	시멘트색	노랑	초록	보라

• NEO

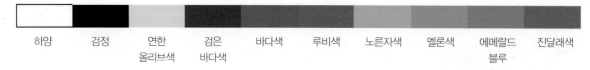

하양	검정	연한 올리브색	검은 바다색	바다색	루비색	노른자색	멜론색	에메랄드 블루	진달래색

• 오피스

검정	빨강	주황	노랑	초록	파랑	남색	보라	검은 군청	탁한 황갈

연습 문제 1   글자 색 : 진달래색(RGB:202,86,167) 50% 어둡게

한 번에 합격, 자격증은 이기적!

연습 문제 2   글자 색 : 주황(RGB:255,102,0) 40% 밝게

한 번에 합격, 자격증은 이기적!

연습 문제 3   면 색 : 노랑(RGB:255,215,0) 80% 밝게

한 번에 합격, 자격증은 이기적!

블록 계산식의 자릿수가 달라요.

▶ 합격 강의

왜 안 될까요?

① 계산식의 형식이 문제지와 달라요.

② 평균 산출 시 소수점 아래 자리를 수정하지 않았어요.

해결 방법

① 문제지에 맞는 블록 계산식으로 제대로 계산되었는지 확인하세요.

구분	1분기 기준	2분기 기준	증감
1동	35.6	42.3	0.84
가동	55.8	45.9	1.21
나동	64.7	73.2	0.88
다동	12.5	9.1	1.37
합계	168.6	170.5	

문제지와 비교하여 확인

구분	1분기 기준	2분기 기준	증감
1동	35.6	42.3	0.84
가동	55.8	45.9	1.21
나동	64.7	73.2	0.88
다동	12.5	9.1	1.37
평균	42.15	42.63	

문제지와 비교하여 확인

더 알기 TIP

'합계'와 '평균'을 혼동하여 잘못 계산했다면 블록 계산식 영역을 드래그하여 삭제한 후에 다시 계산해 주세요.

구분	1분기 기준	2분기 기준	증감
1동	35.6	42.3	0.84
가동	55.8	45.9	1.21
나동	64.7	73.2	0.88
다동	12.5	9.1	
평균	168.6	170.5	

드래그 + Delete

② 블록 계산식으로 평균 산출 시 소수점 아래 자릿수를 시험지와 비교하여 수정하세요.

구분	1분기 기준	2분기 기준	증감
1동	35.6	42.3	0.84
가동	55.8	45.9	1.21
나동	64.7	73.2	0.88
다동	12.5		1.37
평균	42.15	42.63	

① 클릭 + 마우스 오른쪽 버튼

붙이기(P)   Ctrl+V
문자표(C)...   Ctrl+F10
글자 모양(L)...   Alt+L
문단 모양(M)...   Alt+T
스타일(S)...   F6
글머리표 및 문단 번호(N)...
태그 넣기(S)...
계산식 고치기(E)...   Ctrl+N,K
계산식 지우기(J)

② 클릭

계산식   □ ? ×

계산식   =AVG(?2:?5)   설정(D)
함수   ▾   취소
쉬운 범위   ▾
형식   소수점 이하 두 자리 ▾
☑ 세 자리 기본 형식
           정수형
           소수점 이하 한 자리
           소수점 이하 두 자리   ③ 선택
           소수점 이하 세 자리
           소수섬 이하 네 자리

기적의 TIP

블록 계산식의 형식을 수정하기 위해서는 각 셀마다 '계산식 고치기'를 해주어야 합니다.

더 알기 TIP

블록 계산식의 자리수를 바꿀 때 '0~4'는 버리고 '5~9'는 반올림을 하기 때문에 소수점 아래의 숫자가 시험지와 다를 수 있습니다. 문제지에서 반올림을 하지 않고 숫자가 버려진 것으로 출제된다면 형식을 고치지 말고 필요 없는 뒷자리 숫자만 지워주세요. 이때 양옆의 『』를 지우면 일반 숫자로 바뀌니 주의하세요.

• 블록 계산식 실행

구분	1분기 기준	2분기 기준	증감
1동	35.6	42.3	0.84
가동	55.8	45.9	1.21
나동	64.7	73.2	0.88
다동	12.5	9.1	1.37
평균	42.15	42.63	

• 소수점 이하 한 자리로 계산식 수정

구분	1분기 기준	2분기 기준	증감
1동	35.6	42.3	0.84
가동	55.8	45.9	1.21
나동	64.7	73.2	0.88
다동	12.5	9.1	1.37
평균	42.2	42.6	

• 계산식 수정 없이 뒷자리 숫자 삭제

구분	1분기 기준	2분기 기준	증감
1동	35.6	42.3	0.84
가동	55.8	45.9	1.21
나동	64.7	73.2	0.88
다동	12.5	9.1	1.37
평균	42.1	42.6	

해당 파일을 열어서 지시사항에 맞게 수정하세요.

연습 문제 1) 표의 평균 행에 블록 계산식을 이용하여 블록 평균 산출

구분	10년 전	현재	증감률
고의사고	4,042	4,931	8.1
허위사고	6,074	7,530	7.9
피해과장	2,978	6,805	4.3
사후가입	2,934	3,297	8.5
평균	4,007	5,641	

연습 문제 2) 표의 평균 행에 블록 계산식을 이용하여 블록 평균 산출

구분	하위	상위	전체
서울 서초구	0.17	0.68	1.35
서울 강남구	0.13	0.59	1.12
서울 동대문구	0.10	0.42	0.32
기타	0.11	0.25	0.49
평균	0.1	0.5	

연습 문제 3) 표의 평균 행에 블록 계산식을 이용하여 블록 평균 산출

구분	2월 15일	10월 15일	증감
설탕	100.00	118.00	6
대두	100.00	95.00	5
보리	100.00	112.00	17
기타	130.00	118.00	-12
평균	107.5	110.7	

표 내부 정렬이 헷갈려요.

▶ 합격 강의

왜 안 될까요?

① 제외해야 하는 셀을 포함해서 정렬했어요.

② 마지막 합계(평균)값을 정렬하지 않았어요.

③ 글자 너비가 다른데 글자 수가 같아서 가운데 정렬했어요.

해결 방법

① 제목 행과 첫 번째 열의 마지막 행의 합계(평균) 셀은 별도의 지시사항이 없으므로 시험지와 동일하게 정렬하세요. 대부분 가운데 정렬입니다.

가운데 정렬

구분	1분기 기준	2분기 기준	증감
1동	35.6	42.3	0.84
가동	55.8	45.9	1.21
나동	64.7	73.2	0.88
다동	가운데 정렬	9.1	1.37
평균	42.2	42.6	

② 정렬해야 하는 셀을 확인하고 지시사항과 시험지를 보면서 열별로 정렬하세요. 이때 마지막 합계(평균) 셀까지 함께 정렬해야 합니다.

구분	1분기 기준	2분기 기준	증감
1동	35.6	42.3	0.84
가동	55.8	45.9	1.21
나동	64.7	73.2	0.88
다동	12.5	9.1	1.37
평균	42.2	42.6	

각 열별로 정렬

떨어져 있는 셀은 [Ctrl]을 누르면서 선택하면 한 번에 정렬할 수 있습니다.

구분	1분기 기준	2분기 기준	증감
1동	35.6	42.3	0.84
가동	55.8	45.9	1.21
나동	64.7	73.2	0.88
다동	12.5	9.1	1.37
평균	42.2	42.6	

❶ 드래그 ❷ [Ctrl] + 드래그

③ 글자 수가 같더라도 글자 너비가 다르다면 왼쪽 정렬입니다.

구분	왼쪽 정렬 기준	2분기 기준	증감
1동	35.6	42.3	0.84
가동	55.8	45.9	1.21
나동	64.7	73.2	0.88
다동	12.5	9.1	1.37
평균	42.2	42.6	

기본적으로 표 내부의 정렬은 '양쪽 정렬'로 입력됩니다. '양쪽 정렬'과 '왼쪽 정렬'은 눈으로 봤을 때 차이가 없기 때문에 정렬 후 반드시 다시 한 번 확인하세요.

• 양쪽 정렬

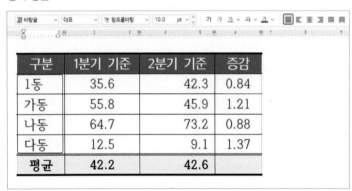

• 왼쪽 정렬

연습 문제 1

(제목 행과 '합계(평균)' 셀은 가운데 정렬, 나머지는 열 단위를 기준으로 아래와 같이 정렬)
- 내용의 길이가 서로 다른 문자의 경우 왼쪽 정렬
- 내용의 길이가 서로 다른 숫자의 경우 오른쪽 정렬
- 내용의 길이가 서로 같을 경우 문자, 숫자 상관없이 가운데 정렬

구분	10년 전	현재	증감률
고의사고	4,042	4,931	8.1
허위사고	6,074	7,530	7.9
피해과장	2,978	6,805	4.3
사후가입	2,934	3,297	8.5
합계	16,028	22,563	

연습 문제 2

(제목 행과 '합계(평균)' 셀은 가운데 정렬, 나머지는 열 단위를 기준으로 아래와 같이 정렬)
- 내용의 길이가 서로 다른 문자의 경우 왼쪽 정렬
- 내용의 길이가 서로 다른 숫자의 경우 오른쪽 정렬
- 내용의 길이가 서로 같을 경우 문자, 숫자 상관없이 가운데 정렬

구분	하위	상위	전체
서울 서초구	0.17	0.68	1.35
서울 강남구	0.13	0.59	1.12
서울 동대문구	0.10	0.42	0.32
기타	0.11	0.25	0.49
합계	0.51	1.94	

연습 문제 3

(제목 행과 '합계(평균)' 셀은 가운데 정렬, 나머지는 열 단위를 기준으로 아래와 같이 정렬)
- 내용의 길이가 서로 다른 문자의 경우 왼쪽 정렬
- 내용의 길이가 서로 다른 숫자의 경우 오른쪽 정렬
- 내용의 길이가 서로 같을 경우 문자, 숫자 상관없이 가운데 정렬

구분	2월 15일	10월 15일	증감
설탕	100.00	118.00	6
대두	100.00	95.00	5
보리	100.00	112.00	17
기타	130.00	118.00	-12
합계	430.00	443.00	

차트 제목의 글꼴 지시사항이 없어요.

▶합격 강의

왜 안될까요?

① 세부지시사항에 없는 항목을 다른 요소의 글꼴로 변경했어요.

해결 방법

① 글꼴 설정에 제목이 없다면, 차트를 만든 후 제목에는 글자 내용만 입력해 주세요.

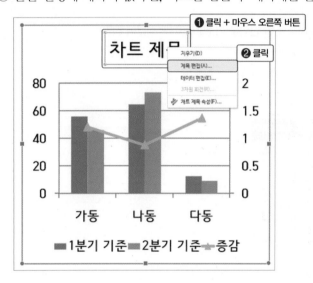

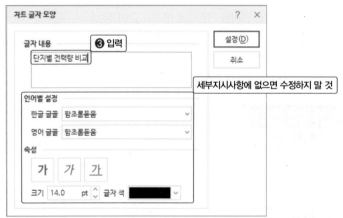

기적의 TIP

세부지시사항에서 지정하지 않는 요소는 모두 기본값으로 그대로 두고 변경하지 않아야 합니다. 다른 요소의 세부지시사항을 무의식적으로 적용하다보면 잘못 지정할 수 있으니, 반드시 세부지시사항의 항목을 꼼꼼하게 확인하세요.

② 세부지시사항을 잘못 적용했다면 [차트 글자 모양] 대화상자에서 다시 기본값으로 변경해 주세요.

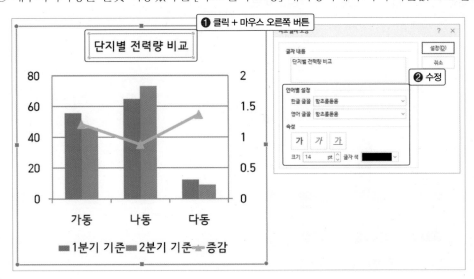

연습 문제 1 제목, 값 축, 항목 축, 보조 값 축, 범례의 글꼴 설정 : 9pt

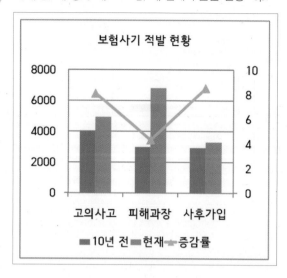

연습 문제 2 값 축, 항목 축, 보조 값 축, 범례의 글꼴 설정 : 굴림체, 9pt

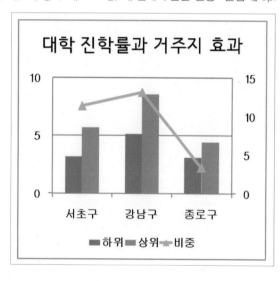

연습 문제 3 데이터 레이블, 범례의 글꼴 설정 : 9pt

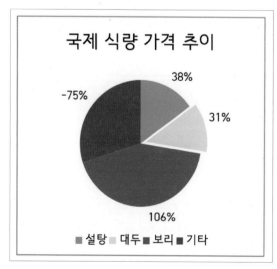

SECTION 08

차트의 위치가 이상해요.

▶ 합격강의

...

왜 안 될까요?

① 차트가 시험지와 다른 위치에 만들어졌어요.
② 차트를 드래그해서 옮겼어요.

해결 방법

① 시험지의 지시사항대로 차트의 크기와 위치를 확인하세요.

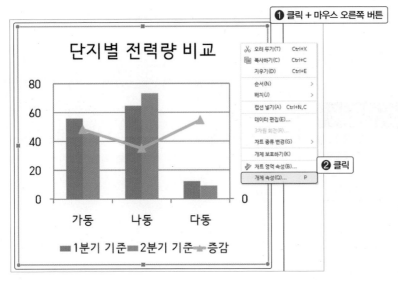

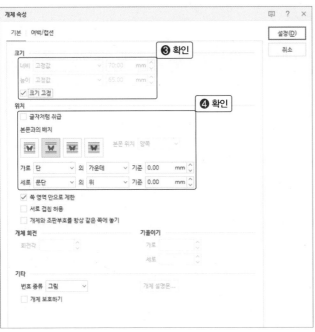

② 위치 설정을 올바르게 한 뒤에도 차트가 이상한 위치에 있다면 차트를 클릭한 후 잘라내기(Ctrl + X)하고 정확한 위치에 붙여넣기(Ctrl + V)하세요.

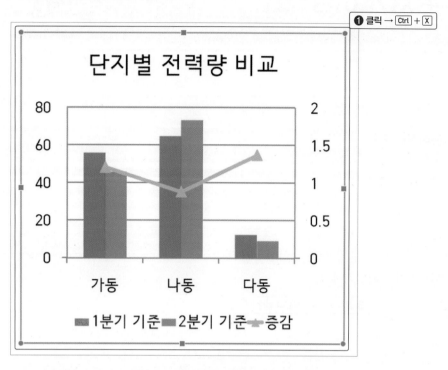

❶ 클릭 → Ctrl + X

구분	1분기 기준	2분기 기준	증감
1동	35.6	42.3	0.84
가동	55.8	45.9	1.21
나동	64.7	73.2	0.88
다동	12.5	9.1	1.37
평균	42.2	42.6	

❷ 커서 → Ctrl + V

기적의 TIP

차트의 위치를 이동시키기 위해 차트를 마우스로 드래그하면 설정한 위치값이 바뀌기 때문에 절대로 드래그해서 위치를 이동하면 안 됩니다.

표 아래로 차트를 이동시킬 때 문단 부호와 조판 부호를 선택하면 차트의 위치를 보다 정확하게 확인할 수 있습니다.

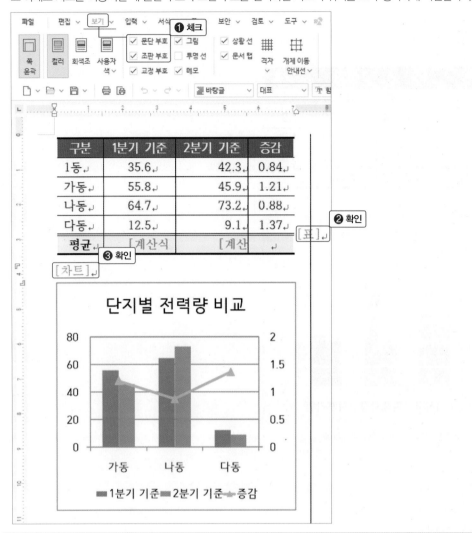

연습 문제 1

• 위치 : 본문과의 배치 – 자리 차지, 가로 – 단의 가운데 0mm, 세로 – 문단의 위 0mm
• 표의 아래 단락에 배치

구분	10년 전	현재	증감률
고의사고	4,042	4,931	8.1
허위사고	6,074	7,530	7.9
피해과장	2,978	6,805	4.3
사후가입	2,934	3,297	8.5
합계	16,028	22,563	

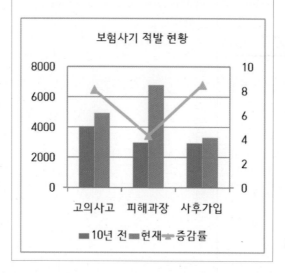

연습 문제 2

• 위치 : 본문과의 배치 – 자리 차지, 가로 – 단의 가운데 0mm, 세로 – 문단의 위 0mm
• 표의 아래 단락에 배치

구분	하위	상위	비중
서초구	3.17	5.68	11.35
강남구	5.13	8.59	13.12
종로구	3.10	4.42	3.32
기타	2.11	2.25	1.49
합계	13.51	20.94	

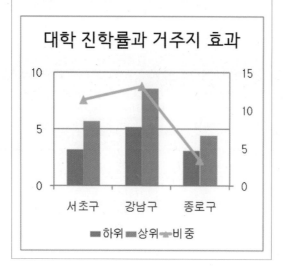

- 위치 : 본문과의 배치 – 자리 차지, 가로 – 단의 가운데 0mm, 세로 – 문단의 위 0mm
- 표의 아래 단락에 배치

구분	2월 15일	10월 15일	증감
설탕	100.00	118.00	6
대두	100.00	95.00	5
보리	100.00	112.00	17
기타	130.00	118.00	-12
합계	430.00	443.00	

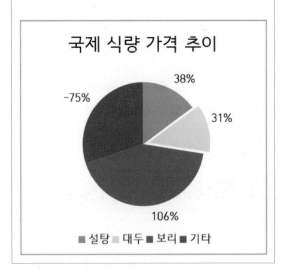

국제 식량 가격 추이

■설탕 ■대두 ■보리 ■기타

스타일을 글자에만 지정하래요.

▶ 합격 강의

왜 안 될까요?

① 스타일 종류를 문단으로 선택했어요.

해결 방법

① 스타일 종류는 [스타일 추가하기] 대화상자에서만 선택할 수 있습니다.

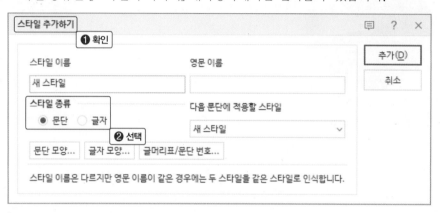

기적의 TIP

스타일 종류를 잘못 만들었다면 해당 스타일을 삭제하고 다시 만들어야 합니다. [스타일 편집하기] 대화상자에서는 스타일 종류를 선택할 수 없습니다.

② 스타일의 이름을 입력하고 스타일 종류를 '글자'로 선택해야 글자에만 스타일을 설정할 수 있습니다.

③ 해당히는 글지만 블록 설정하고 스타일을 지정하세요.

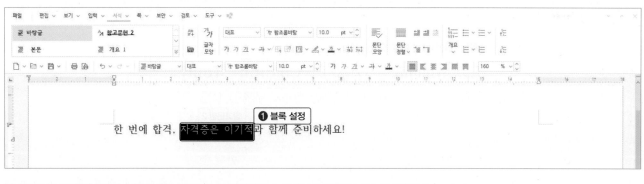

해당 파일을 열어서 지시사항에 맞게 수정하세요.

연습 문제 1 참고문헌 2(등록) : 스타일 이름 – 참고문헌 2, 스타일 종류 – 글자, 진하게

● Reference
Endollfin, L. (2024). The Reactions and
Strategies of **Markets. 25**(8). 79-80.

참고문헌 2

연습 문제 2 참고문헌 2(등록) : 스타일 이름 – 참고문헌 2, 스타일 종류 – 글자, 기울임, 그림자

◆ Reference
E. William,. (2022). Cultural Tourist
Product, *Cultural Tourists. 12*(9). 32-35.

참고문헌 2

완성된 문서가 2쪽이 되었어요.

▶ 합격 강의

왜 **안 될까요?**

① 불필요한 빈 줄이 있어요.
② 차트 아래에 빈 줄이 있어요.

해결 방법

① '문단 부호'에 체크한 후, 글상자 아래와 문단 사이 등에 불필요한 빈 줄이 있다면 지워주세요.

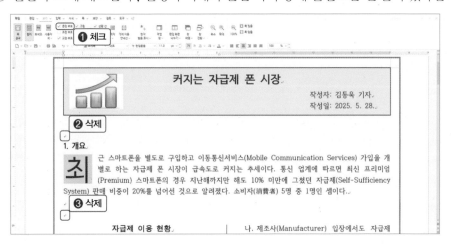

② 차트와 본문 내용 사이에 빈 줄이 있다면 지워주세요.

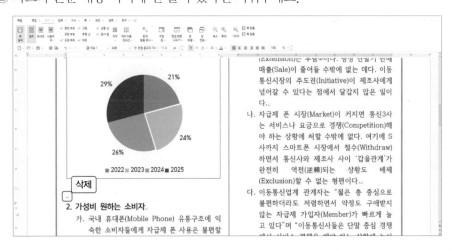

표와 차트 사이에 빈 줄 '1개', 차트와 본문 내용 사이에 빈 줄 '0개'를 기억하세요. 차트를 잘라내기(Ctrl+X)한 후에 표와 본문 내용 사이에 빈 줄을 1개 만들고 차트를 붙여넣기(Ctrl+V)하면 정확합니다.

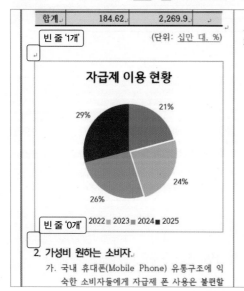

합계	184.62	2,269.9

(단위: 십만 대, %)

자급제 이용 현황

21%
24%
26%
29%

2022 ■ 2023 ■ 2024 ■ 2025

빈 줄 '1개'

빈 줄 '0개'

2. 가성비 원하는 소비자

가. 국내 휴대폰(Mobile Phone) 유통구조에 익숙한 소비자들에게 자급제 폰 사용은 불편할

판매가 가능하다.

3. 서비스 경쟁으로 전환

가. 이동통신사에게 자급제 폰 시장 확대(Extension)는 부담①이다. 당장 단말기 판매 매출(Sale)이 줄어들 수밖에 없는 데다, 이동통신시장의 주도권(Initiative)이 제조사에게 넘어갈 수 있다는 점에서 달갑지 않은 일이다.

나. 자급제 폰 시장(Market)이 커지면 통신3사는 서비스나 요금으로 경쟁(Competition)해야 하는 상황에 처할 수밖에 없다. 여기에 S사까지 스마트폰 시장에서 철수(Withdraw)하면서 통신사와 제조사 사이 '갑을관계'가 완전히 역전(逆轉)되는 상황도 배제(Exclusion)할 수 없는 형편이다.

다. 이동통신업계 관계자는 "젊은 층 중심으로 불편하더라도 저렴하면서 약정도 구애받지 않는 자급제 가입자(Member)가 빠르게 늘고 있다"며 "이동통신사들은 단말 중심 경쟁

연습 문제 1 문서를 1쪽으로 수정하시오. (수정할 곳은 3군데임)

생명표로 알아본 우리나라 평균 수명

작성일: 12월 5일 금요일
작성자: 박현진 기획재정부장

1. 평균 수명 꾸준히 증가

계청(Korea National Statistical Office)은 국가 보건 수준(Health Level)을 나타내는 주요 지표인 생명표(Life Table)를 작성하여 발표하였다. 생명표는 국가별 보건 수준 비교 및 국가경쟁력(International Competitiveness) 평가(評價)를 제고하기 위해 만들어지는 것이다. 주요 연령별 기대 수명을 보면 지난 10년 동안 모든 연령층에서 지속적으로 증가하였다.

주요 연도별 평균 수명[1]

구분	평균 수명	실제 수명	차이
2010년	77	68	-9
2015년	75	78	3
2020년	78	80	2
2025년	79	92	13
평균	77	80	

(단위: 통계청과 국가기록원, 세)

주요 연도별 평균 수명

■ 평균 수명 ■ 실제 수명

---

[1] 인간의 수명은 얼마나 될까?

2. 성별 및 연령별 수명 차이

가. 통계청이 발표한 "생명표"에서 현재 평균 수명(Average Life)은 전체 77.0세, 남자 73.4세, 여자 80.4세로 여자가 남자보다 7.1년 더 오래 사는 것으로 나타났다. 이는 보건의료(Health Medical) 수준이 향상되고, 국민(國民)의 영양 상태(Nutritive Conditions)가 높아진 것에 기인한 것이라 볼 수 있다.

나. 올해의 기대 수명은 남자가 77.1년으로 5년 전에 비해 0.1년 감소하고, 3년 전에 비해 1.1년 감소(減少)했으며, 20년 전의 78.4년 이후 계속 줄어들고 있다고 나타났다. 연령별(Age Bracket) 기대 여명 수치(Numerical Value)는 연령이 높을수록 남녀 모두 기대 여명 증가 속도(速度)가 높은 것으로 나타났다.

3. OECD 국가 중 남자 평균 수명 낮아

가. 평균 수명의 국제 비교는 나라마다 작성 기간이 모두 달라 엄밀한 비교가 곤란하기는 하다. 경제 협력 개발 기구인 OECD(Organization For Economic Cooperation And Development)의 회원국 30개국과 평균 수명을 비교해야 한다.

나. 올해 남자는 30개국 평균 수명인 74.7년보다 1.3년 낮은 수준이며, 여자는 30개국 평균 수명인 80.6년 수준인 것으로 조사되었다. 이는 남자의 사망률(Death Rate) 감소 속도가 여자보다 빠르기 때문인 것으로 보인다.

다. 남녀의 평균 수명 차이는 7.1년으로 일본과 프랑스 등과는 비슷하고 폴란드와 헝가리 등의 동유럽의 나라들은 우리나라보다 높은 수준(水準)인 것으로 나타났다.

♥ Reference
August, S. (2025). Processes of Vertebrate Evolution. Cambridge. 27(3). 32-35.

졸업자 취업 통계 조사 결과 발표

올해 졸업생 취업률 분석

분석일: 2026. 4. 1.
분석자: 이솜희 취업담당자

1. 개요

해 고등학교와 4년제 대학(College 또는 University) 졸업자 중 취업(就業) 의지가 있으면서 취업을 하지 못한 사람이 처음으로 10만 명을 넘어섰다. 또 전문대(Junior College) 졸업자를 포함한 미취업자(Unemployed) 역시 16만 명을 넘어 사상 최고치에 이르는 것으로 추산됐다. 특히 고교 졸업자는 거의 찾아볼 수 없을 지경이다.

졸업생 취업률 추이[1]

구분	고졸	2년제대졸	4년제대졸
대기업	32	56	3,651
중소기업	95	150	1,530
계약직	256	394	232
취업준비생	861	231	156
합계	1,244	831	5,569

(단위: 대학졸업자 취업률, 명)

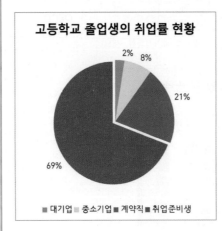

고등학교 졸업생의 취업률 현황

2% 8% 21% 69%

■ 대기업 ■ 중소기업 ■ 계약직 ■ 취업준비생

2. 취업률 분석 결과 보고

가. 취업 현황(Employment Status)과 연도별

---
1) 교육부 통계 참고 및 변형

취업률 추이를 살펴보면 지난 9일부터 15일까지 갤럽 리서치(Gallop Research)가 4년제 대학과 전문대학을 대상으로 설문조사를 한 결과, 취업대상자 22만 4,727명 가운데 12만 4명이 취업한 것으로 조사되어, 미취업자가 10만 4,723명인 것으로 나타났다.

나. 또한 지난해 대졸 미취업자는 8만 6,000여 명으로 최고를 기록(記錄)했다. 전문대도 졸업생 21만 3,363명 가운데 15만 3,621명만 일자리를 얻었으며, 6만 명 가까운 졸업생이 취업하지 못했다.

3. 취업률 추이

가. 이에 따라 4년제 대학과 전문대 졸업자 총 43만 8,000여 명 가운데 27만 3,000여 명만 일자리를 찾았고 16만 5,000여 명이 취업에 실패(失敗)한 것으로 나타났다. 평균적으로는 전문대 졸업생이 가상 높은 취업률을 보여준다.

나. 전문대를 포함한 전체 미취업 대졸자는 지난해 12만 4,000명으로 감소했다가 올해 다시 급증했다. 전문대 졸업자 취업률도 72.0%로 지난해보다 7.4% 떨어진 것으로 조사됐다.

다. 그러나 이러한 높은 미취업률에도 불구하고 소위 3D(Dirty, Difficult, Dangerous) 업종(業種)이라 불리는 업종의 구인난(Shortage Of Labor)은 갈수록 심화되고 있다. 이에 정부는 노동시장의 안정화와 경제 안정을 도모하기 위한 미취업자 구제 계획(Program To Help The Unemployed)을 관계 부처와 협의 중이다.

♣ Reference
Michel, M. (2023). A study on the strategies, *Encouragement Policy*. 13(5). 23-32.

국가통계포털 하반기 조사

인구성장률과 성비 불균형

발표자: 홍보팀장 서인혜
발표일: 12월 31일 목요일

1. 개요

 사시대(The Prehistoric Age)의 수수께끼 중 하나는 낮은 인구성장률이다. 대부분의 인류학자(Anthropologist)들은 질병(Disease), 기근(Famine), 짐승의 습격(Surprise attack) 등의 요인 때문이라고 하지만, 유아살해(Infanticide)를 낮은 인구성장률의 요인으로 지목하는 학자들도 적지 않다. 먹을거리가 부족한 수렵 채집사회에서는 유아살해로 가족계획을 했다는 설명(說明)이 학자들의 견해이다.

지역별 출산 통계

구분	남자	여자	비중
수도권	27,811	25,342	17.7
충정도	72,737	65,132	27.4
제주도	8,735	5,312	5.6
기타	9,834	10,325	6.1
합계	119,117	106,111	

(단위: 국가통계 기준, 명)

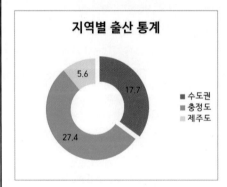

지역별 출산 통계

- 수도권
- 충정도
- 제주도

2. 현대의 남녀성비 실태

가. 20세기에 들어서는 의학의 발달(發達)이 유아 대신 태아의 생명을 위협했다. 1996년 이후 우리나라에서 불법이 되었지만, 이전에는 양수(Amniotic Fluid)를 뽑아내 태아의 성별을 알아내는 방법이 그것이다.

나. 태아의 성감별은 남아선호사상이 강한 우리나라에서 극심한 성비 불균형을 가져왔다.

다. 그 결과 첫째 아이의 남녀성비가 107.2%라는 불균형을 초래했으며, 이후 여자아이 100명당 남자아이는 111명으로 불균형은 더욱 심화되었다.

3. 성별에 대한 미래

가. 불균형의 심화는 둘째 아이보다 첫째 아이가 성비의 불균형이 더욱 심한 것으로 나타났고, 셋째 아이보다는 넷째 아이의 성비 불균형이 더욱 심각한 것으로 나타났다.

나. 이런 남아선호 현상의 뚜렷한 결과는 초등학교(Elementary School)에 가보면 알 수 있다.

다. 대구 시내 한 초등학교는 여학생 100명대 남학생 126명으로 남자아이가 월등히 많다는 것이 통계청(National Statistical Office)의 결과이다.

라. 남녀 역할(Male And Female Roles)에 대한 정체성(Identity)과 협동(協同) 활동이 곤란해져 공동체(Community) 의식을 함양하는 것에 문제(問題)[1]가 생길 수 있다.

마. 요즘은 아이를 적게 낳는 부부들이 늘어나면서 오히려 출생 성비의 불균형(Imbalance)이 점차 해소되어 가고 있는 것을 볼 수 있다.

바. 아들이든 딸이든 새로 탄생하는 생명(生命)은 환영받아야 할 것이다.

▶ Reference

Janival, K. (2021). Significance Prevention and Relief, **Women-policy**. 53(2). 71-86.

---

1) 총조사인구

상시 공략문제

CONTENTS

자격증은
이기적

상시 공략문제 01회

과목	제한시간
문서편집기능	30분

수험번호 : _____

성 명 : _____

다음 쪽의 문서를 아래 지시사항에 따라 작성하시오

■ 작성된 답안의 파일은 지정된 경로 및 파일명을 변경하지 마시고 저장해야 합니다. 이를 준수하지 않으면 실격 처리됩니다.

■ 편집 용지
  ○ 용지 종류는 A4 용지(210mm×297mm) 1매에 용지 방향을 세로로 설정하여 문서를 작성하시오.
  ○ 용지 여백은 왼쪽·오른쪽은 20mm, 위쪽·아래쪽은 10mm, 머리말·꼬리말은 10mm, 기타 여백은 0mm 로 지정하시오.

■ 문서의 본문은 2단으로 편집하되, 단 간격은 8mm, 구분선은 실선 0.12mm로 설정하시오.

■ 글자 모양
  ○ 글꼴은 별도의 지시가 없는 한 한글 2022의 기본값으로 작성하시오.
  ○ 영문, 숫자, 기호 등은 별도의 지시가 없는 한 자판에 있는 문자를 사용하시오.

■ 문단 모양
  ○ 정렬 방식, 여백 등은 문단 모양 기능을 이용하여 작성하시오.
  ○ 문단 모양은 별도의 지시가 없는 한 한글 2022의 기본값으로 작성하시오.
  ○ 사이 줄 띄우기는 각 1줄만, 사이 띄우기는 1칸만 띄우시오.

■ 표에서 내용의 정렬 방법
  (제목 행과 '합계(평균)' 셀은 가운데 정렬, 나머지는 열 단위를 기준으로 아래와 같이 정렬)
  ○ 내용의 길이가 서로 다른 문자의 경우 왼쪽 정렬
  ○ 내용의 길이가 서로 다른 숫자의 경우 오른쪽 정렬
  ○ 내용의 길이가 서로 같을 경우 문자, 숫자 상관없이 가운데 정렬

■ 색상은 '기본' 테마가 포함된 색상 팔레트를 사용하시오.

■ 각 항목은 별도의 지시가 없는 한 주어진 문서에 기준하여 작성하시오.

■ 각 항목은 별도의 지시가 없는 한 기본 설정값으로 처리하시오.

■ 문제에 제시된 지시사항은 작성하지 않음.

대 한 상 공 회 의 소

다음 쪽의 문서를 아래의 〈세부지시사항〉에 따라 작성하시오.

1. 쪽 테두리	• 선의 종류 및 굵기 : 이중 실선 0.4mm, 모두 • 위치 : 쪽 기준, 왼쪽 · 오른쪽 · 위쪽 · 아래쪽 모두 5mm
2. 글상자	• 크기 : 너비 170mm, 높이 23mm, 크기 고정 • 위치 : 본문과의 배치 – 자리 차지, 가로 – 종이의 가운데 0mm, 세로 – 종이의 위 20mm • 바깥 여백 : 아래쪽 7mm • 선 속성 : 검정(RGB:0,0,0), 원형 점선 0.3mm • 색 채우기 : 남색(RGB:51,51,153) 80% 밝게
3. 제목	• 제목(1) : 한컴 백제 M, 15pt, 장평(105%), 자간(–5%), 진하게, 주황(RGB:255,102,0) 50% 어둡게, 가운데 정렬 • 제목(2) : 여백 – 왼쪽(340pt)
4. 누름틀	입력할 내용의 안내문 : '기관명 부서', 입력 데이터 : '영진일보 사회부'
5. 그림	• 경로 : [25]이기적워드올인원₩그림₩연금.GIF, 문서에 포함 • 크기 : 너비 30mm, 높이 18mm • 위치 : 본문과의 배치 – 글 앞으로, 가로 – 종이의 왼쪽 23mm, 세로 – 종이의 위 23mm
6. 스타일 (2개소 수정, 3개소 등록)	• 개요 1(수정) : 여백 – 왼쪽(0pt), 한컴 윤고딕 230, 12pt, 진하게 • 개요 2(수정) : 여백 – 왼쪽(15pt) • 표제목(등록) : 스타일 이름 – 표제목, 스타일 종류 – 문단, 가운데 정렬, 한컴 윤체 L, 진하게 • 참고문헌 1(등록) : 스타일 이름 – 참고문헌 1, 스타일 종류 – 문단, 들여쓰기(20pt) • 참고문헌 2(등록) : 스타일 이름 – 참고문헌 2, 스타일 종류 – 글자, 기울임
7. 문단 첫 글자 장식	• 모양 : 2줄, 글꼴 : 한컴 윤고딕 250, 면 색 : 빨강(RGB:255,0,0) 50% 어둡게, 본문과의 간격 : 3mm • 글자 색 : 하양(RGB:255,255,255)
8. 각주	글자 모양 : HY강M, 번호 모양 : 아라비아 숫자
9. 하이퍼링크	• '항목당 비율 기준, %'에 하이퍼링크 설정 • 연결 대상 : 웹 주소 – 'https://www.nps.or.kr'
10. 표	• 크기 : 너비 78mm~80mm, 높이 33mm~34mm • 위치 : 글자처럼 취급 • 전체 행 : 셀 높이를 같게 • 모든 셀의 안 여백 : 왼쪽 · 오른쪽 2mm • 테두리 : 표 안쪽은 실선(0.12mm), 표 바깥의 위쪽과 아래쪽은 실선(0.5mm), 표 바깥의 왼쪽과 오른쪽은 없음, 합계 　　　　행 위쪽은 이중 실선(0.5mm) • 제목 행 : 셀 배경 색 – 검은 군청(RGB:27,23,96) 15% 밝게, 글자 모양 – 한컴산뜻돋움, 진하게, 하양(RGB:255,255,255) • 합계 행 : 셀 배경 색 – 노랑(RGB:255,215,0) 80% 밝게, 글자 모양 – 진하게 • 문단의 정렬 방식 : 가운데 정렬
11. 블록 계산식	표의 합계 행에 블록 계산식을 이용하여 블록 합계 산출
12. 캡션	표 아래에 삽입 후 오른쪽 정렬
13. 차트	• 차트의 모양 : 2차원 원형, 차트 계열색 : 색상 조합 색2 • 데이터 레이블 : 백분율(%), 안쪽 끝에 • 차트의 크기 : 너비 80mm, 높이 65mm, 크기 고정 • 위치 : 본문과의 배치 – 자리 차지, 가로 – 단의 가운데 0mm, 세로 – 문단의 위 0mm • 바깥 여백 : 위쪽 5mm, 아래쪽 8mm • 제목의 글꼴 설정 : 굴림체, 진하게 • 데이터 레이블, 범례의 글꼴 설정 : 9pt • 표의 아래 단락에 배치
14. 쪽 번호	번호 위치 : 오른쪽 아래, 모양 : 로마자 대문자 숫자, 줄표 넣기 선택, 시작 번호 지정
15. 머리말	한컴 윤고딕 720, 10pt, 진하게, 노랑(RGB:255,215,0) 25% 어둡게, 오른쪽 정렬
16. 꼬리말	한컴돋움, 10pt, 진하게, 초록(RGB:0,128,0) 25% 어둡게, 가운데 정렬

❶ 쪽 테두리　❷ 글상자　❸ 제목(1)　❺ 머리말 ▶ 국민연금권익위원회

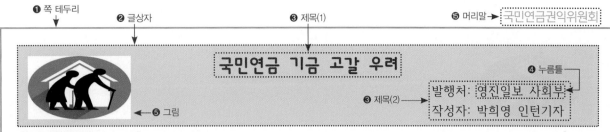

국민연금 기금 고갈 우려

❹ 누름틀

❸ 제목(2)　발행처: 영진일보 사회부
작성자: 박희영 인턴기자

❺ 그림

❼ 문단 첫 글자 장식

1. 개요　◀ ❻ 스타일(개요 1)

1 5살부터 64살까지를 생산 가능 인구(Productive Age)로 봤을 때 이들이 65살 이상 노인을 부양하는 비율(比率), 즉 노인부양비는 올해 11.6%에서 5년 후에는 21.3%, 10년 후에는 35.7%, 약 50년 뒤에는 62.5%로 늘어날 것으로 전망된다. 이렇게 된다면 2080년에는 0.6명이 한 명의 노인을 부양해야 한다. 생산 가능 인구를 늘리는 방안 도입이 시급하다.

❻ 스타일(표제목)

❿ 표

연기금 자산 구성 변동1)

구분	올해	추정치	증감
주식	22	19	-3
채권	65	43	-22
대출	43	33	-10
기타	9	7	-3
합계	139	102	

⓫ 블록 계산식

⓬ 캡션　(단위: 항목당 비율 기준, %)

❾ 하이퍼링크

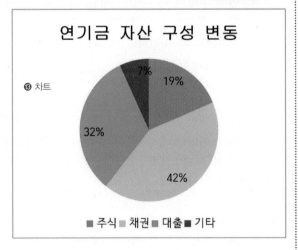

연기금 자산 구성 변동

⓭ 차트

19%
7%
32%
42%

■ 주식 ■ 채권 ■ 대출 ■ 기타

2. 자산(Assets) 편식 심각　◀ ❻ 스타일(개요 1)

가. 이러한 시점에서 갈수록 악화되고 있는 국민연금(Nation Pension)의 재정(Finance) 안정화를 위한 방안(Plan)이 국회(國會)에 상정되었으나 국회(Congress) 통과는 힘들 것으로 보인다. 한국개발연구원의 자료에 따르면

❽ 각주

1) 국민연금공단 홈페이지

국민연금 기금의 금융(金融) 부분 투자 비중에서 채권은 91%를 차지했고, 주식은 5%였다.

나. 국민연금이 발행 국공채(Government Bond) 물량을 대거 흡수하면서 채권 가격(Price)이 시장 원리에서 벗어나 있다고 불만(Dissatisfaction)을 털어놓는다. 의도하지 않은 이런 현상은 재정 안정화 대책(Counterplan)이 채택되어 국민연금 기금의 증가세에 가속이 붙으면 더 빈번하게 출현할 수 있다.

◀ ❻ 스타일(개요 2)

3. 개선 대책 필요　◀ ❻ 스타일(개요 1)

가. 이러한 상황은 노령 연금을 운영하는 다른 선진국이 주식, 채권, 부동산(Real Estate), 해외자산 등 다양한 자산(資産)에 분산투자(Investment)를 하고 있는 것과 대조된다. 국민연금의 고갈(Exhaustion)에 대한 우려의 목소리가 높아지고 있다.

나. 먼저 우리 앞에 나타난 해법(Solution)은 재정 안정화 대책이며, 구조의 개선(Reformation)이라는 해법은 아직 현실화되지 못한 상태이다.

다. 어떤 해결 방법을 택할 것인지 정부뿐만 아니라 국민이 여러 가지로 신중히 생각해야 할 문제이고, 더 내고 덜 받아도 다음 세대(Generation)를 생각하라며 국민(國民)들의 희생(Sacrifice)을 강요하기도 하여 문제가 되고 있다.

전각기호

❻ 스타일(참고문헌 1)

◆ Reference

Legan, H, L. (2026). National Pension Against, Transformation. 23(3). 37-40.

Jennifer, M, A. (2026). Fiscal Stabilization Measures, *Survey*. 13(5). 11-15.

❻ 스타일(참고문헌 2)

국민연금 기금 고갈 우려

발행처: 영진일보 사회부
작성자: 박희영 인턴기자

1. 개요

1 5살부터 64살까지를 생산 가능 인구 (Productive Age)로 봤을 때 이들이 65살 이상 노인을 부양하는 비율(比率), 즉 노인부양비는 올해 11.6%에서 5년 후에는 21.3%, 10년 후에는 35.7%, 약 50년 뒤에는 62.5%로 늘어날 것으로 전망된다. 이렇게 된다면 2080년에는 0.6명이 한 명의 노인을 부양해야 한다. 생산 가능 인구를 늘리는 방안 도입이 시급하다.

연기금 자산 구성 변동[1]

구분	올해	추정치	증감
주식	22	19	-3
채권	65	43	-22
대출	43	33	-10
기타	9	7	-3
합계	139	102	

(단위: 항목당 비율 기준, %)

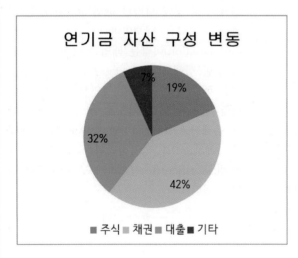

연기금 자산 구성 변동

■주식 ■채권 ■대출 ■기타

2. 자산(Assets) 편식 심각

가. 이러한 시점에서 갈수록 악화되고 있는 국민연금(Nation Pension)의 재정(Finance) 안정화를 위한 방안(Plan)이 국회(國會)에 상정되었으나 국회(Congress) 통과는 힘들 것으로 보인다. 한국개발연구원의 자료에 따르면

[1] 국민연금공단 홈페이지

국민연금 기금의 금융(金融) 부분 투자 비중에서 채권은 91%를 차지했고, 주식은 5%였다.

나. 국민연금이 발행 국공채(Government Bond) 물량을 대거 흡수하면서 채권 가격(Price)이 시장 원리에서 벗어나 있다고 불만(Dissatisfaction)을 털어놓는다. 의도하지 않은 이런 현상은 재정 안정화 대책(Counterplan)이 채택되어 국민연금 기금의 증가세에 가속이 붙으면 더 빈번하게 출현할 수 있다.

3. 개선 대책 필요

가. 이러한 상황은 노령 연금을 운영하는 다른 선진국이 주식, 채권, 부동산(Real Estate), 해외자산 등 다양한 자산(資産)에 분산투자(Investment)를 하고 있는 것과 대조된다. 국민연금의 고갈(Exhaustion)에 대한 우려의 목소리가 높아지고 있다.

나. 먼저 우리 앞에 나타난 해법(Solution)은 재정 안정화 대책이며, 구조의 개선(Reformation)이라는 해법은 아직 현실화되지 못한 상태이다.

다. 어떤 해결 방법을 택할 것인지 정부뿐만 아니라 국민이 여러 가지로 신중히 생각해야 할 문제이고, 더 내고 덜 받아도 다음 세대(Generation)를 생각하라며 국민(國民)들의 희생(Sacrifice)을 강요하기도 하여 문제가 되고 있다.

◆ Reference

Legan, H. L. (2026). National Pension Against, Transformation. 23(3). 37-40.

Jennifer, M, A. (2026). Fiscal Stabilization Measures, *Survey*. 13(5). 11-15.

과목	제한시간
문서편집기능	30분

수험번호 :

성 명 :

·················· **다음 쪽의 문서를 아래 지시사항에 따라 작성하시오** ··················

■ 작성된 답안의 파일은 지정된 경로 및 파일명을 변경하지 마시고 저장해야 합니다. 이를 준수하지 않으면 실격 처리됩니다.

■ 편집 용지
  ○ 용지 종류는 A4 용지(210mm×297mm) 1매에 용지 방향을 세로로 설정하여 문서를 작성하시오.
  ○ 용지 여백은 왼쪽·오른쪽은 20mm, 위쪽·아래쪽은 10mm, 머리말·꼬리말은 10mm, 기타 여백은 0mm 로 지정하시오.

■ 문서의 본문은 1단에서 2단으로 변하는 모양으로 편집하되, 단 간격은 8mm, 구분선은 파선 0.12mm로 설정하시오.

■ 글자 모양
  ○ 글꼴은 별도의 지시가 없는 한 한글 2022의 기본값으로 작성하시오.
  ○ 영문, 숫자, 기호 등은 별도의 지시가 없는 한 자판에 있는 문자를 사용하시오.

■ 문단 모양
  ○ 정렬 방식, 여백 등은 문단 모양 기능을 이용하여 작성하시오.
  ○ 문단 모양은 별도의 지시가 없는 한 한글 2022의 기본값으로 작성하시오.
  ○ 사이 줄 띄우기는 각 1줄만, 사이 띄우기는 1칸만 띄우시오.

■ 표에서 내용의 정렬 방법
  (제목 행과 '합계(평균)' 셀은 가운데 정렬, 나머지는 열 단위를 기준으로 아래와 같이 정렬)
  ○ 내용의 길이가 서로 다른 문자의 경우 왼쪽 정렬
  ○ 내용의 길이가 서로 다른 숫자의 경우 오른쪽 정렬
  ○ 내용의 길이가 서로 같을 경우 문자, 숫자 상관없이 가운데 정렬

■ 색상은 '기본' 테마가 포함된 색상 팔레트를 사용하시오.

■ 각 항목은 별도의 지시가 없는 한 주어진 문서에 기준하여 작성하시오.

■ 각 항목은 별도의 지시가 없는 한 기본 설정값으로 처리하시오.

■ 문제에 제시된 지시사항은 작성하지 않음.

대 한 상 공 회 의 소

C형	다음 쪽의 문서를 아래의 〈세부지시사항〉에 따라 작성하시오.

1. 다단 설정	모양 – 둘, 구분선 – 구분선 넣기, 적용 범위 – 새 다단으로
2. 쪽 테두리	• 선의 종류 및 굵기 : 이중 실선 0.5mm, 모두 • 위치 : 쪽 기준, 왼쪽 · 오른쪽 · 위쪽 · 아래쪽 모두 5mm
3. 글상자	• 크기 : 너비 170mm, 높이 25mm, 크기 고정 • 위치 : 본문과의 배치 – 자리 차지, 가로 – 종이의 가운데 0mm, 세로 – 종이의 위 20mm • 바깥 여백 : 아래쪽 7mm • 선 속성 : 검정(RGB:0,0,0), 실선 0.12mm • 색 채우기 : 시멘트색(RGB:178,178,178) 60% 밝게
4. 제목	• 제목(1) : HY강M, 15pt, 장평(105%), 자간(– 5%), 진하게, 하늘색(RGB:97,130,214) 25% 어둡게, 가운데 정렬 • 제목(2) : 여백 – 왼쪽(350pt)
5. 누름틀	입력할 내용의 안내문 : '사이트 URL', 입력 데이터 : 'YJ.co.kr'
6. 그림	• 경로 : [25]이기적워드올인원₩그림₩범죄.PNG, 문서에 포함 • 크기 : 너비 30mm, 높이 18mm • 위치 : 본문과의 배치 – 글 앞으로, 가로 – 종이의 왼쪽 23mm, 세로 – 종이의 위 23mm
7. 스타일 (2개소 수정, 3개소 등록)	• 개요 1(수정) : 여백 – 왼쪽(0pt), 한컴 백제 M, 12pt, 진하게 • 개요 2(수정) : 여백 – 왼쪽(15pt) • 표제목(등록) : 스타일 이름 – 표제목, 스타일 종류 – 문단, 가운데 정렬, HY크리스탈M, 진하게 • 참고문헌 1(등록) : 스타일 이름 – 참고문헌 1, 스타일 종류 – 문단, 들여쓰기(20pt) • 참고문헌 2(등록) : 스타일 이름 – 참고문헌 2, 스타일 종류 – 글자, 기울임
8. 문단 첫 글자 장식	• 모양 : 2줄, 글꼴 : 한컴산뜻돋움, 면 색 : 검은 군청(RGB:27,23,96), 본문과의 간격 : 3mm • 글자 색 : 하양(RGB:255,255,255)
9. 각주	글자 모양 : 한컴 윤체 L, 번호 모양 : 아라비아 숫자
10. 하이퍼링크	• '한국보험학회'에 하이퍼링크 설정 • 연결 대상 : 웹 주소 – 'www.kinsurance.or.kr'
11. 표	• 크기 : 너비 78mm~80mm, 높이 33mm~34mm • 위치 : 글자처럼 취급 • 전체 행 : 셀 높이를 같게 • 모든 셀의 안 여백 : 왼쪽 · 오른쪽 2mm • 테두리 : 표 안쪽은 실선(0.12mm), 표 바깥의 위쪽과 아래쪽은 실선(0.5mm), 표 바깥의 왼쪽과 오른쪽은 없음, 구분 　　　　행 아래와 합계 행 위쪽은 이중 실선(0.5mm) • 제목 행 : 셀 배경 색 – 보라(RGB:128,0,128) 5% 밝게, 글자 모양 – MD아트체, 진하게, 하양(RGB:255,255,255) • 합계 행 : 셀 배경 색 – 빨강(RGB:255,0,0) 80% 밝게, 글자 모양 – 진하게 • 문단의 정렬 방식 : 가운데 정렬
12. 블록 계산식	표의 합계 행에 블록 계산식을 이용하여 블록 합계 산출
13. 캡션	표 아래에 삽입 후 오른쪽 정렬
14. 차트	• 차트의 모양 : 이중 축 혼합형(묶은 가로 막대형, 표식이 있는 꺾은선형) • 차트의 크기 : 너비 80mm, 높이 70mm, 크기 고정 • 위치 : 본문과의 배치 – 자리 차지, 가로 – 단의 가운데 0mm, 세로 – 문단의 위 0mm • 바깥 여백 : 위쪽 5mm, 아래쪽 8mm • 값 축, 항목 축, 보조 값 축, 범례의 글꼴 설정 : 9pt • 표의 아래 단락에 배치 ※ 혼합형 차트는 차트 종류와 속성을 이용하여 구성하시오.
15. 쪽 번호	번호 위치 : 오른쪽 아래, 모양 : 로마자 소문자 숫자, 줄표 넣기 선택, 시작 번호 지정
16. 머리말	한컴 윤고딕 230, 10pt, 진하게, 초록(RGB:0,128,0) 50% 어둡게, 오른쪽 정렬
17. 꼬리말	한컴 윤고딕 760, 10pt, 진하게, 빨강(RGB:255,0,0) 25% 어둡게, 왼쪽 정렬

❷ 쪽 테두리 ❸ 글상자 ❹ 제목(1) ⑯ 머리말 ▶

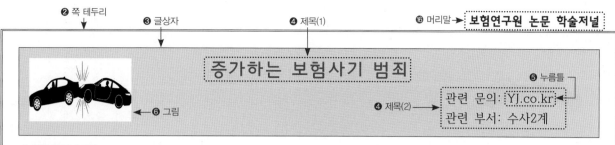

증가하는 보험사기 범죄

❻ 그림 ❹ 제목(2) ▶

⑤ 누름틀
관련 문의: YJ.co.kr ◀
관련 부서: 수사2계

❽ 문단 첫 글자 장식

I. 개요 ◀ ❼ 스타일(개요 1)

보험사기 범죄는 다른 위법행위(Violation)를 매개로 보험 사고(Accident)를 유발하는 사례(Case)가 많고 보험 상품(Insurance Product)에 따라 수법이 다양하며 전문적인 지식을 바탕으로 지능적으로 이뤄진다는 점이 특징(特徵)이다. 1990년대 초부터 발생하기 시작한 보험사기 범죄는 조직적인 보험사기단의 등장과 IMF(International Monetary Fund) 경제 위기(Economic Crisis) 발발로 인해 본격적으로 증가(Increase)하기 시작했다.

❶ 다단 설정 ❼ 스타일(표제목)

보험사기 적발 인원 현황 ⑪ 표

구분	10년 전	현재	증감률
고의사고	4,042	4,931	8.1
허위사고	6,074	7,530	7.9
피해과장	2,978	6,805	4.3
사후가입	2,934	3,297	8.5
합계	16,028	22,563	

⑫ 블록 계산식

(단위: 보험사 비용 청구, 건)
⑬ 캡션

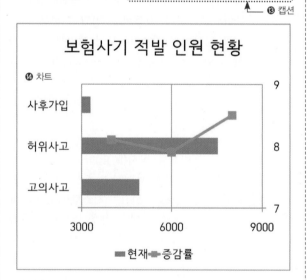

보험사기 적발 인원 현황

⑭ 차트

2. 급격한 증가세 ◀ ❼ 스타일(개요 1)

가. 경기 불황과 대량 실직으로 인해 보험사기가 일반인들에게 손쉽게 돈을 벌 수 있는 수단으로 인식되기 시작하면서 급속한 증가세를 보였다.

나. 지난해 금융 감독원(Financial Supervisory Service)이 발표한 보험사기 적발현황 자료에 따르면 지난 3년간 적발 인원이 50% 이상 증가했으며 아직 집계가 덜 된 지난해 현

황도 추이로 미루어 볼 때 최고치 경신이 유력하다. 특히 최근 경기 침체(沈滯)로 인해 서민경제가 어려워짐에 따라 보험사기 범죄가 급격하게 증가할 것이라는 우려 섞인 시선을 보내고 있다.

◀ ❼ 스타일(개요 2)

3. 인프라 구축 ◀ ❼ 스타일(개요 1)

가. 특히 보상적 범죄 심리와 비교적 관대한 사회적인 분위기로 모방 범죄(Copycat Crime)가 자주 발생하고 범죄의 피해가 보험료 인상을 통해 다른 보험 계약자들에게까지 돌아가게 된다는 점에서 보험사기 범죄 예방 및 해결 대책 마련은 매우 중요하다.

나. 최근 점점 증가하고 있는 보험사기 범죄(犯罪)에 대한 대책(Measures)이 필요하다. 보험업계(Insurance Industry)에서는 이러한 보험사기 범죄를 방지(防止)하고자 자체적으로 전문성을 갖춘 보험사기 조사 전담조직을 운영하는 한편 전산 시스템(Computer System) 구축 및 상호 정보 공유(Information Sharing) 등 다각적인 노력[1]을 기울이고 있다.

다. 아울러 경찰 등 수사 당국(Investigator)과 적극적인 공조를 통해 보험사기 범죄를 적발(摘發)하는 데에도 힘을 쏟고 있다.

전각기호

▶ Reference ❼ 스타일(참고문헌 2)

Marine, et al. (2027). Law Provisions in the *Korean Commercial Code*. 25(1). 13-15.

❼ 스타일(참고문헌 1)

⑩ 하이퍼링크

1) 한국보험학회 ⑨ 각주 ▶

증가하는 보험사기 범죄

관련 문의: YJ.co.kr
관련 부서: 수사2계

I. 개요

보험사기 범죄는 다른 위법행위(Violation)를 매개로 보험 사고(Accident)를 유발하는 사례(Case)가 많고 보험 상품(Insurance Product)에 따라 수법이 다양하며 전문적인 지식을 바탕으로 지능적으로 이뤄진다는 점이 특징(特徵)이다. 1990년대 초부터 발생하기 시작한 보험사기 범죄는 조직적인 보험사기단의 등장과 IMF(International Monetary Fund) 경제 위기(Economic Crisis) 발발로 인해 본격적으로 증가(Increase)하기 시작했다.

보험사기 적발 인원 현황

구분	10년 전	현재	증감률
고의사고	4,042	4,931	8.1
허위사고	6,074	7,530	7.9
피해과장	2,978	6,805	4.3
사후가입	2,934	3,297	8.5
합계	16,028	22,563	

(단위: 보험사 비용 청구, 건)

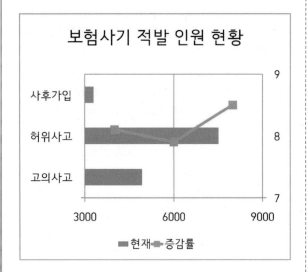

보험사기 적발 인원 현황

2. 급격한 증가세

가. 경기 불황과 대량 실직으로 인해 보험사기가 일반인들에게 손쉽게 돈을 벌 수 있는 수단으로 인식되기 시작하면서 급속한 증가세를 보였다.

나. 지난해 금융 감독원(Financial Supervisory Service)이 발표한 보험사기 적발현황 자료에 따르면 지난 3년간 적발 인원이 50% 이상 증가했으며 아직 집계가 덜 된 지난해 현황도 추이로 미루어 볼 때 최고치 경신이 유력하다. 특히 최근 경기 침체(沈滯)로 인해 서민경제가 어려워짐에 따라 보험사기 범죄가 급격하게 증가할 것이라는 우려 섞인 시선을 보내고 있다.

3. 인프라 구축

가. 특히 보상적 범죄 심리와 비교적 관대한 사회적인 분위기로 모방 범죄(Copycat Crime)가 자주 발생하고 범죄의 피해가 보험료 인상을 통해 다른 보험 계약자들에게까지 돌아가게 된다는 점에서 보험사기 범죄 예방 및 해결 대책 마련은 매우 중요하다.

나. 최근 점점 증가하고 있는 보험사기 범죄(犯罪)에 대한 대책(Measures)이 필요하다. 보험업계(Insurance Industry)에서는 이러한 보험사기 범죄를 방지(防止)하고자 자체적으로 전문성을 갖춘 보험사기 조사 전담조직을 운영하는 한편 전산 시스템(Computer System) 구축 및 상호 정보 공유(Information Sharing) 등 다각적인 노력[1]을 기울이고 있다.

다. 아울러 경찰 등 수사 당국(Investigator)과 적극적인 공조를 통해 보험사기 범죄를 적발(摘發)하는 데에도 힘을 쏟고 있다.

▶ Reference
Marine, et al. (2027). Law Provisions in the *Korean Commercial Code*. 25(1). 13-15.

---

1) 한국보험학회

상시 공략문제 03회

과목	제한시간
문서편집기능	30분

수험번호 :

성   명 :

·········· **다음 쪽의 문서를 아래 지시사항에 따라 작성하시오** ··········

- 작성된 답안의 파일은 지정된 경로 및 파일명을 변경하지 마시고 저장해야 합니다. 이를 준수하지 않으면 실격 처리됩니다.

- 편집 용지
  - 용지 종류는 A4 용지(210mm×297mm) 1매에 용지 방향을 세로로 설정하여 문서를 작성하시오.
  - 용지 여백은 왼쪽·오른쪽은 20mm, 위쪽·아래쪽은 10mm, 머리말·꼬리말은 10mm, 기타 여백은 0mm 로 지정하시오.

- 문서의 본문은 2단으로 편집하되, 단 간격은 8mm, 구분선은 이중 실선 0.4mm로 설정하시오.

- 글자 모양
  - 글꼴은 별도의 지시가 없는 한 한글 2022의 기본값으로 작성하시오.
  - 영문, 숫자, 기호 등은 별도의 지시가 없는 한 자판에 있는 문자를 사용하시오.

- 문단 모양
  - 정렬 방식, 여백 등은 문단 모양 기능을 이용하여 작성하시오.
  - 문단 모양은 별도의 지시가 없는 한 한글 2022의 기본값으로 작성하시오.
  - 사이 줄 띄우기는 각 1줄만, 사이 띄우기는 1칸만 띄우시오.

- 표에서 내용의 정렬 방법
  (제목 행과 '합계(평균)' 셀은 가운데 정렬. 나머지는 열 단위를 기준으로 아래와 같이 정렬)
  - 내용의 길이가 서로 다른 문자의 경우 왼쪽 정렬
  - 내용의 길이가 서로 다른 숫자의 경우 오른쪽 정렬
  - 내용의 길이가 서로 같을 경우 문자, 숫자 상관없이 가운데 정렬

- 색상은 '기본' 테마가 포함된 색상 팔레트를 사용하시오.

- 각 항목은 별도의 지시가 없는 한 주어진 문서에 기준하여 작성하시오.

- 각 항목은 별도의 지시가 없는 한 기본 설정값으로 처리하시오.

- 문제에 제시된 지시사항은 작성하지 않음.

대 한 상 공 회 의 소

B형	다음 쪽의 문서를 아래의 〈세부지시사항〉에 따라 작성하시오.

1. 쪽 테두리	• 선의 종류 및 굵기 : 이중 실선 0.4mm, 모두 • 위치 : 쪽 기준, 왼쪽 · 오른쪽 · 위쪽 · 아래쪽 모두 5mm
2. 글상자	• 크기 : 너비 170mm, 높이 23mm, 크기 고정 • 위치 : 본문과의 배치 – 자리 차지, 가로 – 종이의 가운데 0mm, 세로 – 종이의 위 20mm • 바깥 여백 : 아래쪽 8mm • 선 속성 : 검정(RGB:0,0,0), 점선 0.4mm • 색 채우기 : 주황(RGB:255,132,58) 80% 밝게
3. 제목	• 제목(1) : 휴먼고딕, 15pt, 장평(110%), 자간(5%), 진하게, 주황(RGB:255,102,0) 25% 어둡게, 가운데 정렬 • 제목(2) : 여백 – 왼쪽(340pt)
4. 누름틀	입력할 내용의 안내문 : '쇼핑몰 부서', 입력 데이터 : '영진쇼핑몰 홍보팀'
5. 그림	• 경로 : [25]이기적워드올인원\그림\쇼핑.JPG, 문서에 포함 • 크기 : 너비 28mm, 높이 18mm • 위치 : 본문과의 배치 – 글 앞으로, 가로 – 종이의 왼쪽 23mm, 세로 – 종이의 위 23mm • 회전 : 좌우 대칭
6. 스타일 (2개소 수정, 3개소 등록)	• 개요 1(수정) : 여백 – 왼쪽(0pt), 한컴 윤고딕 740, 11pt, 진하게 • 개요 2(수정) : 여백 – 왼쪽(18pt) • 표제목(등록) : 스타일 이름 – 표제목, 스타일 종류 – 문단, 가운데 정렬, 함초롬돋움, 진하게 • 참고문헌 1(등록) : 스타일 이름 – 참고문헌 1, 스타일 종류 – 문단, 내어쓰기(20pt) • 참고문헌 2(등록) : 스타일 이름 – 참고문헌 2, 스타일 종류 – 글자, 밑줄
7. 문단 첫 글자 장식	• 모양 : 3줄, 글꼴 : 돋움체, 면 색 : 주황(RGB:255,132,58) 25% 어둡게, 본문과의 간격 : 3mm • 글자 색 : 하양(RGB:255,255,255)
8. 각주	글자 모양 : 한컴돋움, 번호 모양 : 아라비아 숫자
9. 하이퍼링크	• '각 쇼핑몰 취합, 백억 원'에 하이퍼링크 설정 • 연결 대상 : 웹 주소 – 'http://www.keri.org'
10. 표	• 크기 : 너비 78mm~80mm, 높이 33mm~34mm • 위치 : 글자처럼 취급 • 전체 행 : 셀 높이를 같게 • 모든 셀의 안 여백 : 왼쪽 · 오른쪽 2mm • 테두리 : 표 안쪽은 실선(0.12mm), 표 바깥의 위쪽과 아래쪽은 실선(0.4mm), 표 바깥의 왼쪽과 오른쪽은 없음, 합계 　　　행 위쪽은 이중 실선(0.5mm) • 제목 행 : 셀 배경 색 – 보라(RGB:157,92,187) 25% 어둡게, 글자 모양 – 함초롬돋움, 진하게, 하양(RGB:255,255,255) • 합계 행 : 셀 배경 색 – 노랑(RGB:255,215,0) 80% 밝게, 글자 모양 – 진하게 • 문단의 정렬 방식 : 가운데 정렬
11. 블록 계산식	표의 합계 행에 블록 계산식을 이용하여 블록 합계 산출
12. 캡션	표 위에 삽입 후 오른쪽 정렬
13. 차트	• 차트의 모양 : 2차원 원형, 차트 계열색 : 색상 조합 색4 • 데이터 레이블 : 백분율(%), 바깥쪽 끝에 • 차트의 크기 : 너비 80mm, 높이 70mm, 크기 고정 • 위치 : 본문과의 배치 – 자리 차지, 가로 – 단의 가운데 0mm, 세로 – 문단의 위 0mm • 바깥 여백 : 위쪽 5mm, 아래쪽 8mm • 제목의 글꼴 설정 : 맑은 고딕, 진하게 • 데이터 레이블, 범례의 글꼴 설정 : 9pt • 표의 아래 단락에 배치
14. 쪽 번호	번호 위치 : 가운데 아래, 모양 : 로마자 대문자 숫자, 줄표 넣기 선택, 시작 번호 지정
15. 머리말	한컴산뜻돋움, 10pt, 진하게, 노랑(RGB:255,215,0) 50% 어둡게, 왼쪽 정렬
16. 꼬리말	HY견고딕, 10pt, 하늘색(RGB:97,130,214) 50% 어둡게, 오른쪽 정렬

홈쇼핑 성장세 지속 전망

◀─❹ 누름틀

❸ 제목(2)

발표일:	2026. 6. 12.
발표자:	영진쇼핑몰 홍보팀

 ◀─❺ 그림

❼ 문단 첫 글자 장식

1. 올해 2조 원 돌파 유력 ◀─❻ 스타일(개요 1)

TV홈쇼핑 상위 4개 회사가 올해는 모두 취급고 2조 원을 돌파하는 <쿼드러플 더블(Quadruple Double)>을 달성할 전망이다. 국내 첫 홈쇼핑 방송 이후 25년 만이다. 대한샵, 서울홈쇼핑, 상공홈쇼핑, 한국홈쇼핑 4개 회사의 취급고는 각각 2조 원을 넘어 총 9조 원을 돌파(突破)할 것으로 예상(Expectation)된다.

❻ 스타일(표제목)

홈쇼핑 업체별 취급고 추이

❾ 하이퍼링크

❿ 표   ⓬ 캡션─(단위: 각 쇼핑몰 취합, 백억 원)

구분	지난 10년	향후 10년	증감
서울홈쇼핑	126	342	134
상공홈쇼핑	238	516	277
한국홈쇼핑	95	271	133
기타홈쇼핑	509	624	316
합계	968	1,753	

⓫ 블록 계산식

홈쇼핑 업체별 취급고 추이

⓭ 차트

44%   18%

38%

■ 서울홈쇼핑 ■ 상공홈쇼핑 ▨ 기타홈쇼핑

2. 홈쇼핑 매출 분석 ◀─❻ 스타일(개요 1)

가. 지난 1분기에 이어 2분기 실적도 순항 중이라는 점에서 이와 같은 전망(Prospect)을 더욱 밝게 했다. 통상 기온이 올라가면 비수기(Off-Season)에 접어들지만, 올해 2분기 홈쇼핑(Home Shopping) 업체들의 매출은 큰 영향을 받지 않은 것으로 조사

(Investigation)됐다.

나. 대한샵, 서울홈쇼핑은 지난해 같은 기간과 비교해 취급고가 각각 12%씩 증가할 것으로 예상(Expectation)된다. 상공홈쇼핑의 경우 작년 2분기에 4579억 원의 취급고를 기록했으나 올해 2분기는 5510억 원으로 급상승할 것으로 집계됐다.

◀─❻ 스타일(개요 2)

3. TV홈쇼핑 증가 추세 ◀─❻ 스타일(개요 1)

가. 인터넷(Internet) 부문 매출(賣出)이 연간 25%가량 신장하며 취급고 상승(Increase)을 이끌었다. 우리홈쇼핑(Woori Home Shopping)을 인수하며 후발주자로 나선 한국홈쇼핑1)도 올해 취급고 2조 원 돌파가 확실시된다. 취급고 성장률(Growth Rate)은 인터넷 부문이 크게 늘면서 15%대를 넘나들었지만, 영업이익은 후퇴하거나 한 자릿수 증가에 그쳤다.

나. 경제증권 연구원은 인터넷 부문 매출(Sales)이 높아질 경우 수익성은 전반적으로 낮아지는 경향이 있다고 예상했다. 작년에 각각한 자릿수 성장과 마이너스 성장(成長)으로 한때 시장 포화 전망이 나왔던 것과 대비된다. 업체별로 배송기간을 단축하고 가격 경쟁력(Competitiveness)을 앞세워 국민의 소비패턴 변화를 이끌어낸 덕분이다.

다. 이러한 추세에 맞추어 홈쇼핑사업자들은 라이브커머스 콘텐츠 제작을 확대하고 모바일 전용 프로모션 등을 출시하며 비즈니스 전략을 변화시켜 나가고 있다. 이러한 추세에 따라 국내 라이브커머스 시장은 확대되는 반면, 시장 내의 경쟁(競爭) 구도는 심화될 것으로 전망된다.

❽ 각주

전각기호

♠ Reference   ❻ 스타일(참고문헌 2)

Yuen, P. (2025). Future Intention to Multidimensional, Commitment. 3(18). 32-33.

❻ 스타일(참고문헌 1)

1) 한국홈쇼핑 발표 자료 기준

홈쇼핑 성장세 지속 전망

발표일: 2026. 6. 12.
발표자: 영진쇼핑몰 홍보팀

1. 올해 2조 원 돌파 유력

T V홈쇼핑 상위 4개 회사가 올해는 모두 취급고 2조 원을 돌파하는 <쿼드러플 더블(Quadruple Double)>을 달성할 전망이다. 국내 첫 홈쇼핑 방송 이후 25년 만이다. 대한샵, 서울홈쇼핑, 상공홈쇼핑, 한국홈쇼핑 4개 회사의 취급고는 각각 2조 원을 넘어 총 9조 원을 돌파(突破)할 것으로 예상(Expectation)된다.

홈쇼핑 업체별 취급고 추이

(단위: 각 쇼핑몰 취합, 백억 원)

구분	지난 10년	향후 10년	증감
서울홈쇼핑	126	342	134
상공홈쇼핑	238	516	277
한국홈쇼핑	95	271	133
기타홈쇼핑	509	624	316
합계	968	1,753	

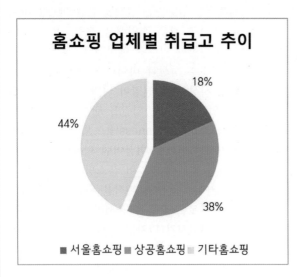

홈쇼핑 업체별 취급고 추이

18%
44%
38%

■ 서울홈쇼핑 ■ 상공홈쇼핑 ■ 기타홈쇼핑

2. 홈쇼핑 매출 분석

가. 지난 1분기에 이어 2분기 실적도 순항 중이라는 점에서 이와 같은 전망(Prospect)을 더욱 밝게 했다. 통상 기온이 올라가면 비수기(Off-Season)에 접어들지만, 올해 2분기 홈쇼핑(Home Shopping) 업체들의 매출은 큰 영향을 받지 않은 것으로 조사(Investigation)됐다.

나. 대한샵, 서울홈쇼핑은 지난해 같은 기간과 비교해 취급고가 각각 12%씩 증가할 것으로 예상(Expectation)된다. 상공홈쇼핑의 경우 작년 2분기에 4579억 원의 취급고를 기록했으나 올해 2분기는 5510억 원으로 급상승할 것으로 집계됐다.

3. TV홈쇼핑 증가 추세

가. 인터넷(Internet) 부문 매출(賣出)이 연간 25%가량 신장하며 취급고 상승(Increase)을 이끌었다. 우리홈쇼핑(Woori Home Shopping)을 인수하며 후발주자로 나선 한국홈쇼핑[1]도 올해 취급고 2조 원 돌파가 확실시된다. 취급고 성장률(Growth Rate)은 인터넷 부문이 크게 늘면서 15%대를 넘나들었지만, 영업이익은 후퇴하거나 한 자릿수 증가에 그쳤다.

나. 경제증권 연구원은 인터넷 부문 매출(Sales)이 높아질 경우 수익성은 전반적으로 낮아지는 경향이 있다고 예상했다. 작년에 각각 한 자릿수 성장과 마이너스 성장(成長)으로 한때 시장 포화 전망이 나왔던 것과 대비된다. 업체별로 배송기간을 단축하고 가격 경쟁력(Competitiveness)을 앞세워 국민의 소비패턴 변화를 이끌어낸 덕분이다.

다. 이러한 추세에 맞추어 홈쇼핑사업자들은 라이브커머스 콘텐츠 제작을 확대하고 모바일 전용 프로모션 등을 출시하며 비즈니스 전략을 변화시켜 나가고 있다. 이러한 추세에 따라 국내 라이브커머스 시장은 확대되는 반면, 시장 내의 경쟁(競爭) 구도는 심화될 것으로 전망된다.

♠ Reference
Yuen, P. (2025). Future Intention to Multidimensional, Commitment. 3(18). 32-33.

---

1) 한국홈쇼핑 발표 자료 기준

상시 공략문제 04회

과목	제한시간
문서편집기능	30분

수험번호 :

성   명 :

·········· **다음 쪽의 문서를 아래 지시사항에 따라 작성하시오** ··········

- 작성된 답안의 파일은 지정된 경로 및 파일명을 변경하지 마시고 저장해야 합니다. 이를 준수하지 않으면 실격 처리됩니다.

- 편집 용지
  - 용지 종류는 A4 용지(210mm×297mm) 1매에 용지 방향을 세로로 설정하여 문서를 작성하시오.
  - 용지 여백은 왼쪽·오른쪽은 20mm, 위쪽·아래쪽은 10mm, 머리말·꼬리말은 10mm, 기타 여백은 0mm로 지정하시오.

- 문서의 본문은 1단에서 2단으로 변하는 모양으로 편집하되, 단 간격은 8mm, 구분선은 실선 0.12mm로 설정하시오.

- 글자 모양
  - 글꼴은 별도의 지시가 없는 한 한글 2022의 기본값으로 작성하시오.
  - 영문, 숫자, 기호 등은 별도의 지시가 없는 한 자판에 있는 문자를 사용하시오.

- 문단 모양
  - 정렬 방식, 여백 등은 문단 모양 기능을 이용하여 작성하시오.
  - 문단 모양은 별도의 지시가 없는 한 한글 2022의 기본값으로 작성하시오.
  - 사이 줄 띄우기는 각 1줄만, 사이 띄우기는 1칸만 띄우시오.

- 표에서 내용의 정렬 방법
  (제목 행과 '합계(평균)' 셀은 가운데 정렬. 나머지는 열 단위를 기준으로 아래와 같이 정렬)
  - 내용의 길이가 서로 다른 문자의 경우 왼쪽 정렬
  - 내용의 길이가 서로 다른 숫자의 경우 오른쪽 정렬
  - 내용의 길이가 서로 같을 경우 문자, 숫자 상관없이 가운데 정렬

- 색상은 '기본' 테마가 포함된 색상 팔레트를 사용하시오.

- 각 항목은 별도의 지시가 없는 한 주어진 문서에 기준하여 작성하시오.

- 각 항목은 별도의 지시가 없는 한 기본 설정값으로 처리하시오.

- 문제에 제시된 지시사항은 작성하지 않음.

대 한 상 공 회 의 소

다음 쪽의 문서를 아래의 〈세부지시사항〉에 따라 작성하시오.

1. 다단 설정	모양-둘, 구분선-구분선 넣기, 적용 범위-새 다단으로
2. 쪽 테두리	• 선의 종류 및 굵기 : 실선 0.5mm, 모두 • 위치 : 쪽 기준, 왼쪽 · 오른쪽 · 위쪽 · 아래쪽 모두 5mm
3. 글상자	• 크기 : 너비 170mm, 높이 23mm, 크기 고정 • 위치 : 본문과의 배치-자리 차지, 가로-종이의 가운데 0mm, 세로-종이의 위 20mm • 바깥 여백 : 아래쪽 7mm • 선 속성 : 검정(RGB:0,0,0), 이중 실선 0.5mm • 색 채우기 : 연한 노랑(RGB:250,243,219) 10% 어둡게
4. 제목	• 제목(1) : 한컴산뜻돋움, 17pt, 장평(105%), 자간(-10%), 진하게, 남색(RGB:51,51,153), 가운데 정렬 • 제목(2) : 여백-왼쪽(350pt)
5. 누름틀	입력할 내용의 안내문 : '이름 직위', 입력 데이터 : '정그린 인턴기자'
6. 그림	• 경로 : [25]이기적워드올인원₩그림₩거래소.PNG, 문서에 포함 • 크기 : 너비 28mm, 높이 18mm • 위치 : 본문과의 배치-글 앞으로, 가로-종이의 왼쪽 23mm, 세로-종이의 위 23mm • 회전 : 좌우 대칭
7. 스타일 **(2개소 수정, 3개소 등록)**	• 개요 1(수정) : 여백-왼쪽(0pt), 한컴 윤고딕 230, 11pt, 진하게 • 개요 2(수정) : 여백-왼쪽(15pt) • 표제목(등록) : 스타일 이름-표제목, 스타일 종류-문단, 가운데 정렬, 맑은 고딕, 진하게 • 참고문헌 1(등록) : 스타일 이름-참고문헌 1, 스타일 종류-문단, 내어쓰기(20pt) • 참고문헌 2(등록) : 스타일 이름-참고문헌 2, 스타일 종류-글자, 기울임
8. 문단 첫 글자 장식	• 모양 : 2줄, 글꼴 : 한컴산뜻돋움, 면 색 : 탁한 황갈(RGB:131,77,0), 본문과의 간격 : 3mm • 글자 색 : 노랑(RGB:255,255,0)
9. 각주	글자 모양 : 맑은 고딕, 번호 모양 : 아라비아 숫자
10. 하이퍼링크	• '증권거래소'에 하이퍼링크 설정 • 연결 대상 : 웹 주소 - 'http://www.krx.co.kr'
11. 표	• 크기 : 너비 78mm~80mm, 높이 33mm~34mm • 위치 : 글자처럼 취급 • 전체 행 : 셀 높이를 같게 • 모든 셀의 안 여백 : 왼쪽 · 오른쪽 2mm • 테두리 : 표 안쪽은 실선(0.12mm), 표 바깥의 위쪽과 아래쪽은 실선(0.4mm), 표 바깥의 왼쪽과 오른쪽은 없음, 구분 행 아래와 합계 행 위쪽은 이중 실선(0.5mm) • 제목 행 : 셀 배경 색-검은 군청(RGB:27,23,96), 글자 모양-함초롬돋움, 진하게, 하양(RGB:255,255,255) • 합계 행 : 셀 배경 색-탁한 황갈(RGB:131,77,0) 80% 밝게, 글자 모양-진하게 • 문단의 정렬 방식 : 가운데 정렬
12. 블록 계산식	표의 합계 행에 블록 계산식을 이용하여 블록 합계 산출
13. 캡션	표 아래에 삽입 후 오른쪽 정렬
14. 차트	• 차트의 모양 : 이중 축 혼합형(묶은 세로 막대형, 표식이 있는 꺾은선형) • 차트의 크기 : 너비 80mm, 높이 65mm, 크기 고정 • 위치 : 본문과의 배치-자리 차지, 가로-단의 가운데 0mm, 세로-문단의 위 0mm • 바깥 여백 : 위쪽 5mm, 아래쪽 7mm • 값 축, 항목 축, 보조 값 축, 범례의 글꼴 설정 : 9pt • 표의 아래 단락에 배치 ※ 혼합형 차트는 차트 종류와 속성을 이용하여 구성하시오.
15. 쪽 번호	번호 위치 : 오른쪽 아래, 모양 : 아라비아 숫자, 줄표 넣기 선택, 시작 번호 지정
16. 머리말	한컴산뜻돋움, 10pt, 진하게, 주황(RGB:255,102,0) 25% 어둡게, 오른쪽 정렬
17. 꼬리말	한컴 윤고딕 740, 10pt, 진하게, 남색(RGB:51,51,153) 25% 어둡게, 가운데 정렬

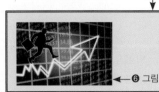

국내 주식시장의 현황

❹ 제목(2)

⑤ 누름틀

| 발표일: 2026년 1월 3일 |
| 발표자: 정그린 인턴기자 |

❻ 그림

❽ 문단 첫 글자 장식

1. 개요 ← ❼ 스타일(개요 1)

초근의 주가 하락(Stocks Fall)이 한국 경제(Korea Economic)의 구조적인 문제점들을 종합적으로 반영하고 있어 상승을 기대(期待)하기 힘들다는 견해가 증시 전문가들 사이에서 나오고 있다. 내수와 투자에서 회복 기미가 보이지 않는 데다 그동안 한국 경제의 핵심 주역이었던 수출(Export)과 IT(Information Technology)가 위축될 가능성이 크다는 것이다.

❶ 다단 설정　❼ 스타일(표제목)

일별 주가상승률 종목

구분	7월 21일	12월 21일	배당금
이성	20,300	31,300	2,125
대현산업	11,300	20,800	700
알토란	8,270	13,000	1,300
한지약품	19,100	34,700	1,250
합계	58,970	99,800	

❶ 표　⑫ 블록 계산식

(단위: 실수령 기준, 원)

⑬ 캡션

⑭ 차트

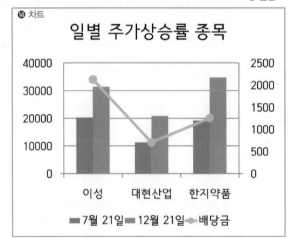

일별 주가상승률 종목

■7월 21일 ■12월 21일 ◆배당금

2. 각 기업의 주가상승률 ← ❼ 스타일(개요 1)

가. 넥션(Naction)은 21일 지난 2분기 매출액[1]이 전 분기보다 16.4% 늘어난 258억 원이며, 영업 이익(Operating Profit)은 10.0% 많은 80억 원을 올렸다고 밝혔다. 이는 매출(Sales)과 영업 이익이 각각 7.4%, 5.3% 늘어날 것으로 예상한 시장 추정치(Market Estimates)를 훨씬 웃도는 것이다.

나. 기업분석가들은 넥션(Naction)이 내수 부진 속에서도 강한 시장 지배력(Market Power)

❾ 각주

1) 자료: 증권거래소

⑩ 하이퍼링크

을 바탕으로 예상보다 높은 2분기 실적을 거뒀다며 하반기에도 성장세(Growth)를 이어갈 것으로 내다보았다.

← ❼ 스타일(개요 2)

3. 주가상승률의 문제점 ← ❼ 스타일(개요 1)

가. 배당지수를 구성하는 50개 종목(種目) 가운데 방그레(128.3%), 알지(105.6%), 대현산업(81.7%), 알토란(66.0%), 한지약품(54.4%) 등의 차례로 주가가 많이 올랐다.

나. 증권거래소(Stock Exchange)는 21일 배당을 많이 하는 상장기업 50개로 구성(構成)된 배당지수(Dividend Index)가 지난해 7월 21일 1260.60에서 지난 20일 1447.07로 14.79% 올랐다고 밝혔다. 같은 기간에 종합주가지수(Composite Stock Price Index) 상승률과 코스피 200 지수 오름폭에 비하면 배당지수의 오름폭이 더 큰 것이다.

다. 최기주 천재증권 리서치센터(Research Center)장은 "고용창출력이 약한 IT 비중이 높은 데다 갈수록 경쟁력(Competitive)이 높아지고 있는 중국으로 투자가 빠져나가고 있어 중장기적 성장(成長) 잠재력이 떨어지고 있다"라고 말했다.

전각기호

◆Reference

Instructions, authors, L,. (2025). *Korean of Emergency Economic*. 25(4), 13-15.

❼ 스타일(참고문헌 1)　❼ 스타일(참고문헌 2)

국내 주식시장의 현황

발표일: 2026년 1월 3일
발표자: 정그린 인턴기자

1. 개요

최근의 주가 하락(Stocks Fall)이 한국 경제(Korea Economic)의 구조적인 문제점들을 종합적으로 반영하고 있어 상승을 기대(期待)하기 힘들다는 견해가 증시 전문가들 사이에서 나오고 있다. 내수와 투자에서 회복 기미가 보이지 않는 데다 그동안 한국 경제의 핵심 주역이었던 수출(Export)과 IT(Information Technology)가 위축될 가능성이 크다는 것이다.

일별 주가상승률 종목

구분	7월 21일	12월 21일	배당금
이성	20,300	31,300	2,125
대현산업	11,300	20,800	700
알토란	8,270	13,000	1,300
한지약품	19,100	34,700	1,250
합계	58,970	99,800	

(단위: 실수령 기준, 원)

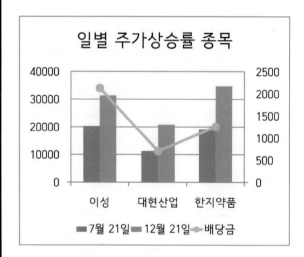

일별 주가상승률 종목

2. 각 기업의 주가상승률

가. 넥션(Naction)은 21일 지난 2분기 매출액[1]이 전 분기보다 16.4% 늘어난 258억 원이며, 영업 이익(Operating Profit)은 10.0% 많은 80억 원을 올렸다고 밝혔다. 이는 매출(Sales)과 영업 이익이 각각 7.4%, 5.3% 늘어날 것으로 예상한 시장 추정치(Market Estimates)를 훨씬 웃도는 것이다.

나. 기업분석가들은 넥션(Naction)이 내수 부진 속에서도 강한 시장 지배력(Market Power)

---

[1] 자료: 증권거래소

을 바탕으로 예상보다 높은 2분기 실적을 거뒀다며 하반기에도 성장세(Growth)를 이어갈 것으로 내다보았다.

3. 주가상승률의 문제점

가. 배당지수를 구성하는 50개 종목(種目) 가운데 방그레(128.3%), 알지(105.6%), 대현산업(81.7%), 알토란(66.0%), 한지약품(54.4%) 등의 차례로 주가가 많이 올랐다.

나. 증권거래소(Stock Exchange)는 21일 배당을 많이 하는 상장기업 50개로 구성(構成)된 배당지수(Dividend Index)가 지난해 7월 21일 1260.60에서 지난 20일 1447.07로 14.79% 올랐다고 밝혔다. 같은 기간에 종합주가지수(Composite Stock Price Index) 상승률과 코스피 200 지수 오름폭에 비하면 배당지수의 오름폭이 더 큰 것이다.

다. 최기주 천재증권 리서치센터(Research Center)장은 "고용창출력이 약한 IT 비중이 높은 데다 갈수록 경쟁력(Competitive)이 높아지고 있는 중국으로 투자가 빠져나가고 있어 중장기적 성장(成長) 잠재력이 떨어지고 있다"라고 말했다.

◆ Reference

Instructions, authors, L,. (2025). *Korean of Emergency Economic*. 25(4), 13-15.

상시 공략문제 05회

과목	제한시간
문서편집기능	30분

수험번호 : _____

성   명 : _____

········· **다음 쪽의 문서를 아래 지시사항에 따라 작성하시오** ·········

■ 작성된 답안의 파일은 지정된 경로 및 파일명을 변경하지 마시고 저장해야 합니다. 이를 준수하지 않으면 실격 처리됩니다.

■ 편집 용지

　○ 용지 종류는 A4 용지(210mm×297mm) 1매에 용지 방향을 세로로 설정하여 문서를 작성하시오.

　○ 용지 여백은 왼쪽·오른쪽은 20mm, 위쪽·아래쪽은 10mm, 머리말·꼬리말은 10mm, 기타 여백은 0mm 로 지정하시오.

■ 문서의 본문은 2단으로 편집하되, 단 간격은 8mm, 구분선은 파선 0.12mm로 설정하시오.

■ 글자 모양

　○ 글꼴은 별도의 지시가 없는 한 한글 2022의 기본값으로 작성하시오.

　○ 영문, 숫자, 기호 등은 별도의 지시가 없는 한 자판에 있는 문자를 사용하시오.

■ 문단 모양

　○ 정렬 방식, 여백 등은 문단 모양 기능을 이용하여 작성하시오.

　○ 문단 모양은 별도의 지시가 없는 한 한글 2022의 기본값으로 작성하시오.

　○ 사이 줄 띄우기는 각 1줄만, 사이 띄우기는 1칸만 띄우시오.

■ 표에서 내용의 정렬 방법

　(제목 행과 '합계(평균)' 셀은 가운데 정렬, 나머지는 열 단위를 기준으로 아래와 같이 정렬)

　○ 내용의 길이가 서로 다른 문자의 경우 왼쪽 정렬

　○ 내용의 길이가 서로 다른 숫자의 경우 오른쪽 정렬

　○ 내용의 길이가 서로 같을 경우 문자, 숫자 상관없이 가운데 정렬

■ 색상은 '기본' 테마가 포함된 색상 팔레트를 사용하시오.

■ 각 항목은 별도의 지시가 없는 한 주어진 문서에 기준하여 작성하시오.

■ 각 항목은 별도의 지시가 없는 한 기본 설정값으로 처리하시오.

■ 문제에 제시된 지시사항은 작성하지 않음.

대 한 상 공 회 의 소

1. 쪽 테두리	• 선의 종류 및 굵기 : 이중 실선 0.4mm, 모두 • 위치 : 쪽 기준, 왼쪽 · 오른쪽 · 위쪽 · 아래쪽 모두 5mm
2. 글상자	• 크기 : 너비 170mm, 높이 25mm, 크기 고정 • 위치 : 본문과의 배치 – 자리 차지, 가로 – 종이의 가운데 0mm, 세로 – 종이의 위 20mm • 바깥 여백 : 아래쪽 5mm • 선 속성 : 검정(RGB:0,0,0), 원형 점선 0.4mm • 색 채우기 : 하늘색(RGB:97,130,214) 80% 밝게
3. 제목	• 제목(1) : 한컴 윤고딕 230, 15pt, 장평(105%), 자간(–5%), 진하게, 보라(RGB:128,0,128) 5% 밝게, 가운데 정렬 • 제목(2) : 여백 – 왼쪽(340pt)
4. 누름틀	입력할 내용의 안내문 : '발행기관명', 입력 데이터 : '영진건축연구소'
5. 그림	• 경로 : [25]이기적워드올인원₩그림₩토지.BMP, 문서에 포함 • 크기 : 너비 30mm, 높이 20mm • 위치 : 본문과의 배치 – 글 앞으로, 가로 – 종이의 왼쪽 23mm, 세로 – 종이의 위 23mm • 회전 : 좌우 대칭
6. 스타일 (2개소 수정, 3개소 등록)	• 개요 1(수정) : 여백 – 왼쪽(0pt), 한컴 윤고딕 740, 12pt, 진하게 • 개요 2(수정) : 여백 – 왼쪽(15pt) • 표제목(등록) : 스타일 이름 – 표제목, 스타일 종류 – 문단, 가운데 정렬, 한컴산뜻돋움, 진하게 • 참고문헌 1(등록) : 스타일 이름 – 참고문헌 1, 스타일 종류 – 문단, 내어쓰기(15pt) • 참고문헌 2(등록) : 스타일 이름 – 참고문헌 2, 스타일 종류 – 글자, 기울임
7. 문단 첫 글자 장식	• 모양 : 3줄, 글꼴 : 맑은 고딕, 면 색 : 빨강(RGB:255,0,0) 50% 어둡게, 본문과의 간격 : 5mm • 글자 색 : 하양(RGB:255,255,255)
8. 각주	글자 모양 : HY울릉도M, 번호 모양 : 아라비아 숫자
9. 하이퍼링크	• '각 건설사 취합, %'에 하이퍼링크 설정 • 연결 대상 : 웹 주소 – 'https://stat.molit.go.kr'
10. 표	• 크기 : 너비 78mm∼80mm, 높이 33mm∼34mm • 위치 : 글자처럼 취급 • 전체 행 : 셀 높이를 같게 • 모든 셀의 안 여백 : 왼쪽 · 오른쪽 2mm • 테두리 : 표 안쪽은 실선(0.2mm), 표 바깥의 위쪽과 아래쪽은 실선(0.4mm), 표 바깥의 왼쪽과 오른쪽은 이중 실선 (0.4mm), 구분 행 아래쪽과 평균 행 위쪽은 파선(0.4mm) • 제목 행 : 셀 배경 색 – 보라(RGB:157,92,187) 25% 어둡게, 글자 모양 – HY나무M, 진하게, 하양(RGB:255,255,255) • 평균 행 : 셀 배경 색 – 주황(RGB:255,132,58) 80% 밝게, 글자 모양 – 진하게 • 문단의 정렬 방식 : 가운데 정렬
11. 블록 계산식	표의 평균 행에 블록 계산식을 이용하여 블록 평균 산출
12. 캡션	표 아래에 삽입 후 오른쪽 정렬
13. 차트	• 차트의 모양 : 이중 축 혼합형(누적 세로 막대형, 표식이 있는 꺾은선형) • 차트의 크기 : 너비 80mm, 높이 65mm, 크기 고정 • 위치 : 본문과의 배치 – 자리 차지, 가로 – 단의 가운데 0mm, 세로 – 문단의 위 0mm • 바깥 여백 : 위쪽 5mm, 아래쪽 7mm • 값 축, 항목 축, 보조 값 축, 범례의 글꼴 설정 : 9pt • 표의 아래 단락에 배치 ※ 혼합형 차트는 차트 종류와 속성을 이용하여 구성하시오.
14. 쪽 번호	번호 위치 : 왼쪽 아래, 모양 : 아라비아 숫자 원문자, 줄표 넣기 선택, 시작 번호 지정
15. 머리말	돋움체, 10pt, 진하게, 초록(RGB:0,128,0), 왼쪽 정렬
16. 꼬리말	10pt, 진하게, 노랑(RGB:255,255,0) 75% 어둡게, 오른쪽 정렬

부동산시장 조사 분석 ←⑮ 머리말　　　　　❸ 제목(1)　　　　　❷ 글상자　　　　❶ 쪽 테두리

전국 지가 상승률 및 토지 거래량

❺ 그림

❸ 제목(2) →
발행일: 2026년 1월 31일
발행처: 영진건축연구소 ←❹ 누름틀

❼ 문단 첫 글자 장식

1. 권역별 지가 상승 ←❻ 스타일(개요 1)

전국 토지시장은 침체된 국내 경기, 정부(Government)의 부동산 시장 규제 등의 영향(影響)으로 지가(Land Prices)가 평균 0.47% 상승하는 것에 그치는 등 1/4분기에 이어 대체로 안정세(Stable)를 보이고 있다. 전국의 지가는 전년에 비해 상승폭이 줄어들어 평균 0.47%(상반기 누계 0.88%) 소폭 상승하는 것에 머물러 IMF(International Monetary Fund) 이전 수준을 회복하였다.

❻ 스타일(표제목)
⑩ 표

지역별 지가 상승률1)

구분	10년 전	현재	증감
서울	2.05	1.95	-0.54
세종	2.52	1.83	-0.62
인천	1.29	3.64	1.28
대구	3.44	5.00	0.84
평균	2.33	3.11	

⑪ 블록 계산식

(단위: 각 건설사 취합, %) ←⑨ 하이퍼링크
⑫ 캡션

⑬ 차트

지역별 지가 상승률

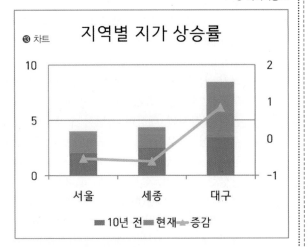

■10년 전 ■현재 ▲증감

2. 용도 상황별 증감 분석 ←❻ 스타일(개요 1)

가. 용도 상황별로는 주거용 대지(0.42%) 및 상업용 대지(0.49%) 등의 상승 폭이 작년에 비해 크게 감소한 것으로 나타났다. 지역별로는 필지 수 기준(基準)으로 특별시와 광역시

(Metropolitan City) 9.7%, 중소도시 (Middletown) 11.5%, 군지역 11.6%가 증가(增加)했다.

나. 중소도시 지역도 아파트 분양(Apartment Installment Sale) 및 분양권 전매, 상가매매 등에 따라 거래가 증가했다. 강원 평창(113.2%) 및 개발 사업과 아파트 분양이 증가한 경기 남양주(86.4%) 등의 거래가 늘어났다.
←❻ 스타일(개요 2)

3. 토지시장 분석 ←❻ 스타일(개요 1)

가. 수도권(The National Capital Region)을 중심으로 재개발 사업이 진행 중인 용도 미지정 지역(63.2%)과, 개발 가능성이 높은 녹지 지역(50.0%)의 거래 증가율이 높았다. 용도 지역별로는 수도권 지역을 중심으로 녹지 지역(Green Zone), 주거 지역(Residential Area) 등이 소폭 상승하였으나 역시 안정세를 보였다.

나. 각종 건설 사업(Construction Business)이 추진 중인 임야와 공장용지의 거래 증가(필지 기준)가 두드러졌다. 건설교통부(Ministry Construction & Transportation)는 국지적인 지가 급등 우려가 상존한다고 보고했다. 이처럼 최근의 부동산 투자는 과거 사놓기만 하면 오르는 손쉬운 투자의 대상이 아닌지 오래이다.

다. 주택, 상가, 토지 등으로 구분되는 부동산 시장의 올바른 접근은 이제 수익성뿐만 아니라 안정성, 환금성, 절세까지도 고려를 해야 하는 입체적인 해법(解法)이 요구되는 시점이다. 면밀한 시장감시(Market Surveillance)를 통해 추가 조치를 취할 계획(計劃)이다.

전각기호
● Reference
Kang, H. (2024). *Official Land Value Rising* Category System. 13(7). 32-56.
❻ 스타일(참고문헌 1)　　　❻ 스타일(참고문헌 2)

1) 국토교통 통계누리
⑧ 각주

- ⑥ - ←⑭ 쪽 번호　　　⑯ 꼬리말→ 부동산 통계정보 시스템 (겨울호 Vol.35)

전국 지가 상승률 및 토지 거래량

발행일: 2026년 1월 31일
발행처: 영진건축연구소

1. 권역별 지가 상승

국 토지시장은 침체된 국내 경기, 정부(Government)의 부동산 시장 규제 등의 영향(影響)으로 지가(Land Prices)가 평균 0.47% 상승하는 것에 그치는 등 1/4분기에 이어 대체로 안정세(Stable)를 보이고 있다. 전국의 지가는 전년에 비해 상승폭이 줄어들어 평균 0.47%(상반기 누계 0.88%) 소폭 상승하는 것에 머물러 IMF(International Monetary Fund) 이전 수준을 회복하였다.

지역별 지가 상승률[1]

구분	10년 전	현재	증감
서울	2.05	1.95	-0.54
세종	2.52	1.83	-0.62
인천	1.29	3.64	1.28
대구	3.44	5.00	0.84
평균	2.33	3.11	

(단위: 각 건설사 취합, %)

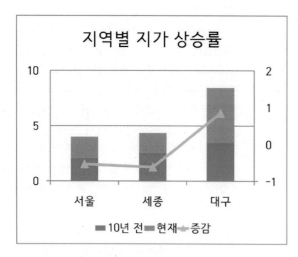

2. 용도 상황별 증감 분석

가. 용도 상황별로는 주거용 대지(0.42%) 및 상업용 대지(0.49%) 등의 상승 폭이 작년에 비해 크게 감소한 것으로 나타났다. 지역별로는 필지 수 기준(基準)으로 특별시와 광역시(Metropolitan City) 9.7%, 중소도시(Middletown) 11.5%, 군지역 11.6%가 증가(增加)했다.

나. 중소도시 지역도 아파트 분양(Apartment Installment Sale) 및 분양권 전매, 상가매매 등에 따라 거래가 증가했다. 강원 평창(113.2%) 및 개발 사업과 아파트 분양이 증가한 경기 남양주(86.4%) 등의 거래가 늘어났다.

3. 토지시장 분석

가. 수도권(The National Capital Region)을 중심으로 재개발 사업이 진행 중인 용도 미지정 지역(63.2%)과, 개발 가능성이 높은 녹지지역(50.0%)의 거래 증가율이 높았다. 용도 지역별로는 수도권 지역을 중심으로 녹지 지역(Green Zone), 주거 지역(Residential Area) 등이 소폭 상승하였으나 역시 안정세를 보였다.

나. 각종 건설 사업(Construction Business)이 추진 중인 임야와 공장용지의 거래 증가(필지 기준)가 두드러졌다. 건설교통부(Ministry Construction & Transportation)는 국지적인 지가 급등 우려가 상존한다고 보고했다. 이처럼 최근의 부동산 투자는 과거 사놓기만 하면 오르는 손쉬운 투자의 대상이 아닌지 오래이다.

다. 주택, 상가, 토지 등으로 구분되는 부동산 시장의 올바른 접근은 이제 수익성뿐만 아니라 안정성, 환금성, 절세까지도 고려를 해야 하는 입체적인 해법(解法)이 요구되는 시점이다. 면밀한 시장감시(Market Surveillance)를 통해 추가 조치를 취할 계획(計劃)이다.

● Reference

Kang, H. (2024). *Official Land Value Rising*, Category System. 13(7). 32-56.

1) 국토교통 통계누리

상시 공략문제 06회

과목	제한시간
문서편집기능	30분

수험번호 : _____

성   명 : _____

■ 작성된 답안의 파일은 지정된 경로 및 파일명을 변경하지 마시고 저장해야 합니다. 이를 준수하지 않으면 실격 처리됩니다.

■ 편집 용지

  ○ 용지 종류는 A4 용지(210mm×297mm) 1매에 용지 방향을 세로로 설정하여 문서를 작성하시오.

  ○ 용지 여백은 왼쪽·오른쪽은 20mm, 위쪽·아래쪽은 10mm, 머리말·꼬리말은 10mm, 기타 여백은 0mm 로 지정하시오.

■ 문서의 본문은 1단에서 2단으로 변하는 모양으로 편집하되, 단 간격은 8mm, 구분선은 파선 0.12mm로 설정하시오.

■ 글자 모양

  ○ 글꼴은 별도의 지시가 없는 한 한글 2022의 기본값으로 작성하시오.

  ○ 영문, 숫자, 기호 등은 별도의 지시가 없는 한 자판에 있는 문자를 사용하시오.

■ 문단 모양

  ○ 정렬 방식, 여백 등은 문단 모양 기능을 이용하여 작성하시오.

  ○ 문단 모양은 별도의 지시가 없는 한 한글 2022의 기본값으로 작성하시오.

  ○ 사이 줄 띄우기는 각 1줄만, 사이 띄우기는 1칸만 띄우시오.

■ 표에서 내용의 정렬 방법

  (제목 행과 '합계(평균)' 셀은 가운데 정렬, 나머지는 열 단위를 기준으로 아래와 같이 정렬)

  ○ 내용의 길이가 서로 다른 문자의 경우 왼쪽 정렬

  ○ 내용의 길이가 서로 다른 숫자의 경우 오른쪽 정렬

  ○ 내용의 길이가 서로 같을 경우 문자, 숫자 상관없이 가운데 정렬

■ 색상은 '기본' 테마가 포함된 색상 팔레트를 사용하시오.

■ 각 항목은 별도의 지시가 없는 한 주어진 문서에 기준하여 작성하시오.

■ 각 항목은 별도의 지시가 없는 한 기본 설정값으로 처리하시오.

■ 문제에 제시된 지시사항은 작성하지 않음.

대 한 상 공 회 의 소

1. 다단 설정	모양 – 둘, 구분선 – 구분선 넣기, 적용 범위 – 새 다단으로
2. 쪽 테두리	• 선의 종류 및 굵기 : 실선 0.3mm, 모두 • 위치 : 쪽 기준, 왼쪽 · 오른쪽 · 위쪽 · 아래쪽 모두 5mm
3. 글상자	• 크기 : 너비 170mm, 높이 25mm, 크기 고정 • 위치 : 본문과의 배치 – 자리 차지, 가로 – 종이의 가운데 0mm, 세로 – 종이의 위 20mm • 바깥 여백 : 아래쪽 5mm • 선 속성 : 검정(RGB:0,0,0), 파선 0.2mm • 색 채우기 : 초록(RGB:40,155,110) 80% 밝게
4. 제목	• 제목(1) : 한컴 윤고딕 760, 16pt, 장평(95%), 자간(5%), 진하게, 검은 바다색(RGB:28,61,98) 50% 어둡게, 가운데 정렬 • 제목(2) : 여백 – 왼쪽(340pt)
5. 누름틀	입력할 내용의 안내문 : '발간처 팀명', 입력 데이터 : '이기적 기획팀'
6. 그림	• 경로 : [25]이기적워드올인원₩그림₩진통제.PNG, 문서에 포함 • 크기 : 너비 26mm, 높이 20mm • 위치 : 본문과의 배치 – 글 앞으로, 가로 – 종이의 왼쪽 25mm, 세로 – 종이의 위 23mm • 회전 : 상하 대칭
7. 스타일 (2개소 수정, 3개소 등록)	• 개요 1(수정) : 여백 – 왼쪽(0pt), 함초롬돋움, 11pt, 진하게 • 개요 2(수정) : 여백 – 왼쪽(13pt) • 표제목(등록) : 스타일 이름 – 표제목, 스타일 종류 – 문단, 가운데 정렬, HY헤드라인M, 진하게 • 참고문헌 1(등록) : 스타일 이름 – 참고문헌 1, 스타일 종류 – 문단, 내어쓰기(15pt) • 참고문헌 2(등록) : 스타일 이름 – 참고문헌 2, 스타일 종류 – 글자, 외곽선
8. 문단 첫 글자 장식	• 모양 : 2줄, 글꼴 : 돋움체, 면 색 : 초록(RGB:0,128,0), 본문과의 간격 : 3mm • 글자 색 : 시멘트색(RGB:178,178,178) 80% 밝게
9. 각주	글자 모양 : 함초롬돋움, 번호 모양 : 아라비아 숫자, 뒷 장식 문자 : .
10. 하이퍼링크	• '년도별 기준, 만 개'에 하이퍼링크 설정 • 연결 대상 : 웹 주소 – 'https://kostat.go.kr/ansk'
11. 표	• 크기 : 너비 78mm~80mm, 높이 33mm~34mm • 위치 : 글자처럼 취급 • 전체 행 : 셀 높이를 같게 • 모든 셀의 안 여백 : 왼쪽 · 오른쪽 2mm • 테두리 : 표 안쪽은 실선(0.12mm), 표 바깥의 위쪽과 아래쪽은 실선(0.4mm), 표 바깥의 왼쪽과 오른쪽은 없음, 평균 행 위쪽은 굵고 얇은 이중선(0.5mm) • 제목 행 : 셀 배경 색 – 남색(RGB:51,51,153) 25% 어둡게, 글자 모양 – HY강M, 진하게, 하양(RGB:255,255,255) • 평균 행 : 셀 배경 색 – 탁한 황갈(RGB:131,77,0) 80% 밝게, 글자 모양 – 진하게 • 문단의 정렬 방식 : 가운데 정렬
12. 블록 계산식	표의 평균 행에 블록 계산식을 이용하여 블록 평균 산출
13. 캡션	표 아래에 삽입
14. 차트	• 차트의 모양 : 이중 축 혼합형(누적 세로 막대형, 꺾은선형) • 차트의 크기 : 너비 80mm, 높이 70mm, 크기 고정 • 위치 : 본문과의 배치 – 자리 차지, 가로 – 단의 가운데 0mm, 세로 – 단의 위 0mm • 바깥 여백 : 위쪽 5mm, 아래쪽 8mm • 값 축, 항목 축, 보조 값 축, 범례의 글꼴 설정 : 9pt • 표의 아래 단락에 배치 ※ 혼합형 차트는 차트 종류와 속성을 이용하여 구성하시오.
15. 쪽 번호	번호 위치 : 왼쪽 아래, 모양 : 한자 숫자, 줄표 넣기 선택, 시작 번호 지정
16. 머리말	한컴 윤고딕 740, 진하게, 보라(RGB:157,92,187) 50% 어둡게, 오른쪽 정렬
17. 꼬리말	한컴산뜻돋움, 진하게, 하늘색(RGB:97,130,214) 50% 어둡게, 오른쪽 정렬

❷ 쪽 테두리　　❸ 글상자　　❹ 제목(1)　　❻ 머리말 ➡ **보건소식지 제38호**

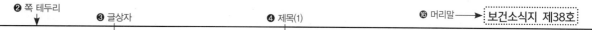

알고 먹으면 약, 모르고 먹으면 독

❹ 제목(2) ➡　발행기관: 이기적 기획팀　❺ 누름틀

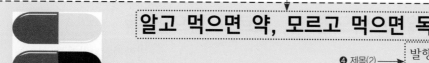　← ❻ 그림　　발행부서: 의약관계부서

❽ 문단 첫 글자 장식

1. 개요　← ❼ 스타일(개요 1)

초 근 습관적으로 진통제(Anodynia)를 복용하는 사람들이 늘어나고 있다. 약간의 두통이나 생리통 등을 느끼면 무심코 진통제를 복용하는 것이 당연시되어 있다. 심지어 진통제를 많이 먹으면 몸에 좋지 않다는 사실에도 불구하고 진통제 사용(使用)을 멈추지 않고 있다. 진통제와 약물 간의 상호작용(Interaction)에 의한 부작용(Side Effects)은 더욱 위험(危險)하다.

❶ 다단 설정　　❼ 스타일(표제목)

⑪ 표

진통제 복용 추세

구분	1분기 통계	4분기 통계	누적
A제약	17.2	30.5	86.6
H약품	15.4	17.3	53.1
Y제약	13.1	20.9	42.9
외국사	10.6	18.2	34.7
평균	14.08	21.73	

⑫ 블록 계산식

(단위: 년도별 기준, 만 기)

⑩ 하이퍼링크　　⑬ 캡션

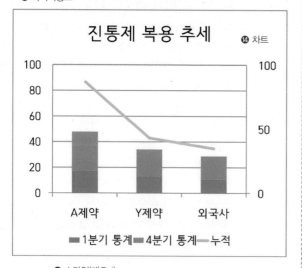

진통제 복용 추세　⑭ 차트

❼ 스타일(개요 1)

2. 진통제의 종류[1]

가. 진통제(Anodynia)는 크게 비마약성 진통제(Nsaids)와 마약성 진통제(Narcotics)로 구분할 수 있다. 의사의 처방(A Doctor Prescription)이 있어야만 살 수 있는 마약성 진통제(Narcotics)는 사용이 제한되어 있어 별문제가 없다.

나. 문제는 일반인들의 접근이 쉬운 비마약성 진통제(NSAID: Non Steroidal Anti

─────────

❾ 각주

1. 자료: 메디컬센터

Inflammatory Drugs)로, 비스테로이드성 소염진통제(NSAIDs)와 아세트아미노펜(Acetaminophen) 등으로 구분(區分)한다.

← ❼ 스타일(개요 2)

3. 진통제의 부작용　← ❼ 스타일(개요 1)

가. 진통제(Anodynia)를 사용하는 사람들은 자신이 복용하는 약이 무엇인지를 정확히 알고 있어야 한다. 또 질병 때문에 복용하는 약에 진통제가 들어 있어 과다 복용(Overdose)하는 경우도 있기 때문이다.

나. 진통제(Anodynia)에는 생각보다 많은 카페인(Caffeine)이 포함된 경우도 있다. 진통제와 더불어 커피(Coffee)나 녹차, 콜라(Cola) 등 카페인(Caffeine) 음료를 많이 마시면 손이나 눈가 떨림 등의 부작용(Side Effects)이 나타날 수 있다. 철분 영양제(Iron Nutrients)와 함께 복용하면 속이 쓰려지므로 주의(注意)해야 한다.

다. 하지만 진통제에도 내성(Tolerance)이 있다고 생각해 복용량을 늘리는 사람들이 있다. 의사의 처방에서 복용량을 늘리는 이유는 내성(Tolerance) 때문이 아니다. 종로의대 종로병원 가정의학과 임현진 교수는 "진통제 복용량을 늘리는 것은 반드시 의사와 상의해 종류와 용량을 결정(決定)해야 한다"라고 강조했다.

전각기호

● Reference

Literature, Review, o,. (2023). Management for id-Induced Constipation. 20(10).

❼ 스타일(참고문헌 1)　　❼ 스타일(참고문헌 2)

알고 먹으면 약, 모르고 먹으면 독

발행기관: 이기적 기획팀
발행부서: 의약관계부서

1. 개요

최 근 습관적으로 진통제(Anodynia)를 복용하는 사람들이 늘어나고 있다. 약간의 두통이나 생리통 등을 느끼면 무심코 진통제를 복용하는 것이 당연시되어 있다. 심지어 진통제를 많이 먹으면 몸에 좋지 않다는 사실에도 불구하고 진통제 사용(使用)을 멈추지 않고 있다. 진통제와 약물 간의 상호작용(Interaction)에 의한 부작용(Side Effects)은 더욱 위험(危險)하다.

진통제 복용 추세

구분	1분기 통계	4분기 통계	누적
A제약	17.2	30.5	86.6
H약품	15.4	17.3	53.1
Y제약	13.1	20.9	42.9
외국사	10.6	18.2	34.7
평균	14.08	21.73	

(단위: 년도별 기준, 만 개)

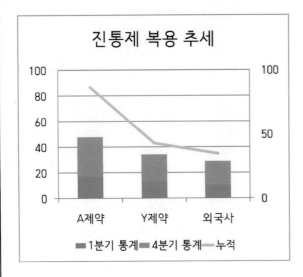

진통제 복용 추세

2. 진통제의 종류[1]

가. 진통제(Anodynia)는 크게 비마약성 진통제(Nsaids)와 마약성 진통제(Narcotics)로 구분할 수 있다. 의사의 처방(A Doctor Prescription)이 있어야만 살 수 있는 마약성 진통제(Narcotics)는 사용이 제한되어 있어 별문제가 없다.

나. 문제는 일반인들의 접근이 쉬운 비마약성 진통제(NSAID: Non Steroidal Anti Inflammatory Drugs)로, 비스테로이드성 소염진통제(NSAIDs)와 아세트아미노펜(Acetaminophen) 등으로 구분(區分)한다.

3. 진통제의 부작용

가. 진통제(Anodynia)를 사용하는 사람들은 자신이 복용하는 약이 무엇인지를 정확히 알고 있어야 한다. 또 질병 때문에 복용하는 약에 진통제가 들어 있어 과다 복용(Overdose)하는 경우도 있기 때문이다.

나. 진통제(Anodynia)에는 생각보다 많은 카페인(Caffeine)이 포함된 경우도 있다. 진통제와 더불어 커피(Coffee)나 녹차, 콜라(Cola) 등 카페인(Caffeine) 음료를 많이 마시면 손이나 눈가 떨림 등의 부작용(Side Effects)이 나타날 수 있다. 철분 영양제(Iron Nutrients)와 함께 복용하면 속이 쓰려지므로 주의(注意)해야 한다.

다. 하지만 진통제에도 내성(Tolerance)이 있다고 생각해 복용량을 늘리는 사람들이 있다. 의사의 처방에서 복용량을 늘리는 이유는 내성(Tolerance) 때문이 아니다. 종로의대 종로병원 가정의학과 임현진 교수는 "진통제 복용량을 늘리는 것은 반드시 의사와 상의해 종류와 용량을 결정(決定)해야 한다"라고 강조했다.

◉ Reference
Literature, Review, o,. (2023). Management for id-Induced Constipation. 20(10).

---

1. 자료: 메디컬센터

상시 공략문제 07회

과목	제한시간
문서편집기능	30분

수험번호 :

성 명 :

·················· **다음 쪽의 문서를 아래 지시사항에 따라 작성하시오** ··················

■ 작성된 답안의 파일은 지정된 경로 및 파일명을 변경하지 마시고 저장해야 합니다. 이를 준수하지 않으면 실격 처리됩니다.

■ 편집 용지

　○ 용지 종류는 A4 용지(210mm×297mm) 1매에 용지 방향을 세로로 설정하여 문서를 작성하시오.

　○ 용지 여백은 왼쪽·오른쪽은 20mm, 위쪽·아래쪽은 10mm, 머리말·꼬리말은 10mm, 기타 여백은 0mm 로 지정하시오.

■ 문서의 본문은 1단에서 2단으로 변하는 모양으로 편집하되, 단 간격은 8mm, 구분선은 실선 0.12mm로 설정하시오.

■ 글자 모양

　○ 글꼴은 별도의 지시가 없는 한 한글 2022의 기본값으로 작성하시오.

　○ 영문, 숫자, 기호 등은 별도의 지시가 없는 한 자판에 있는 문자를 사용하시오.

■ 문단 모양

　○ 정렬 방식, 여백 등은 문단 모양 기능을 이용하여 작성하시오.

　○ 문단 모양은 별도의 지시가 없는 한 한글 2022의 기본값으로 작성하시오.

　○ 사이 줄 띄우기는 각 1줄만, 사이 띄우기는 1칸만 띄우시오.

■ 표에서 내용의 정렬 방법

　(제목 행과 '합계(평균)' 셀은 가운데 정렬, 나머지는 열 단위를 기준으로 아래와 같이 정렬)

　○ 내용의 길이가 서로 다른 문자의 경우 왼쪽 정렬

　○ 내용의 길이가 서로 다른 숫자의 경우 오른쪽 정렬

　○ 내용의 길이가 서로 같을 경우 문자, 숫자 상관없이 가운데 정렬

■ 색상은 '기본' 테마가 포함된 색상 팔레트를 사용하시오.

■ 각 항목은 별도의 지시가 없는 한 주어진 문서에 기준하여 작성하시오.

■ 각 항목은 별도의 지시가 없는 한 기본 설정값으로 처리하시오.

■ 문제에 제시된 지시사항은 작성하지 않음.

대 한 상 공 회 의 소

다음 쪽의 문서를 아래의 〈세부지시사항〉에 따라 작성하시오.

1. 다단 설정	모양 – 둘, 구분선 – 구분선 넣기, 적용 범위 – 새 다단으로
2. 쪽 테두리	• 선의 종류 및 굵기 : 이중 실선 0.5mm, 모두 • 위치 : 쪽 기준, 왼쪽 · 오른쪽 · 위쪽 · 아래쪽 모두 5mm
3. 글상자	• 크기 : 너비 170mm, 높이 23mm, 크기 고정 • 위치 : 본문과의 배치 – 자리 차지, 가로 – 종이의 가운데 0mm, 세로 – 종이의 위 20mm • 바깥 여백 : 아래쪽 7mm • 선 속성 : 검정(RGB:0,0,0), 얇고 굵은 이중선 0.5mm • 색 채우기 : 보라(RGB:157,92,187) 80% 밝게
4. 제목	• 제목(1) : HY강M, 17pt, 장평(105%), 자간(–10%), 진하게, 남색(RGB:51,51,153), 가운데 정렬 • 제목(2) : 여백 – 왼쪽(350pt)
5. 누름틀	입력할 내용의 안내문 : '0000. 0. 0.', 입력 데이터 : '2026. 12. 10.'
6. 그림	• 경로 : [25]이기적워드올인원₩그림₩영화.GIF, 문서에 포함 • 크기 : 너비 28mm, 높이 18mm • 위치 : 본문과의 배치 – 글 앞으로, 가로 – 종이의 왼쪽 23mm, 세로 – 종이의 위 23mm
7. 스타일 (2개소 수정, 3개소 등록)	• 개요 1(수정) : 여백 – 왼쪽(0pt), 한컴 윤고딕 760, 11pt, 진하게 • 개요 2(수정) : 여백 – 왼쪽(15pt) • 표제목(등록) : 스타일 이름 – 표제목, 스타일 종류 – 문단, 가운데 정렬, 맑은 고딕, 진하게 • 참고문헌 1(등록) : 스타일 이름 – 참고문헌 1, 스타일 종류 – 문단, 내어쓰기(20pt) • 참고문헌 2(등록) : 스타일 이름 – 참고문헌 2, 스타일 종류 – 글자, 기울임
8. 문단 첫 글자 장식	• 모양 : 2줄, 글꼴 : 한컴산뜻돋움, 면 색 : 주황(RGB:255,132,58) 50% 어둡게, 본문과의 간격 : 3mm • 글자 색 : 하양(RGB:255,255,255)
9. 각주	글자 모양 : 한컴 윤고딕 230, 번호 모양 : 아라비아 숫자
10. 하이퍼링크	• '영화진흥위원회'에 하이퍼링크 설정 • 연결 대상 : 웹 주소 – 'https://kofic.or.kr'
11. 표	• 크기 : 너비 78mm~80mm, 높이 33mm~34mm • 위치 : 글자처럼 취급 • 전체 행 : 셀 높이를 같게 • 모든 셀의 안 여백 : 왼쪽 · 오른쪽 2mm • 테두리 : 표 안쪽은 실선(0.12mm), 표 바깥의 위쪽과 아래쪽은 실선(0.4mm), 표 바깥의 왼쪽과 오른쪽은 없음, 구분 행 아래와 평균 행 위쪽은 이중 실선(0.5mm) • 제목 행 : 셀 배경 색 – 초록(RGB:0,128,0) 25% 어둡게, 글자 모양 – HY강M, 진하게, 하양(RGB:255,255,255) • 평균 행 : 셀 배경 색 – 시멘트색(RGB:178,178,178) 60% 밝게, 글자 모양 – 진하게 • 문단의 정렬 방식 : 가운데 정렬
12. 블록 계산식	표의 평균 행에 블록 계산식을 이용하여 블록 평균 산출
13. 캡션	표 아래에 삽입 후 오른쪽 정렬
14. 차트	• 차트의 모양 : 이중 축 혼합형(묶은 세로 막대형, 표식이 있는 꺾은선형) • 차트의 크기 : 너비 80mm, 높이 65mm, 크기 고정 • 위치 : 본문과의 배치 – 자리 차지, 가로 – 단의 가운데 0mm, 세로 – 문단의 위 0mm • 바깥 여백 : 위쪽 5mm, 아래쪽 7mm • 값 축, 항목 축, 보조 값 축, 범례의 글꼴 설정 : 9pt • 표의 아래 단락에 배치 ※ 혼합형 차트는 차트 종류와 속성을 이용하여 구성하시오.
15. 쪽 번호	번호 위치 : 오른쪽 아래, 모양 : 아라비아 숫자, 줄표 넣기 선택, 시작 번호 지정
16. 머리말	한컴 윤고딕 740, 10pt, 진하게, 남색(RGB:58,60,132) 50% 어둡게, 오른쪽 정렬
17. 꼬리말	한컴산뜻돋움, 10pt, 진하게, 하늘색(RGB:97,130,214) 25% 어둡게, 왼쪽 정렬

영화 시장 매출 1조 원 돌파

❺ 누름틀

❹ 제목(2) → 게시일: 2026. 12. 10.
게시자: 26학번 박태훈

❻ 그림

❽ 문단 첫 글자 장식

1. 개요 ← ❼ 스타일(개요 1)

우리나라 영화 시장 매출액(Film Market Sales)이 사상 처음으로 1조 원을 돌파한 것으로 집계(集計)됐다. 5일 영화진흥위원회(KOFIC: Korean Film Council) 영화관 입장권 통합전산망에 따르면 지난해 영화 매출액은 1조 817억 원에 이르는 것으로 잠정 집계됐다. 1조 원 시대의 가장 큰 동인(Motive)은 관객 수 증가와 실질 관람료 인상 등에서 찾을 수 있다.

❶ 다단 설정 ❼ 스타일(표제목)

한국 영화 관객 수 성장률 전망
⑪ 표

구분	한국 영화	외국 영화	전체
액션	6.2	3.2	5.6
추리	5.8	-1.9	3.1
공포/스릴러	5.5	2.8	7.8
로맨스	3.4	-5.4	4.5
평균	5.2	-0.3	

⑫ 블록 계산식

(단위: 작년 대비 상승률, %)
⑬ 캡션

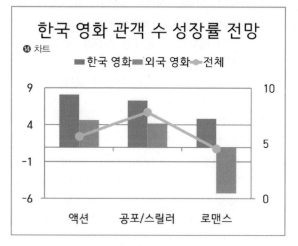

⑭ 차트

한국 영화 관객 수 성장률 전망
■ 한국 영화 ■ 외국 영화 ● 전체

2. 매출액 1조 817억 원 기록 ← ❼ 스타일(개요 1)

가. 올해 영화를 관람한 총관객 수는 1억 5648만 명으로 늘었다. 더욱 긍정적인 것은 국산 영화(Domestic Film) 관람객(Cinema Audience)이 크게 늘었다는 점이다. 이에 비해 외국 영화(Foreign Film) 관객 수는 약 14% 감소했다.

나. 관람료 인상(Raise)은 매출액 증가의 가장 중요한 요인(Main Factor)으로 꼽힌다. 지난해 7월, CGV, 메가박스(Megabox) 등 국내 대형 상영관들은 관람료(Admission Fee)를 주중(Weekdays) 15,000원으로, 주말(Weekend)은 17,000원으로 2,000원씩 올렸다.

← ❼ 스타일(개요 2)

3. 영화 산업 호조세 지속 ← ❼ 스타일(개요 1)

가. 영화진흥위원회 한승회 연구원(Researcher)은 "관객(觀客) 수는 작년과 비슷한 것으로 예상된다"면서 "티켓 가격(Ticket Price)의 인상, 3D나 4D 등 일반 영화보다 비싼 영화들의 상영(上映)이 늘어난 점, 심야 할인(Late-Night Discount)이 줄어든 점 등에 따라 매출액이 증가한 것으로 보인다"고 설명했다.

나. 1조 원 시대 개막과 더불어 국내 영화 산업의 호조(Upswing)는 한동안 지속될 것으로 보인다. 영진위가 발표한 '한국 영화 흥행구조 및 시장규모 예측'에 따르면 우리나라 영화 산업은 한국 영화(映畫) 선전에 힘입어 총관객 수가 꾸준히 증가할 것으로 보인다.

다. 국산 영화 관람객 수는 2024년까지 3~6%씩 증가, 5년간 연평균 5.2% 증가할 것으로 전망됐다. 이에 비해 외화 관객 수는 향후 5년간 2%가량 감소(減少)할 것으로 예상됐다. 앞으로도 매출의 상당 부분을 한국 영화가 이끌어가게 될 것이란 분석이다.

전각기호

◑ Reference ← ❼ 스타일(참고문헌 2)

Janet. ed. (2025). English Teaching through *Movies and Media*. 15(7). 23-25.

❼ 스타일(참고문헌 1)

⑩ 하이퍼링크

⑨ 각주
1) 출처: 영화진흥위원회

영화 시장 매출 1조 원 돌파

게시일: 2026. 12. 10.
게시자: 26학번 박태훈

1. 개요

우리나라 영화 시장 매출액(Film Market Sales)이 사상 처음으로 1조 원을 돌파한 것으로 집계(集計)됐다. 5일 영화진흥위원회(KOFIC: Korean Film Council) 영화관 입장권 통합전산망에 따르면 지난해 영화 매출액은 1조 817억 원에 이르는 것으로 잠정 집계됐다. 1조 원 시대의 가장 큰 동인(Motive)은 관객 수 증가와 실질 관람료 인상 등에서 찾을 수 있다.

한국 영화 관객 수 성장률 전망

구분	한국 영화	외국 영화	전체
액션	6.2	3.2	5.6
추리	5.8	-1.9	3.1
공포/스릴러	5.5	2.8	7.8
로맨스	3.4	-5.4	4.5
평균	5.2	-0.3	

(단위: 작년 대비 상승률, %)

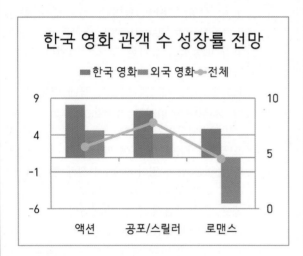

2. 매출액 1조 817억 원 기록

가. 올해 영화를 관람한 총관객 수는 1억 5648만 명으로 늘었다. 더욱 긍정적인 것은 국산 영화(Domestic Film) 관람객(Cinema Audience)이 크게 늘었다는 점이다. 이에 비해 외국 영화(Foreign Film) 관객 수는 약 14% 감소했다.

나. 관람료 인상(Raise)은 매출액 증가의 가장 중요한 요인(Main Factor)으로 꼽힌다. 지난해 7월, CGV, 메가박스(Megabox) 등 국내 대형 상영관들은 관람료(Admission Fee)를 주중(Weekdays) 15,000원으로, 주말(Weekend)은 17,000원으로 2,000원씩 올렸다.

3. 영화 산업 호조세 지속

가. 영화진흥위원회 한승회 연구원(Researcher)은 "관객(觀客) 수는 작년과 비슷한 것으로 예상된다"면서 "티켓 가격(Ticket Price)의 인상, 3D나 4D 등 일반 영화보다 비싼 영화들의 상영(上映)이 늘어난 점, 심야 할인(Late-Night Discount)이 줄어든 점 등에 따라 매출액이 증가한 것으로 보인다"고 설명했다.

나. 1조 원 시대 개막과 더불어 국내 영화 산업의 호조(Upswing)는 한동안 지속될 것으로 보인다. 영진위가 발표한 '한국 영화 흥행구조 및 시장규모 예측'에 따르면 우리나라 영화 산업은 한국 영화(映畫) 선전에 힘입어 총관객 수가 꾸준히 증가할 것[1]으로 보인다.

다. 국산 영화 관람객 수는 2024년까지 3~6%씩 증가, 5년간 연평균 5.2% 증가할 것으로 전망됐다. 이에 비해 외화 관객 수는 향후 5년간 2%가량 감소(減少)할 것으로 예상됐다. 앞으로도 매출의 상당 부분을 한국 영화가 이끌어가게 될 것이란 분석이다.

◑ Reference

Janet. ed. (2025). English Teaching through *Movies and Media*. 15(7). 23-25.

---

1) 출처: 영화진흥위원회

상시 공략문제 08회

과목	제한시간
문서편집기능	30분

수험번호 :

성   명 :

················· **다음 쪽의 문서를 아래 지시사항에 따라 작성하시오** ·················

- 작성된 답안의 파일은 지정된 경로 및 파일명을 변경하지 마시고 저장해야 합니다. 이를 준수하지 않으면 실격 처리됩니다.

- 편집 용지
  - 용지 종류는 A4 용지(210mm×297mm) 1매에 용지 방향을 세로로 설정하여 문서를 작성하시오.
  - 용지 여백은 왼쪽·오른쪽은 20mm, 위쪽·아래쪽은 10mm, 머리말·꼬리말은 10mm, 기타 여백은 0mm 로 지정하시오.

- 문서의 본문은 1단에서 2단으로 변하는 모양으로 편집하되, 단 간격은 8mm, 구분선은 실선 0.12mm로 설정하시오.

- 글자 모양
  - 글꼴은 별도의 지시가 없는 한 한글 2022의 기본값으로 작성하시오.
  - 영문, 숫자, 기호 등은 별도의 지시가 없는 한 자판에 있는 문자를 사용하시오.

- 문단 모양
  - 정렬 방식, 여백 등은 문단 모양 기능을 이용하여 작성하시오.
  - 문단 모양은 별도의 지시가 없는 한 한글 2022의 기본값으로 작성하시오.
  - 사이 줄 띄우기는 각 1줄만, 사이 띄우기는 1칸만 띄우시오.

- 표에서 내용의 정렬 방법
  (제목 행과 '합계(평균)' 셀은 가운데 정렬, 나머지는 열 단위를 기준으로 아래와 같이 정렬)
  - 내용의 길이가 서로 다른 문자의 경우 왼쪽 정렬
  - 내용의 길이가 서로 다른 숫자의 경우 오른쪽 정렬
  - 내용의 길이가 서로 같을 경우 문자, 숫자 상관없이 가운데 정렬

- 색상은 '기본' 테마가 포함된 색상 팔레트를 사용하시오.

- 각 항목은 별도의 지시가 없는 한 주어진 문서에 기준하여 작성하시오.

- 각 항목은 별도의 지시가 없는 한 기본 설정값으로 처리하시오.

- 문제에 제시된 지시사항은 작성하지 않음.

대 한 상 공 회 의 소

C형	**다음 쪽의 문서를 아래의 〈세부지시사항〉에 따라 작성하시오.**

1. 다단 설정	모양 – 둘, 구분선 – 구분선 넣기, 적용 범위 – 새 다단으로
2. 쪽 테두리	• 선의 종류 및 굵기 : 실선 0.5mm, 모두 • 위치 : 쪽 기준, 왼쪽 · 오른쪽 · 위쪽 · 아래쪽 모두 5mm
3. 글상자	• 크기 : 너비 170mm, 높이 28mm, 크기 고정 • 위치 : 본문과의 배치 – 자리 차지, 가로 – 종이의 가운데 0mm, 세로 – 종이의 위 20mm • 바깥 여백 : 아래쪽 7mm • 선 속성 : 검정(RGB:0,0,0), 이중 실선 0.5mm • 색 채우기 : 연한 노랑(RGB:250,243,219) 25% 어둡게
4. 제목	• 제목(1) : 한컴 윤고딕 760, 18pt, 장평(105%), 자간(-10%), 진하게, 빨강(RGB:255,0,0) 25% 어둡게, 가운데 정렬 • 제목(2) : 여백 – 왼쪽(340pt)
5. 누름틀	입력할 내용의 안내문 : '이름 직위', 입력 데이터 : '최유민 수습기자'
6. 그림	• 경로 : [25]이기적워드올인원₩그림₩경기.JPG, 문서에 포함 • 크기 : 너비 28mm, 높이 18mm • 위치 : 본문과의 배치 – 글 앞으로, 가로 – 종이의 왼쪽 23mm, 세로 – 종이의 위 25mm • 회전 : 좌우 대칭
7. 스타일 (2개소 수정, 3개소 등록)	• 개요 1(수정) : 여백 – 왼쪽(0pt), 함초롬돋움, 11pt, 진하게 • 개요 2(수정) : 여백 – 왼쪽(18pt) • 표제목(등록) : 스타일 이름 – 표제목, 스타일 종류 – 문단, 가운데 정렬, HY나무M, 진하게 • 참고문헌 1(등록) : 스타일 이름 – 참고문헌 1, 스타일 종류 – 문단, 들여쓰기(15pt) • 참고문헌 2(등록) : 스타일 이름 – 참고문헌 2, 스타일 종류 – 글자, 밑줄
8. 문단 첫 글자 장식	• 모양 : 3줄, 글꼴 : 한컴산뜻돋움, 면 색 : 주황(RGB:255,132,58) 25% 어둡게, 본문과의 간격 : 3mm • 글자 색 : 하양(RGB:255,255,255)
9. 각주	글자 모양 : 한컴 윤고딕 250, 번호 모양 : 아라비아 숫자
10. 하이퍼링크	• '통계청 5월 발표'에 하이퍼링크 설정 • 연결 대상 : 웹 주소 – 'http://kostat.go.kr'
11. 표	• 크기 : 너비 78mm~80mm, 높이 33mm~34mm • 위치 : 글자처럼 취급 • 전체 행 : 셀 높이를 같게 • 모든 셀의 안 여백 : 왼쪽 · 오른쪽 2mm • 테두리 : 표 안쪽은 실선(0.12mm), 표 바깥의 위쪽과 아래쪽은 실선(0.4mm), 표 바깥의 왼쪽과 오른쪽은 없음, 평균 행 위쪽은 이중 실선(0.5mm) • 제목 행 : 셀 배경 색 – 하늘색(RGB:97,130,214) 50% 어둡게, 글자 모양 – 함초롬돋움, 진하게, 하양(RGB:255,255,255) • 평균 행 : 셀 배경 색 – 하늘색(RGB:97,130,214) 80% 밝게, 글자 모양 – 진하게 • 문단의 정렬 방식 : 가운데 정렬
12. 블록 계산식	표의 평균 행에 블록 계산식을 이용하여 블록 평균 산출
13. 캡션	표 아래에 삽입 후 오른쪽 정렬
14. 차트	• 차트의 모양 : 이중 축 혼합형(묶은 가로 막대형, 표식이 있는 꺾은선형) • 차트의 크기 : 너비 80mm, 높이 65mm, 크기 고정 • 위치 : 본문과의 배치 – 자리 차지, 가로 – 단의 가운데 0mm, 세로 – 문단의 위 0mm • 바깥 여백 : 위쪽 5mm, 아래쪽 7mm • 값 축, 항목 축, 보조 값 축, 범례의 글꼴 설정 : 9pt • 표의 아래 단락에 배치 ※ 혼합형 차트는 차트 종류와 속성을 이용하여 구성하시오.
15. 쪽 번호	번호 위치 : 왼쪽 아래, 모양 : 아라비아 숫자 원문자, 줄표 넣기 선택, 시작 번호 지정
16. 머리말	맑은 고딕, 10pt, 진하게, 남색(RGB:51,51,153) 40% 밝게, 오른쪽 정렬
17. 꼬리말	한컴 윤고딕 240, 10pt, 진하게, 주황(RGB:255,102,0) 25% 어둡게, 가운데 정렬

❷ 쪽 테두리 ❸ 글상자 ❹ 제목(1) ⓫⑯ 머리말 → 경제읽기일보

경제지표, 날개 없는 추락

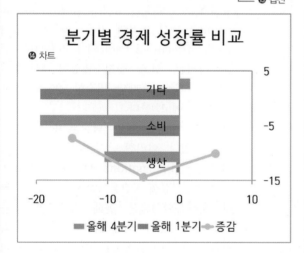
← ❻ 그림

❺ 누름틀
❹ 제목(2) → 보고자: 최유민 수습기자
보고일: 2026년 10월 5일

❽ 문단 첫 글자 장식

1. 개요 ← ❼ 스타일(개요 1)

바야흐로 '마이너스' 성장 시대다. 4분기 경제 성장률(Rate Of Economic Growth)은 전기 대비 5.6% 떨어졌다. 전년 동기와 비교하면 3.4% 추락(墜落)했다. 김경주 한화증권 이코노미스트(Economist)는 "쇼크 수준의 추락"이라고 한다. 눈에 보이는 경제지표(Economic Indicator)는 최악이다. 지난해 경제 성장률은 1998년 외환위기(-6.0%) 이후, 분기 수치로는 가장 형편없는 성적표다.

❶ 다단 설정   ❼ 스타일(표제목)

분기별 경제 성장률 비교   ⓫ 표

구분	올해 1분기	올해 4분기	증감
생산	-0.42	-10.41	-5.42
제조	77.11	66.82	71.97
소비	-9.14	-19.46	-14.30
기타	-19.43	1.47	-8.98
평균	12.03	9.61	

⓬ 블록 계산식

(단위: 전년 대비 증감률, %)

⓭ 캡션

분기별 경제 성장률 비교

⓮ 차트

(차트: 기타, 소비, 생산 / 올해 4분기, 올해 1분기, 증감)

2. 죽음의 바다에 진입 ← ❼ 스타일(개요 1)

가. 지난해 12월 -18.6%를 기록한 광공업(Mining Industry) 생산율도 40년 만에 최악의 수치로 나타났다. 더 이상 추락할 곳이 없어 보인다. "최악 다음은 바닥을 치는 것"이라며 "지금 불황(不況)은 조속한 시일 내에 극복할 수 있을 것"이라는 낙관론(Optimistic View)이 나온다. 하지만 실상(Actual Circumstances)은 완전히 딴판이다.

나. 최악의 경기지표를 바닥으로 판단하면 오산(Misjudgment)이라는 지적이 전문가들의 중론(Public Opinion)이다. 겉으로 드러난 경기지표를 단순하게 보지 말고 행간을 꼼꼼히 읽으라는 것이다.

← ❼ 스타일(개요 2)

3. 외환위기보다 속도 빨라 ← ❼ 스타일(개요 1)

가. 경제는 지금 '죽음의 바다'로 향하고 있다. 외환위기 이후 쾌속 질주하던 대한민국호의 앞길에는 세계 경기 침체(Economic Slump), 원화 약세에 따른 투자부담 증가 등 악재(Negative Factor)가 가득하다. 이는 다시는 겪고 싶지 않았던 외환위기(Money Crisis) 때와 비슷한 강도의 침체(沈滯)를 예고[1]한다.

나. 그럼에도 정부는 연일 '낙관론'을 설파하고 있어 아쉽다. 이러한 근거(根據)는 국제통화기금(IMF: International Monetary Fund)이 전망한 '경제 성장률 4% 회복'이다. 그러나 국제통화기금은 올해 경제 성장률을 -4%로 예상했다. 이에 따르면 지금처럼 팍팍한 민생으로 돌아오는 데도 꼬박 2년이 걸린다는 이야기가 된다. 경기하강 속도가 하루가 다르게 빨라지고 있는 지금, 지나친 낙관론보다는 경제 부활을 위해 비책(秘策)이 필요할 때다.

전각기호
▼ Reference   ❼ 스타일(참고문헌 2)

Economic Research. (2025). The Economy of Time and the Idea. 10(3). 78-79.

❼ 스타일(참고문헌 1)

⓾ 하이퍼링크   ❾ 각주 →

1) 통계청 5월 발표

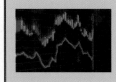

경제지표, 날개 없는 추락

보고자: 최유민 수습기자
보고일: 2026년 10월 5일

1. 개요

야흐로 '마이너스' 성장 시대다. 4분기 경제 성장률(Rate Of Economic Growth)은 전기 대비 5.6% 떨어졌다. 전년 동기와 비교하면 3.4% 추락(墜落)했다. 김경주 한화증권 이코노미스트(Economist)는 "쇼크 수준의 추락"이라고 한다. 눈에 보이는 경제지표(Economic Indicator)는 최악이다. 지난해 경제 성장률은 1998년 외환위기(-6.0%) 이후, 분기 수치로는 가장 형편없는 성적표다.

분기별 경제 성장률 비교

구분	올해 1분기	올해 4분기	증감
생산	-0.42	-10.41	-5.42
제조	77.11	66.82	71.97
소비	-9.14	-19.46	-14.30
기타	-19.43	1.47	-8.98
평균	12.03	9.61	

(단위: 전년 대비 증감률, %)

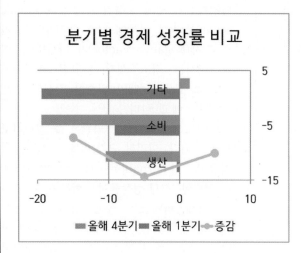

2. 죽음의 바다에 진입

가. 지난해 12월 -18.6%를 기록한 광공업(Mining Industry) 생산율도 40년 만에 최악의 수치로 나타났다. 더 이상 추락할 곳이 없어 보인다. "최악 다음은 바닥을 치는 것"이라며 "지금 불황(不況)은 조속한 시일 내에 극복할 수 있을 것"이라는 낙관론(Optimistic View)이 나온다. 하지만 실상(Actual Circumstances)은 완전히 딴판이다.

나. 최악의 경기지표를 바닥으로 판단하면 오산(Misjudgment)이라는 지적이 전문가들의 중론(Public Opinion)이다. 겉으로 드러난 경기지표를 단순하게 보지 말고 행간을 꼼꼼히 읽으라는 것이다.

3. 외환위기보다 속도 빨라

가. 경제는 지금 '죽음의 바다'로 향하고 있다. 외환위기 이후 쾌속 질주하던 대한민국호의 앞길에는 세계 경기 침체(Economic Slump), 원화 약세에 따른 투자부담 증가 등 악재(Negative Factor)가 가득하다. 이는 다시는 겪고 싶지 않았던 외환위기(Money Crisis) 때와 비슷한 강도의 침체(沈滯)를 예고[1]한다.

나. 그럼에도 정부는 연일 '낙관론'을 설파하고 있어 아쉽다. 이러한 근거(根據)는 국제통화기금(IMF: International Monetary Fund)이 전망한 '경제 성장률 4% 회복'이다. 그러나 국제통화기금은 올해 경제 성장률을 -4%로 예상했다. 이에 따르면 지금처럼 팍팍한 민생으로 돌아오는 데도 꼬박 2년이 걸린다는 이야기가 된다. 경기하강 속도가 하루가 다르게 빨라지고 있는 지금, 지나친 낙관론보다는 경제 부활을 위해 비책(秘策)이 필요할 때다.

▼ Reference
Economic Research. (2025). The Economy of Time and the Idea. 10(3). 78-79.

---

1) 통계청 5월 발표

상시 공략문제 09회

과목	제한시간
문서편집기능	30분

수험번호 :

성　　명 :

·················· **다음 쪽의 문서를 아래 지시사항에 따라 작성하시오** ··················

■ 작성된 답안의 파일은 지정된 경로 및 파일명을 변경하지 마시고 저장해야 합니다. 이를 준수하지 않으면 실격 처리됩니다.

■ 편집 용지
　○ 용지 종류는 A4 용지(210mm×297mm) 1매에 용지 방향을 세로로 설정하여 문서를 작성하시오.
　○ 용지 여백은 왼쪽·오른쪽은 20mm, 위쪽·아래쪽은 10mm, 머리말·꼬리말은 10mm, 기타 여백은 0mm 로 지정하시오.

■ 문서의 본문은 2단으로 편집하되, 단 간격은 8mm, 구분선은 실선 0.12mm로 설정하시오.

■ 글자 모양
　○ 글꼴은 별도의 지시가 없는 한 한글 2022의 기본값으로 작성하시오.
　○ 영문, 숫자, 기호 등은 별도의 지시가 없는 한 자판에 있는 문자를 사용하시오.

■ 문단 모양
　○ 정렬 방식, 여백 등은 문단 모양 기능을 이용하여 작성하시오.
　○ 문단 모양은 별도의 지시가 없는 한 한글 2022의 기본값으로 작성하시오.
　○ 사이 줄 띄우기는 각 1줄만, 사이 띄우기는 1칸만 띄우시오.

■ 표에서 내용의 정렬 방법
　(제목 행과 '합계(평균)' 셀은 가운데 정렬. 나머지는 열 단위를 기준으로 아래와 같이 정렬)
　○ 내용의 길이가 서로 다른 문자의 경우 왼쪽 정렬
　○ 내용의 길이가 서로 다른 숫자의 경우 오른쪽 정렬
　○ 내용의 길이가 서로 같을 경우 문자, 숫자 상관없이 가운데 정렬

■ 색상은 '기본' 테마가 포함된 색상 팔레트를 사용하시오.

■ 각 항목은 별도의 지시가 없는 한 주어진 문서에 기준하여 작성하시오.

■ 각 항목은 별도의 지시가 없는 한 기본 설정값으로 처리하시오.

■ 문제에 제시된 지시사항은 작성하지 않음.

대 한 상 공 회 의 소

1. 쪽 테두리	• 선의 종류 및 굵기 : 점선 0.4mm, 모두 • 위치 : 쪽 기준, 왼쪽 · 오른쪽 · 위쪽 · 아래쪽 모두 5mm
2. 글상자	• 크기 : 너비 170mm, 높이 25mm, 크기 고정 • 위치 : 본문과의 배치 – 자리 차지, 가로 – 종이의 가운데 0mm, 세로 – 종이의 위 20mm • 바깥 여백 : 아래쪽 7mm • 선 속성 : 검정(RGB:0,0,0), 이중 실선 0.4mm • 색 채우기 : 노랑(RGB:255,215,0) 80% 밝게
3. 제목	• 제목(1) : 한컴 윤고딕 760, 15pt, 장평(95%), 자간(5%), 진하게, 주황(RGB:255,132,58) 50% 어둡게, 가운데 정렬 • 제목(2) : 여백 – 왼쪽(340pt)
4. 누름틀	입력할 내용의 안내문 : '0000. 0. 0.', 입력 데이터 : '2026. 2. 28.'
5. 그림	• 경로 : [25]이기적워드올인원\그림\대학생.TIF, 문서에 포함 • 크기 : 너비 28mm, 높이 20mm • 위치 : 본문과의 배치 – 글 앞으로, 가로 – 종이의 왼쪽 23mm, 세로 – 종이의 위 23mm
6. 스타일 (2개소 수정, 3개소 등록)	• 개요 1(수정) : 여백 – 왼쪽(0pt), 휴먼고딕, 11pt, 진하게 • 개요 2(수정) : 여백 – 왼쪽(15pt) • 표제목(등록) : 스타일 이름 – 표제목, 스타일 종류 – 문단, 가운데 정렬, 한컴 윤고딕 740, 진하게 • 참고문헌 1(등록) : 스타일 이름 – 참고문헌 1, 스타일 종류 – 문단, 들여쓰기(15pt) • 참고문헌 2(등록) : 스타일 이름 – 참고문헌 2, 스타일 종류 – 글자, 기울임
7. 문단 첫 글자 장식	• 모양 : 3줄, 글꼴 : 맑은 고딕, 면 색 : 남색(RGB:58,60,132), 본문과의 간격 : 3mm • 글자 색 : 하양(RGB:255,255,255)
8. 각주	글자 모양 : 함초롬돋움, 번호 모양 : 아라비아 숫자
9. 하이퍼링크	• '대학연합신문, %'에 하이퍼링크 설정 • 연결 대상 : 웹 주소 – 'https://www.si.re.kr'
10. 표	• 크기 : 너비 78mm~80mm, 높이 33mm~34mm • 위치 : 글자처럼 취급 • 전체 행 : 셀 높이를 같게 • 모든 셀의 안 여백 : 왼쪽 · 오른쪽 2mm • 테두리 : 표 안쪽은 실선(0.12mm), 표 바깥의 위쪽과 아래쪽은 실선(0.4mm), 표 바깥의 왼쪽과 오른쪽은 없음, 평균 행 위쪽은 이중 실선(0.5mm) • 제목 행 : 셀 배경 색 – 보라(RGB:157,92,187) 25% 어둡게, 글자 모양 – HY강M, 진하게, 하양(RGB:255,255,255) • 평균 행 : 셀 배경 색 – 초록(RGB:40,155,110) 80% 밝게, 글자 모양 – 진하게 • 문단의 정렬 방식 : 가운데 정렬
11. 블록 계산식	표의 평균 행에 블록 계산식을 이용하여 블록 평균 산출
12. 캡션	표 아래에 삽입 후 오른쪽 정렬
13. 차트	• 차트의 모양 : 이중 축 혼합형(묶은 세로 막대형, 누적 꺾은선형) • 차트의 크기 : 너비 80mm, 높이 65mm, 크기 고정 • 위치 : 본문과의 배치 – 자리 차지, 가로 – 단의 가운데 0mm, 세로 – 문단의 위 0mm • 바깥 여백 : 위쪽 5mm, 아래쪽 8mm • 값 축, 항목 축, 보조 값 축, 범례의 글꼴 설정 : 9pt • 표의 아래 단락에 배치 ※ 혼합형 차트는 차트 종류와 속성을 이용하여 구성하시오.
14. 쪽 번호	번호 위치 : 가운데 아래, 모양 : 아라비아 숫자 원문자, 줄표 넣기 해제, 시작 번호 지정
15. 머리말	HY견고딕, 10pt, 초록(RGB:40,155,110) 25% 어둡게, 오른쪽 정렬
16. 꼬리말	한컴산뜻돋움, 10pt, 진하게, 노랑(RGB:255,215,0) 50% 어둡게, 오른쪽 정렬

한국 대학생 우울 증세 심각

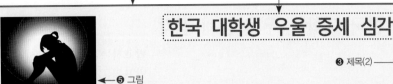

❸ 제목(2) →
❹ 누름틀 →
발표자: 김태민 상담사
발표일: 2026. 2. 28.

❺ 그림

❼ 문단 첫 글자 장식

1. 개요　← ❻ 스타일(개요 1)

한국 대학생의 45%가 우울(Depression) 증상을 느끼고 있는 것으로 나타났다. 대학생 우울증의 가장 큰 원인으로는 취업 문제기 꼽혔다. 교우(交友)관계, 학업 문제, 정서 문제 등도 원인으로 나타났다. 과열된 학점 경쟁, 취업난 등 스트레스(Stress)가 점차 심화하면서 한국 대학생들의 심리 건강(Psychological Health)이 위험한 수준에 다다른 것으로 해석된다.

❻ 스타일(표제목)

❿ 표

대학생의 우울증 통계1)

구분	10년 전	현재	향후
한국	28.5	45.5	51.0
중국	22.4	38.2	39.3
미국	33.7	43.8	50.7
일본	24.9	31.3	33.5
평균	27.4	39.7	

⓫ 블록 계산식

(단위: 대학연합신문, %)
⓬ 캡션
❾ 하이퍼링크

⓭ 차트

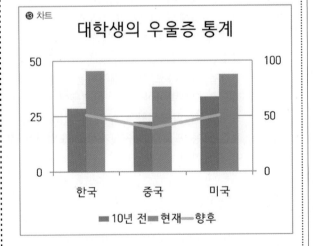

대학생의 우울증 통계

■10년 전 ■현재 ■향후

2. 연구 결과 분석　← ❻ 스타일(개요 1)

　가 세계대학생연맹협의회(International Federation of University Students)는 지난달 1일부터 8일까지 미국 캘리포니아에서 개최한 제63차 심포지엄(International Symposium)에서 한국, 중국, 미국, 일본의

❽ 각주 →

1) 대학생의 우울 정도 분석

대학생 각 3,000명씩을 대상으로 실시한 [대학생의 생활 실태와 사회 의식에 관한 국제 비교 연구]의 결과를 발표하였다.

　나 그 결과 한국 대학생은 45.5%가 우울 증상을 경험하고 있는 것으로 응답했다. 미국 대학생은 43.8%, 중국 대학생은 38.2%, 일본 대학생은 31.3%가 경증에서 중증 수준의 우울증을 겪고 있는 것으로 조사됐다.

← ❻ 스타일(개요 2)

3. 해결 방안 마련　← ❻ 스타일(개요 1)

　가 대학생의 우울 증상 유병률은 한국, 미국, 중국, 일본 순이었다. 한국 대학생의 정신건강 문제가 사회적 논의 대상으로 대두되고 있지만 정부 차원의 뚜렷한 대책이나 예산은 거의 없는 상황이다. 정부 차원에서 교내 심리 상담센터를 운영하고 체계적인 지원 시스템을 마련해야 한다.

　나 대학은 학생들이 정신적 위기 상태에서 치료와 도움을 받을 수 있도록 정신건강 관리 시스템을 제공해야 한다. 상황이 위급할 때 캠퍼스 근처에서 신속하게 전문화된 우울증 진료를 받을 수 있도록 지원해야 한다.

　다 교수진과 교직원은 대학에서 학생들의 정신건강을 파악하고 이에 대처하는 방법을 의무적으로 교육받아야 한다. 학생들이 정신적으로 건강한 학교생활을 누릴 수 있도록 현실적인 교육 프로그램을 설계하고 도입하는 것이 중요하다.

전각기호

◆ Reference

International Comparative Study. (2026). Life Status and Social Consciousness of University Students, *Report*. 36(9). 8-31.

❻ 스타일(참고문헌 1)　❻ 스타일(참고문헌 2)

한국 대학생 우울 증세 심각

발표자: 김태민 상담사
발표일: 2026. 2. 28.

1. 개요

한국 대학생의 45%가 우울(Depression) 증상을 느끼고 있는 것으로 나타났다. 대학생 우울증의 가장 큰 원인으로는 취업 문제가 꼽혔다. 교우(交友)관계, 학업 문제, 정서 문제 등도 원인으로 나타났다. 과열된 학점 경쟁, 취업난 등 스트레스(Stress)가 점차 심화하면서 한국 대학생들의 심리 건강(Psychological Health)이 위험한 수준에 다다른 것으로 해석된다.

대학생의 우울증 통계[1]

구분	10년 전	현재	향후
한국	28.5	45.5	51.0
중국	22.4	38.2	39.3
미국	33.7	43.8	50.7
일본	24.9	31.3	33.5
평균	27.4	39.7	

(단위: 대학연합신문, %)

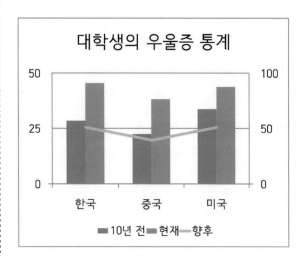

대학생의 우울증 통계

■10년 전 ■현재 —향후

2. 연구 결과 분석

가. 세계대학생연맹협의회(International Federation of University Students)는 지난달 1일부터 8일까지 미국 캘리포니아에서 개최한 제63차 심포지엄(International Symposium)에서 한국, 중국, 미국, 일본의 대학생 각 3,000명씩을 대상으로 실시한 [대학생의 생활 실태와 사회 의식에 관한 국제 비교 연구]의 결과를 발표하였다.

나. 그 결과 한국 대학생은 45.5%가 우울 증상을 경험하고 있는 것으로 응답했다. 미국 대학생은 43.8%, 중국 대학생은 38.2%, 일본 대학생은 31.3%가 경증에서 중증 수준의 우울증을 겪고 있는 것으로 조사됐다.

3. 해결 방안 마련

가. 대학생의 우울 증상 유병률은 한국, 미국, 중국, 일본 순이었다. 한국 대학생의 정신건강 문제가 사회적 논의 대상으로 대두되고 있지만 정부 차원의 뚜렷한 대책이나 예산은 거의 없는 상황이다. 정부 차원에서 교내 심리 상담센터를 운영하고 체계적인 지원 시스템을 마련해야 한다.

나. 대학은 학생들이 정신적 위기 상태에서 치료와 도움을 받을 수 있도록 정신건강 관리 시스템을 제공해야 한다. 상황이 위급할 때 캠퍼스 근처에서 신속하게 전문화된 우울증 진료를 받을 수 있도록 지원해야 한다.

다. 교수진과 교직원은 대학에서 학생들의 정신 건강을 파악하고 이에 대처하는 방법을 의무적으로 교육받아야 한다. 학생들이 정신적으로 건강한 학교생활을 누릴 수 있도록 현실적인 교육 프로그램을 설계하고 도입하는 것이 중요하다.

◆ Reference
International Comparative Study. (2026). Life Status and Social Consciousness of University Students, *Report*. 36(9). 8-31.

---

1) 대학생의 우울 정도 분석

과목	제한시간
문서편집기능	30분

수험번호 :

성　　명 :

············· **다음 쪽의 문서를 아래 지시사항에 따라 작성하시오** ·············

■ 작성된 답안의 파일은 지정된 경로 및 파일명을 변경하지 마시고 저장해야 합니다. 이를 준수하지 않으면 실격 처리됩니다.

■ 편집 용지
  ○ 용지 종류는 A4 용지(210mm×297mm) 1매에 용지 방향을 세로로 설정하여 문서를 작성하시오.
  ○ 용지 여백은 왼쪽·오른쪽은 20mm, 위쪽·아래쪽은 10mm, 머리말·꼬리말은 10mm, 기타 여백은 0mm 로 지정하시오.

■ 문서의 본문은 1단에서 2단으로 변하는 모양으로 편집하되, 단 간격은 8mm, 구분선은 점선 0.12mm로 설정하시오.

■ 글자 모양
  ○ 글꼴은 별도의 지시가 없는 한 한글 2022의 기본값으로 작성하시오.
  ○ 영문, 숫자, 기호 등은 별도의 지시가 없는 한 자판에 있는 문자를 사용하시오.

■ 문단 모양
  ○ 정렬 방식, 여백 등은 문단 모양 기능을 이용하여 작성하시오.
  ○ 문단 모양은 별도의 지시가 없는 한 한글 2022의 기본값으로 작성하시오.
  ○ 사이 줄 띄우기는 각 1줄만, 사이 띄우기는 1칸만 띄우시오.

■ 표에서 내용의 정렬 방법
  (제목 행과 '합계(평균)' 셀은 가운데 정렬, 나머지는 열 단위를 기준으로 아래와 같이 정렬)
  ○ 내용의 길이가 서로 다른 문자의 경우 왼쪽 정렬
  ○ 내용의 길이가 서로 다른 숫자의 경우 오른쪽 정렬
  ○ 내용의 길이가 서로 같을 경우 문자, 숫자 상관없이 가운데 정렬

■ 색상은 '기본' 테마가 포함된 색상 팔레트를 사용하시오.

■ 각 항목은 별도의 지시가 없는 한 주어진 문서에 기준하여 작성하시오.

■ 각 항목은 별도의 지시가 없는 한 기본 설정값으로 처리하시오.

■ 문제에 제시된 지시사항은 작성하지 않음.

대 한 상 공 회 의 소

1. 다단 설정	모양 – 둘, 구분선 – 구분선 넣기, 적용 범위 – 새 다단으로
2. 쪽 테두리	• 선의 종류 및 굵기 : 얇고 굵은 이중선 0.5mm, 모두 • 위치 : 쪽 기준, 왼쪽 · 오른쪽 · 위쪽 · 아래쪽 모두 5mm
3. 글상자	• 크기 : 너비 170mm, 높이 25mm, 크기 고정 • 위치 : 본문과의 배치 – 자리 차지, 가로 – 종이의 가운데 0mm, 세로 – 종이의 위 20mm • 바깥 여백 : 아래쪽 5mm • 선 속성 : 검정(RGB:0,0,0), 실선 0.12mm • 색 채우기 : 주황(RGB:255,132,58) 60% 밝게
4. 제목	• 제목(1) : 한컴 윤고딕 760, 18pt, 장평(110%), 자간(–5%), 진하게, 남색(RGB:58,60,132), 가운데 정렬 • 제목(2) : 여백 – 왼쪽(340pt)
5. 누름틀	입력할 내용의 안내문 : '이름 직위', 입력 데이터 : '전현식 선임연구원'
6. 그림	• 경로 : [25]이기적워드올인원₩그림₩금융사.PNG, 문서에 포함 • 크기 : 너비 28mm, 높이 18mm • 위치 : 본문과의 배치 – 글 앞으로, 가로 – 종이의 왼쪽 23mm, 세로 – 종이의 위 24mm • 회전 : 좌우 대칭
7. 스타일 (2개소 수정, 3개소 등록)	• 개요 1(수정) : 여백 – 왼쪽(0pt), HY강M, 11pt, 진하게 • 개요 2(수정) : 여백 – 왼쪽(13pt) • 표제목(등록) : 스타일 이름 – 표제목, 스타일 종류 – 문단, 가운데 정렬, 함초롬돋움, 13pt, 진하게 • 참고문헌 1(등록) : 스타일 이름 – 참고문헌 1, 스타일 종류 – 문단, 내어쓰기(20pt) • 참고문헌 2(등록) : 스타일 이름 – 참고문헌 2, 스타일 종류 – 글자, 진하게
8. 문단 첫 글자 장식	• 모양 : 2줄, 글꼴 : 맑은 고딕, 면 색 : 노랑(RGB:255,215,0) 80% 밝게, 본문과의 간격 : 3mm • 글자 색 : 남색(RGB:58,60,132) 50% 어둡게
9. 각주	글자 모양 : 한컴 윤고딕 230, 번호 모양 : 아라비아 숫자
10. 하이퍼링크	• '금융감독원 홈페이지'에 하이퍼링크 설정 • 연결 대상 : 웹 주소 – 'https://www.fss.or.kr'
11. 표	• 크기 : 너비 78mm~80mm, 높이 33mm~34mm • 위치 : 글자처럼 취급 • 전체 행 : 셀 높이를 같게 • 모든 셀의 안 여백 : 왼쪽 · 오른쪽 2mm • 테두리 : 표 안쪽은 실선(0.12mm), 표 바깥의 위쪽과 아래쪽은 실선(0.4mm), 표 바깥의 왼쪽과 오른쪽은 없음, 구분 행 아래와 합계 행 위쪽은 이중 실선(0.5mm) • 제목 행 : 셀 배경 색 – 노랑(RGB:255,215,0) 25% 어둡게, 글자 모양 – HY강M, 진하게, 하양(RGB:255,255,255) • 합계 행 : 셀 배경 색 – 초록(RGB:40,155,110) 60% 밝게, 글자 모양 – 진하게 • 문단의 정렬 방식 : 가운데 정렬
12. 블록 계산식	표의 합계 행에 블록 계산식을 이용하여 블록 합계 산출
13. 캡션	표 위에 삽입 후 오른쪽 정렬
14. 차트	• 차트의 모양 : 2차원 원형, 차트 계열색 : 색상 조합 색3 • 데이터 레이블 : 백분율(%), 바깥쪽 끝에 • 차트의 크기 : 너비 80mm, 높이 75mm, 크기 고정 • 위치 : 본문과의 배치 – 자리 차지, 가로 – 단의 가운데 0mm, 세로 – 문단의 위 0mm • 바깥 여백 : 위쪽 5mm, 아래쪽 7mm • 제목의 글꼴 설정 : 맑은 고딕, 진하게 • 데이터 레이블, 범례의 글꼴 설정 : 9pt • 표의 아래 단락에 배치
15. 쪽 번호	번호 위치 : 오른쪽 아래, 모양 : 아라비아 숫자, 줄표 넣기 선택, 시작 번호 지정
16. 머리말	한컴산뜻돋움, 10pt, 진하게, 하늘색(RGB:97,130,214) 25% 어둡게, 오른쪽 정렬
17. 꼬리말	한컴산뜻돋움, 진하게, 노랑(RGB:255,215,0) 50% 어둡게, 왼쪽 정렬

❷ 쪽 테두리　　❸ 글상자　　❹ 제목(1)　　⓯ 머리말 ▶ 이기적 분석 자료 소식지

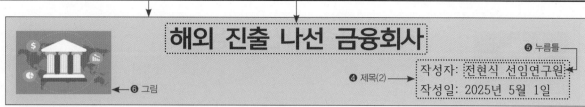

해외 진출 나선 금융회사

❹ 제목(2)

❺ 누름틀
작성자: 전현식 선임연구원
작성일: 2025년 5월 1일

❻ 그림

❽ 문단 첫 글자 장식

1. 아시아로 눈을 돌리는 금융사　◀ ❼ 스타일(개요 1)

시내 중심가에 있는 상공은행 캄보디아 지점의 창구는 현지 고객(顧客)들로 붐빈다. 두 달 전 계좌(Account)를 개설했다는 회사원 티수텐트라(여/33)는 "친구의 소개로 이 은행을 이용하게 됐는데 캄보디아(Cambodia) 은행에 비해 서비스(Service)가 좋고, 계좌 보안(Security)도 뛰어나다."며 만족했다. 해외에 나가 현지인(Local People)을 고객으로 끌어당기고 있는 금융사는 이 은행뿐이 아니다. 한국생명 베트남(Vietnam) 법인은 지난해 4월 영업(Business)을 시작한 이후 6개월 만에 초회 보험료 100만 달러를 돌파했다. 2014년 현지 은행을 인수해 설립(設立)된 고려은행 인도네시아(Indonesia) 법인은 6년 만에 지점 수를 17개로 늘렸다.

❶ 다단 설정　　❼ 스타일(표제목)

해외 진출 금융회사

⓭ 캡션
(단위: 년도별 기준, %)

⓫ 표

구분	23년	24년 초	24년 말	증감
은행	120	135	153	2.3
보험	43	88	95	3.2
금융투자	28	36	69	1.2
여신전문	10	14	16	2.3
합계	201	273	333	

⓬ 블록 계산식

⓮ 차트

해외 진출 금융회사

26%　　25%
13%
36%

■ 은행 ■ 보험 ■ 금융투자 ■ 여신전문

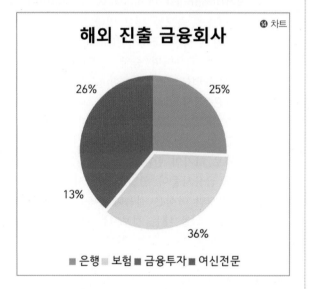

2. 금융권의 고객 유치 노력　◀ ❼ 스타일(개요 1)

가. 금융사들은 현지인을 위한 소매영업을 본격화하고 있다.

나. 서울종합금융증권 프놈펜(Phnom Penh)[1] 사무소는 캄보디아 재경부와 금융자문 협약

❾ 각주

1) 자료: 금융감독원 홈페이지　⓰ 하이퍼링크

을 하고, 증권거래소(Stock Exchange) 개장에 맞춰 공기업의 상장작업을 진행 중이다.

다. 호찌민(Ho Chi Minh) 증권거래소 레하이짜 상임이사는 "한국거래소의 정보기술(Information Technology) 시스템을 도입(導入)하기로 하고 작업을 진행 중인데 뛰어난 성능에 아주 만족한다."고 말했다.

◀ ❼ 스타일(개요 2)

3. 국내시장의 한계　◀ ❼ 스타일(개요 1)

가. 금융(Financial Business)도 미뤄두었던 해외 진출에 속도를 내고 있다.

나. 이러한 현상은 국내시장(Domestic Market)의 한계 때문이며 중국, 인도(印度), 베트남 등 신흥국(Newly Emerging Nation)의 금융시장은 점점 열리고 있다.

다. 갖춘 글로벌 금융회사에 안방이 야금야금 먹히고 있는 마당에 생존을 위해선 지금이라도 해외로 나가야 한다고 금융사들은 판단했다.

라. 국내 금융사들이 활발히 해외시장을 공략하고 있지만 아직은 걸음마 수준으로 가시적인 성과(成果)를 내는 것보다는 해외 진출 자체에 의미를 두고 있는 회사도 많다.

전각기호

♣ Reference

Endollfin, L. (2024). The Reactions and Strategies of Markets. 25(8). 79-80.

❼ 스타일(참고문헌 1)　　❼ 스타일(참고문헌 2)

해외 진출 나선 금융회사

작성자: 전현식 선임연구원
작성일: 2025년 5월 1일

1. 아시아로 눈을 돌리는 금융사

시 내 중심가에 있는 상공은행 캄보디아 지점의 창구는 현지 고객(顧客)들로 붐빈다. 두 달 전 계좌(Account)를 개설했다는 회사원 티수텐트라(여/33)는 "친구의 소개로 이 은행을 이용하게 됐는데 캄보디아(Cambodia) 은행에 비해 서비스(Service)가 좋고, 계좌 보안(Security)도 뛰어나다."며 만족했다. 해외에 나가 현지인(Local People)을 고객으로 끌어당기고 있는 금융사는 이 은행뿐이 아니다. 한국생명 베트남(Vietnam) 법인은 지난해 4월 영업(Business)을 시작한 이후 6개월 만에 초회 보험료 100만 달러를 돌파했다. 2014년 현지 은행을 인수해 설립(設立)된 고려은행 인도네시아(Indonesia) 법인은 6년 만에 지점 수를 17개로 늘렸다.

해외 진출 금융회사

(단위: 년도별 기준, %)

구분	23년	24년 초	24년 말	증감
은행	120	135	153	2.3
보험	43	88	95	3.2
금융투자	28	36	69	1.2
여신전문	10	14	16	2.3
합계	201	273	333	

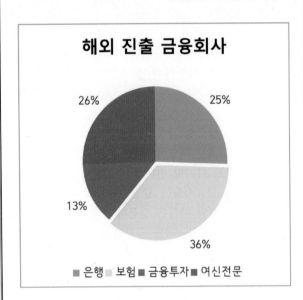

해외 진출 금융회사

■은행 ■보험 ■금융투자 ■여신전문

2. 금융권의 고객 유치 노력

가. 금융사들은 현지인을 위한 소매영업을 본격화하고 있다.

나. 서울종합금융증권 프놈펜(Phnom Penh)[1] 사무소는 캄보디아 재경부와 금융자문 협약

1) 자료: 금융감독원 홈페이지

을 하고, 증권거래소(Stock Exchange) 개장에 맞춰 공기업의 상장작업을 진행 중이다.

다. 호찌민(Ho Chi Minh) 증권거래소 레하이짜 상임이사는 "한국거래소의 정보기술(Information Technology) 시스템을 도입(導入)하기로 하고 작업을 진행 중인데 뛰어난 성능에 아주 만족한다."고 말했다.

3. 국내시장의 한계

가. 금융(Financial Business)도 미뤄두었던 해외 진출에 속도를 내고 있다.

나. 이러한 현상은 국내시장(Domestic Market)의 한계 때문이며 중국, 인도(印度), 베트남 등 신흥국(Newly Emerging Nation)의 금융시장은 점점 열리고 있다.

다. 갖춘 글로벌 금융회사에 안방이 야금야금 먹히고 있는 마당에 생존을 위해선 지금이라도 해외로 나가야 한다고 금융사들은 판단했다.

라. 국내 금융사들이 활발히 해외시장을 공략하고 있지만 아직은 걸음마 수준으로 가시적인 성과(成果)를 내는 것보다는 해외 진출 자체에 의미를 두고 있는 회사도 많다.

♣ Reference

Endollfin, L. (2024). The Reactions and **Strategies of Markets**. 25(8). 79-80.

상시 공략문제 11회

과목	제한시간
문서편집기능	30분

수험번호 :

성   명 :

················· **다음 쪽의 문서를 아래 지시사항에 따라 작성하시오** ·················

■ 작성된 답안의 파일은 지정된 경로 및 파일명을 변경하지 마시고 저장해야 합니다. 이를 준수하지 않으면 실격 처리됩니다.

■ 편집 용지

　○ 용지 종류는 A4 용지(210mm×297mm) 1매에 용지 방향을 세로로 설정하여 문서를 작성하시오.

　○ 용지 여백은 왼쪽·오른쪽은 20mm, 위쪽·아래쪽은 10mm, 머리말·꼬리말은 10mm, 기타 여백은 0mm 로 지정하시오.

■ 문서의 본문은 2단으로 편집하되, 단 간격은 8mm, 구분선은 실선 0.2mm로 설정하시오.

■ 글자 모양

　○ 글꼴은 별도의 지시가 없는 한 한글 2022의 기본값으로 작성하시오.

　○ 영문, 숫자, 기호 등은 별도의 지시가 없는 한 자판에 있는 문자를 사용하시오.

■ 문단 모양

　○ 정렬 방식, 여백 등은 문단 모양 기능을 이용하여 작성하시오.

　○ 문단 모양은 별도의 지시가 없는 한 한글 2022의 기본값으로 작성하시오.

　○ 사이 줄 띄우기는 각 1줄만, 사이 띄우기는 1칸만 띄우시오.

■ 표에서 내용의 정렬 방법

　(제목 행과 '합계(평균)' 셀은 가운데 정렬, 나머지는 열 단위를 기준으로 아래와 같이 정렬)

　○ 내용의 길이가 서로 다른 문자의 경우 왼쪽 정렬

　○ 내용의 길이가 서로 다른 숫자의 경우 오른쪽 정렬

　○ 내용의 길이가 서로 같을 경우 문자, 숫자 상관없이 가운데 정렬

■ 색상은 '기본' 테마가 포함된 색상 팔레트를 사용하시오.

■ 각 항목은 별도의 지시가 없는 한 주어진 문서에 기준하여 작성하시오.

■ 각 항목은 별도의 지시가 없는 한 기본 설정값으로 처리하시오.

■ 문제에 제시된 지시사항은 작성하지 않음.

대 한 상 공 회 의 소

B형	**다음 쪽의 문서를 아래의 〈세부지시사항〉에 따라 작성하시오.**

1. 쪽 테두리	• 선의 종류 및 굵기 : 실선 0.5mm, 모두 • 위치 : 쪽 기준, 왼쪽 · 오른쪽 · 위쪽 · 아래쪽 모두 5mm
2. 글상자	• 크기 : 너비 165mm, 높이 23mm, 크기 고정 • 위치 : 본문과의 배치 – 자리 차지, 가로 – 종이의 가운데 0mm, 세로 – 종이의 위 20mm • 바깥 여백 : 아래쪽 5mm • 선 속성 : 검정(RGB:0,0,0), 실선 0.2mm • 색 채우기 : 보라(RGB:157,92,187) 80% 밝게
3. 제목	• 제목(1) : 한컴산뜻돋움, 16pt, 장평(110%), 자간(– 5%), 진하게, 남색(RGB:58,60,132) 25% 어둡게, 가운데 정렬 • 제목(2) : 여백 – 왼쪽(320pt)
4. 누름틀	입력할 내용의 안내문 : '0000. 0. 0.', 입력 데이터 : '2026. 5. 10.'
5. 그림	• 경로 : [25]이기적워드올인원\그림\모니터.JPG, 문서에 포함 • 크기 : 너비 25mm, 높이 20mm • 위치 : 본문과의 배치 – 글 앞으로, 가로 – 종이의 왼쪽 25mm, 세로 – 종이의 위 22mm
6. 스타일 **(2개소 수정, 3개소 등록)**	• 개요 1(수정) : 여백 – 왼쪽(0pt), HY강M, 12pt, 진하게 • 개요 2(수정) : 여백 – 왼쪽(15pt) • 표제목(등록) : 스타일 이름 – 표제목, 스타일 종류 – 문단, 가운데 정렬, HY수평선M, 진하게 • 참고문헌 1(등록) : 스타일 이름 – 참고문헌 1, 스타일 종류 – 문단, 내어쓰기(5pt) • 참고문헌 2(등록) : 스타일 이름 – 참고문헌 2, 스타일 종류 – 글자, 기울임
7. 문단 첫 글자 장식	• 모양 : 3줄, 글꼴 : 한컴산뜻돋움, 면 색 : 초록(RGB:40,155,110), 본문과의 간격 : 5mm • 글자 색 : 하양(RGB:255,255,255) 15% 어둡게
8. 각주	글자 모양 : 함초롬돋움, 번호 모양 : 아라비아 숫자
9. 책갈피	'OLED TV 가격 현황 및 전망' 앞에 '참고'라는 이름으로 지정
10. 하이퍼링크	• '대형 OLED 패널'에 하이퍼링크 설정 • 연결 대상 : 한글 문서 – 책갈피의 '참고'
11. 표	• 크기 : 너비 78mm〜80mm, 높이 33mm〜34mm • 위치 : 글자처럼 취급 • 전체 행 : 셀 높이를 같게 • 모든 셀의 안 여백 : 왼쪽 · 오른쪽 2mm • 테두리 : 표 안쪽은 실선(0.12mm), 표 바깥의 위쪽과 아래쪽은 이중 실선(0.5mm), 표 바깥의 왼쪽과 오른쪽은 없음, 합계 행 위쪽은 실선(0.4mm) • 제목 행 : 셀 배경 색 – 노랑(RGB:255,215,0) 50% 어둡게, 글자 모양 – 한컴 윤고딕 720, 진하게, 하양(RGB:255,255,255) • 합계 행 : 셀 배경 색 – 주황(RGB:255,132,58) 80% 밝게, 글자 모양 – 진하게 • 문단의 정렬 방식 : 가운데 정렬
12. 블록 계산식	표의 합계 행에 블록 계산식을 이용하여 블록 합계 산출
13. 캡션	표 아래에 삽입 후 오른쪽 정렬
14. 차트	• 차트의 모양 : 이중 축 혼합형(묶은 세로 막대형, 표식이 있는 꺾은선형) • 차트의 크기 : 너비 80mm, 높이 70mm, 크기 고정 • 위치 : 본문과의 배치 – 자리 차지, 가로 – 단의 가운데 0mm, 세로 – 문단의 위 0mm • 바깥 여백 : 위쪽 5mm, 아래쪽 7mm • 값 축, 항목 축, 보조 값 축, 범례의 글꼴 설정 : 9pt • 표의 아래 단락에 배치 ※ 혼합형 차트는 차트 종류와 속성을 이용하여 구성하시오.
15. 쪽 번호	번호 위치 : 왼쪽 아래, 모양 : 아라비아 숫자 원문자, 줄표 넣기 해제, 시작 번호 지정
16. 머리말	한컴돋움, 10pt, 진하게, 초록(RGB:40,155,110) 25% 어둡게, 왼쪽 정렬
17. 꼬리말	한컴 윤고딕 250, 10pt, 밑줄, 하양(RGB:255,255,255) 35% 어둡게, 오른쪽 정렬

① 쪽 테두리　② 글상자　③ 제목(1)　④ 누름틀　⑤ 그림　⑥ 스타일(개요 1)　⑦ 문단 첫 글자 장식　⑧ 각주　⑨ 책갈피　⑩ 하이퍼링크　⑪ 표　⑫ 블록 계산식　⑬ 캡션　⑭ 차트　⑮ 쪽 번호　⑯ 머리말　⑰ 꼬리말

⑯ 머리말 유기발광다이오드 시장 공략

디스플레이 TV 업계의 세대교체

③ 제목(2)
작성일: 2026. 5. 10.
작성자: 유민정 기자

1. 개요

디스플레이 TV 업계가 LCD(Liquid Crystal Display)에서 OLED(Organic Light Emitting Diode)로 본격적인 세대교체(世代交替)를 하고 있다. 세계 OLED TV 업계는 국내의 업체들이 우위를 차지하고 있으며 대대적인 투자를 단행하며 프리미엄 제품을 선보이고 있다. 대조적으로 LCD 사업의 업황은 악화(惡化)되는 추세이다. 전체 시장 보급률로 판단했을 때 아직까지 LCD 비율이 현저히 높지만, 업계는 OLED로 세대교체가 본격화됐다고 분석하고 있다.

OLED TV 가격 현황 및 전망

구분	국내용	국외용	증감
96인치 8K	30,831	36,342	22.5
82인치 8K	8,844	10,301	12.7
76인치 8K	5,596	6,942	23.5
64인치 8K	2,451	3,016	14.3
합계	47,722	56,601	

(단위: 현재 판매액 기준, 달러)

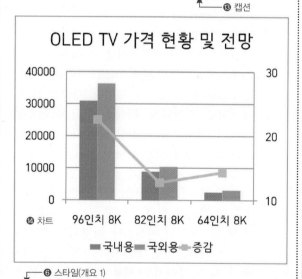

OLED TV 가격 현황 및 전망

(차트: 국내용 ■ 국외용 ■ 증감)

2. OLED 패널 산업 확장

가. 시장조사기관 트렌드포스에 따르면 최근 OLED 패널 출하량이 대폭 증가(Increase)

----
1) 대형 OLED 패널

한 것으로 조사됐다. TV 시장의 수요 침체(沈滯)에도 불구하고 국내 디스플레이 업계는 OLED 중심으로 시장 선점 및 기술 개발에 박차를 가하고 있다. 올해 1분기 글로벌(Global) OLED 모니터 패널 출하량은 작년 1분기 대비 189% 늘고, 전 분기와 비교하면 35% 증가했다.

나. 고화질 동영상 재생과 게이밍(Gaming) 등을 위한 모니터를 중심으로 OLED 수요가 증가하고 있다. 기존 LCD 패널 대비 OLED 패널의 명암비가 우수하고 응답 속도(Response Speed)도 빠르기 때문이다. OLED가 LCD의 자리를 빠르게 대체(代替)하고 있다.

3. OLED 시장의 가파른 성장세

가. 올해 전체 TV 시장에서 OLED TV 출하량은 3.6% 수치를 기록했지만, 프리미엄 TV 시장에서는 절반 가까이인 49%에 다다를 것으로 내다보고 있다. 프리미엄 제품 비중이 절반을 차지하는 만큼 기존 LCD TV보다 수익성(Profitability)이 현저히 높아질 전망(Prospect)이다.

나. TV 시장의 중심이 LCD에서 OLED로 빠르게 전환되는 가운데 경쟁(Competition)이 치열해지고 있다. 현재 OLED TV를 판매하는 제조사는 22곳으로 늘었다. OLED TV가 프리미엄 시장에서 대세로 확고(確固)하게 자리 잡으면서 시장은 더욱 확대(Expansion)될 것으로 예상된다.

다. 앞으로 신규 기술과 혁신적인 디자인(Innovative Design)을 갖춘 OLED TV가 등장할 것이며 신규 소비자 공략을 위한 제조사 간 경쟁도 이전보다 치열해질 전망이다. 제조사의 경쟁 과정에서 소비자 선택의 폭이 훨씬 넓어지고 제품 가격이 인하되는 효과를 기대할 수 있다.

◆ 참고문헌

Content, Insight. (2026). Global Display Market Industry, *Report* 36(8). 32-53.

④ ← ⑮ 쪽 번호

⑰ 꼬리말 → 한국디스플레이산업협회

상시 공략문제 11회 2-151

디스플레이 TV 업계의 세대교체

작성일: 2026. 5. 10.
작성자: 유민정 기자

1. 개요

스플레이 TV 업계가 LCD(Liquid Crystal Display)에서 OLED(Organic Light Emitting Diode)로 본격적인 세대교체(世代交替)를 하고 있다. 세계 OLED TV 업계는 국내의 업체들이 우위를 차지하고 있으며 대대적인 투자를 단행하며 프리미엄 제품을 선보이고 있다. 대조적으로 LCD 사업의 업황은 악화(惡化)되는 추세이다. 전체 시장 보급률로 판단했을 때 아직까지 LCD 비율이 현저히 높지만, 업계는 OLED로 세대교체가 본격화됐다고 분석하고 있다.

OLED TV 가격 현황 및 전망[1]

구분	국내용	국외용	증감
96인치 8K	30,831	36,342	22.5
82인치 8K	8,844	10,301	12.7
76인치 8K	5,596	6,942	23.5
64인치 8K	2,451	3,016	14.3
합계	47,722	56,601	

(단위: 현재 판매액 기준, 달러)

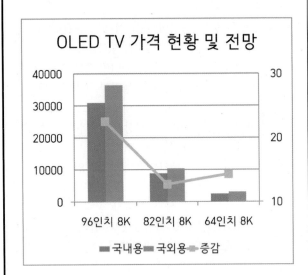

OLED TV 가격 현황 및 전망

■국내용 ■국외용 ■증감

2. OLED 패널 산업 확장

가. 시장조사기관 트렌드포스에 따르면 최근 OLED 패널 출하량이 대폭 증가(Increase)

---

[1] 대형 OLED 패널

한 것으로 조사됐다. TV 시장의 수요 침체(沈滯)에도 불구하고 국내 디스플레이 업계는 OLED 중심으로 시장 선점 및 기술 개발에 박차를 가하고 있다. 올해 1분기 글로벌(Global) OLED 모니터 패널 출하량은 작년 1분기 대비 189% 늘고, 전 분기와 비교하면 35% 증가했다.

나. 고화질 동영상 재생과 게이밍(Gaming) 등을 위한 모니터를 중심으로 OLED 수요가 증가하고 있다. 기존 LCD 패널 대비 OLED 패널의 명암비가 우수하고 응답 속도(Response Speed)도 빠르기 때문이다. OLED가 LCD의 자리를 빠르게 대체(代替)하고 있다.

3. OLED 시장의 가파른 성장세

가. 올해 전체 TV 시장에서 OLED TV 출하량은 3.6% 수치를 기록했지만, 프리미엄 TV 시장에서는 절반 가까이인 49%에 다다를 것으로 내다보고 있다. 프리미엄 제품 비중이 절반을 차지하는 만큼 기존 LCD TV보다 수익성(Profitability)이 현저히 높아질 전망(Prospect)이다.

나. TV 시장의 중심이 LCD에서 OLED로 빠르게 전환되는 가운데 경쟁(Competition)이 치열해지고 있다. 현재 OLED TV를 판매하는 제조사는 22곳으로 늘었다. OLED TV가 프리미엄 시장에서 대세로 확고(確固)하게 자리 잡으면서 시장은 더욱 확대(Expansion)될 것으로 예상된다.

다. 앞으로 신규 기술과 혁신적인 디자인(Innovative Design)을 갖춘 OLED TV가 등장할 것이며 신규 소비자 공략을 위한 제조사 간 경쟁도 이전보다 치열해질 전망이다. 제조사의 경쟁 과정에서 소비자 선택의 폭이 훨씬 넓어지고 제품 가격이 인하되는 효과를 기대할 수 있다.

◆ 참고문헌

Content, Insight. (2026). Global Display Market Industry, *Report*. 36(8). 32-53.

상시 공략문제 12회

과목	제한시간
문서편집기능	30분

수험번호 :

성   명 :

·········· **다음 쪽의 문서를 아래 지시사항에 따라 작성하시오** ··········

■ 작성된 답안의 파일은 지정된 경로 및 파일명을 변경하지 마시고 저장해야 합니다. 이를 준수하지 않으면 실격 처리됩니다.

■ 편집 용지
  ○ 용지 종류는 A4 용지(210mm×297mm) 1매에 용지 방향을 세로로 설정하여 문서를 작성하시오.
  ○ 용지 여백은 왼쪽·오른쪽은 20mm, 위쪽·아래쪽은 10mm, 머리말·꼬리말은 10mm, 기타 여백은 0mm 로 지정하시오.

■ 문서의 본문은 1단에서 2단으로 변하는 모양으로 편집하되, 단 간격은 8mm로 설정하시오.

■ 글자 모양
  ○ 글꼴은 별도의 지시가 없는 한 한글 2022의 기본값으로 작성하시오.
  ○ 영문, 숫자, 기호 등은 별도의 지시가 없는 한 자판에 있는 문자를 사용하시오.

■ 문단 모양
  ○ 정렬 방식, 여백 등은 문단 모양 기능을 이용하여 작성하시오.
  ○ 문단 모양은 별도의 지시가 없는 한 한글 2022의 기본값으로 작성하시오.
  ○ 사이 줄 띄우기는 각 1줄만, 사이 띄우기는 1칸만 띄우시오.

■ 표에서 내용의 정렬 방법
  (제목 행과 '합계(평균)' 셀은 가운데 정렬. 나머지는 열 단위를 기준으로 아래와 같이 정렬)
  ○ 내용의 길이가 서로 다른 문자의 경우 왼쪽 정렬
  ○ 내용의 길이가 서로 다른 숫자의 경우 오른쪽 정렬
  ○ 내용의 길이가 서로 같을 경우 문자, 숫자 상관없이 가운데 정렬

■ 색상은 '기본' 테마가 포함된 색상 팔레트를 사용하시오.

■ 각 항목은 별도의 지시가 없는 한 주어진 문서에 기준하여 작성하시오.

■ 각 항목은 별도의 지시가 없는 한 기본 설정값으로 처리하시오.

■ 문제에 제시된 지시사항은 작성하지 않음.

대 한 상 공 회 의 소

다음 쪽의 문서를 아래의 〈세부지시사항〉에 따라 작성하시오.

1. 다단 설정	모양 – 둘, 적용 범위 – 새 다단으로
2. 쪽 테두리	• 선의 종류 및 굵기 : 얇고 굵은 이중선 0.5mm, 모두 • 위치 : 쪽 기준, 왼쪽 · 오른쪽 · 위쪽 · 아래쪽 모두 5mm
3. 글상자	• 크기 : 너비 170mm, 높이 30mm, 크기 고정 • 위치 : 본문과의 배치 – 자리 차지, 가로 – 종이의 가운데 0mm, 세로 – 종이의 위 20mm • 바깥 여백 : 아래쪽 7mm • 선 속성 : 검정(RGB:0,0,0), 이중 실선 0.4mm • 색 채우기 : 탁한 황갈(RGB:131,77,0) 80% 밝게
4. 제목	• 제목(1) : 한컴산뜻돋움, 17pt, 장평(105%), 자간(–5%), 진하게, 초록(RGB:40,155,110) 25% 어둡게, 가운데 정렬 • 제목(2) : 여백 – 왼쪽(340pt)
5. 누름틀	입력할 내용의 안내문 : '0000. 0. 0.', 입력 데이터 : '2025. 12. 31.'
6. 그림	• 경로 : [25]이기적워드올인원\그림\곡물.PNG, 문서에 포함 • 크기 : 너비 30mm, 높이 20mm • 위치 : 본문과의 배치 – 글 앞으로, 가로 – 종이의 왼쪽 23mm, 세로 – 종이의 위 25mm • 회전 : 좌우 대칭
7. 스타일 (2개소 수정, 3개소 등록)	• 개요 1(수정) : 여백 – 왼쪽(0pt), 한컴 윤체 L, 13pt, 진하게 • 개요 2(수정) : 여백 – 왼쪽(10pt) • 표제목(등록) : 스타일 이름 – 표제목, 스타일 종류 – 문단, 가운데 정렬, 함초롬돋움, 11pt, 진하게 • 참고문헌 1(등록) : 스타일 이름 – 참고문헌 1, 스타일 종류 – 문단, 들여쓰기(20pt) • 참고문헌 2(등록) : 스타일 이름 – 참고문헌 2, 스타일 종류 – 글자, 그림자
8. 문단 첫 글자 장식	• 모양 : 2줄, 글꼴 : 한컴 윤고딕 760, 면 색 : 시멘트색(RGB:178,178,178) 80% 밝게, 본문과의 간격 : 3mm • 글자 색 : 초록(RGB:40,155,110) 50% 어둡게
9. 각주	글자 모양 : HY나무M, 번호 모양 : 아라비아 숫자 원문자
10. 하이퍼링크	• '세계식량농업보고서, 달러'에 하이퍼링크 설정 • 연결 대상 : 웹 주소 – 'https://www.fao.or.kr'
11. 표	• 크기 : 너비 78mm~80mm, 높이 33mm~34mm • 위치 : 글자처럼 취급 • 전체 행 : 셀 높이를 같게 • 모든 셀의 안 여백 : 왼쪽 · 오른쪽 2mm • 테두리 : 표 안쪽은 실선(0.12mm), 표 바깥의 위쪽과 아래쪽은 실선(0.5mm), 표 바깥의 왼쪽과 오른쪽은 없음, 합계 행 위쪽은 이중 실선(0.5mm) • 제목 행 : 셀 배경 색 – 남색(RGB:51,51,153) 25% 어둡게, 글자 모양 – 한컴 윤고딕 740, 진하게, 하양(RGB:255,255,255) • 합계 행 : 셀 배경 색 – 빨강(RGB:255,0,0) 80% 밝게, 글자 모양 – 진하게 • 문단의 정렬 방식 : 가운데 정렬
12. 블록 계산식	표의 합계 행에 블록 계산식을 이용하여 블록 합계 산출
13. 캡션	표 위에 삽입 후 오른쪽 정렬
14. 차트	• 차트의 모양 : 이중 축 혼합형(묶은 세로 막대형, 표식이 있는 꺾은선형) • 차트의 크기 : 너비 80mm, 높이 70mm, 크기 고정 • 위치 : 본문과의 배치 – 자리 차지, 가로 – 단의 가운데 0mm, 세로 – 문단의 위 0mm • 바깥 여백 : 위쪽 5mm, 아래쪽 8mm • 값 축, 항목 축, 보조 값 축, 범례의 글꼴 설정 : 9pt • 표의 아래 단락에 배치 ※ 혼합형 차트는 차트 종류와 속성을 이용하여 구성하시오.
15. 쪽 번호	번호 위치 : 가운데 아래, 모양 : 아라비아 숫자, 줄표 넣기 선택, 시작 번호 지정
16. 머리말	한컴산뜻돋움, 진하게, 검은 군청(RGB:27,23,96) 25% 밝게, 오른쪽 정렬
17. 꼬리말	한컴산뜻돋움, 진하게, 빨강(RGB:255,0,0) 40% 밝게, 오른쪽 정렬

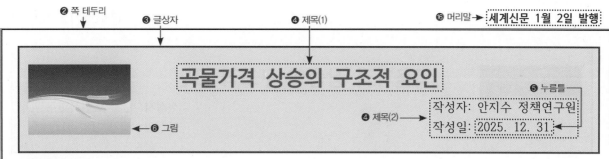

곡물가격 상승의 구조적 요인

❹ 제목(2)　　❺ 누름틀
작성자: 안지수 정책연구원
작성일: 2025. 12. 31.

❻ 그림

❽ 문단 첫 글자 장식

1. 곡물가 급등　◄─ ❼ 스타일(개요 1)

올 해 상반기 국제 곡물가격(Grain Price)이 상승 추세를 보이면서 제2의 식량위기(Food Crisis)에 대한 우려(Concern)가 불거지고 있다. 11월 인도분 대두 가격도 3월 대비 30.2% 상승했다. 경제 전문지 이고노미스트(Economist)는 작년의 기격 폭등(暴騰) 후 공급량이 늘어난 데디 불황(Depression)까지 겹쳐 곡물 가격이 내려가야 하는데도 시장은 반대로 움직이고 있다고 보도했다. 미국 국제식량정책연구소(International Food Policy Research Institute) 조아힘 폰 브라운 대표는 "생산 증가가 따라주지 않으면 60개국에서 시위를 불러일으킨 식량갈등 악몽이 재연될 수 있다."고 지적했다.

❶ 다단 설정　　❼ 스타일(표제목)

국제 식량가격 추이

⑩ 하이퍼링크

⑬ 캡션 ➜ (단위: 세계식량농업보고서, 달러)

구분	2월 15일	10월 15일	증감
설탕	100.00	118.00	6
대두	100.00	95.00	5
보리	100.00	112.00	17
기타	130.00	118.00	-12
합계	430.00	443.00	

⑪ 표　　⑫ 블록 계산식

⑭ 차트

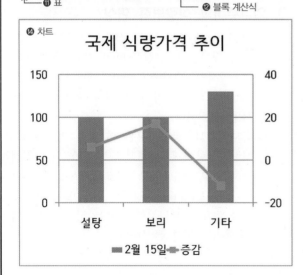

국제 식량가격 추이

(차트: 설탕, 보리, 기타 / 2월 15일, 증감)

2. 이코노미스트 식량지수　◄─ ❼ 스타일(개요 1)

가. '이코노미스트 식량지수'는 작년 12월부터① 올 6월 중순까지 상승 기조를 이어가며 작년 최고치 대비 3분의 1 수준까지 반등(反騰)했다.

❾ 각주➜

① 유엔식량농업기구 한국협회

나. 파이낸셜타임스(Financial Times)에 따르면 시카고 상품거래소(Chicago Mercantile Exchange)의 대두 선물 가격은 3~7월 40%가 급등했다. 설탕(Sugar), 고무(Rubber) 등의 작물 가격도 꾸준히 오르고 있다.

다. 이코노미스트지는 곡물가격 상승이 일시적인 현상이 아니라 인구증가와 식량부족에 따른 장기적인 추세(趨勢)라고 분석했다.

◄─ ❼ 스타일(개요 2)

3. 인구증가와 식량부족 현상　◄─ ❼ 스타일(개요 1)

가. 매년 신생아(Newborn Babies) 7억 5000만 명이 태어난다. 출산율(Birth Rate)은 떨어지고 있지만 지구촌(Global Village) 인구는 2050년 90억 명이 될 때까지 꾸준히 늘어날 전망(展望)이다.

나. 국제연합식량농업기구는 이 같은 인구증가로 식량공급량이 전 세계적으로는 70%가 증가해야 한다고 보고 있다. 이코노미스트지는 "곡물 값 폭등(暴騰)이 일시적 현상이 아니라 수요와 공급의 불일치에서 오는 장기적 추세임을 의미한다"고 분석했다.

전각기호

◆ Reference

Yuman, U,. (2027). Recurrence Possibility of Food Crisis, Collapsed. 32(1). 65-68.

❼ 스타일(참고문헌 1)　　❼ 스타일(참고문헌 2)

곡물가격 상승의 구조적 요인

작성자: 안지수 정책연구원
작성일: 2025. 12. 31.

1. 곡물가 급등

올해 상반기 국제 곡물가격(Grain Price)이 상승 추세를 보이면서 제2의 식량위기(Food Crisis)에 대한 우려(Concern)가 불거지고 있다. 11월 인도분 대두 가격도 3월 대비 30.2% 상승했다. 경제전문지 이코노미스트(Economist)는 작년의 가격 폭등(暴騰) 후 공급량이 늘어난 데다 불황(Depression)까지 겹쳐 곡물 가격이 내려가야 하는데도 시장은 반대로 움직이고 있다고 보도했다. 미국 국제식량정책연구소(International Food Policy Research Institute) 조아힘 폰 브라운 대표는 "생산 증가가 따라주지 않으면 60개국에서 시위를 불러일으킨 식량갈등 악몽이 재연될 수 있다."고 지적했다.

국제 식량가격 추이

(단위: 세계식량농업보고서, 달러)

구분	2월 15일	10월 15일	증감
설탕	100.00	118.00	6
대두	100.00	95.00	5
보리	100.00	112.00	17
기타	130.00	118.00	-12
합계	430.00	443.00	

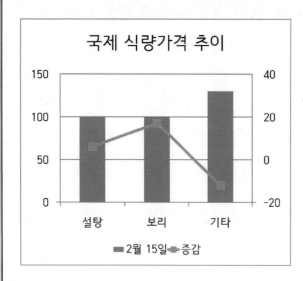

국제 식량가격 추이

■ 2월 15일 ◆ 증감

2. 이코노미스트 식량지수

가. '이코노미스트 식량지수'는 작년 12월부터① 올 6월 중순까지 상승 기조를 이어가며 작년 최고치 대비 3분의 1 수준까지 반등(反騰)했다.

나. 파이낸셜타임스(Financial Times)에 따르면 시카고 상품거래소(Chicago Mercantile Exchange)의 대두 선물 가격은 3~7월 40%가 급등했다. 설탕(Sugar), 고무(Rubber) 등의 작물 가격도 꾸준히 오르고 있다.

다. 이코노미스트지는 곡물가격 상승이 일시적인 현상이 아니라 인구증가와 식량부족에 따른 장기적인 추세(趨勢)라고 분석했다.

3. 인구증가와 식량부족 현상

가. 매년 신생아(Newborn Babies) 7억 5000만 명이 태어난다. 출산율(Birth Rate)은 떨어지고 있지만 지구촌(Global Village) 인구는 2050년 90억 명이 될 때까지 꾸준히 늘어날 전망(展望)이다.

나. 국제연합식량농업기구는 이 같은 인구증가로 식량공급량이 전 세계적으로는 70%가 증가해야 한다고 보고 있다. 이코노미스트지는 "곡물 값 폭등(暴騰)이 일시적 현상이 아니라 수요와 공급의 불일치에서 오는 장기적 추세임을 의미한다"고 분석했다.

◆ Reference

Yuman, U,. (2027). Recurrence Possibility of Food Crisis, Collapsed. 32(1). 65-68.

① 유엔식량농업기구 한국협회

과목	제한시간
문서편집기능	30분

수험번호 :

성 명 :

∙∙∙∙∙∙∙∙∙∙∙∙∙∙∙∙∙∙∙∙∙∙ **다음 쪽의 문서를 아래 지시사항에 따라 작성하시오** ∙∙∙∙∙∙∙∙∙∙∙∙∙∙∙∙∙∙∙∙∙∙

■ 작성된 답안의 파일은 지정된 경로 및 파일명을 변경하지 마시고 저장해야 합니다. 이를 준수하지 않으면 실격 처리됩니다.

■ 편집 용지
  ○ 용지 종류는 A4 용지(210mm×297mm) 1매에 용지 방향을 세로로 설정하여 문서를 작성하시오.
  ○ 용지 여백은 왼쪽·오른쪽은 20mm, 위쪽·아래쪽은 10mm, 머리말·꼬리말은 10mm, 기타 여백은 0mm 로 지정하시오.

■ 문서의 본문은 1단에서 2단으로 변하는 모양으로 편집하되, 단 간격은 8mm, 구분선은 이중 실선 0.4mm로 설정하시오.

■ 글자 모양
  ○ 글꼴은 별도의 지시가 없는 한 한글 2022의 기본값으로 작성하시오.
  ○ 영문, 숫자, 기호 등은 별도의 지시가 없는 한 자판에 있는 문자를 사용하시오.

■ 문단 모양
  ○ 정렬 방식, 여백 등은 문단 모양 기능을 이용하여 작성하시오.
  ○ 문단 모양은 별도의 지시가 없는 한 한글 2022의 기본값으로 작성하시오.
  ○ 사이 줄 띄우기는 각 1줄만, 사이 띄우기는 1칸만 띄우시오.

■ 표에서 내용의 정렬 방법
  (제목 행과 '합계(평균)' 셀은 가운데 정렬, 나머지는 열 단위를 기준으로 아래와 같이 정렬)
  ○ 내용의 길이가 서로 다른 문자의 경우 왼쪽 정렬
  ○ 내용의 길이가 서로 다른 숫자의 경우 오른쪽 정렬
  ○ 내용의 길이가 서로 같을 경우 문자, 숫자 상관없이 가운데 정렬

■ 색상은 '기본' 테마가 포함된 색상 팔레트를 사용하시오.

■ 각 항목은 별도의 지시가 없는 한 주어진 문서에 기준하여 작성하시오.

■ 각 항목은 별도의 지시가 없는 한 기본 설정값으로 처리하시오.

■ 문제에 제시된 지시사항은 작성하지 않음.

대 한 상 공 회 의 소

1. 다단 설정	모양 – 둘, 구분선 – 구분선 넣기, 적용 범위 – 새 다단으로
2. 쪽 테두리	• 선의 종류 및 굵기 : 파선 0.5mm, 모두 • 위치 : 쪽 기준, 왼쪽 · 오른쪽 · 위쪽 · 아래쪽 모두 5mm
3. 글상자	• 크기 : 너비 170mm, 높이 23mm, 크기 고정 • 위치 : 본문과의 배치 – 자리 차지, 가로 – 종이의 가운데 0mm, 세로 – 종이의 위 20mm • 바깥 여백 : 아래쪽 7mm • 선 속성 : 검정(RGB:0,0,0), 이중 실선 0.5mm • 색 채우기 : 빨강(RGB:255,0,0) 80% 밝게
4. 제목	• 제목(1) : 함초롬돋움, 15pt, 장평(105%), 자간(5%), 진하게, 보라(RGB:157,92,187) 25% 어둡게, 가운데 정렬 • 제목(2) : 여백 – 왼쪽(340pt)
5. 누름틀	입력할 내용의 안내문 : '0000 – 00 – 00', 입력 데이터 : '2026 – 4 – 20'
6. 그림	• 경로 : [25]이기적워드올인원￦그림￦업무.PNG, 문서에 포함 • 크기 : 너비 28mm, 높이 18mm • 위치 : 본문과의 배치 – 글 앞으로, 가로 – 종이의 왼쪽 23mm, 세로 – 종이의 위 23mm
7. 스타일 (2개소 수정, 3개소 등록)	• 개요 1(수정) : 여백 – 왼쪽(0pt), 한컴 윤체 L, 11pt, 진하게 • 개요 2(수정) : 여백 – 왼쪽(10pt) • 표제목(등록) : 스타일 이름 – 표제목, 스타일 종류 – 문단, 가운데 정렬, 한컴 소망 M, 11pt, 진하게 • 참고문헌 1(등록) : 스타일 이름 – 참고문헌 1, 스타일 종류 – 문단, 들여쓰기(15pt) • 참고문헌 2(등록) : 스타일 이름 – 참고문헌 2, 스타일 종류 – 글자, 진하게
8. 문단 첫 글자 장식	• 모양 : 2줄, 글꼴 : 한컴 윤고딕 250, 면 색 : 보라(RGB:157,92,187) 50% 어둡게, 본문과의 간격 : 3mm • 글자 색 : 하양(RGB:255,255,255)
9. 각주	글자 모양 : MD이솝체, 번호 모양 : 아라비아 숫자
10. 하이퍼링크	• '분야별 추정치, %'에 하이퍼링크 설정 • 연결 대상 : 웹 주소 – 'https://www.kea.ne.kr'
11. 표	• 크기 : 너비 78mm~80mm, 높이 33mm~34mm • 위치 : 글자처럼 취급 • 전체 행 : 셀 높이를 같게 • 모든 셀의 안 여백 : 왼쪽 · 오른쪽 2mm • 테두리 : 표 안쪽은 실선(0.12mm), 표 바깥의 위쪽과 아래쪽은 실선(0.5mm), 표 바깥의 왼쪽과 오른쪽은 없음, 구분 행 아래와 평균 행 위쪽은 이중 실선(0.5mm) • 제목 행 : 셀 배경 색 – 초록(RGB:40,155,110), 글자 모양 – 휴먼고딕, 진하게, 하양(RGB:255,255,255) • 평균 행 : 셀 배경 색 – 노랑(RGB:255,215,0) 40% 밝게, 글자 모양 – 진하게 • 문단의 정렬 방식 : 가운데 정렬
12. 블록 계산식	표의 평균 행에 블록 계산식을 이용하여 블록 평균 산출
13. 캡션	표 위에 삽입 후 오른쪽 정렬
14. 차트	• 차트의 모양 : 이중 축 혼합형(100% 기준 누적 세로 막대형, 표식이 있는 꺾은선형), 차트 계열색 : 색상 조합 색3 • 차트의 크기 : 너비 80mm, 높이 70mm, 크기 고정 • 위치 : 본문과의 배치 – 자리 차지, 가로 – 단의 가운데 0mm, 세로 – 문단의 위 0mm • 바깥 여백 : 위쪽 5mm, 아래쪽 7mm • 값 축, 항목 축, 보조 값 축, 범례의 글꼴 설정 : 9pt • 표의 아래 단락에 배치 ※ 혼합형 차트는 차트 종류와 속성을 이용하여 구성하시오.
15. 쪽 번호	번호 위치 : 왼쪽 아래, 모양 : 아라비아 숫자, 줄표 넣기 선택, 시작 번호 지정
16. 머리말	HY울릉도M, 10pt, 주황(RGB:255,132,58) 25% 어둡게, 오른쪽 정렬
17. 꼬리말	MD개성체, 10pt, 진하게, 하늘색(RGB:97,130,214) 25% 어둡게, 가운데 정렬

❷ 쪽 테두리　　❸ 글상자　　❹ 제목(1)　　❻ 머리말 → 한국경제학회(KIISC)

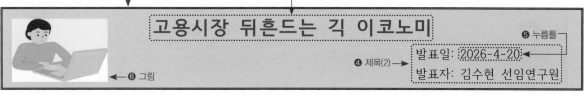

고용시장 뒤흔드는 긱 이코노미

❺ 누름틀

❹ 제목(2)

발표일: 2026-4-20

발표자: 김수현 선임연구원

❻ 그림

❽ 문단 첫 글자 장식

1. 개요　← ❼ 스타일(개요 1)

긱 이코노미(Gig Economy)는 4차 산업혁명과 팬데믹(Pandemic)을 거치면서 기업들이 필요에 따라 단기로 일을 맡기고 그 대가를 지불하는 경제 형태를 의미한다. '일시적인 일'이라는 뜻의 긱(Gig)과 '경제'를 뜻하는 이코노미(Economy)의 합성어로, 1920년대에 미국의 재즈 클럽(Jazz Club)에서 임시적으로 섭외했던 트럼펫 연주자(Trumpet Player)를 부르는 명칭(名稱)에서 유래했다.

❶ 다단 실정　　❼ 스타일(표제목)　　❿ 하이퍼링크

오프라인 긱 이코노미 시장 규모

❸ 캡션 → (단위: 분야별 추정치, %)

구분	작년	올해	증감
F&B	46.7	55.8	7.2
도소매	34.6	45.3	6.8
배달	49.1	38.9	-10.1
배송	32.3	20.7	-15.2
평균	40.67	40.17	

⓫ 표　　⓬ 블록 계산식

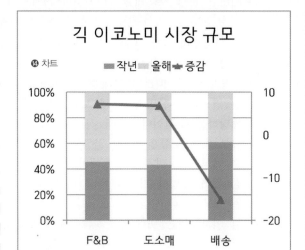

긱 이코노미 시장 규모

⓮ 차트

■작년 ■올해 ━증감

2. 긱 이코노미 성장 요인　← ❼ 스타일(개요 1)

가. 팬데믹으로 인해 비대면 재택근무가 활성화되면서 2개 이상의 직업을 가진 'N잡러'가 등장했다. 본업(本業)에 종사하는 사람 중에서도 근무시간 외에 추가적인 수입을 얻기 위해 '긱 워커(Gig Worker)'가 되고 있다. 그뿐만 아니라 업무 장소와 시간에 자율성을 추구하거나 워라밸(Work and Life Balance)과 같이 개인적인 가치에 중점을 두는 사람은 긱 오코노미를 더 선호하는 경향을 보인다.

나. 우리나라의 1인 가구 수가 전체의 35%를 차지할 만큼 증가했고 특히 모바일 쇼핑(Mobile Shopping) 규모는 5년 사이에 10배 이상 증가하는 등 최근 몇 년 사이에 배달 시장의 폭발적인 성장세 역시 긱 이코노미 시장의 확대에 영향을 미쳤다.

← ❼ 스타일(개요 2)

3. 긱 이코노미 인구 증가　← ❼ 스타일(개요 1)

가. 긱 이코노미의 시장 규모가 무서운 속도로 확대되고 있다. 전 세계 긱 워커의 규모는 약 11억 명으로 급증(急增)했으며, 올해 전 세계 긱 이코노미 시장 규모는 4552억 달러까지 성장할 것이라 전망한다.

나. 고용노동부에 따르면 국내 긱 워커는 약 220만 명으로 추산되며, 전체 노동자의 8.5%에 해당하는 수치이다. 국내 긱 이코노미 시장 규모는 매년 향후 5년간 35%씩 성장할 것으로 예상했다. 여기서 주목해야 할 점은 국내 긱 워커 취업자 가운데 88%가 계속해서 긱 워커로 종사하고 싶다고 응답[1]했다는 것이다.

다. 긱 이코노미는 미래의 근로(勤勞) 형태에 큰 영향을 미칠 것이며 긱 워커를 대상으로 한 사회보장 시스템(Social Security System) 마련도 필수적이다. 업계는 긱 이코노미의 확산세에 플랫폼(Platform) 노동 업체의 경쟁이 심화될 것으로 예측(豫測)하고 있다.

전각기호　　❼ 스타일(참고문헌 1)

▼ Reference

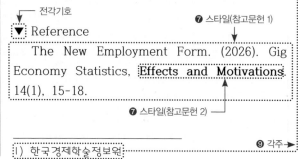

The New Employment Form. (2026). Gig Economy Statistics, **Effects and Motivations**, 14(1), 15-18.

❼ 스타일(참고문헌 2)

❾ 각주

1) 한국경제학술정보원

고용시장 뒤흔드는 긱 이코노미

발표일: 2026-4-20
발표자: 김수현 선임연구원

1. 개요

긱 이코노미(Gig Economy)는 4차 산업혁명과 팬데믹(Pandemic)을 거치면서 기업들이 필요에 따라 단기로 일을 맡기고 그 대가를 지불하는 경제 형태를 의미한다. '일시적인 일'이라는 뜻의 긱(Gig)과 '경제'를 뜻하는 이코노미(Economy)의 합성어로, 1920년대에 미국의 재즈 클럽(Jazz Club)에서 임시적으로 섭외했던 트럼펫 연주자(Trumpet Player)를 부르는 명칭(名稱)에서 유래했다.

오프라인 긱 이코노미 시장 규모

(단위: 분야별 추정치, %)

구분	작년	올해	증감
F&B	46.7	55.8	7.2
도소매	34.6	45.3	6.8
배달	49.1	38.9	-10.1
배송	32.3	20.7	-15.2
평균	40.67	40.17	

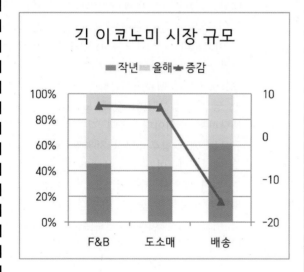

긱 이코노미 시장 규모

2. 긱 이코노미 성장 요인

가. 팬데믹으로 인해 비대면 재택근무가 활성화되면서 2개 이상의 직업을 가진 'N잡러'가 등장했다. 본업(本業)에 종사하는 사람 중에서도 근무시간 외에 추가적인 수입을 얻기 위해 '긱 워커(Gig Worker)'가 되고 있다. 그뿐만 아니라 업무 장소와 시간에 자율성을 추구하거나 워라밸(Work and Life Balance)과 같이 개인적인 가치에 중점을 두는 사람은 긱 오코노미를 더 선호하는 경향을 보인다.

나. 우리나라의 1인 가구 수가 전체의 35%를 차지할 만큼 증가했고 특히 모바일 쇼핑(Mobile Shopping) 규모는 5년 사이에 10배 이상 증가하는 등 최근 몇 년 사이에 배달 시장의 폭발적인 성장세 역시 긱 이코노미 시장의 확대에 영향을 미쳤다.

3. 긱 이코노미 인구 증가

가. 긱 이코노미의 시장 규모가 무서운 속도로 확대되고 있다. 전 세계 긱 워커의 규모는 약 11억 명으로 급증(急增)했으며, 올해 전 세계 긱 이코노미 시장 규모는 4552억 달러까지 성장할 것이라 전망한다.

나. 고용노동부에 따르면 국내 긱 워커는 약 220만 명으로 추산되며, 전체 노동자의 8.5%에 해당하는 수치이다. 국내 긱 이코노미 시장 규모는 매년 향후 5년간 35%씩 성장할 것으로 예상했다. 여기서 주목해야 할 점은 국내 긱 워커 취업자 가운데 88%가 계속해서 긱 워커로 종사하고 싶다고 응답[1]했다는 것이다.

다. 긱 이코노미는 미래의 근로(勤勞) 형태에 큰 영향을 미칠 것이며 긱 워커를 대상으로 한 사회보장 시스템(Social Security System) 마련도 필수적이다. 업계는 긱 이코노미의 확산세에 플랫폼(Platform) 노동 업체의 경쟁이 심화될 것으로 예측(豫測)하고 있다.

▼ Reference

The New Employment Form. (2026). Gig Economy Statistics, **Effects and Motivations**. 14(1), 15-18.

---

[1] 한국경제학술정보원

과목	제한시간
문서편집기능	30분

수험번호 :

성 명 :

⋯⋯⋯⋯⋯⋯⋯⋯⋯ **다음 쪽의 문서를 아래 지시사항에 따라 작성하시오** ⋯⋯⋯⋯⋯⋯⋯⋯⋯

■ 작성된 답안의 파일은 지정된 경로 및 파일명을 변경하지 마시고 저장해야 합니다. 이를 준수하지 않으면 실격 처리됩니다.

■ 편집 용지

　○ 용지 종류는 A4 용지(210mm×297mm) 1매에 용지 방향을 세로로 설정하여 문서를 작성하시오.

　○ 용지 여백은 왼쪽·오른쪽은 20mm, 위쪽·아래쪽은 10mm, 머리말·꼬리말은 10mm, 기타 여백은 0mm 로 지정하시오.

■ 문서의 본문은 1단에서 2단으로 변하는 모양으로 편집하되, 단 간격은 8mm, 구분선은 이중 실선 0.4mm로 설정하시오.

■ 글자 모양

　○ 글꼴은 별도의 지시가 없는 한 한글 2022의 기본값으로 작성하시오.

　○ 영문, 숫자, 기호 등은 별도의 지시가 없는 한 자판에 있는 문자를 사용하시오.

■ 문단 모양

　○ 정렬 방식, 여백 등은 문단 모양 기능을 이용하여 작성하시오.

　○ 문단 모양은 별도의 지시가 없는 한 한글 2022의 기본값으로 작성하시오.

　○ 사이 줄 띄우기는 각 1줄만, 사이 띄우기는 1칸만 띄우시오.

■ 표에서 내용의 정렬 방법

　(제목 행과 '합계(평균)' 셀은 가운데 정렬, 나머지는 열 단위를 기준으로 아래와 같이 정렬)

　○ 내용의 길이가 서로 다른 문자의 경우 왼쪽 정렬

　○ 내용의 길이가 서로 다른 숫자의 경우 오른쪽 정렬

　○ 내용의 길이가 서로 같을 경우 문자, 숫자 상관없이 가운데 정렬

■ 색상은 '기본' 테마가 포함된 색상 팔레트를 사용하시오.

■ 각 항목은 별도의 지시가 없는 한 주어진 문서에 기준하여 작성하시오.

■ 각 항목은 별도의 지시가 없는 한 기본 설정값으로 처리하시오.

■ 문제에 제시된 지시사항은 작성하지 않음.

대 한 상 공 회 의 소

1. 다단 설정	모양 – 둘, 구분선 – 구분선 넣기, 적용 범위 – 새 다단으로
2. 쪽 테두리	• 선의 종류 및 굵기 : 이점쇄선 0.4mm, 모두 • 위치 : 쪽 기준, 왼쪽 · 오른쪽 · 위쪽 · 아래쪽 모두 5mm
3. 글상자	• 크기 : 너비 170mm, 높이 25mm, 크기 고정 • 위치 : 본문과의 배치 – 자리 차지, 가로 – 종이의 가운데 0mm, 세로 – 종이의 위 20mm • 바깥 여백 : 아래쪽 5mm • 선 속성 : 검정(RGB:0,0,0), 실선 0.5mm • 색 채우기 : 초록(RGB:40,155,110) 60% 밝게
4. 제목	• 제목(1) : 한컴 윤고딕 230, 15pt, 장평(110%), 자간(–10%), 진하게, 주황(RGB:255,132,58) 50% 어둡게, 가운데 정렬 • 제목(2) : 여백 – 왼쪽(310pt)
5. 누름틀	입력할 내용의 안내문 : '이메일@도메인', 입력 데이터 : 'youngjin@word.com'
6. 그림	• 경로 : [25]이기적워드올인원₩그림₩인류.TIF, 문서에 포함 • 크기 : 너비 30mm, 높이 20mm • 위치 : 본문과의 배치 – 글 앞으로, 가로 – 종이의 왼쪽 25mm, 세로 – 종이의 위 23mm
7. 스타일 (2개소 수정, 3개소 등록)	• 개요 1(수정) : 여백 – 왼쪽(0pt), 한컴돋움, 12pt, 진하게 • 개요 2(수정) : 여백 – 왼쪽(18pt) • 표제목(등록) : 스타일 이름 – 표제목, 스타일 종류 – 문단, 가운데 정렬, 함초롬돋움, 12pt, 진하게 • 참고문헌 1(등록) : 스타일 이름 – 참고문헌 1, 스타일 종류 – 문단, 들여쓰기(15pt) • 참고문헌 2(등록) : 스타일 이름 – 참고문헌 2, 스타일 종류 – 글자, 진하게
8. 문단 첫 글자 장식	• 모양 : 2줄, 글꼴 – 한컴 윤고딕 740, 면 색 : 남색(RGB:58,60,132), 본문과의 간격 : 3mm • 글자 색 : 하양(RGB:255,255,255)
9. 각주	글자 모양 : HY수평선M, 번호 모양 : 아라비아 숫자
10. 하이퍼링크	• 'Science Story'에 하이퍼링크 설정 • 연결 대상 : 웹 주소 – 'http://sanggong.com'
11. 표	• 크기 : 너비 78mm~80mm, 높이 33mm~34mm • 위치 : 글자처럼 취급 • 전체 행 : 셀 높이를 같게 • 모든 셀의 안 여백 : 왼쪽 · 오른쪽 2mm • 테두리 : 표 안쪽은 실선(0.12mm), 표 바깥의 위쪽과 아래쪽은 이중 실선(0.5mm), 표 바깥의 왼쪽과 오른쪽은 없음, 합계 행 위쪽은 실선(0.4mm) • 제목 행 : 셀 배경 색 – 탁한 황갈(RGB:131,77,0) 25% 어둡게, 글자 모양 – 맑은 고딕, 진하게, 하양(RGB:255,255,255) • 합계 행 : 셀 배경 색 – 남색(RGB:51,51,153) 80% 밝게, 글자 모양 – 진하게 • 문단의 정렬 방식 : 가운데 정렬
12. 블록 계산식	표의 합계 행에 블록 계산식을 이용하여 블록 합계 산출
13. 캡션	표 위에 삽입 후 오른쪽 정렬
14. 차트	• 차트의 모양 : 3차원 원형, 차트 계열색 : 색상 조합 색3 • 데이터 레이블 : 값, 바깥쪽 끝에 • 차트의 크기 : 너비 80mm, 높이 65mm, 크기 고정 • 위치 : 본문과의 배치 – 자리 차지, 가로 – 단의 가운데 0mm, 세로 – 문단의 위 0mm • 바깥 여백 : 위쪽 5mm, 아래쪽 7mm • 제목의 글꼴 설정 : 돋움체, 진하게 • 데이터 레이블, 범례의 글꼴 설정 : 9pt • 표의 아래 단락에 배치
15. 쪽 번호	번호 위치 : 오른쪽 아래, 모양 : 로마자 대문자 숫자, 줄표 넣기 선택, 시작 번호 지정
16. 머리말	한컴산뜻돋움, 진하게, 남색(RGB:51,51,153) 25% 어둡게, 오른쪽 정렬
17. 꼬리말	한컴산뜻돋움, 밑줄, 빨강(RGB:255,0,0) 25% 어둡게, 왼쪽 정렬

❷ 쪽 테두리　　❸ 글상자　　❹ 제목(1)　　　❻ 머리말 → 한국지질자원연구회 제37기

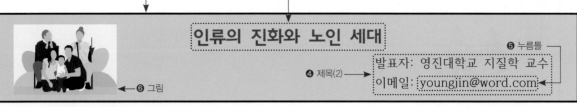

인류의 진화와 노인 세대

❺ 누름틀

발표자: 영진대학교 지질학 교수
❹ 제목(2) → 이메일: youngjin@word.com

❻ 그림

❼ 스타일(개요 1)

1. 개요

❽ 문단 첫 글자 장식

미국 캘리포니아대학교(University Of California)의 이상희 교수는 미시간대(University Of Michigan)의 레이첼 카스파리(Rachel Kaspary) 교수와 함께 유골 분석을 통해 약 3만 년 전 인류 사회에서 노년층이 급증하면서부터 인구가 증가하고 문화가 태동하기 시작했다는 사실을 밝혀내 5일 미국립과학원회보(PNAS) 인터넷판에 발표했다.

❶ 다단 설정　　❼ 스타일(표제목)

시대별 유골의 연령비

❸ 캡션
❶ 표

(단위: 추정치, 세)

구분	노년층	젊은층	비율
원시인류	17	316	0.12
호모속원인	22	166	0.25
네안데르탈인	29	96	0.39
크로마뇽인	14	24	2.08
합계	82	602	

❷ 블록 계산식

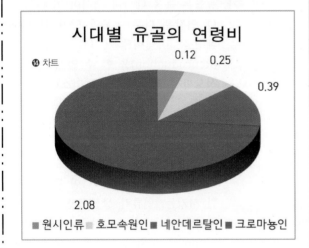

❹ 차트

시대별 유골의 연령비
0.12　0.25
0.39
2.08
■원시인류 ■호모속원인 ■네안데르탈인 ■크로마뇽인

2. 유골의 연령 측정 결과 ← ❼ 스타일(개요 1)

가. 연구팀은 오스트랄로피테쿠스(Australopithecus)부터 초 중기 플라이스토세(Pleistocene) 호모속원인, 유럽과 서아시아의 네안데르탈인(Neanderthal Man)부터 후기 구석기시대 크로마뇽인(Cromagnon Man)까지 시기별 4개 집단에 속하는 총 768구의 원시 인류 유골(遺骨)에 대한 연령 측정을 시행했다.

나. 논문에 따르면 3만 년 전 현생 인류의 직계 조상인 호모사피엔스(Homo Sapiens)는 전

의 네안데르탈인보다 노년층의 비가 무려 5배나 증가했다. 박 교수는 "인류의 수명이 급증하면서 더 많은 자손을 낳을 수 있게 되고, 동시에 나이 든 세대가 직접 자신이 낳지 않더라도 자손들에게 생존의 지혜를 전해주고 손자들을 돌봄으로써 가족을 번창(Childcare)시켰기 때문"이라고 설명했다.

❼ 스타일(개요 2)

3. 할머니 가설의 확립 ← ❼ 스타일(개요 1)

가. 동물은 죽을 때까지 생식이 가능하다. 그러나 인간은 다른 동물과 달리 45세 전후에 폐경을 맞이해 더 이상 생식(Reproduction)을 할 수 없게 되어도 70세 정도까지 장수한다. 이 미스터리(Mystery)를 풀기 위해 제시된 것이 바로 '할머니 가설(Grandmother Hypothesis)'이다.

나. 나이 든 세대는 인류(人類) 문화 발달(Cultural Development)에도 기여한 것으로 보인다. 박 교수는 "나이 든 세대가 급증한 시기는, 인류가 장신구를 사용하고 동굴벽화(Cave Paintings)를 그렸으며 장례(Funeral) 행위를 시작했던 때와 일치한다"고 말했다.

다. 나이 든 세대의 지혜(智慧)와 보살핌이 현생 인류를 양적인 면뿐만 아니라 질적으로도 발전시킨 것이다.

전각기호　　❼ 스타일(참고문헌 1)

♠ Reference

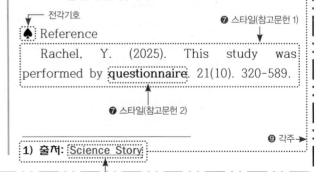

Rachel, Y. (2025). This study was performed by **questionnaire**. 21(10). 320-589.

❼ 스타일(참고문헌 2)

1) 출처: Science Story

❾ 각주

문화소식지 (2013년부터 2026년까지 활동) ← ❼ 꼬리말　　❿ 하이퍼링크　　❺ 쪽 번호 → - Ⅴ -

상시 공략문제 14회 2-163

인류의 진화와 노인 세대

발표자: 영진대학교 지질학 교수
이메일: youngjin@word.com

1. 개요

미국 캘리포니아대학교(University Of California)의 이상희 교수는 미시간대(University Of Michigan)의 레이첼 카스파리(Rachel Kaspary) 교수와 함께 유골 분석을 통해 약 3만 년 전 인류 사회에서 노년층이 급증하면서부터 인구가 증가하고 문화가 태동하기 시작했다는 사실을 밝혀내 5일 미국립과학원회보(PNAS) 인터넷판에 발표했다.

시대별 유골의 연령비

(단위: 추정치, 세)

구분	노년층	젊은층	비율
원시인류	17	316	0.12
호모속원인	22	166	0.25
네안데르탈인	29	96	0.39
크로마뇽인	14	24	2.08
합계	82	602	

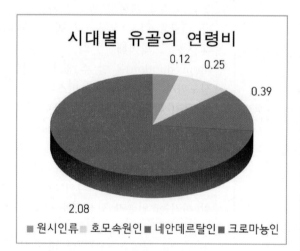

시대별 유골의 연령비

0.12 0.25 0.39 2.08

■ 원시인류 ■ 호모속원인 ■ 네안데르탈인 ■ 크로마뇽인

2. 유골의 연령 측정 결과

가. 연구팀은 오스트랄로피테쿠스(Australopithecus)부터 초 중기 플라이스토세(Pleistocene) 호모속원인, 유럽과 서아시아의 네안데르탈인(Neanderthal Man)부터 후기 구석기시대 크로마뇽인(Cromagnon Man)까지 시기별 4개 집단에 속하는 총 768구의 원시 인류 유골(遺骨)에 대한 연령 측정을 시행했다.

나. 논문에 따르면 3만 년 전 현생 인류의 직계 조상인 호모사피엔스(Homo Sapiens)는 전

의 네안데르탈인보다 노년층의 비가 무려 5배나 증가했다. 박 교수는 "인류의 수명이 급증하면서 더 많은 자손을 낳을 수 있게 되고, 동시에 나이 든 세대가 직접 자신이 낳지 않더라도 자손들에게 생존의 지혜를 전해주고 손자들을 돌봄으로써 가족을 번창(Childcare)시켰기 때문"이라고 설명했다.

3. 할머니 가설의 확립

가. 동물은 죽을 때까지 생식이 가능하다. 그러나 인간은 다른 동물과 달리 45세 전후에 폐경을 맞이해 더 이상 생식(Reproduction)을 할 수 없게 되어도 70세 정도까지 장수한다. 이 미스터리(Mystery)를 풀기 위해 제시된 것이 바로 '할머니 가설[1](Grandmother Hypothesis)'이다.

나. 나이 든 세대는 인류(人類) 문화 발달(Cultural Development)에도 기여한 것으로 보인다. 박 교수는 "나이 든 세대가 급증한 시기는, 인류가 장신구를 사용하고 동굴 벽화(Cave Paintings)를 그렸으며 장례(Funeral) 행위를 시작했던 때와 일치한다"고 말했다.

다. 나이 든 세대의 지혜(智慧)와 보살핌이 현생 인류를 양적인 면뿐만 아니라 질적으로도 발전시킨 것이다.

♠ Reference
Rachel, Y. (2025). This study was performed by **questionnaire**. 21(10). 320-589.

---

1) 출처: Science Story

상시 공략문제 15회

과목	제한시간
문서편집기능	30분

수험번호 :

성 명 :

······· 다음 쪽의 문서를 아래 지시사항에 따라 작성하시오 ·······

- 작성된 답안의 파일은 지정된 경로 및 파일명을 변경하지 마시고 저장해야 합니다. 이를 준수하지 않으면 실격 처리됩니다.

- 편집 용지
  - ○ 용지 종류는 A4 용지(210mm×297mm) 1매에 용지 방향을 세로로 설정하여 문서를 작성하시오.
  - ○ 용지 여백은 왼쪽·오른쪽은 20mm, 위쪽·아래쪽은 10mm, 머리말·꼬리말은 10mm, 기타 여백은 0mm 로 지정하시오.

- 문서의 본문은 1단에서 2단으로 변하는 모양으로 편집하되, 단 간격은 8mm, 구분선은 이중 실선 0.4mm로 설 정하시오.

- 글자 모양
  - ○ 글꼴은 별도의 지시가 없는 한 한글 2022의 기본값으로 작성하시오.
  - ○ 영문, 숫자, 기호 등은 별도의 지시가 없는 한 자판에 있는 문자를 사용하시오.

- 문단 모양
  - ○ 정렬 방식, 여백 등은 문단 모양 기능을 이용하여 작성하시오.
  - ○ 문단 모양은 별도의 지시가 없는 한 한글 2022의 기본값으로 작성하시오.
  - ○ 사이 줄 띄우기는 각 1줄만, 사이 띄우기는 1칸만 띄우시오.

- 표에서 내용의 정렬 방법
  (제목 행과 '합계(평균)' 셀은 가운데 정렬, 나머지는 열 단위를 기준으로 아래와 같이 정렬)
  - ○ 내용의 길이가 서로 다른 문자의 경우 왼쪽 정렬
  - ○ 내용의 길이가 서로 다른 숫자의 경우 오른쪽 정렬
  - ○ 내용의 길이가 서로 같을 경우 문자, 숫자 상관없이 가운데 정렬

- 색상은 '기본' 테마가 포함된 색상 팔레트를 사용하시오.

- 각 항목은 별도의 지시가 없는 한 주어진 문서에 기준하여 작성하시오.

- 각 항목은 별도의 지시가 없는 한 기본 설정값으로 처리하시오.

- 문제에 제시된 지시사항은 작성하지 않음.

대 한 상 공 회 의 소

C형 다음 쪽의 문서를 아래의 〈세부지시사항〉에 따라 작성하시오.

1. 다단 설정	모양 – 둘, 구분선 – 구분선 넣기, 적용 범위 – 새 다단으로
2. 쪽 테두리	• 선의 종류 및 굵기 : 파선 0.5mm, 모두 • 위치 : 쪽 기준, 왼쪽 · 오른쪽 · 위쪽 · 아래쪽 모두 5mm
3. 글상자	• 크기 : 너비 170mm, 높이 23mm, 크기 고정 • 위치 : 본문과의 배치 – 자리 차지, 가로 – 종이의 가운데 0mm, 세로 – 종이의 위 20mm • 바깥 여백 : 아래쪽 7mm • 선 속성 : 검정(RGB:0,0,0), 이중 실선 0.5mm • 색 채우기 : 노랑(RGB:255,255,0) 10% 어둡게
4. 제목	• 제목(1) : 함초롬돋움, 15pt, 장평(105%), 자간(5%), 진하게, 주황(RGB:255,132,58) 50% 어둡게, 가운데 정렬 • 제목(2) : 여백 – 왼쪽(340pt)
5. 누름틀	입력할 내용의 안내문 : '0000 – 00 – 00', 입력 데이터 : '2025 – 12 – 15'
6. 그림	• 경로 : [25]이기적워드올인원₩그림₩대학.PNG, 문서에 포함 • 크기 : 너비 28mm, 높이 18mm • 위치 : 본문과의 배치 – 글 앞으로, 가로 – 종이의 왼쪽 23mm, 세로 – 종이의 위 23mm
7. 스타일 **(2개소 수정, 3개소 등록)**	• 개요 1(수정) : 여백 – 왼쪽(0pt), 한컴 소망 B, 11pt • 개요 2(수정) : 여백 – 왼쪽(10pt) • 표제목(등록) : 스타일 이름 – 표제목, 스타일 종류 – 문단, 가운데 정렬, 한컴 윤체 L, 11pt, 진하게 • 참고문헌 1(등록) : 스타일 이름 – 참고문헌 1, 스타일 종류 – 문단, 들여쓰기(20pt) • 참고문헌 2(등록) : 스타일 이름 – 참고문헌 2, 스타일 종류 – 글자, 진하게
8. 문단 첫 글자 장식	• 모양 : 2줄, 글꼴 : 한컴 윤고딕 250, 면 색 : 보라(RGB:157,92,187) 50% 어둡게, 본문과의 간격 : 3mm • 글자 색 : 시멘트색(RGB:178,178,178) 80% 밝게
9. 각주	글자 모양 : HY울릉도M, 번호 모양 : 아라비아 숫자
10. 하이퍼링크	• '각 대학별 신입생, %'에 하이퍼링크 설정 • 연결 대상 : 웹 주소 – 'https://www.si.re.kr'
11. 표	• 크기 : 너비 78mm~80mm, 높이 33mm~34mm • 위치 : 글자처럼 취급 • 전체 행 : 셀 높이를 같게 • 모든 셀의 안 여백 : 왼쪽 · 오른쪽 2mm • 테두리 : 표 안쪽은 실선(0.12mm), 표 바깥의 위쪽과 아래쪽은 실선(0.5mm), 표 바깥의 왼쪽과 오른쪽은 없음, 구분 　　　　 행 아래와 합계 행 위쪽은 이중 실선(0.5mm) • 제목 행 : 셀 배경 색 – 노랑(RGB:255,215,0) 25% 어둡게, 글자 모양 – 휴먼고딕, 진하게, 하양(RGB:255,255,255) • 합계 행 : 셀 배경 색 – 주황(RGB:255,132,58) 80% 밝게, 글자 모양 – 진하게 • 문단의 정렬 방식 : 가운데 정렬
12. 블록 계산식	표의 합계 행에 블록 계산식을 이용하여 블록 합계 산출
13. 캡션	표 위에 삽입 후 오른쪽 정렬
14. 차트	• 차트의 모양 : 이중 축 혼합형(100% 기준 누적 세로 막대형, 표식이 있는 꺾은선형), 차트 계열색 : 색상 조합 색4 • 차트의 크기 : 너비 80mm, 높이 70mm, 크기 고정 • 위치 : 본문과의 배치 – 자리 차지, 가로 – 단의 가운데 0mm, 세로 – 문단의 위 0mm • 바깥 여백 : 위쪽 5mm, 아래쪽 7mm • 값 축, 항목 축, 보조 값 축, 범례의 글꼴 설정 : 9pt • 표의 아래 단락에 배치 ※ 혼합형 차트는 차트 종류와 속성을 이용하여 구성하시오.
15. 쪽 번호	번호 위치 : 왼쪽 아래, 모양 : 아라비아 숫자, 줄표 넣기 선택, 시작 번호 지정
16. 머리말	MD개성체, 10pt, 진하게, 하늘색(RGB:97,130,214) 25% 어둡게, 오른쪽 정렬
17. 꼬리말	MD이솝체, 10pt, 진하게, 보라(RGB:157,92,187) 25% 어둡게, 오른쪽 정렬

대학 진학률에 미치는 거주지 효과

❺ 누름틀

❹ 제목(2)

발표자: 박준 사회부 기자
발표일: 2025-12-15

❻ 그림

❽ 문단 첫 글자 장식

1. 개요 ← ❼ 스타일(개요 1)

김 모(43) 씨는 2년 전 경기도 성남시에서 서울시 강남구 일원동으로 이사(移徙)를 했다. 고등학교(High School) 1학년, 초등학교(Elementary School) 6학년, 2학년의 자녀 교육(Children Education)을 위해서다. 김 씨처럼 자녀 교육을 위해 강남으로 이사하는 소위 '맹모강남지교'가 합리적인 선택(Rational Choice)임을 보여주는 연구 결과(Research Findings)가 나왔다.

❶ 다단 설정   ❼ 스타일(표제목)   ⑩ 하이퍼링크

서울 자치구별 대학 진학률[1]

⑬ 캡션 ← (단위: 각 대학별 신입생, %)

⑪ 표

구분	하위	상위	전체
서울 서초구	0.17	0.68	1.35
서울 강남구	0.13	0.59	1.12
서울 동대문구	0.10	0.42	0.32
기타	0.11	0.25	0.49
합계	0.51	1.94	

⑫ 블록 계산식

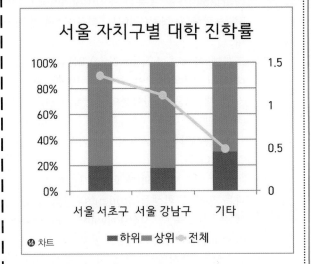

⑭ 차트

2. 명문대 진학률 ← ❼ 스타일(개요 1)

가. 2년제 이상 대학 졸업자(College Graduates) 중 서울 지역에 사는 4,500명을 대상으로 개별 면담조사(Interview)를 통해 명문대 진학에서 거주지 효과(Residence Effect)를 분석했다. 논문(論文)에서 상위대학이란 포항공대, 과학기술대, 서울대, 연세대, 고려대, 성균관대, 서강대, 한양대, 이화여대, 한국외대 등 10개 대학이다.

❾ 각주 ➡

1) 자료: 서울도시연구회

나. 조사 결과 상위대학 진학(進學) 인원을 고등학교 3학년 학생 수당 비율로 환산하면 서초구가 37%로 가장 높고 강남구가 33%, 광진구가 31%로 2, 3위를 차지했다. 진학률이 낮은 자치구는 동대문구 10%, 용산구 10%, 중랑구 11%, 강북구 11% 등으로 나타났다.

← ❼ 스타일(개요 2)

3. 거주지 효과 ← ❼ 스타일(개요 1)

가. 명문대 진학률에 영향을 미치는 변수(Variable)들을 동등한 조건(Condition) 아래서 측정하면 격차(Gap)는 더욱 크게 벌어졌다.

나. 조사에 따르면 소득(Income) 2분위(300만 원대)에서 3분위(400만 원대)로 100만 원이 증가할 때 명문대 진학률이 2.5% 포인트 증가(增加)했다. 또한 전업주부의 비율(Ratio)이 10% 증가하면 명문대 진학률이 3% 포인트 증가했다.

다. 이러한 거주지 효과(效果)는 개별가구의 특성과는 별개로 학생들(Students) 간의 학습 경쟁, 사교육 시장(Private Education Business)의 발전 정도, 학부모(Parents)가 공유하는 대학입시 정보 등 지역사회(Local Community)가 공유한 교육 여건(Circumstances) 때문에 발생한다고 분석한다.

전각기호

◆ Reference

    Psychological Associatio. (2025). A study classifications, **keywords**. 25(3). 34-37.

❼ 스타일(참고문헌 1)   ❼ 스타일(참고문헌 2)

대학 진학률에 미치는 거주지 효과

발표자: 박준 사회부 기자
발표일: 2025-12-15

1. 개요

김 모(43) 씨는 2년 전 경기도 성남시에서 서울시 강남구 일원동으로 이사(移徙)를 했다. 고등학교(High School) 1학년, 초등학교(Elementary School) 6학년, 2학년의 자녀 교육(Children Education)을 위해서다. 김 씨처럼 자녀 교육을 위해 강남으로 이사하는 소위 '맹모강남지교'가 합리적인 선택(Rational Choice)임을 보여주는 연구 결과(Research Findings)가 나왔다.

서울 자치구별 대학 진학률[1]

(단위: 각 대학별 신입생, %)

구분	하위	상위	전체
서울 서초구	0.17	0.68	1.35
서울 강남구	0.13	0.59	1.12
서울 동대문구	0.10	0.42	0.32
기타	0.11	0.25	0.49
합계	0.51	1.94	

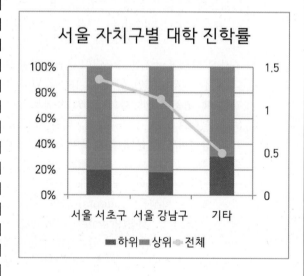

2. 명문대 진학률

가. 2년제 이상 대학 졸업자(College Graduates) 중 서울 지역에 사는 4,500명을 대상으로 개별 면담조사(Interview)를 통해 명문대 진학에서 거주지 효과(Residence Effect)를 분석했다. 논문(論文)에서 상위대학이란 포항공대, 과학기술대, 서울대, 연세대, 고려대, 성균관대, 서강대, 한양대, 이화여대, 한국외대 등 10개 대학이다.

1) 자료: 서울도시연구회

나. 조사 결과 상위대학 진학(進學) 인원을 고등학교 3학년 학생 수당 비율로 환산하면 서초구가 37%로 가장 높고 강남구가 33%, 광진구가 31%로 2, 3위를 차지했다. 진학률이 낮은 자치구는 동대문구 10%, 용산구 10%, 중랑구 11%, 강북구 11% 등으로 나타났다.

3. 거주지 효과

가. 명문대 진학률에 영향을 미치는 변수(Variable)들을 동등한 조건(Condition) 아래서 측정하면 격차(Gap)는 더욱 크게 벌어졌다.

나. 조사에 따르면 소득(Income) 2분위(300만 원대)에서 3분위(400만 원대)로 100만 원이 증가할 때 명문대 진학률이 2.5% 포인트 증가(增加)했다. 또한 전업주부의 비율(Ratio)이 10% 증가하면 명문대 진학률이 3% 포인트 증가했다.

다. 이러한 거주지 효과(效果)는 개별가구의 특성과는 별개로 학생들(Students) 간의 학습 경쟁, 사교육 시장(Private Education Business)의 발전 정도, 학부모(Parents)가 공유하는 대학입시 정보 등 지역사회(Local Community)가 공유한 교육 여건(Circumstances) 때문에 발생한다고 분석한다.

◆ Reference
Psychological Associatio. (2025). A study classifications, **keywords**. 25(3). 34-37.

장소: 서울교육청 대회의실